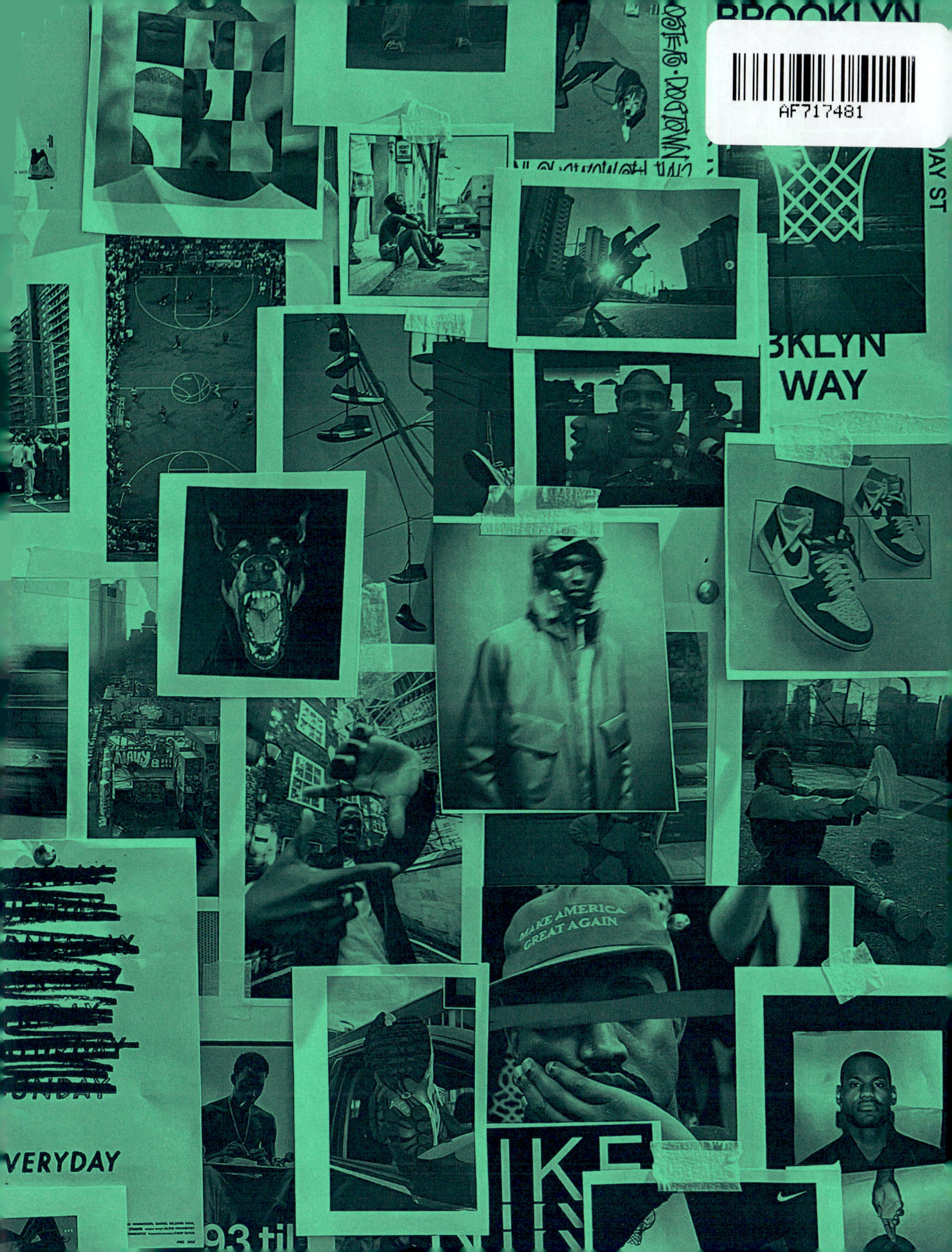
BROOKLYN
3KLYN
WAY
MAKE AMERICA
GREAT AGAIN
VERYDAY

SNEAK
ERS.

PROJEKT CREDITS

KULTUR & STIL

IKONE & GESCHICHTE

WHITE STAR

MARIA LUISA MIRALDI

„TEAMWORK MAKES THE DREAM WORK.“

TRIBECASTUDIOMILANO

MARIA LUISA
MIRALDI

SNEAK ERS.

DIE KLASSIKER

whitestar

EINLEI-TUNG

VON DER AUTORIN

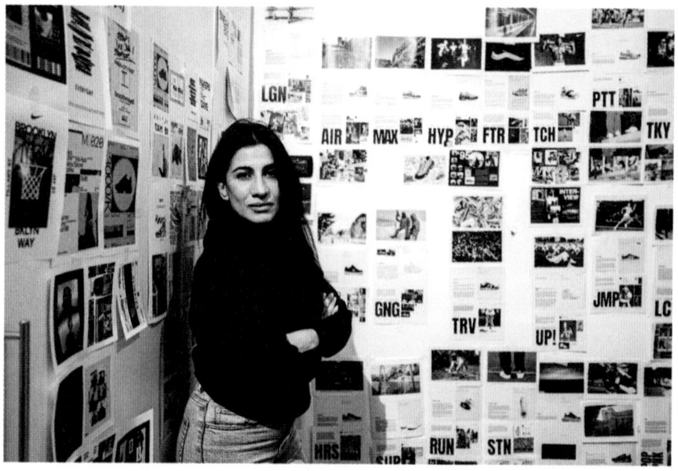

Als wir dieses Projekt in Angriff nahmen, sahen wir uns mit den kulturellen Faktoren, die es bestimmen, konfrontiert. Sneaker sind viel mehr als nur Nutzgegenstände – sie sind eine Reihe von Emotionen, die mit dem Sein, dem Auftreten, dem Wiedererkennen und der Identifikation mit sich selbst bei jedem Schritt verbunden sind. Ganz zu schweigen von den technischen und ästhetischen Revolutionen, die jedes Modell mit sich gebracht hat.

Um dieses Buch zu schreiben, habe ich überall nach Informationen gesucht, zuerst bei Menschen und Wahrnehmungen, dann in Büchern durch Querverweise und schließlich im Internet, wo ich alles gefunden habe, oft sogar Fehler. Freunde, Designer, Schriftsteller, Strategen und Fotografen wurden kontaktiert, letztendlich auch Sneaker-Heads. All das, um zu bestätigen, dass ich auf dem richtigen Weg war, und um dieses Projekt mit dem Bewusstsein, das nur diejenigen haben können, die täglich mit ihm umgehen, anzugehen.

Die unerwartete Dynamik dieser Reise bestand in den Verbindungen, dem Zusammentreffen von Menschen mit unterschiedlichem Hintergrund und Leidenschaften, die auf unerwartete Weise mit dem Bereich der Sneaker verbunden sind. Es ist faszinierend, weil sich alles um das dreht, was es uns ermöglicht, unsere Schritte zu gehen. Diese Erfahrung vereint und fesselt uns und weckt den Wunsch, zu erleben, zu suchen, zu vermischen, zu spielen und zu lernen. Wir alle sind neue Enthusiasten; es ist eine ansteckende und unbegrenzte Leidenschaft.

Wir gehen nicht davon aus, dass dieser Band vollständig ist, aber wir glauben, dass er eine interessante Perspektive bietet. Wir wollten eine Sammlung historischer, kultureller, stilistischer und ikonischer Beiträge erstellen, die den Hintergrund der ausgewählten Modelle offenbaren und Stil und Stimmung mit verschiedenen Kunstformen zum Ausdruck bringen.

Dies ist all jenen gewidmet, die „in ihren Schuhen" individuelle Wege gegangen sind, sich ihren eigenen Weg gebahnt, mit neuen Wegen experimentiert und ihre eigene Identität geschützt und durchgesetzt haben.

Weil Schuhe die Kraft haben, unsere Schritte voranzutreiben und Verbindungen aufzuspüren, sind sie für unsere eigene individuelle Reise entscheidend. Wir spüren diese Kraft bei jedem Schritt, den wir machen, in jeder Richtung, in die wir gehen.

MARIA LUISA MIRALDI | MAILAND 2024

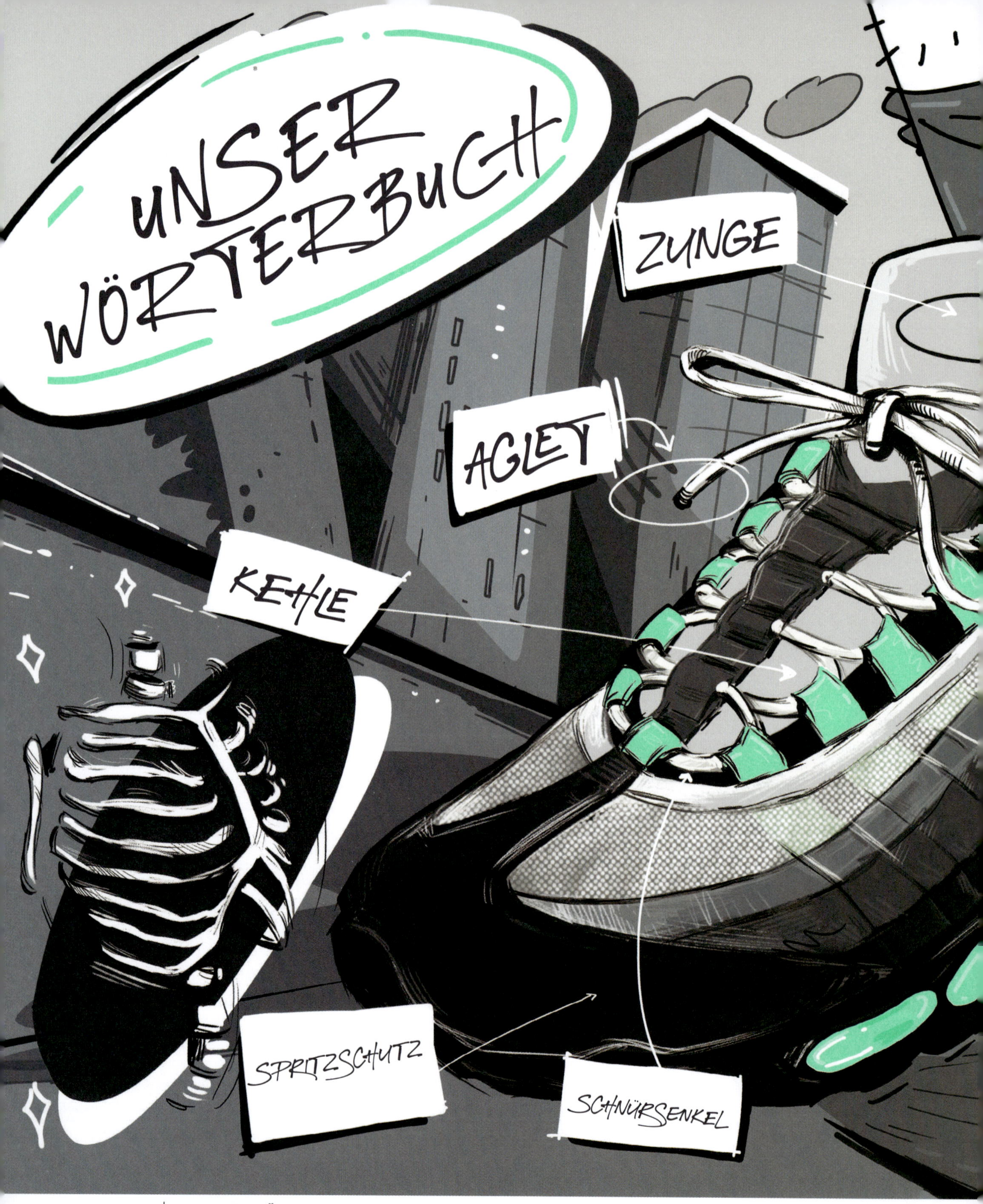
UNSER WÖRTERBUCH
ZUNGE
AGLET
KEHLE
SPRITZSCHUTZ
SCHNÜRSENKEL

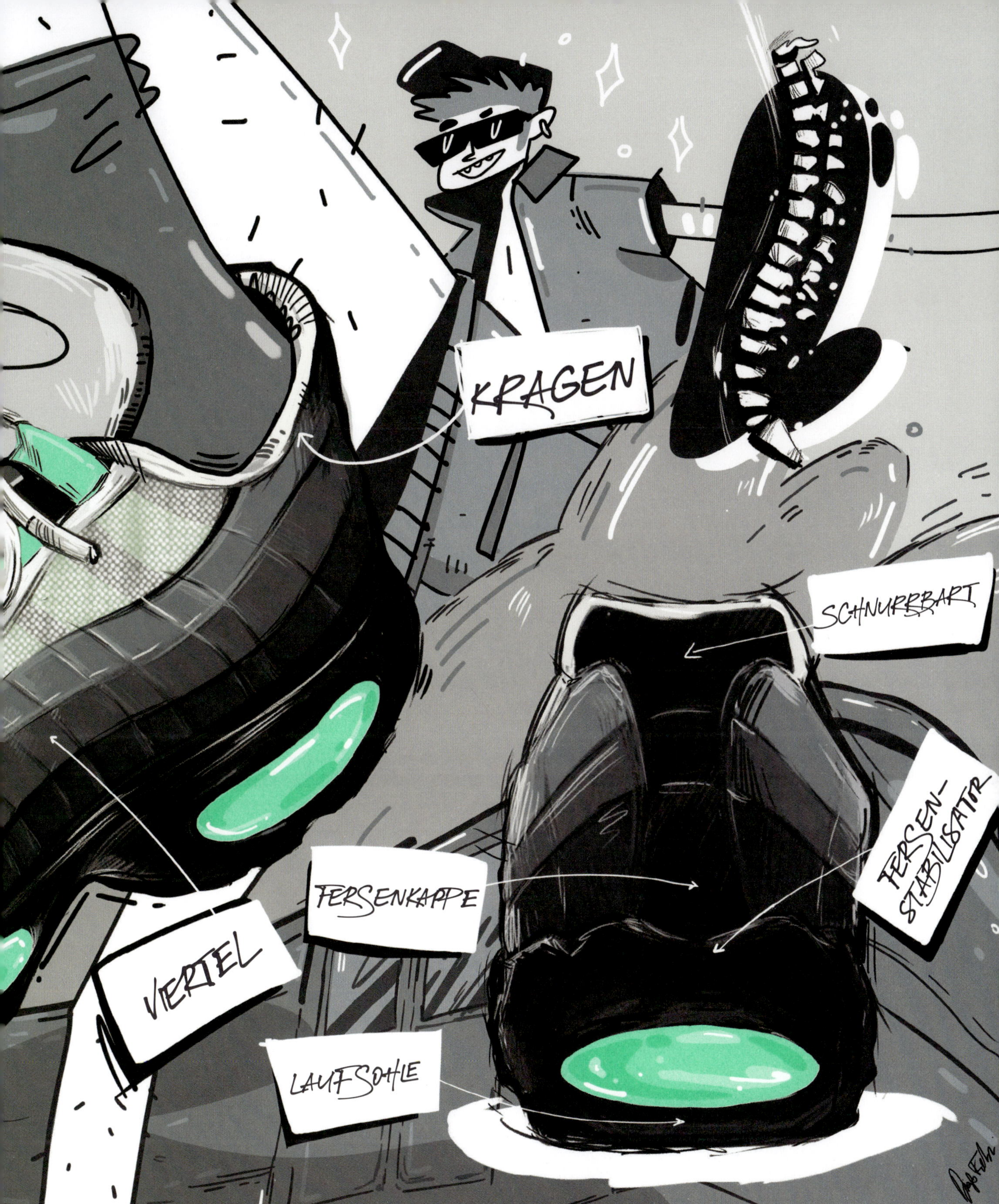
KRAGEN
SCHNURRBART
FERSEN-
STABILISATOR
FERSENKAPPE
VIERTEL
LAUFSOHLE

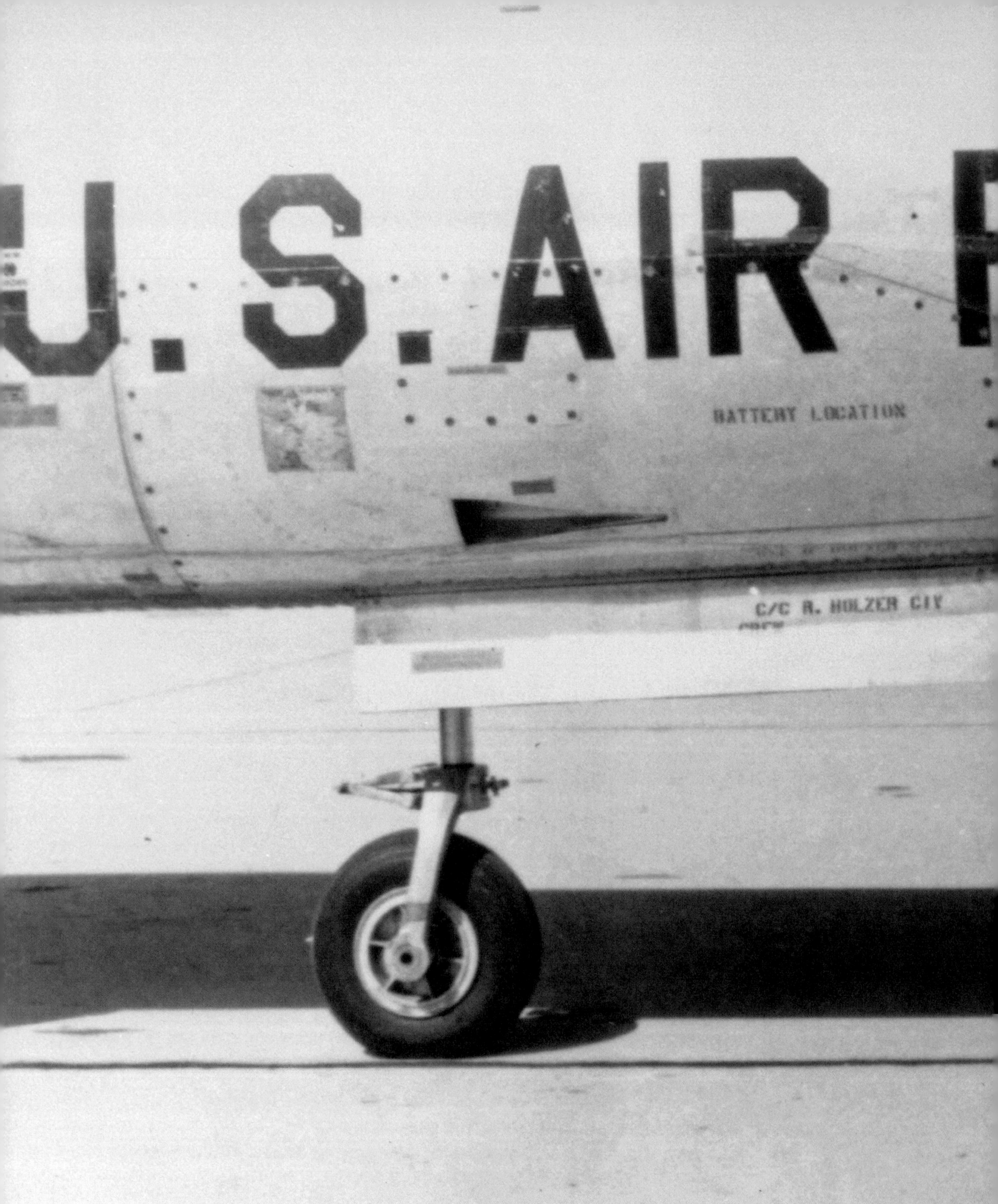

Robert H. Lawrence Jr., Hauptmann der United States Air Force, der erste afroamerikanische Astronautenkandidat – 1967.

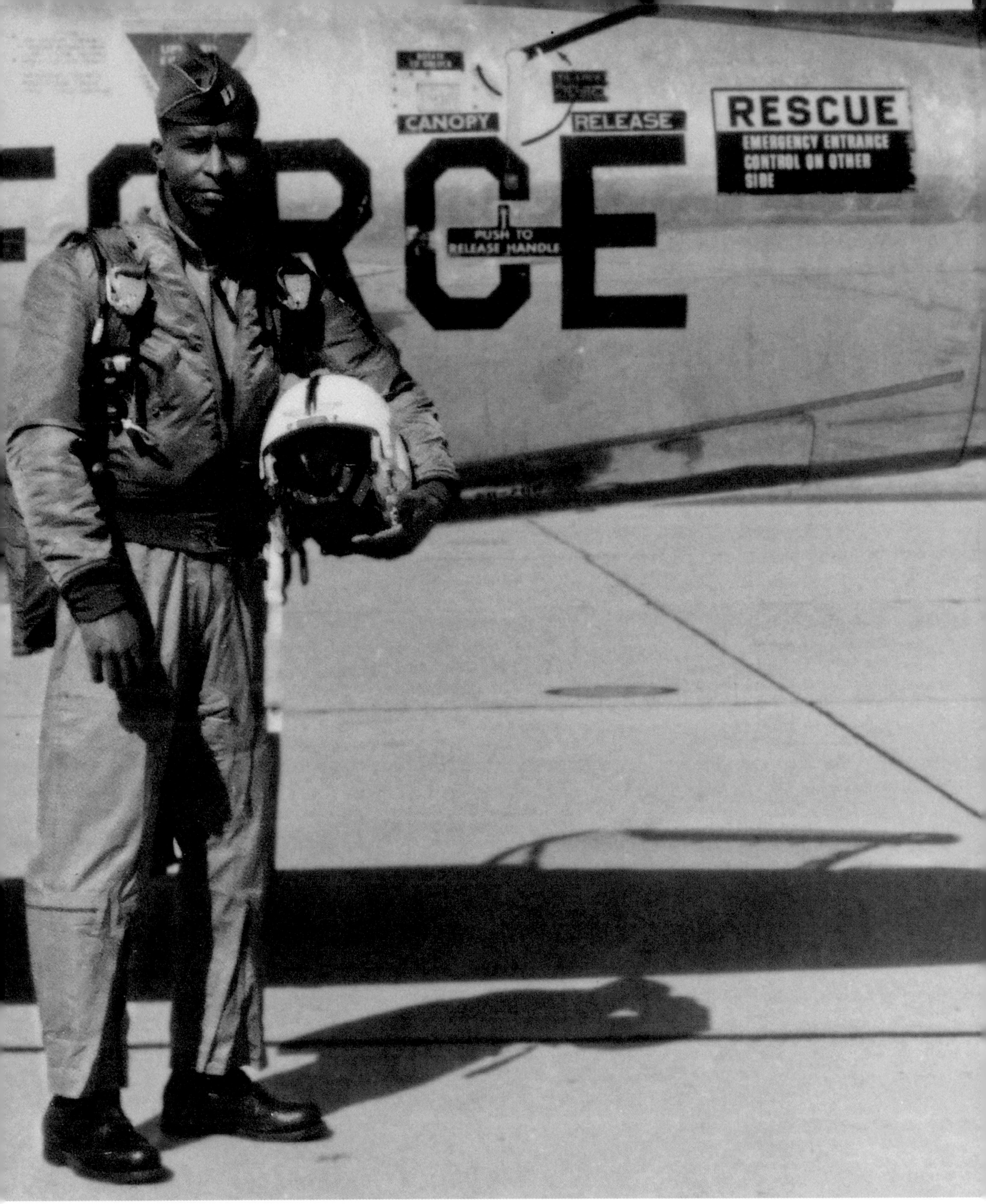
CANOPY
RELEASE
RCE
PUSH TO
RELEASE HANDLE
RESCUE
EMERGENCY ENTRANCE
CONTROL ON OTHER
SIDE

AIR FORCE 1 – NIKE

Der Air Force 1 von Nike ist eine Ikone und eines der beliebtesten Produkte des Streetwears und gehört zu den ikonischsten Sneaker-Silhouetten der Geschichte. Noch heute steht der Air Force 1 an der Spitze der Modewelt und repräsentiert auch mehr als vierzig Jahre nach seiner ersten Veröffentlichung Nike's Kerndesign.

Der 1982 von Bruce Kilgore entworfene und nach dem Präsidentenflugzeug Air Force One benannte Schuh führte die innovative Nike-Air-Technologie in die Schuhwelt ein.
Das einzigartige Design kapselt Druckluft in der Sohle ein und verbessert so die Flexibilität und Sprungkraft, ohne die strukturelle Integrität zu beeinträchtigen, was zu erhöhter Elastizität, geringerem Stoß und einem bequemen, aber leichten Tragegefühl führt.
Der Air Force 1, der aufgrund seiner Beliebtheit in den Uptown-Vierteln von New York, insbesondere in Harlem, auch unter dem Spitznamen „Uptowns" bekannt ist, gewann dank der urbanen Sneaker-Kultur und dem Einfluss des Hip-Hop auch außerhalb des Spielfelds an Ruf.
Der Air Force 1 ist rassen-, geschlechts- und klassenübergreifend, verkörpert universelle Attraktivität und steht für Vielfalt.
Das ursprüngliche niedrig geschnittene Design und der komplett weiße Stil haben zu beeindruckenden 1700 Variationen und einer Reihe von Kooperationen geführt, von Off-White über Louis Vuitton bis hin zu Tiffany & Co.

Diese Partnerschaften untermauern, dass der Air Force 1 ein vielseitiges Meisterwerk des Schuhwerks ist, das Stil und Funktionalität nahtlos miteinander verbindet. Er ist sowohl für Liebhaber eines lässigen Stils als auch für eingefleischte Sneaker-Fans ein Muss geworden.

OBERMATERIAL AUS LEDER I SYNTHETIK-OVERLAYS

SCHNÜRVERSCHLUSS

NIKE AIR CUSHIONING SYSTEM

SCHAUMSTOFF-ZWISCHENSOHLE I GUMMI-AUSSENSOHLE

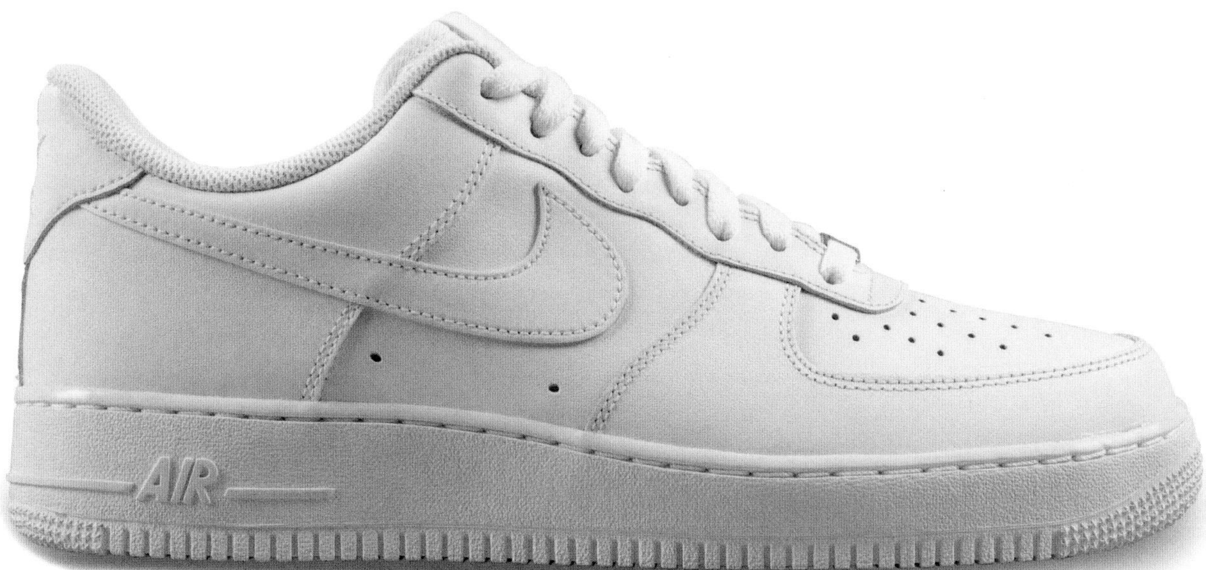

Virgil Abloh, der verstorbene Gründer von Off-White und hochgelobte Designer, hat die Sneakerkultur maßgeblich beeinflusst, indem er ab 2017 mit Nike an mehreren Air-Force-1-Designs zusammenarbeitete.

Seine Neuinterpretationen dieses ikonischen Sneakers führten eine dekonstruierte Ästhetik und seine eigenen, unverwechselbaren Verzierungen ein: Reißverschlüsse, beschriftete Schnürsenkel, serifenloses Branding in Anführungszeichen und freiliegender Schaumstoff. Diese Collabs sind ein Beweis für Ablohs einflussreiche Designsprache, in der er Streetwear und High Fashion nahtlos miteinander verbindet. Ablohs Air-Force-1-Designs sind zu einem Markenzeichen seines grenzüberschreitenden kreativen Ansatzes geworden.

Virgil Abloh

Virgil Abloh (30. September 1980 – 28. November 2021) war ein visionärer amerikanischer Modedesigner und Unternehmer, der Off-White gründete und als künstlerischer Leiter für Herrenmode bei Louis Vuitton tätig war.

AF1

1. Virgil Abloh auf dem Laufsteg, Louis Vuitton Herbst/Winter – Paris, 2020-21.
2. Serena Williams, Met Gala – New York City, 2019.

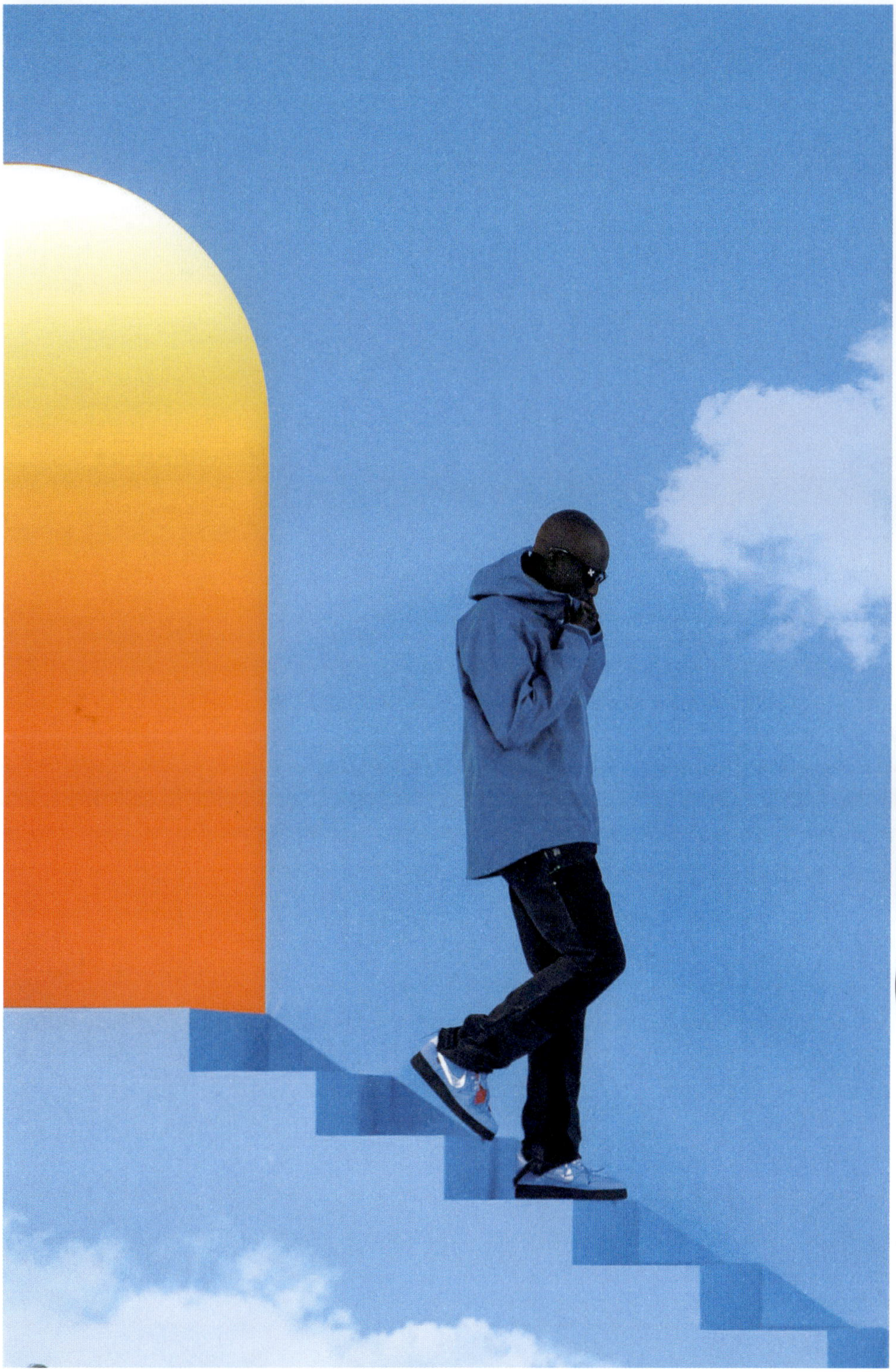

OFF-WHITE

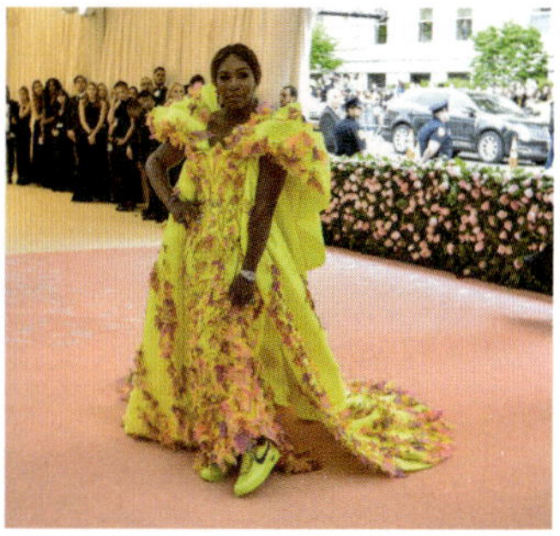

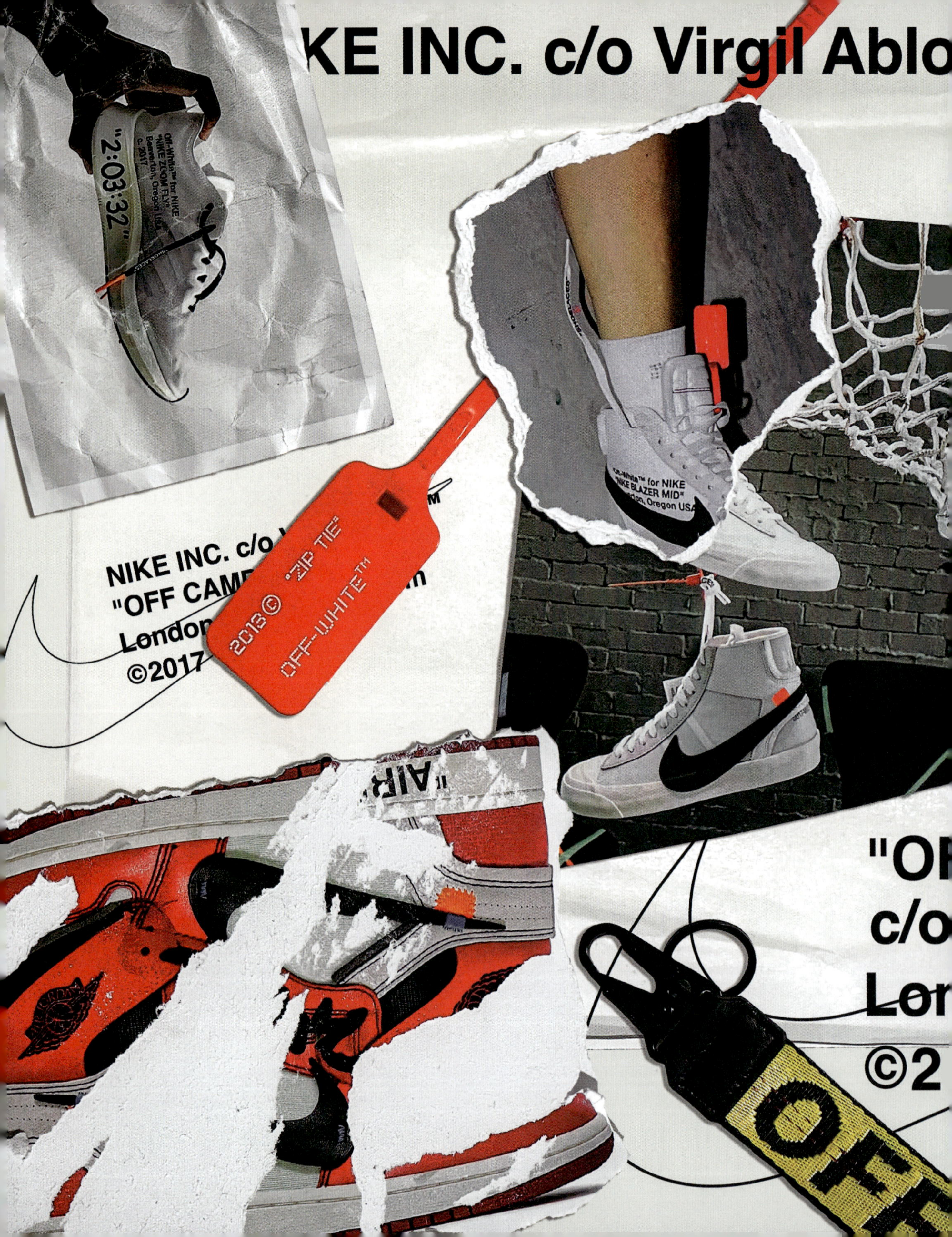

KE INC. c/o Virgil Ablo
"2:03:32"
NIKE INC. c/o
"OFF CAMP
London
©2017
2018© "ZIP TIE"
OFF-WHITE™
"Off-White™ for NIKE
"NIKE BLAZER MID"
Oregon USA
"AIR"
"OF
c/o
Lor
©2
OFF

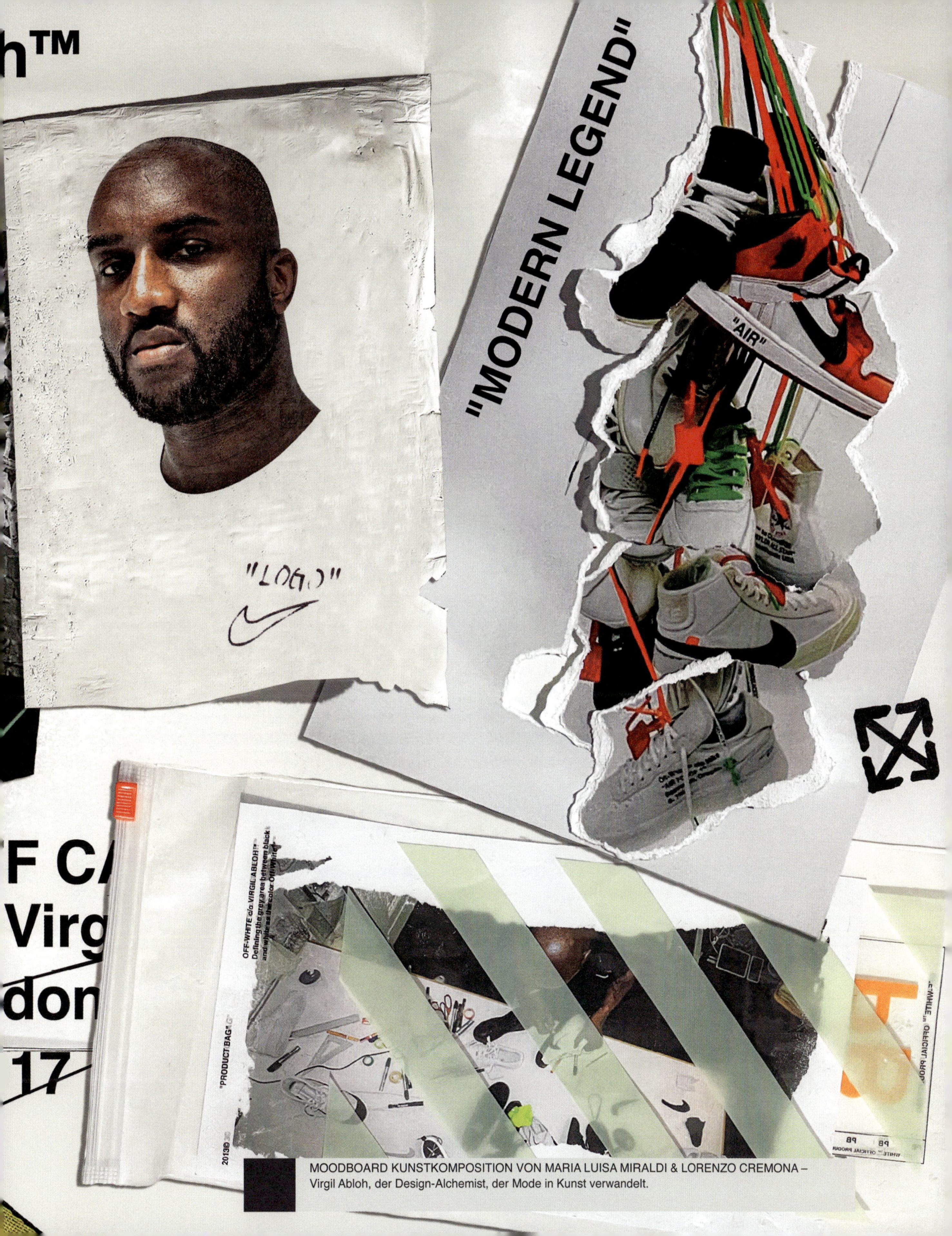

MOODBOARD KUNSTKOMPOSITION VON MARIA LUISA MIRALDI & LORENZO CREMONA – Virgil Abloh, der Design-Alchemist, der Mode in Kunst verwandelt.

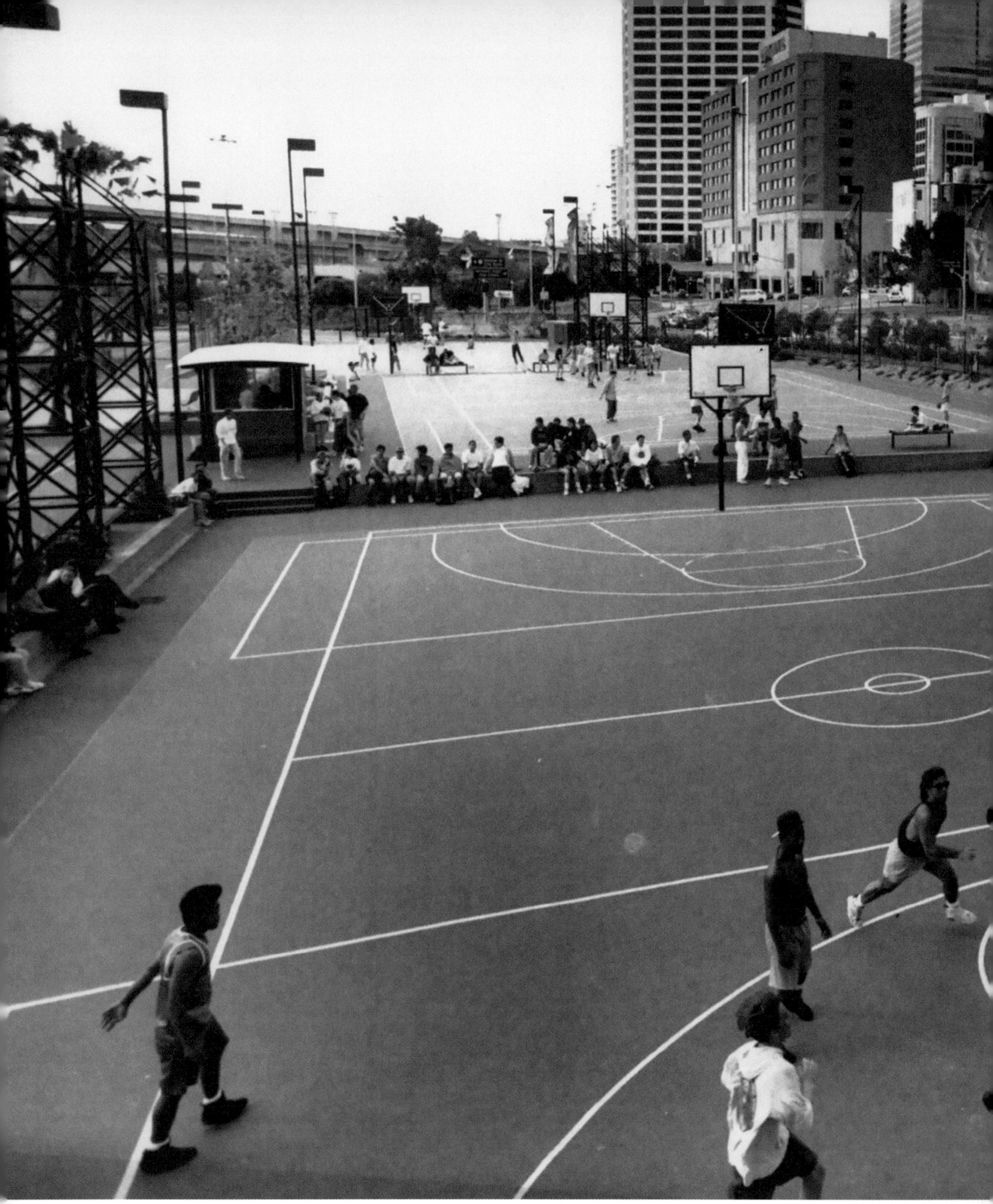

Basketballspieler – Sydney, 1992.

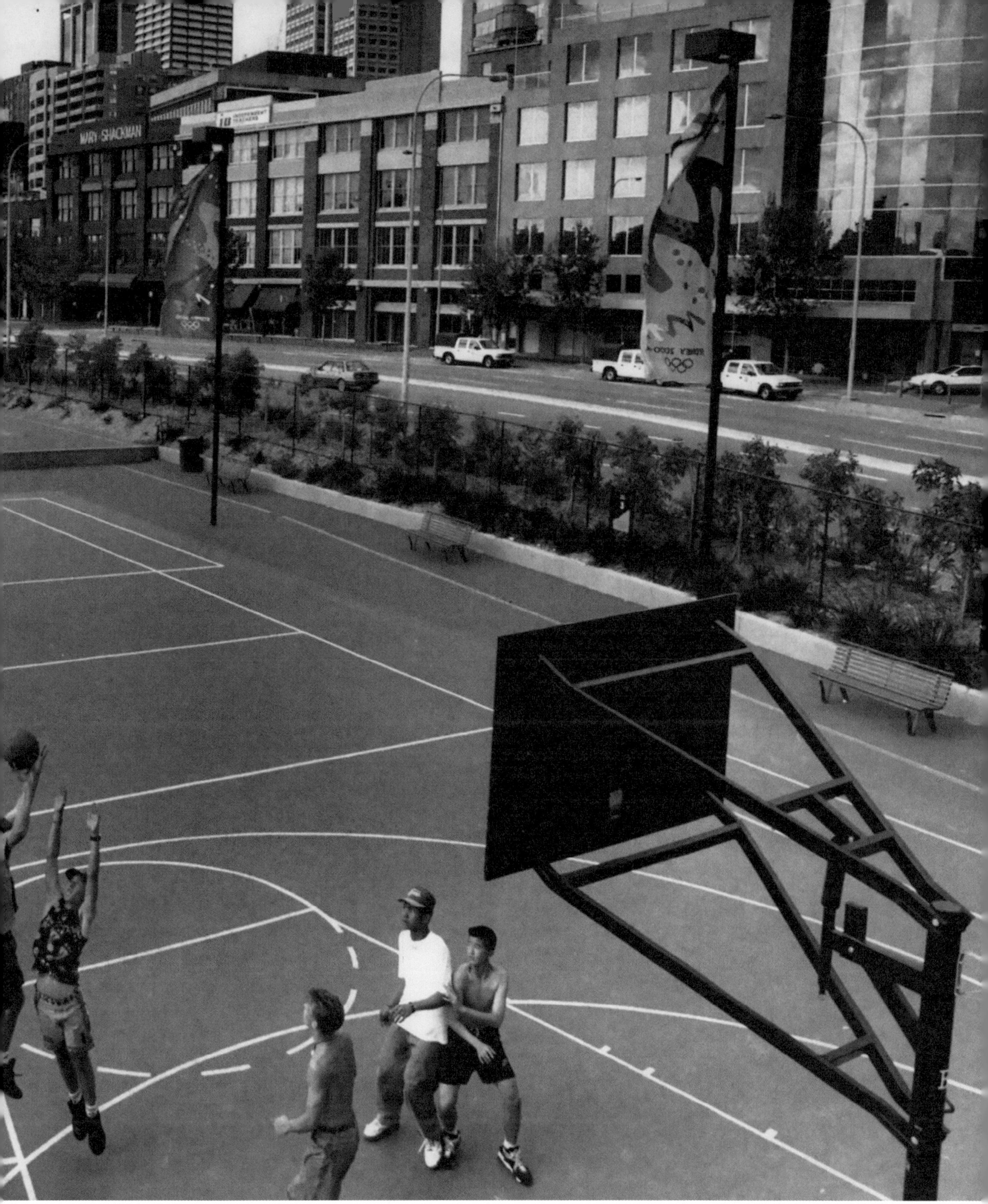
MARY SHACKMAN

AIR JORDAN 1 – NIKE

In den letzten fast vier Jahrzehnten ist der Air Jordan 1 von Nike zu einem Kult-Sneaker geworden. Der Hype für den Schuh ist beispiellos und bringt Fans dazu, über Nacht Schlange zu stehen und auf dem Wiederverkaufsmarkt bis zum Dreifachen des Originalpreises zu zahlen. Die Frage bleibt bestehen: Warum träumen Leute von einem Paar Js?
Im Grunde handelt es sich um eine Geschichte der Revolution. Der Air Jordan 1 hat die Basketballwelt grundlegend verändert. Sein Erscheinen war mit Michael Jordans erster Saison in der National Basketball Association (NBA) verbunden. Seine kühne Farbkombination aus Rot, Schwarz und Weiß verstieß gegen die NBA-Vorschriften und brach die 51-Prozent-Regel (die besagte, dass alle bei NBA-Spielen getragenen Sneaker zu mindestens 51 Prozent aus weißer Farbe bestehen mussten) und verkündete stolz „Dream It, Do It" (Träume es, tu es).
Reden wir über Stil: Die Sneaker-Kultur machte mit Jordans ihre ersten Schritte. Die begehrten und nur begrenzt erhältlichen Jordans sind zu einem bestimmenden Artikel für Schuhsammler weltweit geworden.

Nike bringt in Zusammenarbeit mit Jordan nun jedes Jahr neue, mit römischen Ziffern nummerierte Modelle des ursprünglich für die NBA entworfenen Schuhs auf den Markt – bisher insgesamt achtunddreißig ikonische Schuhe. Diese Sneaker verkörpern Jordans Athletik, werden von Basketball-Legenden verehrt und dienen als Symbol für Spitzenleistungen in Sport und Mode.

Das ikonische „Jumpman"-Logo entstand 1997 aus einem Foto des Magazins *Life*, das Michael Jordans Dunk zeigt. Es wurde vor den Olympischen Spielen 1984 aufgenommen und entwickelte sich zu einem Symbol der sportlichen Spitzenleistung – über den Basketball hinaus. Neben ihrem Streetwear-Status werden diese Sneaker auch für ihren Komfort und ihr Design gelobt.

OBERMATERIAL AUS LEDER UND SYNTHETIK

SCHNÜRVERSCHLUSS

NIKE ZOOM AIR-TECHNOLOGIE

JORDAN FORMULA 23 SCHAUMSTOFF-ZWISCHENSOHLE I GUMMI-AUSSENSOHLE

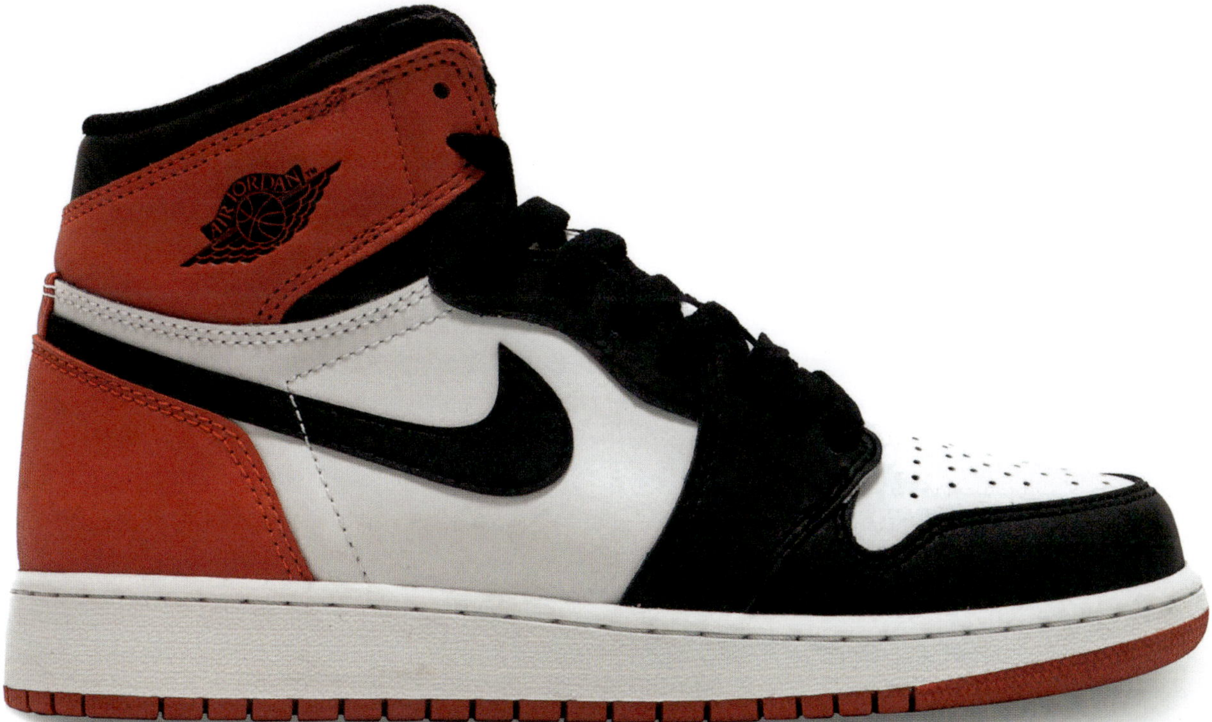

Michael Jordan gilt als der größte Basketballspieler der Geschichte und ist eine kulturelle Ikone, deren Einfluss über das Spielfeld hinausreicht.

Seine beeindruckenden Leistungen mit den Chicago Bulls, die ihm sechs NBA-Meisterschaften und zahlreiche Auszeichnungen einbrachten, festigten seinen Status als Sportikone.
1984 wagte Nike den Sprung ins kalte Wasser und schloss eine bahnbrechende Partnerschaft mit dem Basketball-Wunderkind. Während Jordan schnell zu einer Legende aufstieg, entwickelte sich Air Jordan mit seinen schnittigen Designs und seiner Spitzentechnologie gleichzeitig zu einem Modesymbol. Der jährliche Aufstieg des Air-Jordan-Vermächtnisses und die exklusiven Auktionen unterstreichen ihren ikonischen kulturellen Status und ihren Einfluss auf Modesammler.
Die Zusammenarbeit zwischen Michael Jordan und Nike hat unbestreitbar sowohl die sportliche als auch die kulturelle Landschaft geprägt.

Michael Jordan

Der am 17. Februar 1963 in den Vereinigten Staaten geborene Michael Jordan – auch bekannt unter seinen Initialen MJ – ist ein ehemaliger Profi-Basketballspieler, der fünfzehn Spielzeiten lang in der NBA spielte und sechs Meisterschaften gewann.

AJ1

1. Michael Jordan, Chicago Bulls vs. Washington Bullets – Maryland, 1991.
2. Will Smith, Der Prinz von Bel-Air, in Nike Air Jordans.
3. Spike Lee in Nike Air Jordan 3 White Cement – 1991.

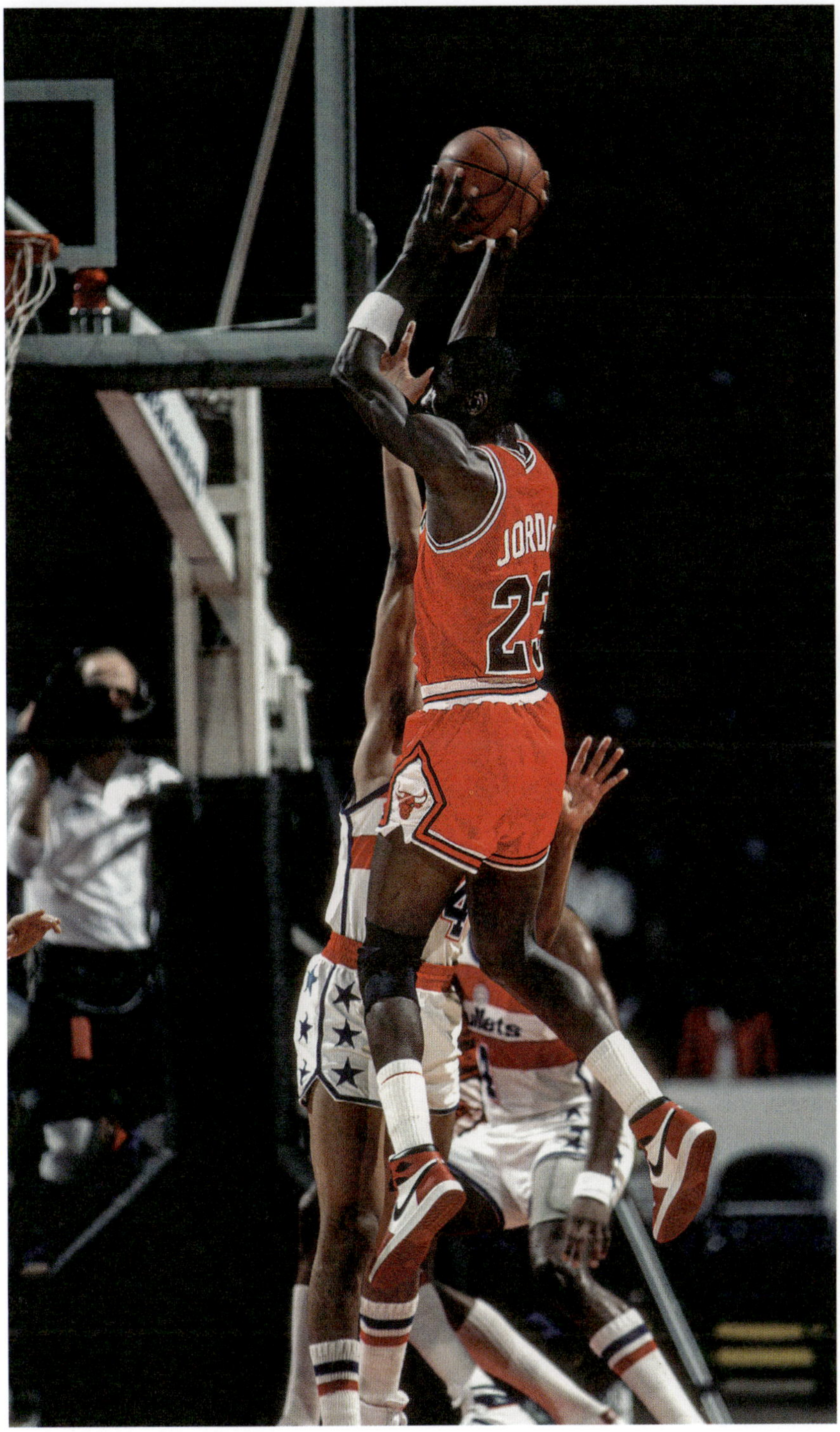

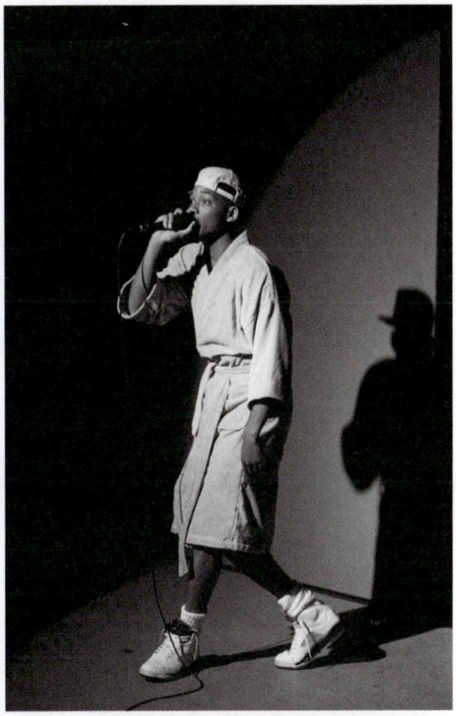

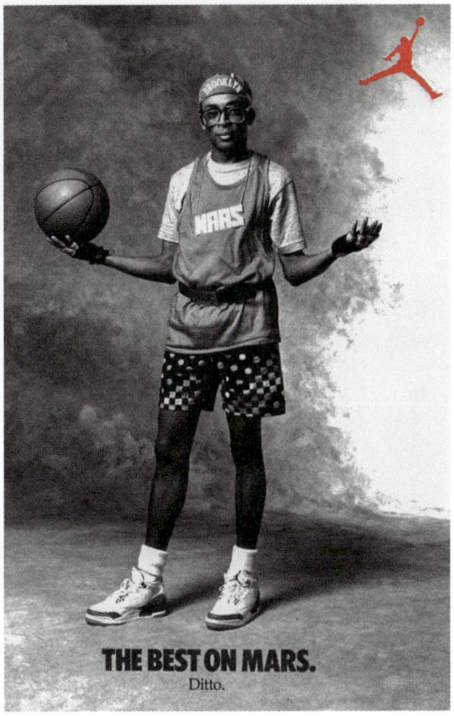

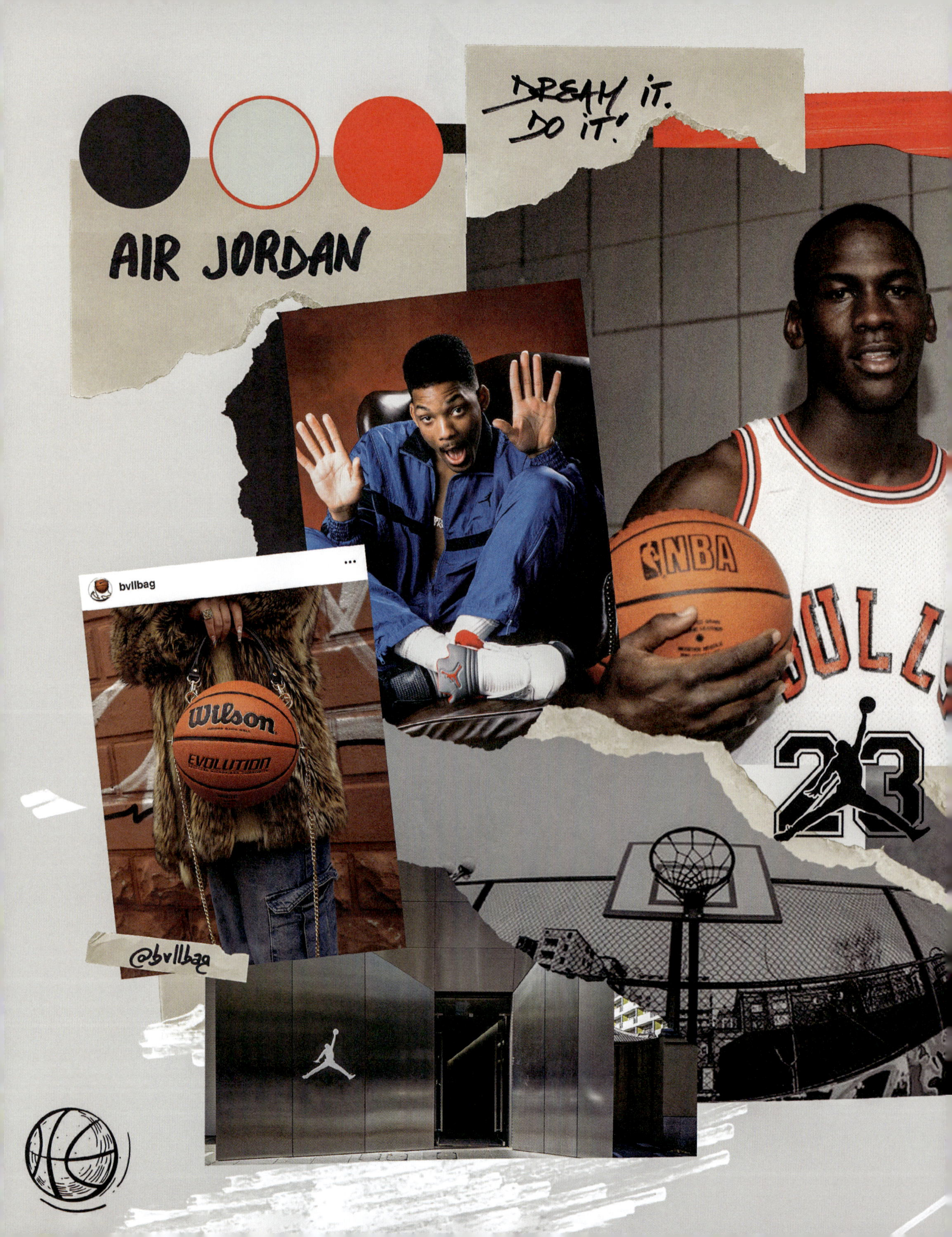
DREAM IT.
DO IT!
AIR JORDAN
bvllbag
Wilson
EVOLUTION
@bvllbag
NBA
BULLS
23

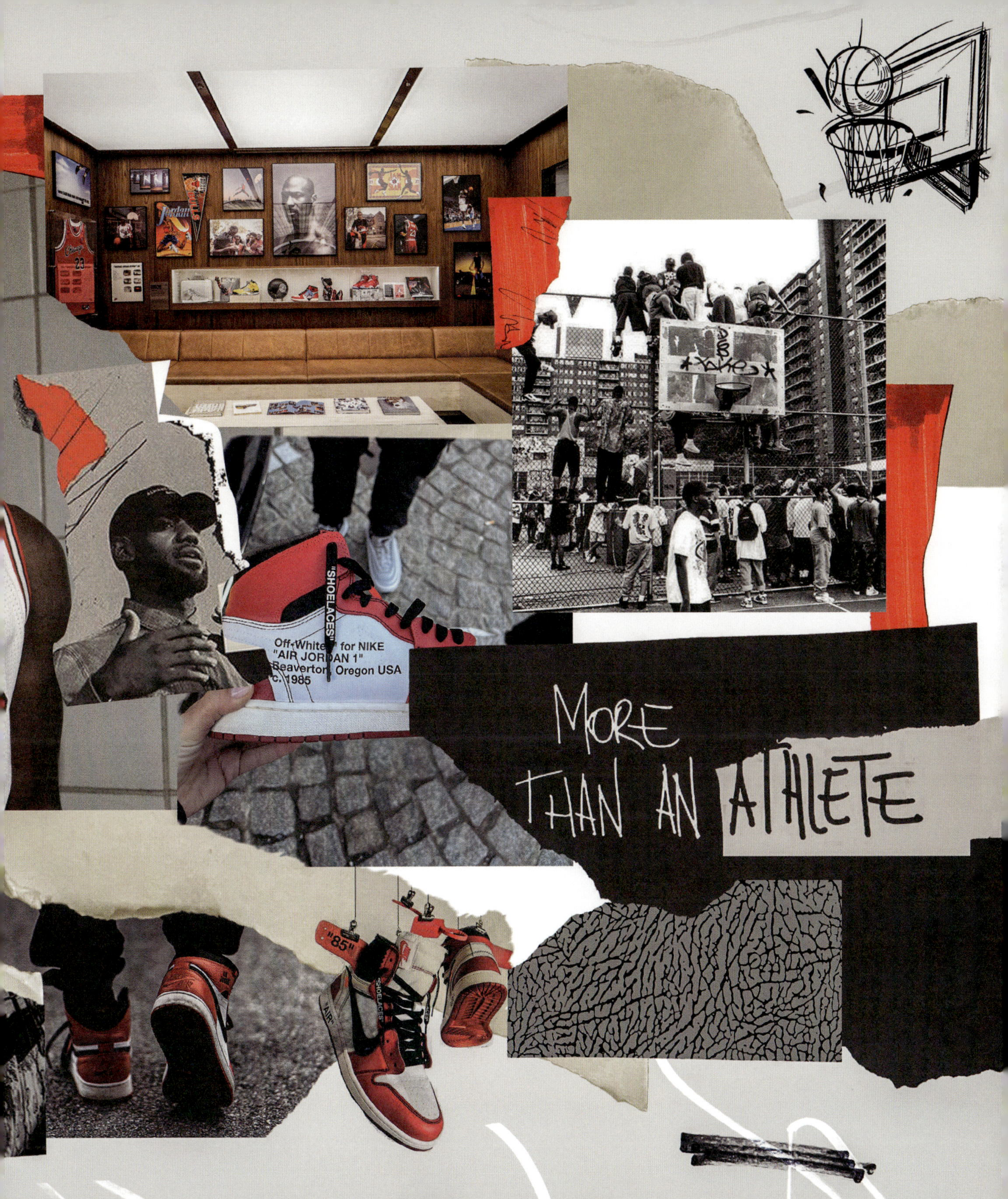

MOODBOARD-KUNSTKOMPOSITION VON MARIA LUISA MIRALDI – Jordan ist eine Marke, die reich an Formen, Modellen, Farben und Emotionen ist und eine weltweite Präsenz hat. Sie inspiriert, entwickelt sich weiter und behält dabei den einzigartigen Stil ihrer ikonischen Legende bei: Michael Jordan.

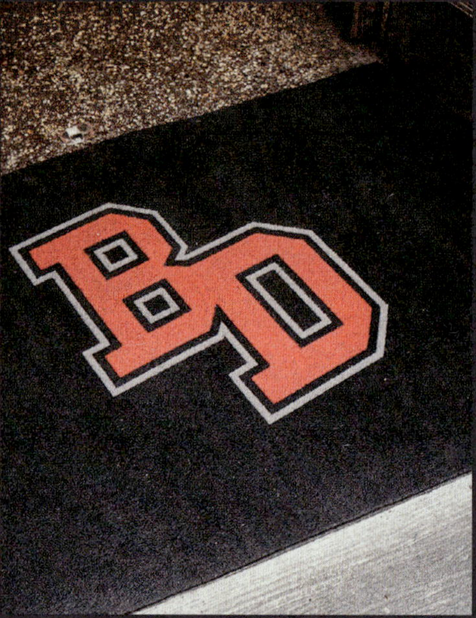

INTER-VIEW

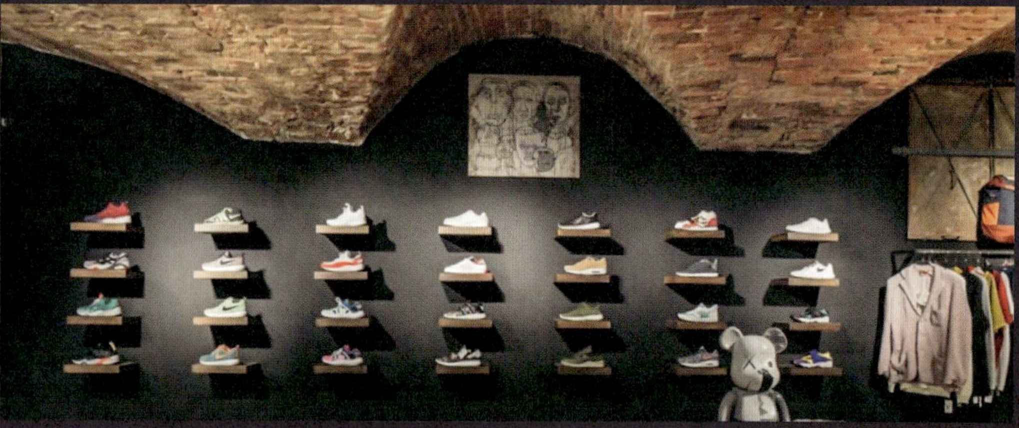

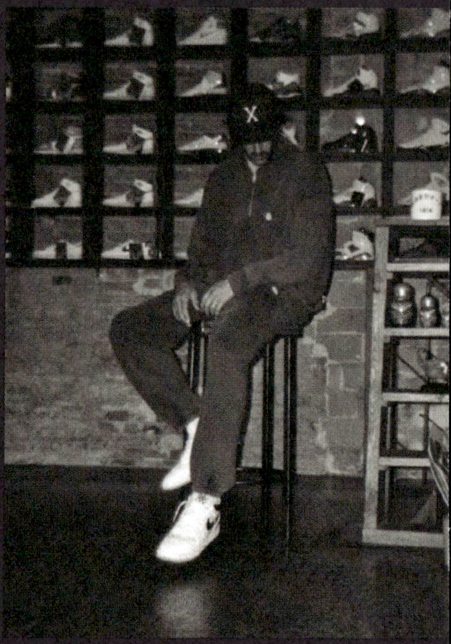

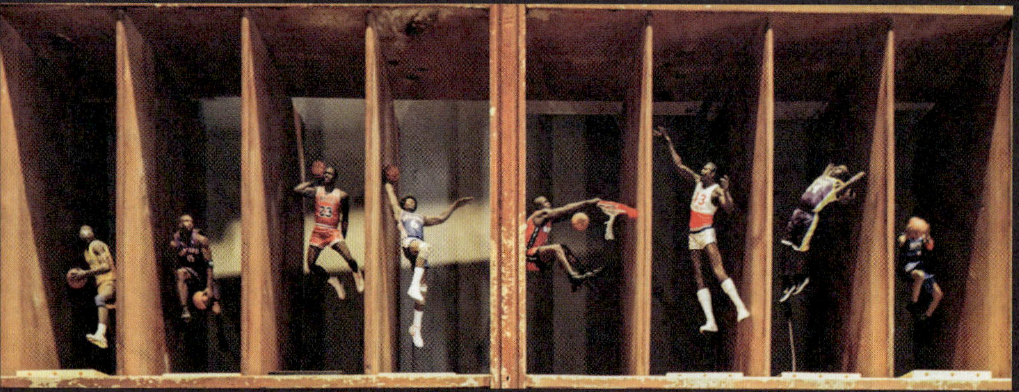

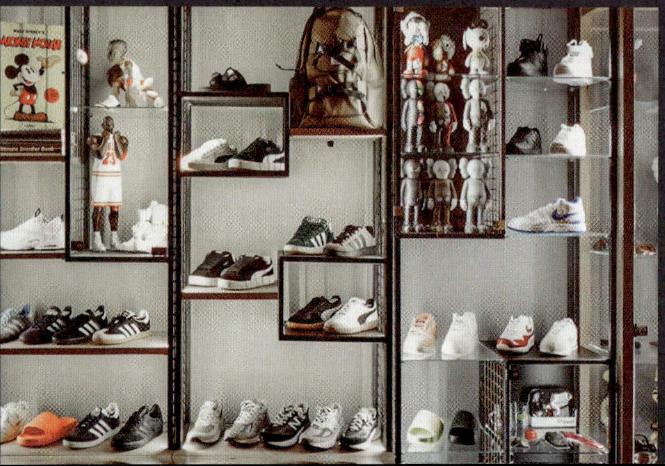

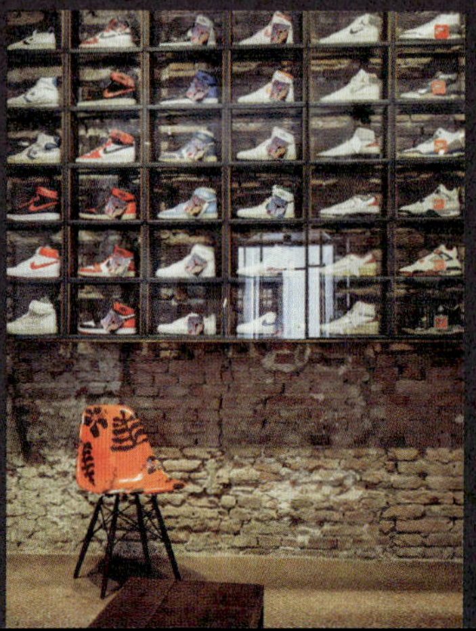

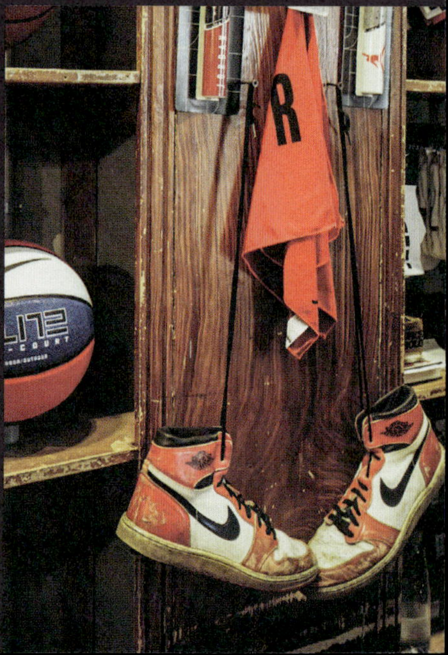

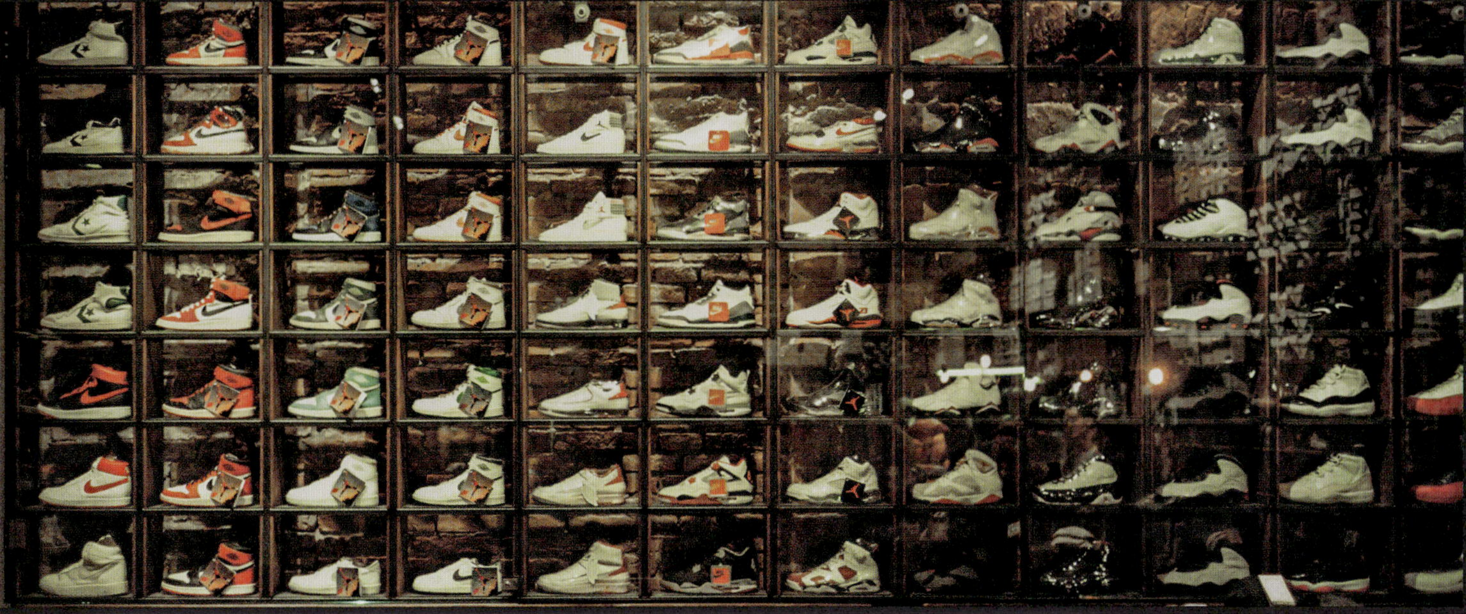

BACK DOOR BOTTEGA

BOLOGNA
16.02.2024

MARCO EVANGELISTI

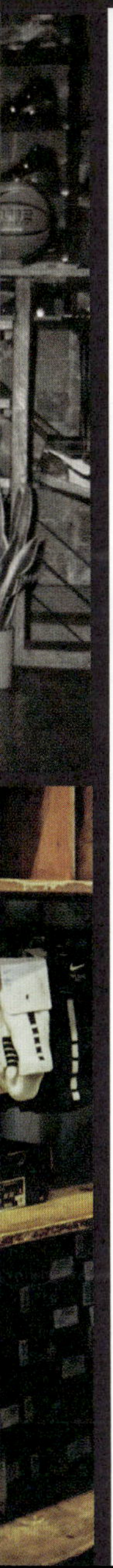

Hallo Marco, wie geht's? Hi, mir geht's gut, und Ihnen?!
Was machen Sie heutzutage so? Ich verbringe Zeit mit meiner Familie und kümmere mich um mein Geschäft und meine Hobbys!
Was denken Sie über den aktuellen Zustand der Sneakerwelt und der Industrie? Ich denke, dass es im Moment nicht so gut läuft, weil es ein Überangebot an Produkten gibt. Das führt in der Regel zu einem Rückgang von Kaufinteresse und Fans.
Wie ist Backdoor entstanden? Wer kennt es und kauft dort ein, und warum? Backdoor entstand aus der Leidenschaft für Basketball und Sneaker und dem Wunsch, eine Lücke zu füllen, die 2007 noch größer war als heute. Damals gab es kaum Läden wie BD, sowohl in Bezug auf Fläche als auch auf die Produktverfügbarkeit. Ich glaube, viele Menschen kennen es mittlerweile: Kunden im Allgemeinen, aber auch viele leidenschaftliche Sammler, Basketballspieler und Freunde. Backdoor war immer ein Ort, an dem man Meinungen und Ideen austauschen konnte, ein Ort, an dem man sich zu Hause fühlen konnte.
Erzählen Sie uns eine Anekdote über das Geschäft. Das Geschäft befindet sich auf einer Fläche, die in den späten 1800er-Jahren am historischen Sitz des Unternehmens meiner Familie gebaut wurde, das damals Haushaltswaren verkaufte. Noch heute kommen einige ältere Kunden vorbei, um diese Produkte zu kaufen, obwohl wir sie schon seit über zwanzig Jahren nicht mehr haben. Vielleicht, weil ich das historische Schild an der Außenfassade von BD behalten habe!
Was ist das perfekte Sneaker-Modell? Und warum? Ich glaube, es ist der Air Jordan 1. Es ist ein Schuh, der praktisch jedem gut steht, egal ob man Anzug, Jeans oder Trainingsanzug trägt. Er hat eine einfache, aber moderne Form, obwohl er schon vierzig Jahre alt ist!
Stimmen Sie mir zu, dass eine Leidenschaft für Sneaker ansteckend ist? Absolut!
Gibt es jemanden, den man im Blick behalten sollte? Der Designer, der mich am meisten fasziniert, ist Salehe Bembury. Er ist sehr kreativ!
Hat Italien Bedeutung in der Sneaker-Welt? Und warum? Natürlich, vor allem, weil wir ein Land sind, das voller Mode- und Streetwear-Enthusiasten, Sneaker-Herstellern und Kreativen ist und daher viele Leute stark in diesen Markt involviert sind.
Was halten Sie von dem Sneaker-Buch? Welchen zusätzlichen Nutzen sehen Sie darin? Es ist ein wunderbares Projekt. Ich glaube, es könnte eine Möglichkeit sein, um diese Welt allen Neugierigen da draußen besser vorzustellen und den Sneakerheads einige zusätzliche Details zu liefern.
Gibt es eine Botschaft, die Sie Ihren Anhängern mit auf den Weg geben möchten? Verfolgt immer eure Ideen und lasst eure Träume wahr werden.
Was wird der Sneaker der Zukunft sein? Welche Bedürfnisse und technischen Anforderungen muss er erfüllen? Eine sehr schwierige Frage, aber ich glaube, die Antwort liegt in der Tragbarkeit und der Nachhaltigkeit der Materialien, aus denen sie hergestellt werden.

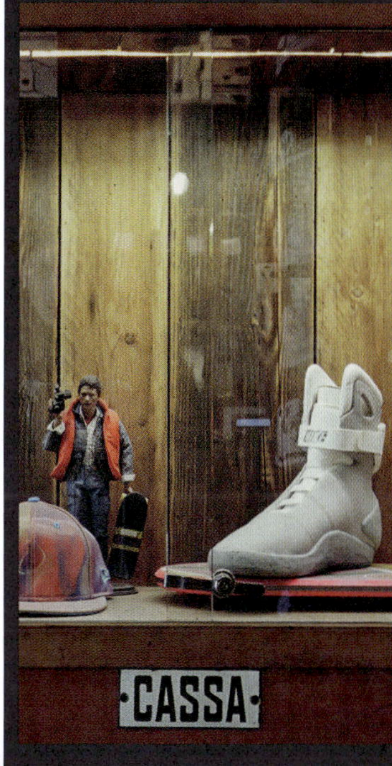

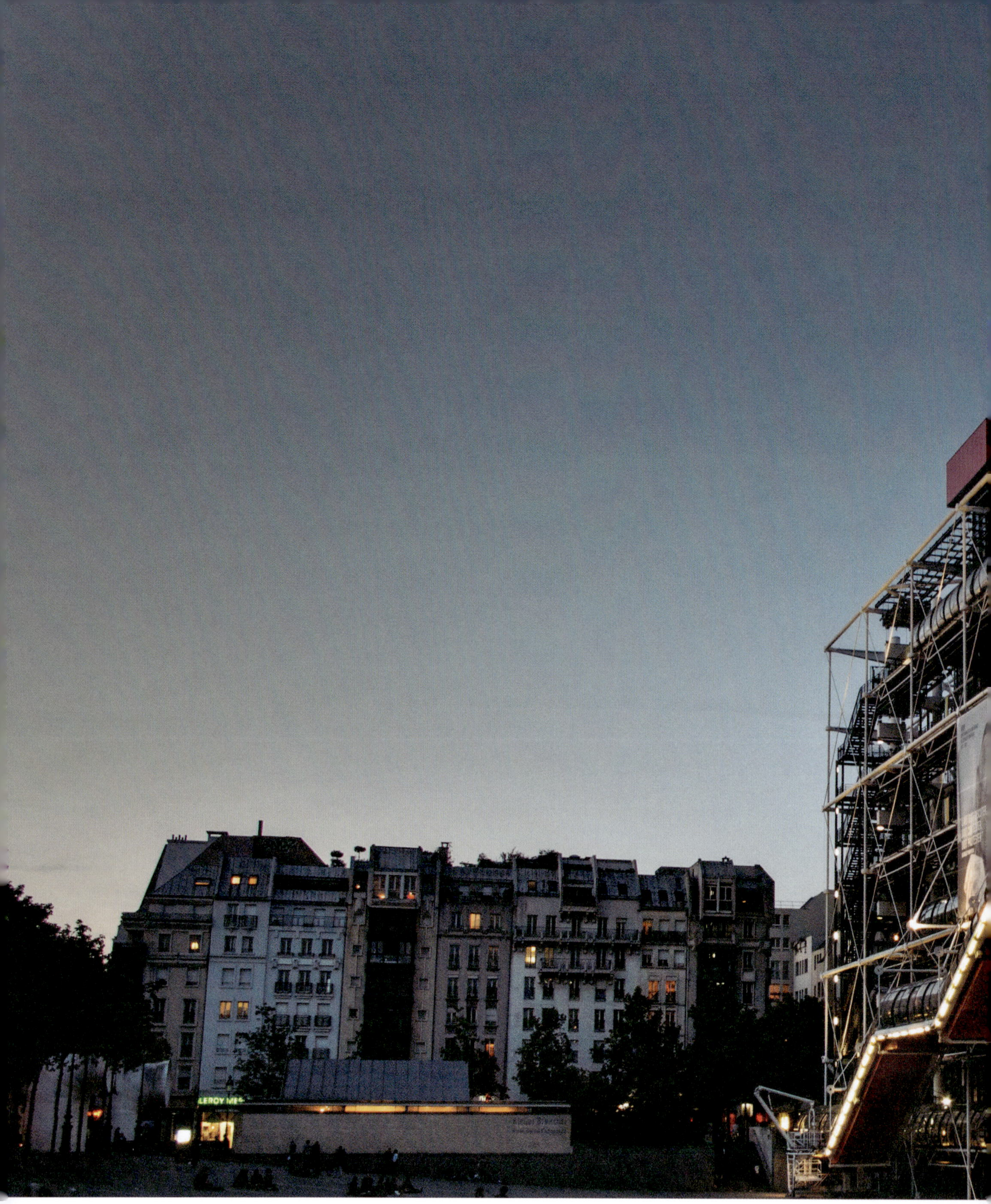

Centre Georges Pompidou – Marais, Paris.

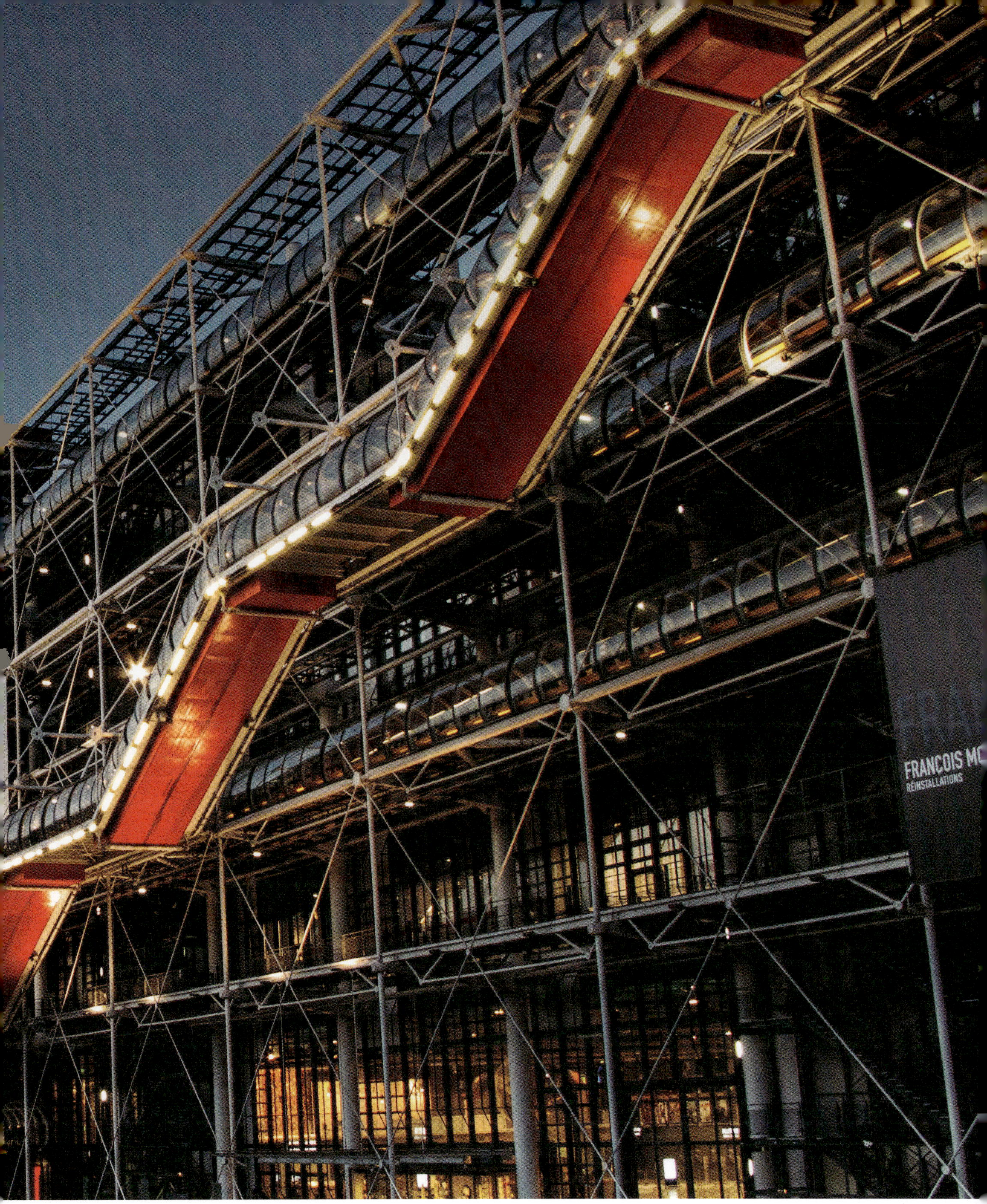
FRANÇOIS MO
RÉINSTALLATIONS

AIR MAX 1 – NIKE

Nike und Air Max revolutionierten das Design von Sneakern für immer. Frank Rudy, ein ehemaliger NASA-Raumfahrtingenieur, entwickelte Nikes berühmte Air-Technologie. Der Air Tailwind, der erste luftgepolsterte Schuh, kam 1978 auf den Markt und erhielt später ein Patent für seine innovative Technologie.
Einige Jahre später wandte der Architekt Tinker Hatfield von Nikes Innovation Kitchen (dem Innovationslabor des Schuhunternehmens) sein technisches Wissen an, um ein Design-Meisterwerk zu schaffen. Inspiriert vom Centre Pompidou in Paris, einem Gebäude, dessen Glashaut wie von innen nach außen gekehrt ist, enthüllte sein Entwurf das unverwechselbare Luftkissen in der seitlichen Sohle – eine Innovation in Aussehen und Funktionalität. 1987 wurde der Nike Air Max 1 geboren.
Der ursprünglich für Läufer entwickelte Air Max erlangte mit seiner „Dämpfung ohne Ende" große Popularität. Er wurde in dem äußerst erfolgreichen Werbespot „Revolution" mit Michael Jordan und John McEnroe vorgestellt, der von dem Beatles-Song „Revolution" begleitet wurde. Obwohl der Song für die Verwendung in der Werbung lizenziert worden war, reichte Apple Records eine Klage gegen Nike und andere beteiligte Parteien ein und forderte 15 Millionen Dollar Schadensersatz. Der Fall verlieh einer Geschichte, die Sport als eine Reise von Ausdauer, Sieg, Freude und Rückschlägen verkörpert, eine einzigartige Wendung.
Das sichtbare Air-Design wurde zur Ikone und ist fester Bestandteil zahlreicher Sneaker-Modelle. Die Air-Technologie hat sich als Marke etabliert, entwickelt sich ständig weiter und prägt unter anderem die Modelle Air Max 90, Air Max 95, Air Max 97, Air Max 98, Air Max 180, Air Max 360, Air Max 2015 und Air Max Plus. Der Air Max Day von Nike, der jährlich am 26. März gefeiert wird, kombiniert Neuerscheinungen und Community-Engagement.

Die fortlaufende Air-Revolution legt den Schwerpunkt auf Dämpfung und Aufprallabsorption und spiegelt damit einen Kernwert der Nike-Innovationen wider: Die Erfüllung funktionaler Anforderungen führt zu einem intuitiven und ästhetisch ansprechenden Design.

OBERMATERIAL AUS LEDER

SCHNÜRVERSCHLUSS

MAX AIR UNIT I PILLENFÖRMIGES LUFTFENSTER IN DER ZWISCHENSOHLE

WAFFEL-LAUFSOHLE MIT FLEXKERBEN

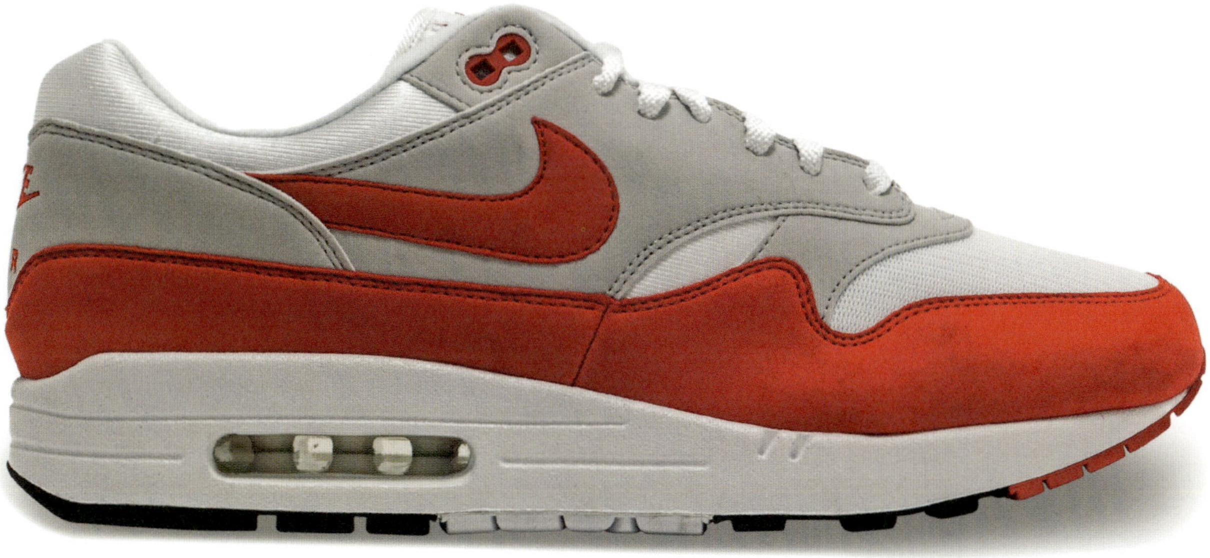

Tinker Hatfield, sozusagen der „Leonardo der Sneaker-Welt“, kann auf eine legendäre vierzigjährige Karriere bei Nike zurückblicken, in der er ikonische Schuhe entworfen hat, die Handwerkskunst und Storytelling perfekt miteinander verbinden.

Hatfields Repertoire umfasst ikonische Kreationen wie den Air Trainer, Air Mag, die Zusammenarbeit mit Michael Jordan für die Air-Jordan-Linie und Beiträge zu Air Max, Air Huarache, Andre Agassis Kollektion, Air Mowabb und Michael Johnsons goldenen Leichtathletikspikes. Seine innovativen Designs haben die Sneaker-Kultur nachhaltig geprägt und Hatfield zu einer der einflussreichsten und kreativsten Persönlichkeiten der Branche gemacht. In seinen eigenen Worten: „Wenn die Leute deine Arbeit nicht lieben oder hassen, hast du nicht viel erreicht.“

Tinker Hatfield

Tinker Hatfield, geboren am 30. April 1952, ist Vizepräsident für Design und Sonderprojekte bei Nike. Im Jahr 1998 wurde er vom Magazin *Fortune* als einer der 100 einflussreichsten Designer des Jahrhunderts ausgezeichnet.

AIR

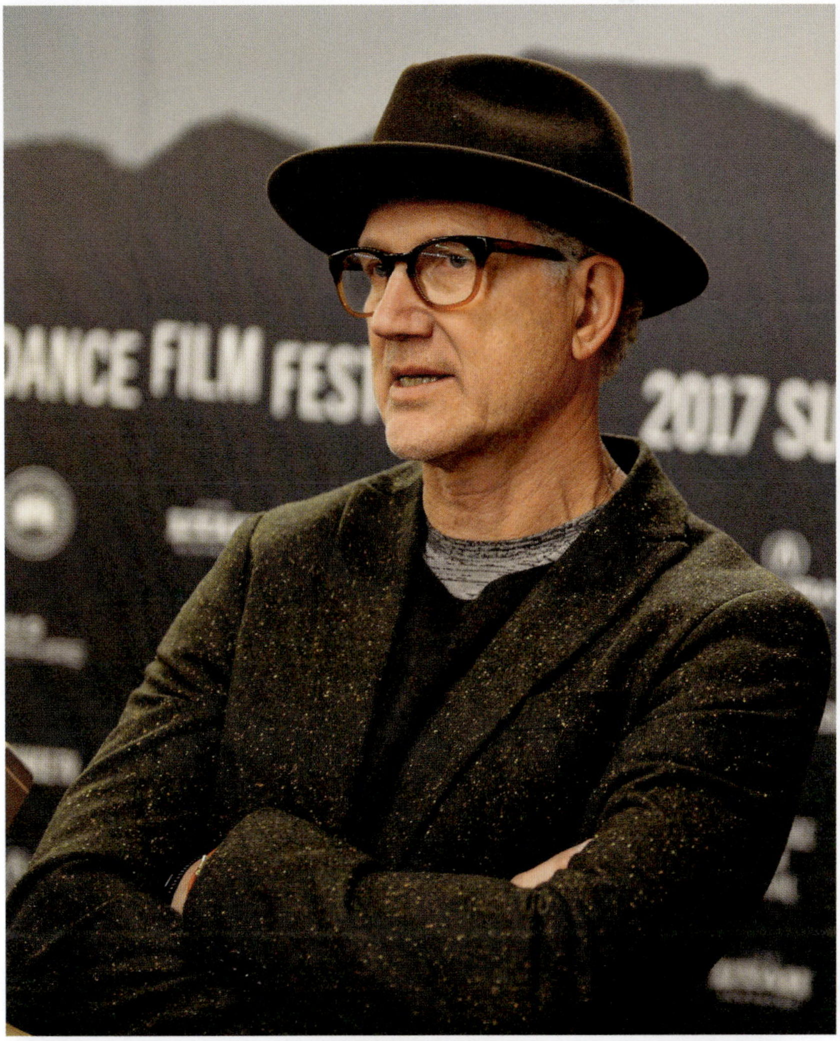

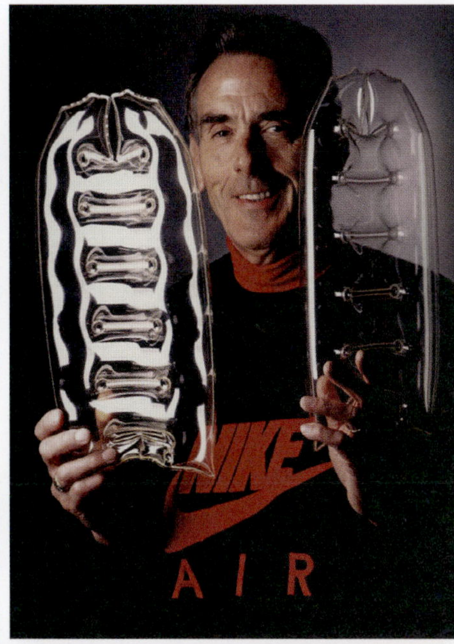

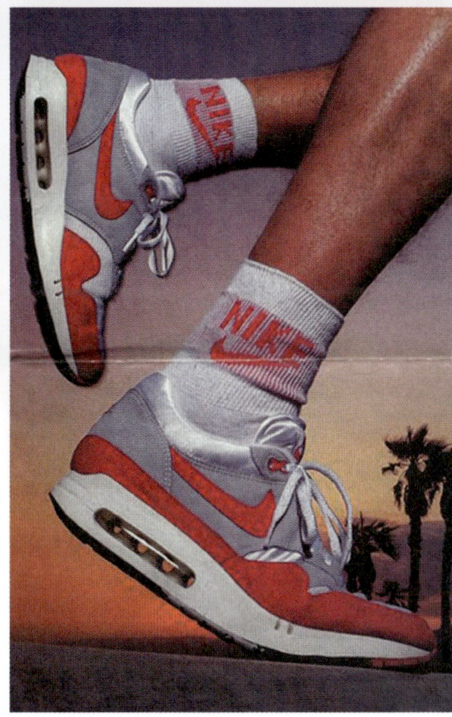

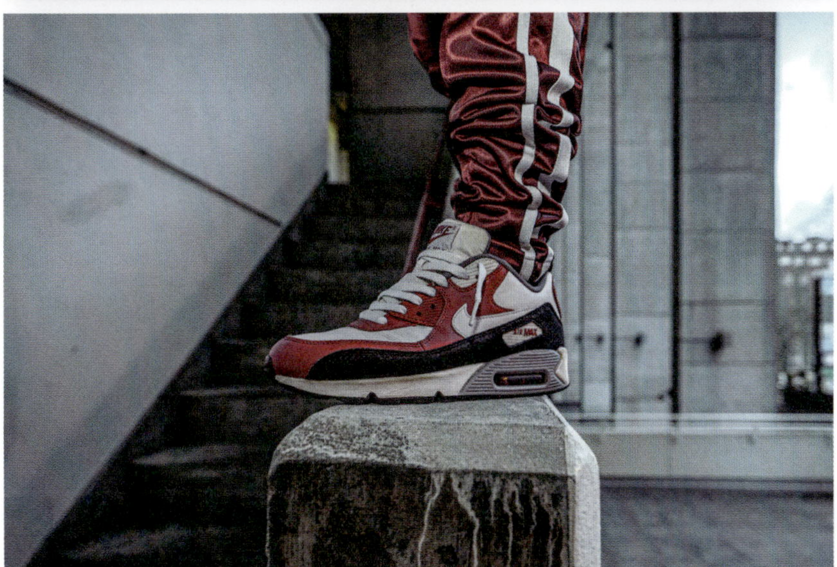

1. Tinker Hatfield auf dem Sundance Film Festival – Park City, Utah, 2017.
2. Frank Rudy zeigt die Nike Air-Dämpfungstechnologie – 1977.
3. Air Max 1 und einen passenden Trainingsanzug – Foto von Giacomo Miraldi, Westlondon – 2024.
4. Nike Air Max 1, Werbung.

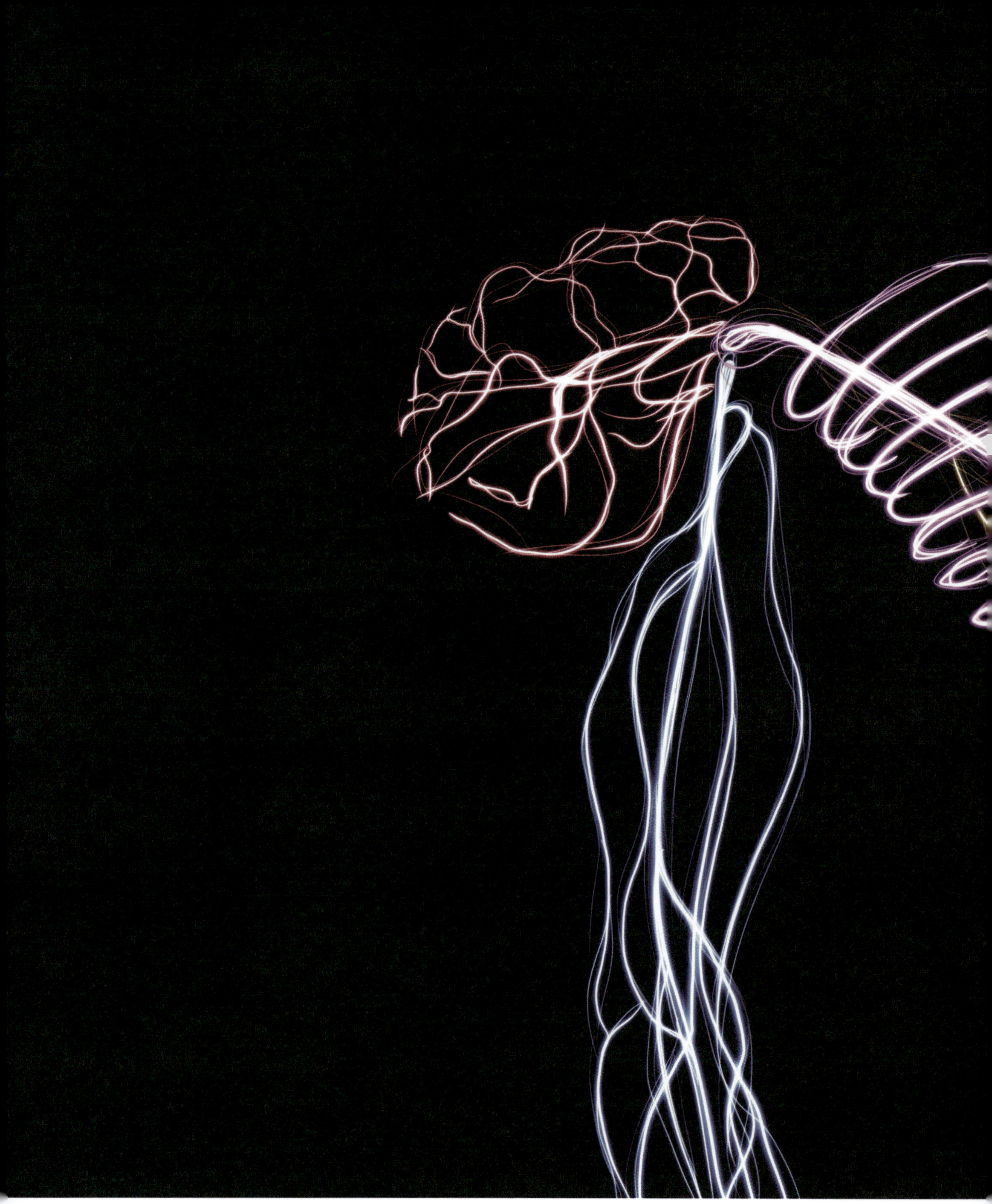

Inspiriert von der menschlichen Anatomie, ahmt der Air Max 95 mit seinem geschichteten Oberkörper die Muskelfasern nach.

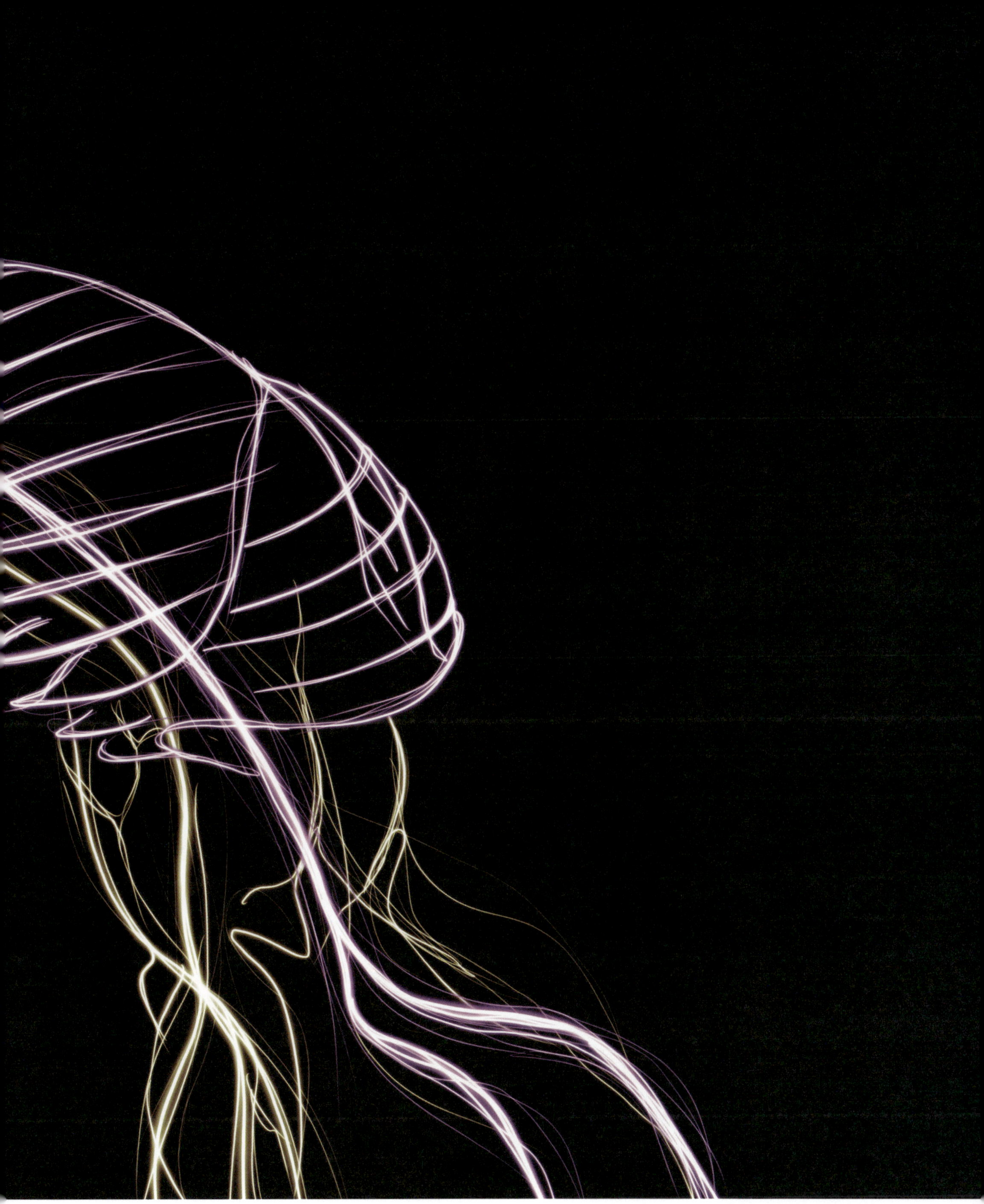

AIR MAX 95 – NIKE

Seit 1995 hat der Air Max 95 mit seiner Max-Air-Dämpfung und seinem innovativen Design die Schuhwelt geprägt. Der inoffiziell als Air Total Max bezeichnete und vom ACG-Designer Sergio Lozano gestaltete Air Max 95 sprengte mit seinem verkleideten Oberteil, der sichtbaren Luft und der ikonischen Neonfarbe „Volt" alle Konventionen und setzte sich sowohl in Form als auch in Funktion über alle Normen hinweg. Lozano integrierte auch reflektierendes Material von 3M und wählte eine diskrete Positionierung für den Swoosh.

Inspiriert von der menschlichen Anatomie, imitiert das geschichtete Oberteil des Schuhs die Muskelfasern, während die sichtbare Air-Außensohle die Wirbelsäule symbolisiert. Die Schnürung stellt die Rippen dar, und genähte Overlays erzeugen einen Farbverlaufseffekt, der erodierte Felsformationen nachahmt und das Erscheinungsbild von Schlamm, Schmutz und Abnutzung minimiert.
Das Modell wurde in Japan ein Riesenerfolg, da es den attraktiven Lebensstil der New Yorker international verkörperte und mit optimaler Dämpfung und einem robusten Design auch die solidesten Körpertypen ansprach. Dank seiner großen Beliebtheit und der Unterstützung durch Prominente konnten die Preise für die Schuhe auf dem japanischen Wiederverkaufsmarkt bis zu 3000 Dollar erreichen.

Trotz der anfänglich gemischten Kritiken veränderte der Air Max 95 die Wahrnehmung von Sneakern und machte aus Hightech-Laufschuhen Mode-Ikonen – ein Wendepunkt, der auch von Sammlern begrüßt wurde. Sergio Lozanos visionärer Ansatz mit dem Air Max 95 zeigte, dass ein innovatives Design und eine überzeugende Geschichte die Sneaker-Kultur maßgeblich beeinflussen und umgestalten können. Dies ist nach wie vor ein entscheidender Faktor, der zur anhaltenden Beliebtheit der Schuhe beiträgt.

OVERLAYS AUS LEDER UND SYNTHETIK

SCHNÜRVERSCHLUSS MIT ÖSEN AUS STOFF

SICHTBARE LUFTKAMMER IN DER FERSE UND IM VORFUSS

SCHAUMSTOFF-ZWISCHENSOHLE MIT FLEXKERBEN I GUMMI-AUSSENSOHLE

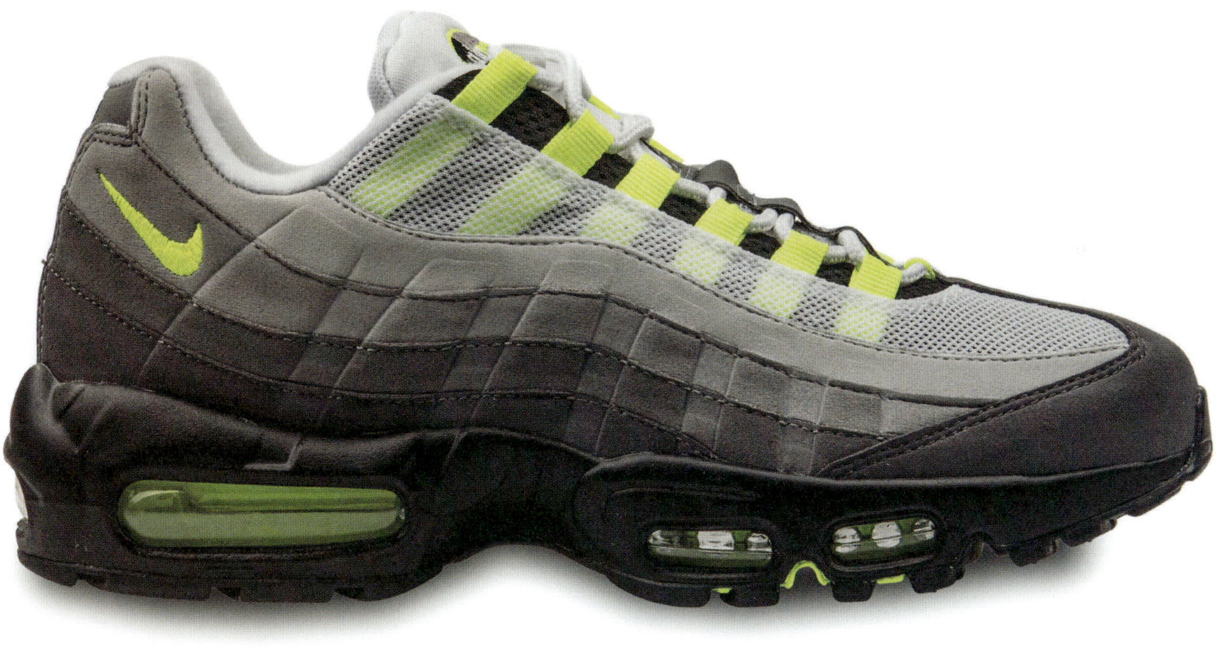

Sergio Lozano ist ein Designer, der für seine Arbeit mit Nike bekannt ist und für seine bedeutende Rolle bei der Gestaltung des Air Max 95 gefeiert wurde. Als Tinker Hatfield das Design für den Air Max abgab, sah sich Lozano mit einer großen Herausforderung konfrontiert. Er stellte sich jedoch der Herausforderung und schuf etwas, das eine radikale stilistische Abkehr von der traditionellen Laufästhetik darstellte und den Air Max zu einer Modeikone machte.
Lozanos Beitrag verwandelte den Air Max 95 in etwas, das über einen einfachen Schuh hinausging: Er wurde zu einem kulturellen Phänomen. Ob auf den Straßen der Stadt oder auf den Laufstegen der Modewelt – er ist mehr als nur ein Schuh, er ist ein Symbol für Rebellion, Innovation und eine zeitlos coole Ästhetik. Der Air Max 95 wird nicht einfach nur getragen, er wird zu einem integralen Bestandteil des Körpers, der sich mit jedem Tragen verändert.

***„Alle um mich herum sagten immer: ‚Geh und hab Spaß‘.
Ich war noch jung und ein bisschen naiv, auf eine gute Art und Weise, und das war alles, was ich hören musste.“ – Sergio Lozano***

Sergio Lozano

Sergio Lozano studierte Industriedesign und kam 1990 zu Nike, wo er mehr als dreißig Jahre lang tätig war, bevor er das Unternehmen 2021 verließ. Er ist vor allem als Designer des Air Max 95 bekannt.

MAX

MAX: DIE LUFTDÄMPFUNGSTECHNOLOGIE IST IN IHRER MAXIMALEN FORM SICHTBAR.

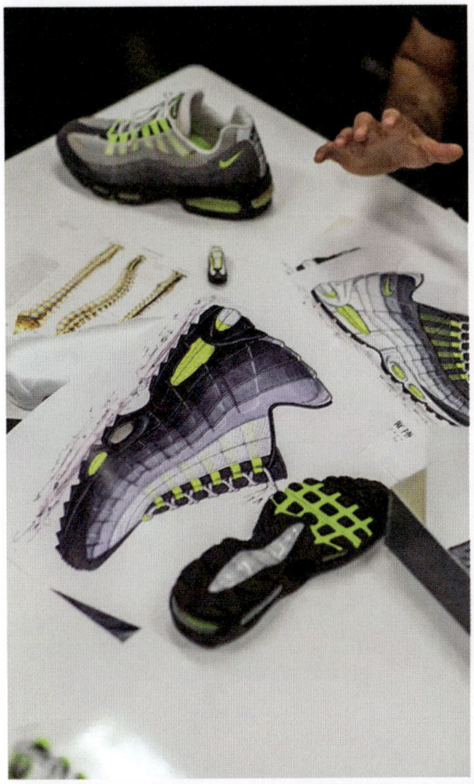

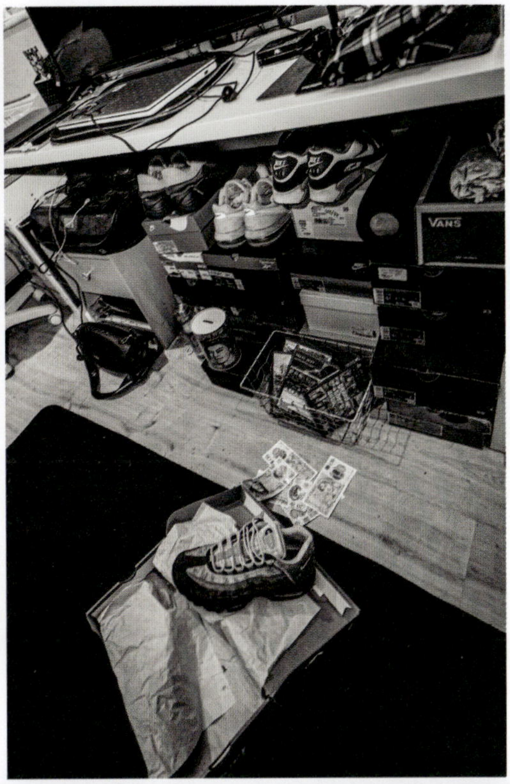

'95

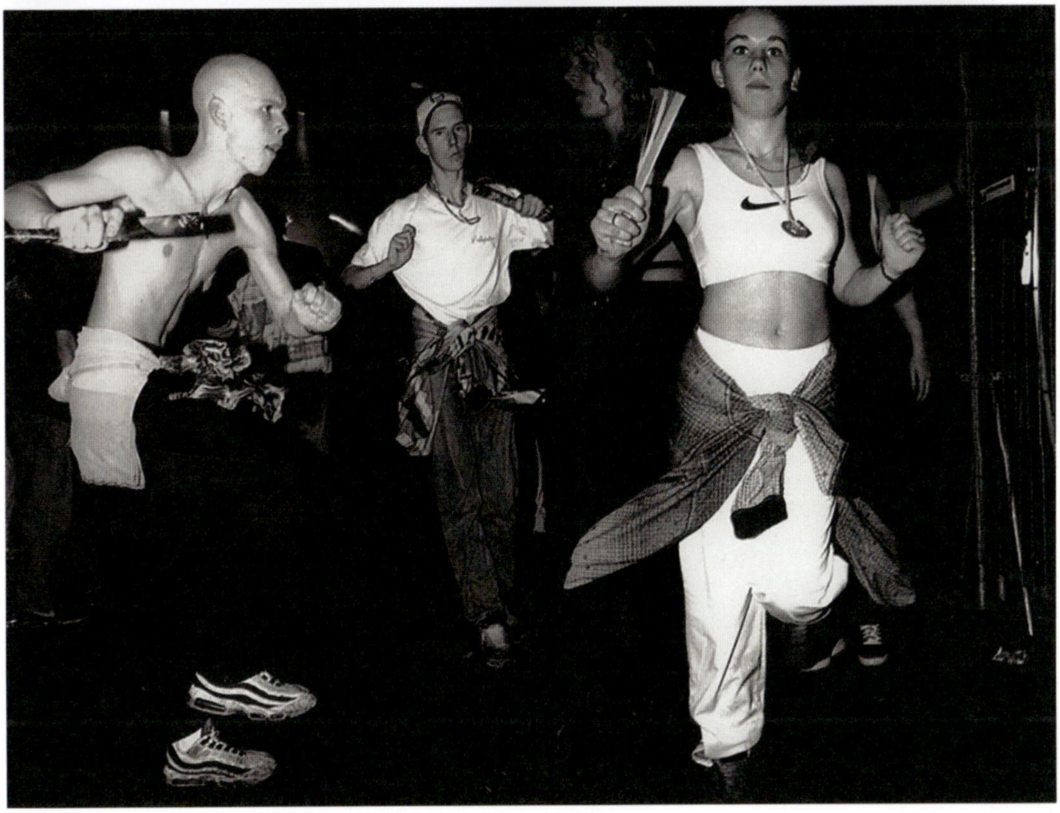

1. Das Air-Max-95-Design von Sergio Lozano.
2. Londoner Ghetto, Harlesden. Foto von Giacomo Miraldi, /Westlondon – 2024.
3. Raver aus der niederländischen Hardcore- und Gabber-Szene, aus dem Buch *Release/Celebrate Life: The Story of ID&T.*

’95

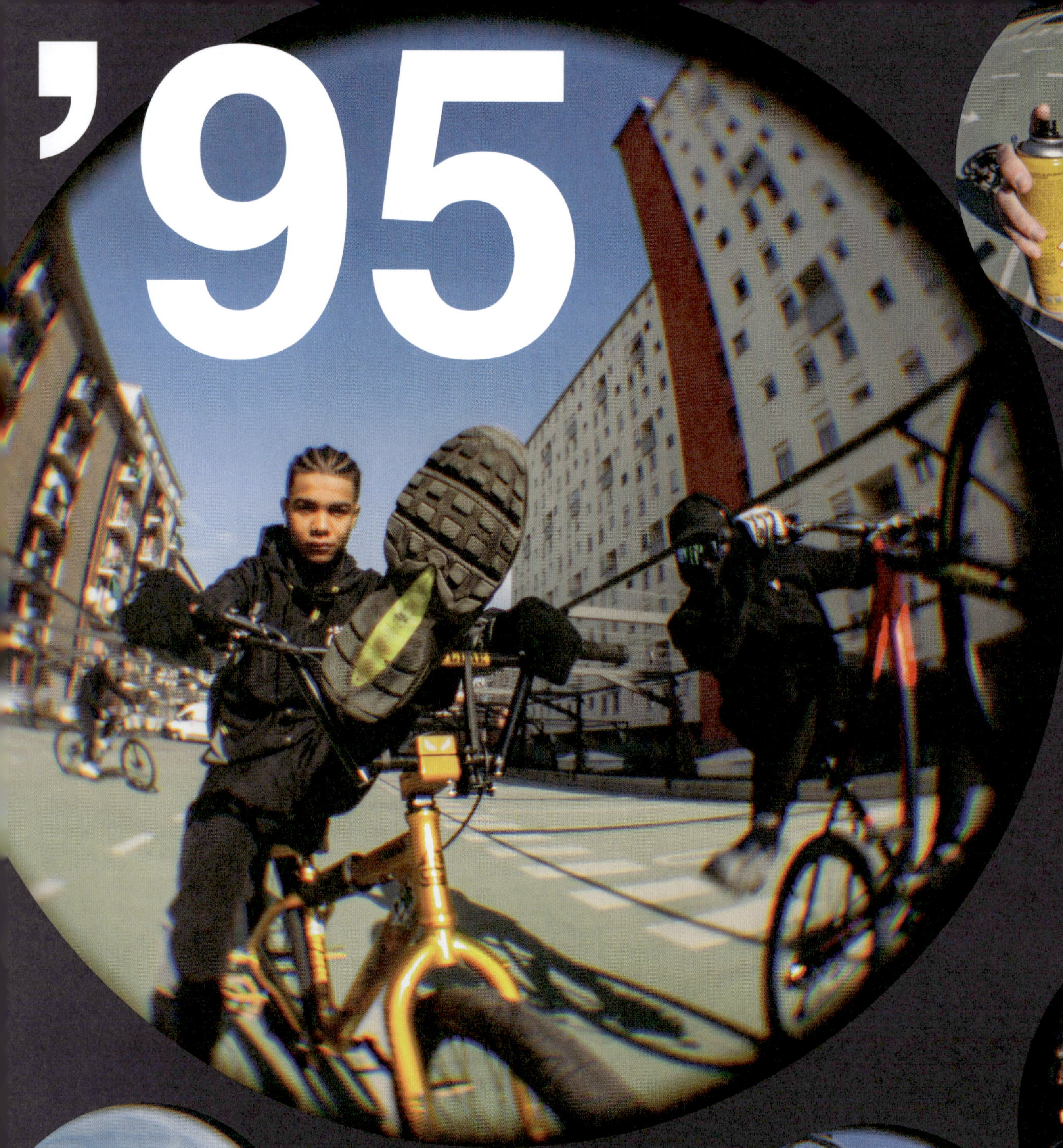

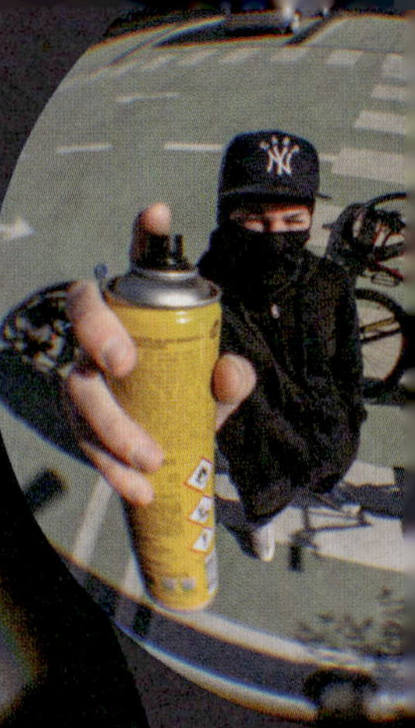

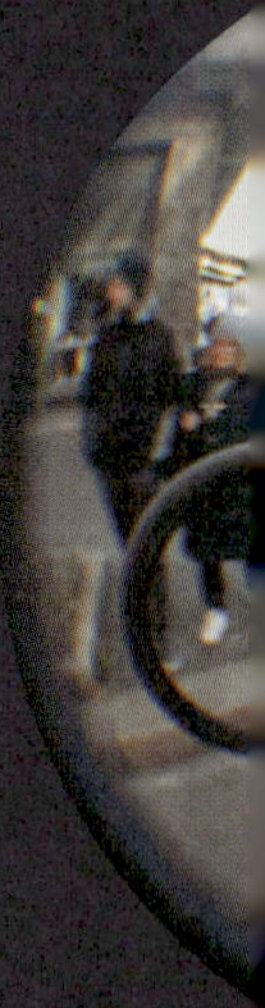

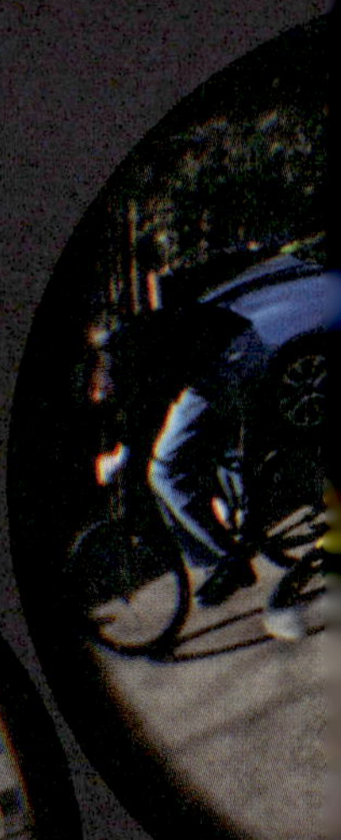

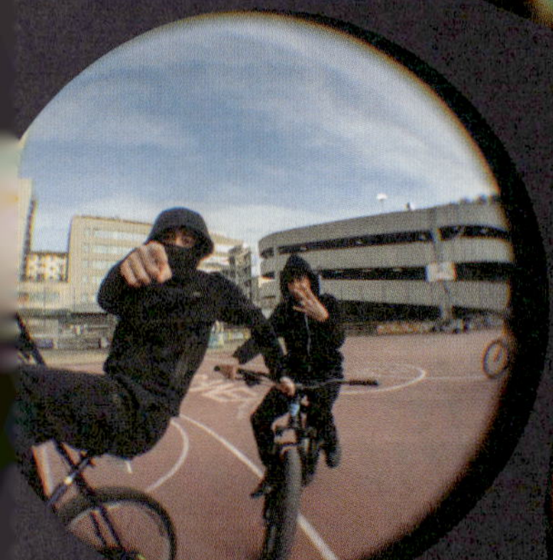

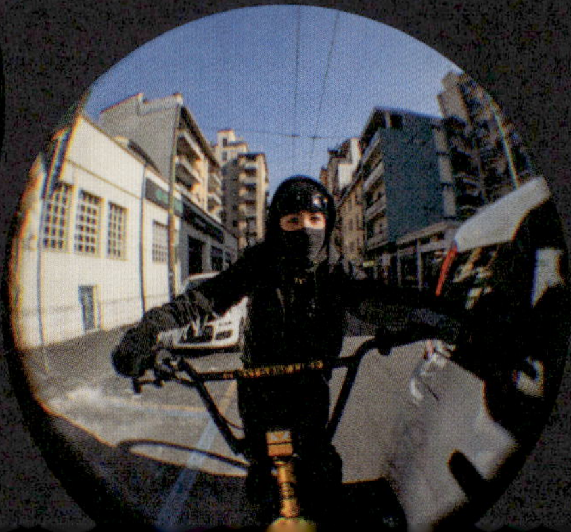

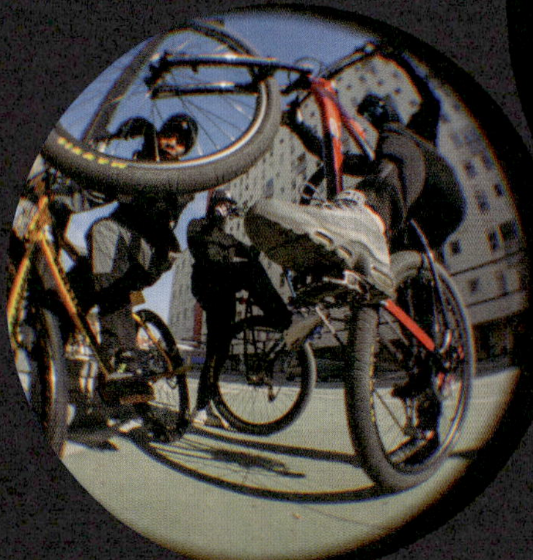

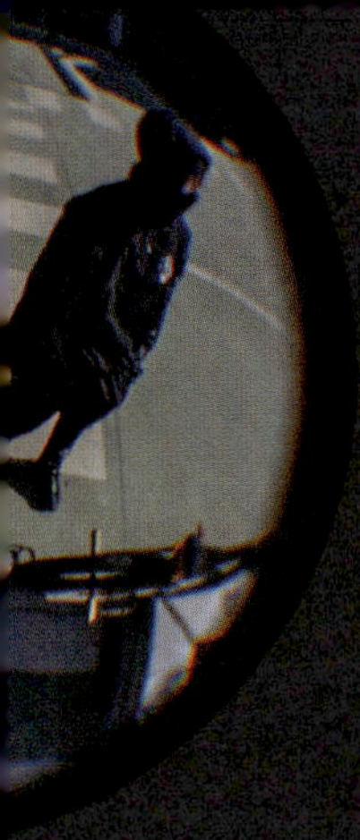

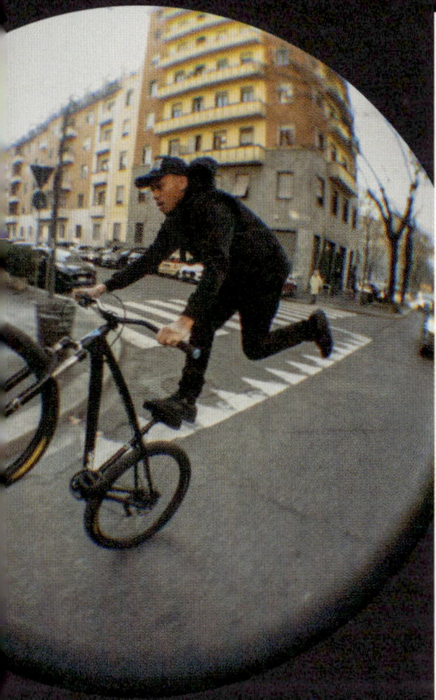

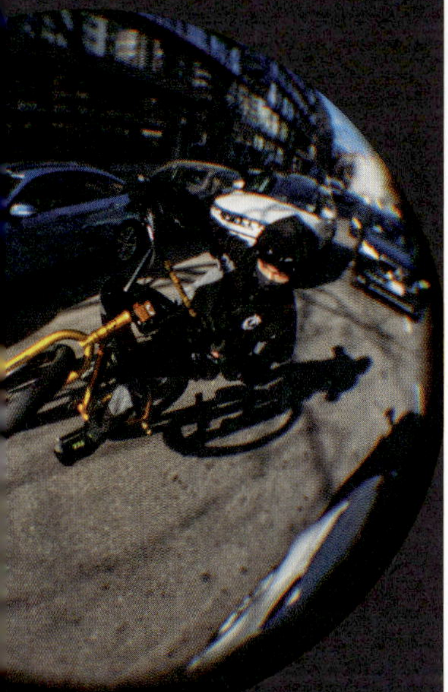

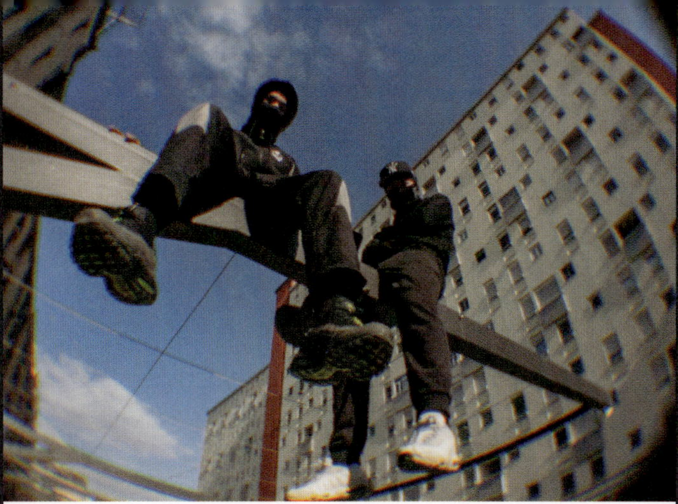

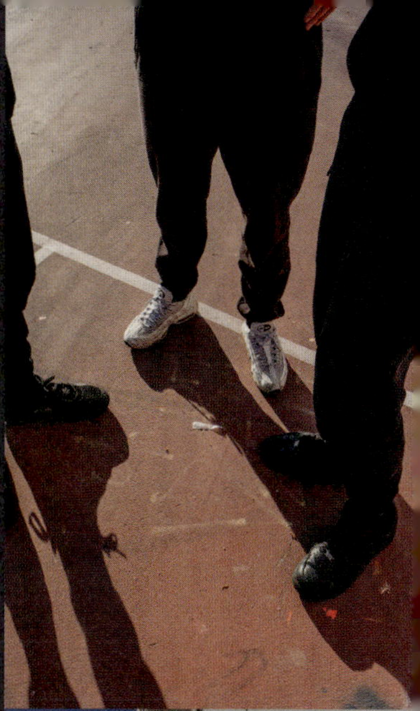

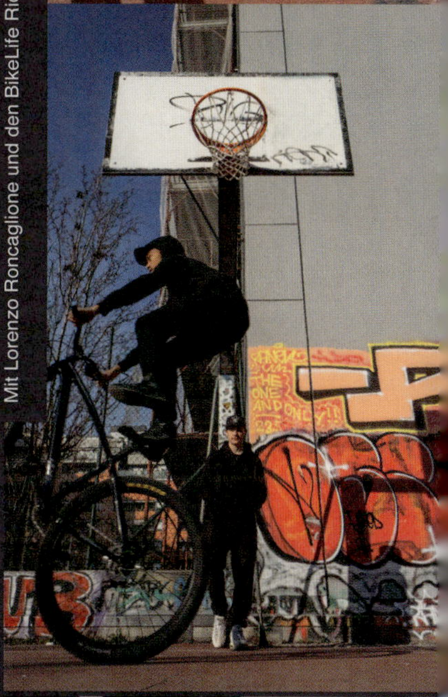

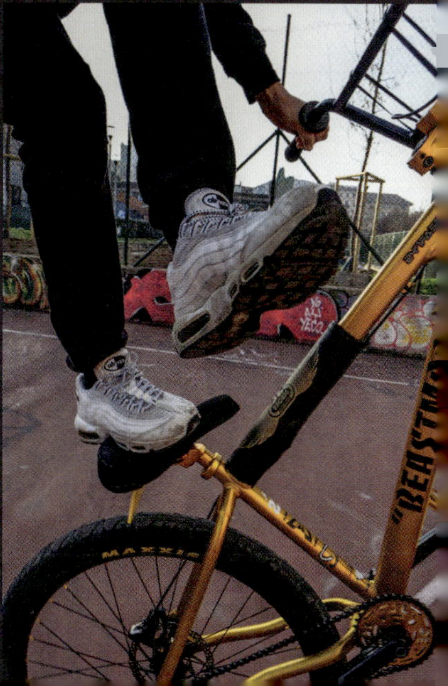

Mit Lorenzo Roncaglione und den BikeLife Riders "24.7 FASTLIFE" – Mailand, 2024.

24/7FASTLIFE [LE MONDE EST À NOUS] VERBINDET STÄMME VON GLEICHGESINNTEN AUF DER GANZEN WELT / INTERVIEW FÜR SNEAKERS BOOK / MILAN / 2.2.2024 H:11:30

Peter Wassili, @peterwassili (Gründer 24/7fastlife)

F: Wann wurde es erschaffen?

A: Man könnte sagen, dass es BikeLife in Italien schon immer gegeben hat. Es gab schon immer Leute, die Rad gefahren sind. Sie kannten sich nur nicht und es gab keine Flagge, die sie alle miteinander verband. Die 24/7's Rideouts finden jedes Jahr um den April herum statt. Heute sind wir bei der vierten Auflage der Veranstaltung. Es handelt sich um eine Zusammenkunft von Menschen, die gemeinsam durch die Stadt fahren, und die Veranstaltung wird von Jahr zu Jahr immer größer. Wir waren mal fünfzig, mal hundert, mal drei-, mal vierhundert. Sicherlich haben soziale Medien eine wichtige Rolle gespielt, vor allem um den Leuten klar zu machen, dass es sich um einen Lebensstil handelt. Wir sagen immer, dass BikeLife in erster Linie ein Sport ist, ein Sport, bei dem es darum geht, sich auszutauschen, sich gegenseitig zu helfen, einen gesunden Wettbewerb zu führen ... Und bei den Rideouts, zu denen drei- bis vierhundert Leute kommen, fühlt man sich als Teil von etwas. Es ist unmöglich, sich nicht als Teil von etwas fühlen.

Maksym Astashyn, @astadaet_wp

F: Wie lauten Ihre Regeln?

A: Es gibt keine Regeln. Das Wichtigste ist natürlich, dass man Leute mit Respekt behandelt. Abgesehen davon, dass man ehrlich ist und nicht versucht, cool zu sein, sind wir hier alle gleich. Jeder hat seine eigene Geschichte.

F: Warum tun Sie das?

A: Lebensstil. Schnelles Leben.

F: Das Wichtigste ist also?

A: Die Gemeinschaft. Ich habe das Glück, dass wir eine sehr enge Gemeinschaft haben, nicht nur in Italien, sondern auch in Paris und London, wo wir Europatourneen gemacht haben. Das Wichtigste ist die Gemeinschaft.

Sebastian Scaravonati, @24.7seba

F: Ihr nächstes Fahrzeug wird ein Elektromotorrad sein?

A: Ja, sobald ich einen Job finde, der gut bezahlt wird. Elektromotorräder sind auch leiser als Motorräder. Sie machen weniger Lärm, man kann in die Innenstadt fahren und es ist bequemer.

F: Aber können Sie damit auch Stunts machen?

A: Ja, und es ist auch bequemer. Es ist einfacher als auf einem Fahrrad, denn auf einem Fahrrad muss man das Gleichgewicht wiederfinden. Man muss den richtigen Rhythmus haben, wenn man in die Pedale tritt ... im Gegensatz zu einem Motorrad, wo man den Gashebel hat und es einfach ist, wenn man das Gefühl hat, man stürzt.

Das Profil des Schuhs enthält reflektierende Elemente, die die Sichtbarkeit bei Nacht verbessern.

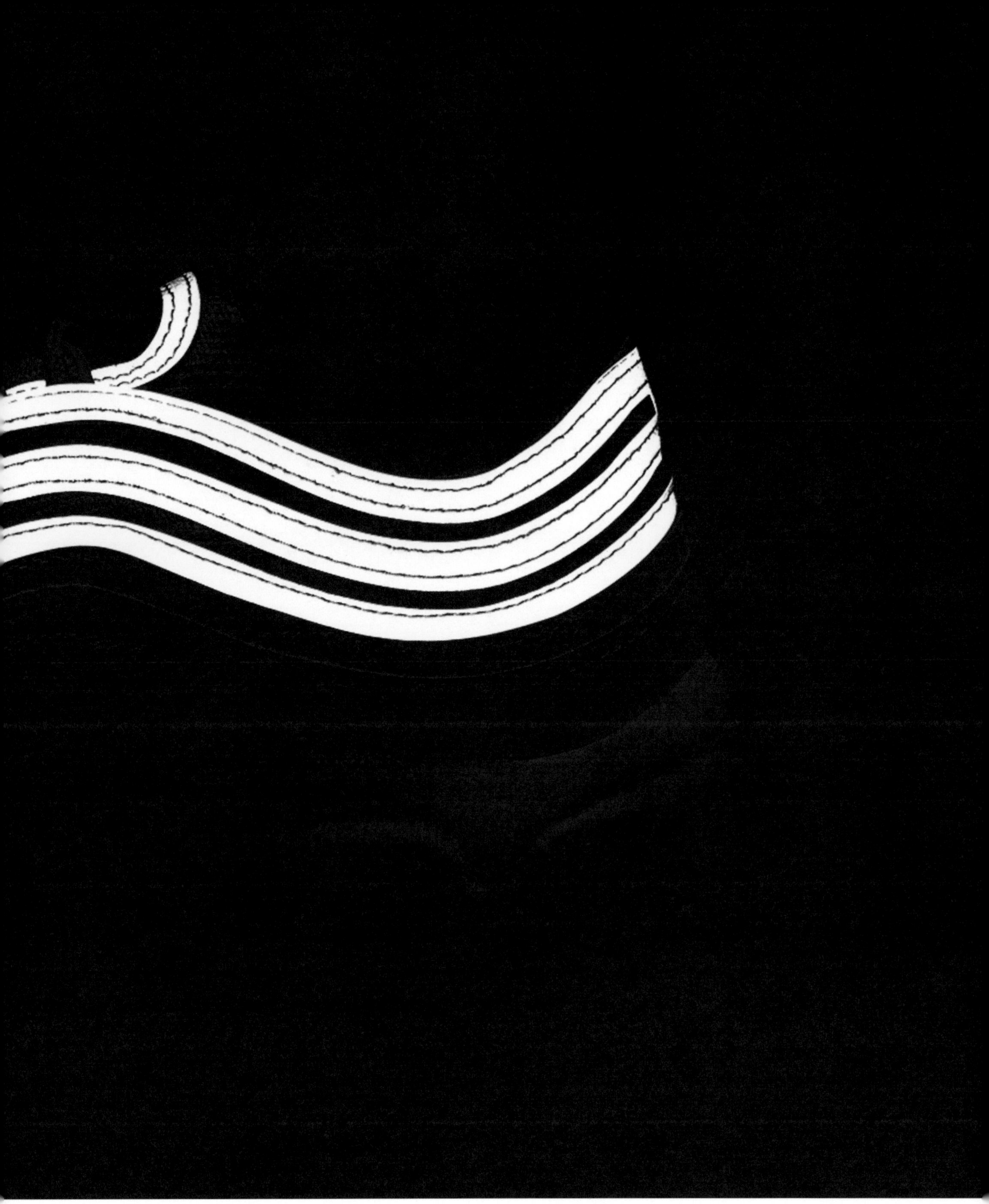

AIR MAX 97 - NIKE

Der Air Max 97 kam 1997 auf den Markt und fing mit seiner unverwechselbaren Ästhetik als Laufsneaker den Geist der 90er-Jahre ein. Er verkörpert mühelos die technischen Innovationen von Nike und bewahrt gleichzeitig das ursprüngliche Design. Er ist der Inbegriff eines Lifestyle-Sneakers. Nike heuerte den Designer Christian Tresser, einen ehemaligen Reebok-Designer, an, um die bahnbrechende Silhouette zu entwerfen. Die ikonische Debüt-Farbgebung ist als Silver Bullet bekannt, und die Verwendung von Metallic-Details auf einem grauen Mesh-Design spiegelt Tressers Wertschätzung für das Mountainbiken perfekt wider. Die vollständig sichtbare Air-Max-Polsterung entlang der Sohle ist ein Beweis für das technische Können von Nike.

Der vielseitige und stylische Air Max 97 wertet jeden Look mit seinen reflektierenden Details und seiner schlanken Silhouette auf. Die zusätzlichen reflektierenden 3M-Elemente verbessern die Sichtbarkeit des Schuhs in der Nacht, während die verdeckte Schnürung und die Ösen, eine Neuheit aus den 90er-Jahren, die Originalität unterstreichen. Die sichtbare Air-Technologie entlang der gesamten Sohle ist futuristisch und hebt die potenzielle Zerbrechlichkeit der eingekapselten Air-Kissen hervor. Das ikonische optische Muster und die schwarzen Akzente auf der Schuhlasche und dem Innenfutter unterstreichen die Attraktivität des Schuhs.

Egal, ob man den Air Max 97 Silver Bullet liebt oder hasst, er fasziniert immer wieder Menschen mit verschiedenen Stilen und verbindet modische Elemente mit traditioneller Sportlichkeit.

WASSERABWEISENDES OBERMATERIAL

VERDECKTER SCHNÜRVERSCHLUSS

LUFTPOLSTERUNG ÜBER DIE GESAMTE LÄNGE

SCHAUMSTOFF-ZWISCHENSOHLE | GUMMI-AUSSENSOHLE

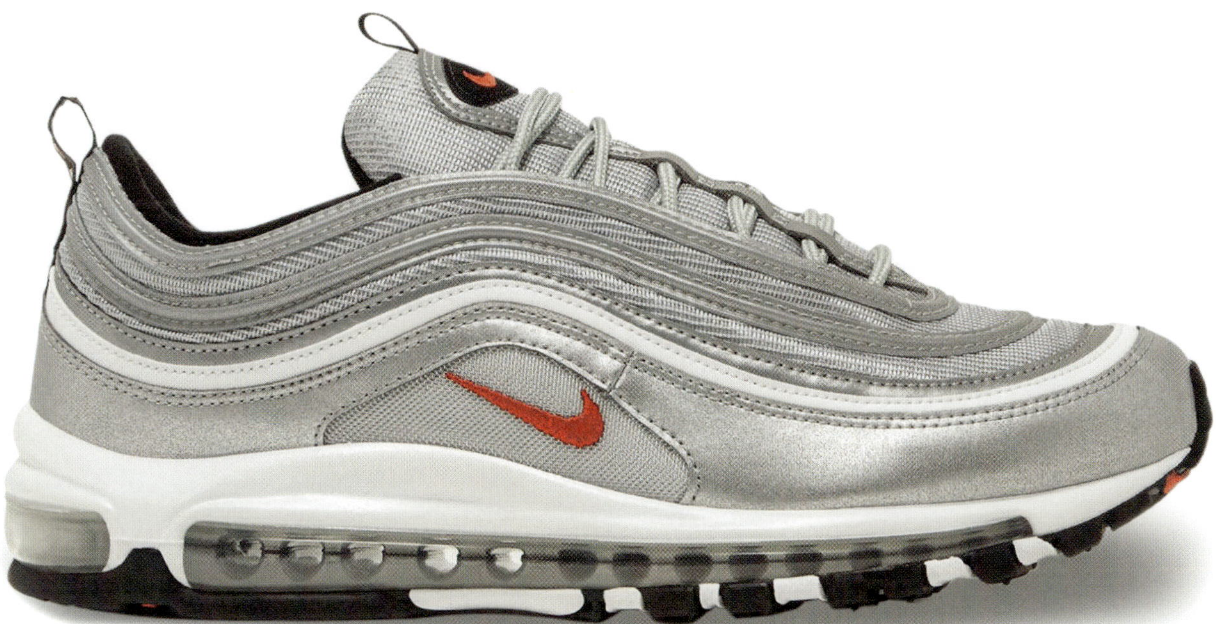

Das futuristische Design des Air Max 97 wurde hauptsächlich von Tressers Liebe zu Mountainbikes inspiriert. Deren Ästhetik mit Titan- und Metalloberflächen und reflektierendem Material spiegelt sich in der stromlinienförmigen, industriellen Optik des Silver Bullet wider. Tresser ließ sich auch von Wassertropfen und dem Welleneffekt, den sie erzeugen, inspirieren und versuchte, den gleichen spitz zulaufenden Effekt in seinem Design zu imitieren.

Der Air Max 97 wurde ein weltweiter Erfolg und sprengte die Grenzen zwischen Sport- und Freizeitkleidung, vor allem in Italien, wo er zu einem echten Modephänomen wurde, das unter dem Namen „Le Silver“ bekannt wurde, was seinen Aufstieg von der Underground-Szene zu landesweiter Popularität symbolisiert. Die Markteinführung des Air Max Gold im Jahr 1999 festigte die Popularität der Silhouette, die durch die Veröffentlichung von limitierten Editions, die Collabs mit Künstlern wie Skepta und exklusive Versionen wie den italienischen Air Max 97, der die italienische Flagge auf den Fersenlaschen und der Zunge trug, noch gesteigert wurde.

Future

Nike Air steht für visionäres Design. Seit seinem Debüt im Jahr 1997 wird er als Schuh, der seiner Zeit voraus ist, anerkannt. Auch heute noch hat er seine futuristische Anziehungskraft bewahrt und ist gleichzeitig ikonisch und alltagstauglich. Er sträubt sich gegen Trends und verkörpert Zeitlosigkeit.

SLV

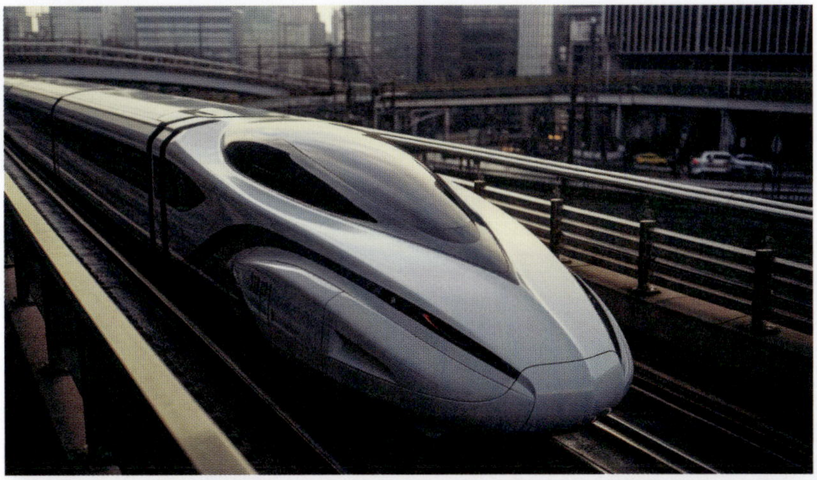

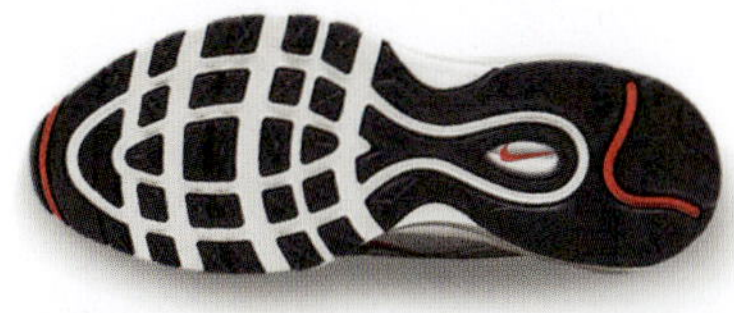

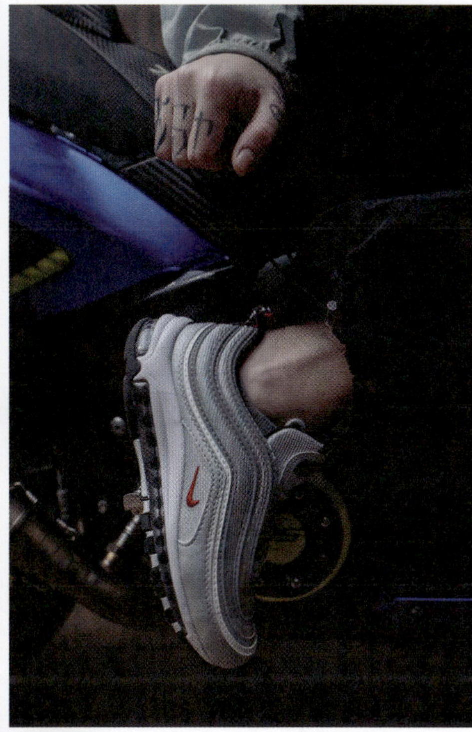

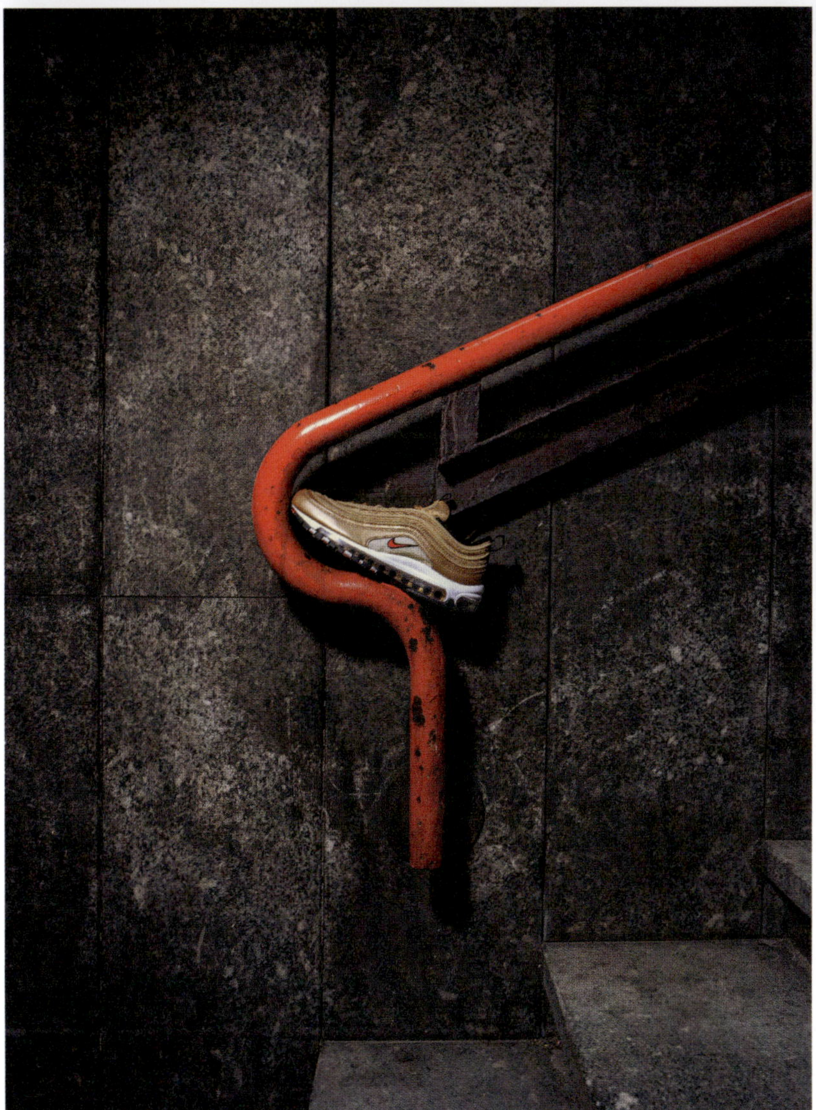

1. Shinkansen, der Hochgeschwindigkeitszug – Japan.
2. Nike Air Max 97 Sohlendetails.
3. Martina, aufgenommen auf TMAX, trägt „Le Silver“ von Giacomo Miraldi – Italien, 2023.
4. Nike Air Max 97 Italy Trainer von Sha Ribeiro – Mailand, 2017.

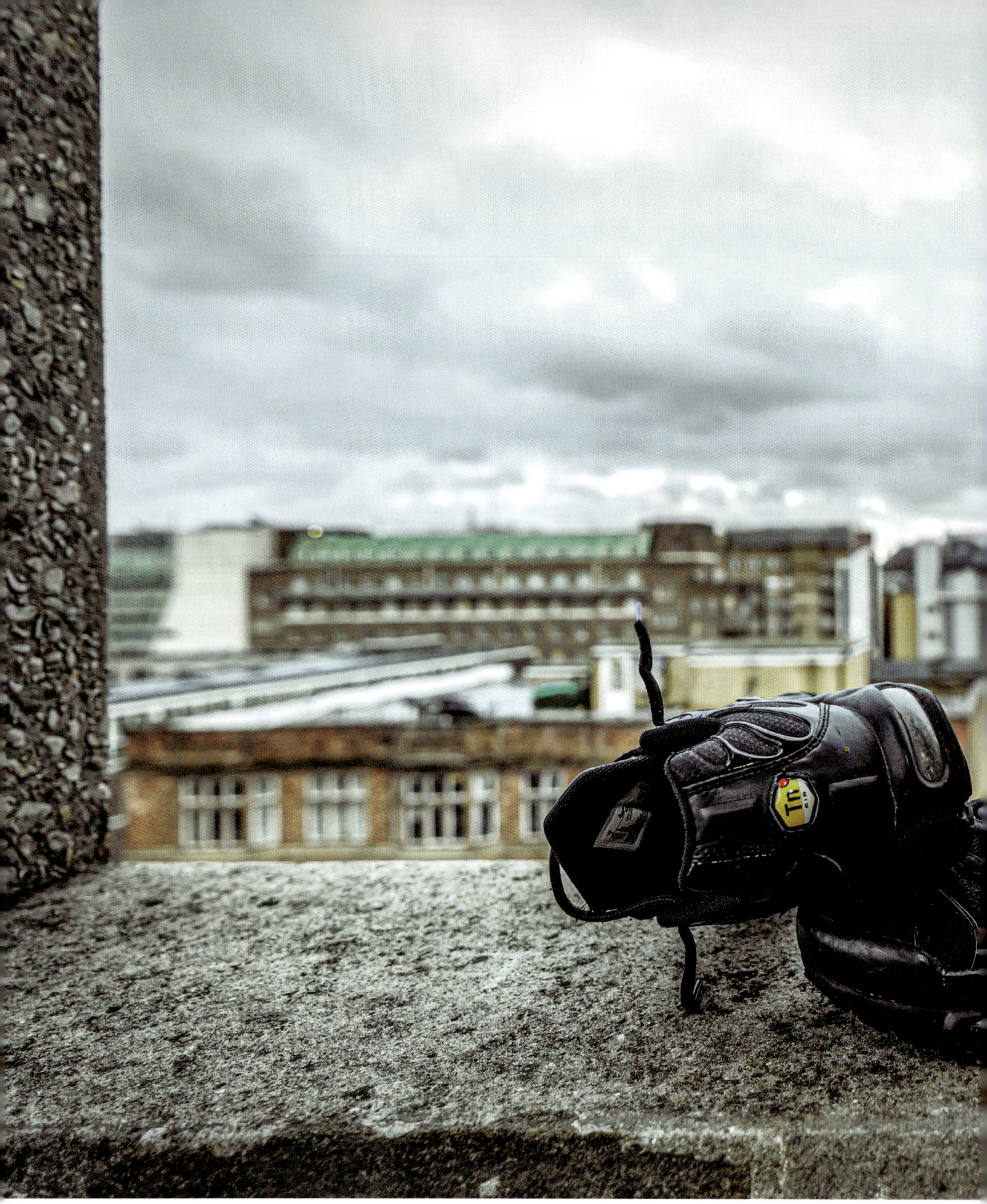

Londoner Ghetto, Foto von Giacomo Miraldi – Harlesden / West London, 2024.

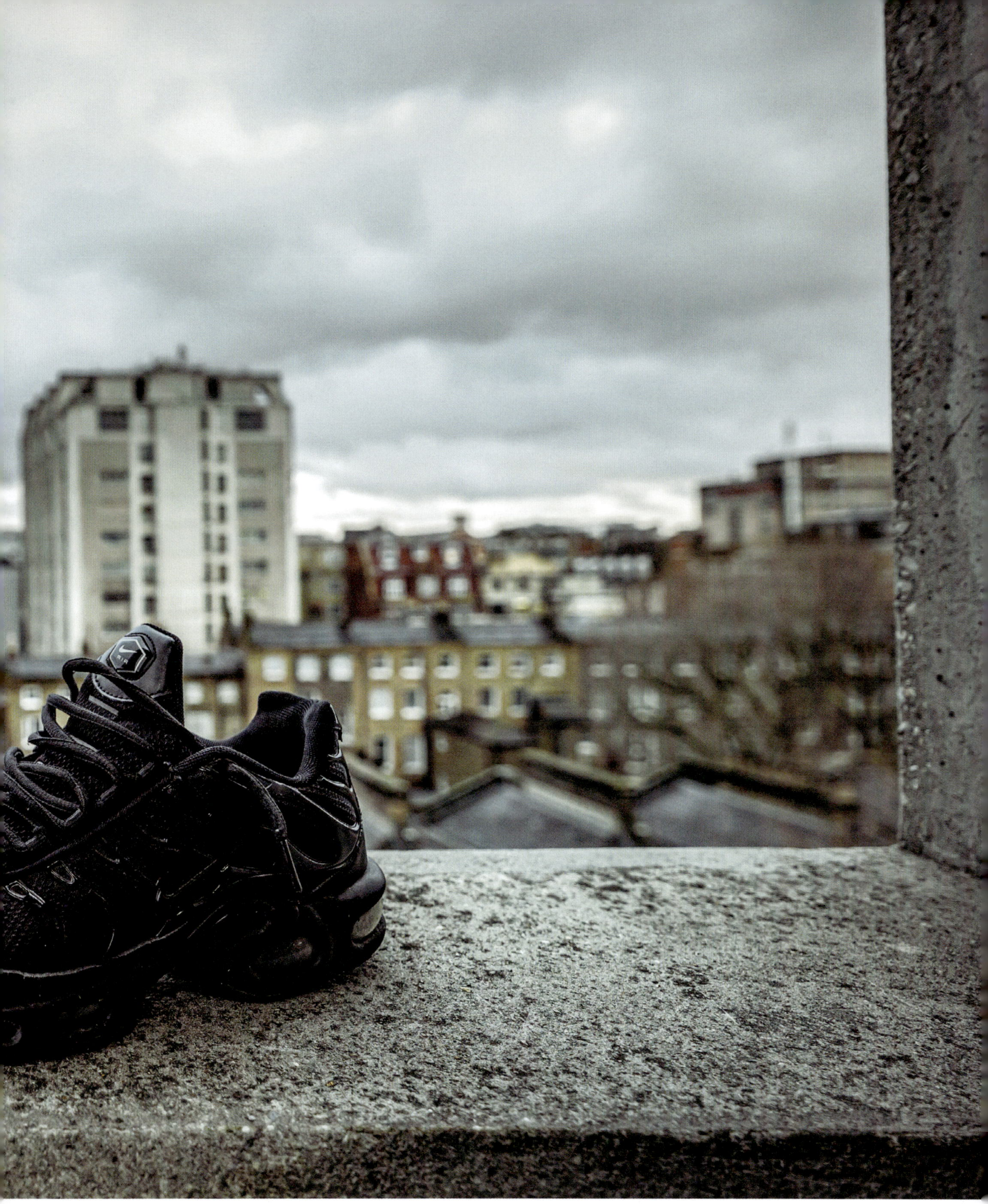

AIR MAX PLUS/TN - NIKE

Der Nike Air Max Plus, oder TN, ist ein Statement-Sneaker. Die von Sean McDowell 1998 exklusiv für das Sky Air-Projekt von Foot Locker entworfene TN-Silhouette definierte die Streetwear-Ästhetik der 90er-Jahre neu und verkörperte die Essenz der urbanen Kultur. Der von Floridas Palmen bei Sonnenuntergang inspirierte Schuh verkörpert durch sein unverwechselbares welliges Design und seine leuchtenden Farben (wie Hyper Blue, Voltage Purple und Pimento) urbane Energie und steht für Selbstentfaltung und Individualität. Ironischerweise wurde der Schuh, der später unter dem Namen „La Requin“ (französisch für „Hai“) bekannt werden sollte, von Walschwänzen inspiriert, welche die Ferse zieren.

TN steht für „Tuned Air“-Technologie und bezieht sich auf die gekapselte Luftpolstertechnologie von Nike, die ursprünglich für Laufschuhe gedacht war und den extrem leichten Schuh bei Sportlern und Sneaker-Fans beliebt machte. Im Grunde ist der Air Max Plus das perfekte Nike-Sneaker-Modell, um „schnell zu laufen, oder besser: schnell zu entkommen“, dank der Tuned-Air-Technologie. Im Laufe der Jahre haben zahlreiche Neuinterpretationen, verschiedene Farbkombinationen und von der Community vorangetriebene Designs wie der TN Marseille die Popularität des TN aufrechterhalten und aufgrund der hohen Nachfrage nach alternativen Farbtönen zu Fälschungen geführt.

Mit aggressiven TPU-Overlays (thermoplastisches Polyurethan), gepolsterten Sohlen, einem dezent angewinkelten Swoosh und sichtbaren reflektierenden Streifen definieren diese leichten, farblich abgestuften Sneaker den modernen Streetstyle neu. McDowell hat auch das sechseckige TN-Logo, das jetzt ein Symbol ist, in den Absatz und die Sohle des Schuhs integriert.
Es ist ein Sneaker, der dem Herzen der Subkulturen nach liegt, das von den Pariser Gassen bis zu den Straßen Tokios reicht und den TN zu einer weltweiten Hymne für alle macht, die ihrem eigenen Rhythmus folgen. Wie die Musik eines DJs mischt der TN die Geschichte der Sneakerkultur mit einem neuen Beat: ein Statement von Stil, Rebellion und Authentizität.

OBERMATERIAL AUS KUNSTLEDER UND MASCHENWARE

SCHNÜRVERSCHLUSS

GEWELLTE LINIEN AUF DEM OBERMATERIAL I SICHTBARE MAX-AIR-EINHEIT

KUNSTSTOFFBOGEN AUF DER ZWISCHENSOHLE I GUMMI-AUSSENSOHLE

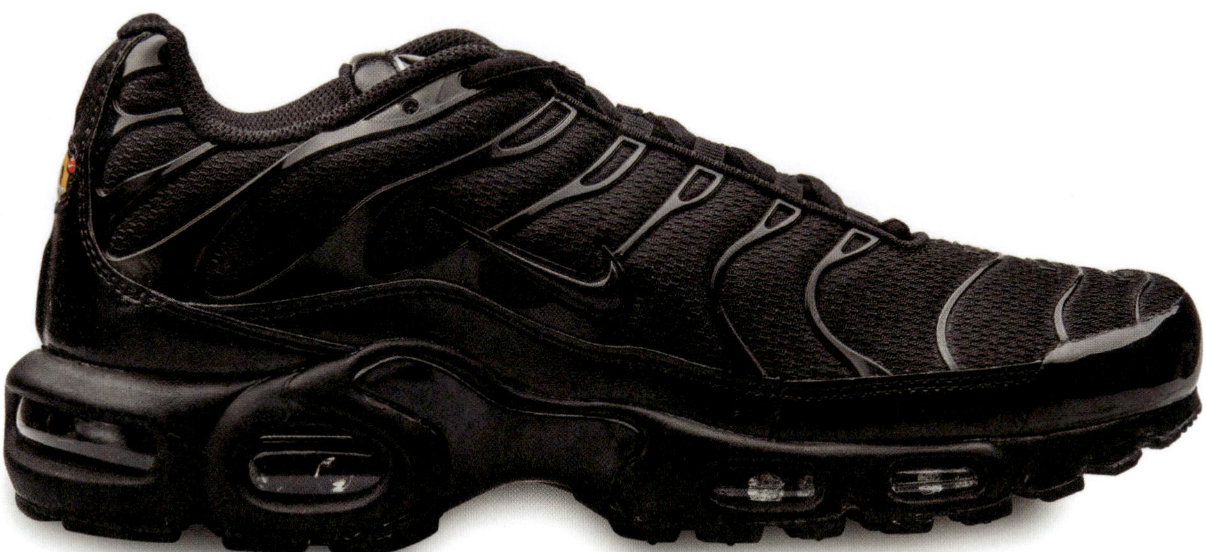

In Italien erreicht der Erfolg des TN in den Vorstädten seinen Höhepunkt und ist mit einem ganz bestimmten sozialen Kontext verbunden. In England entspricht er dem Trend der Chavs – ebenfalls ein kulturelles Phänomen – und verkörpert soziale und klassenbezogene Stereotypen.

In Frankreich steht der TN für die Identität der Vorstädte und verkörpert ihre Unverwüstlichkeit. Wegen seines aggressiven Aussehens wird er „La Requin" („der Hai") genannt und ist der Inbegriff des Straßenschuhs. Die Einzelhandelsszene ist ebenso intensiv, mit extrem hohen Wiederverkaufspreisen in lokalen Boutiquen. La Requin hat seit Ende der 1990er-Jahre die gesamte Vorstadtjugend in seinen Bann gezogen.
Seit seinem Debüt sind mehr als hundert TN-Varianten entstanden: ganz aus Leder, ohne Schnürsenkel und als Hommage an Seine-Saint-Denis (2022). Der Hit „Air Max" von Rim'K mit Ninho ist eine der vielen Hommagen des Rap an diesen Kult-Sneaker.

Subkultur

Eine Subkultur ist eine bestimmte Gruppe innerhalb einer größeren Gesellschaft, die von den Werten des Mainstreams abweicht und häufig andere, manchmal sogar gegensätzliche Prinzipien vertritt.

TUN

TUN: TUNED AIR, DIE SOHLENTECHNOLOGIE MIT SCHOCKABSORPTION

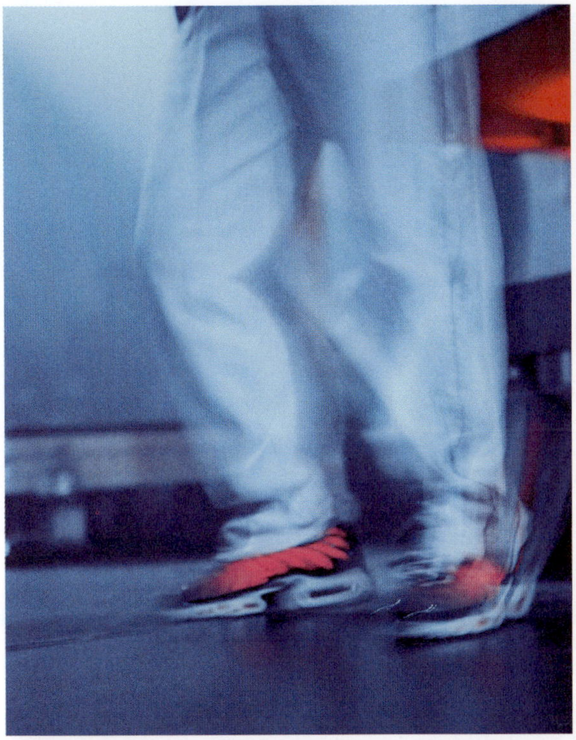

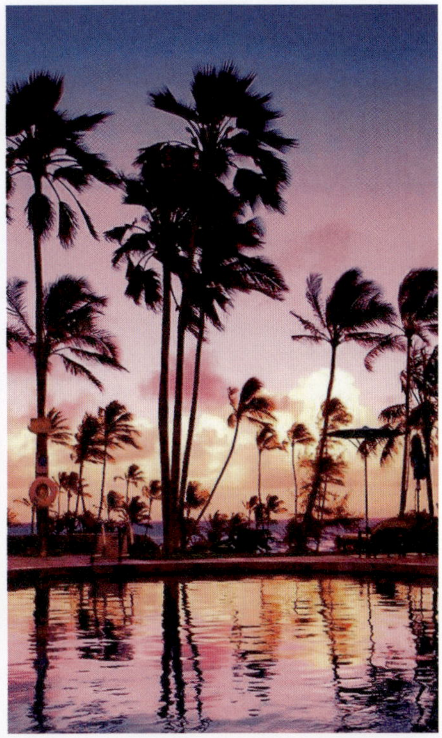

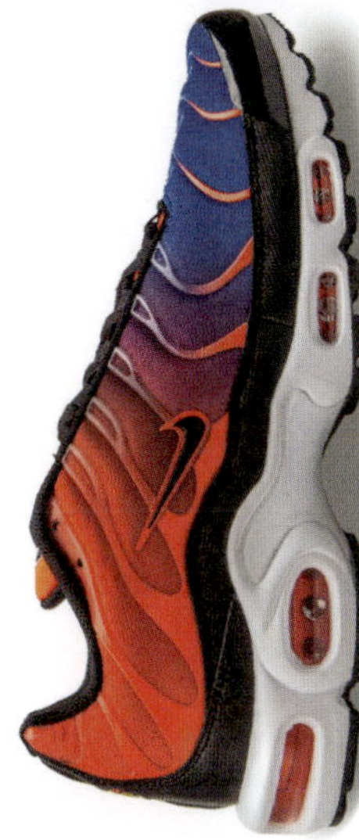

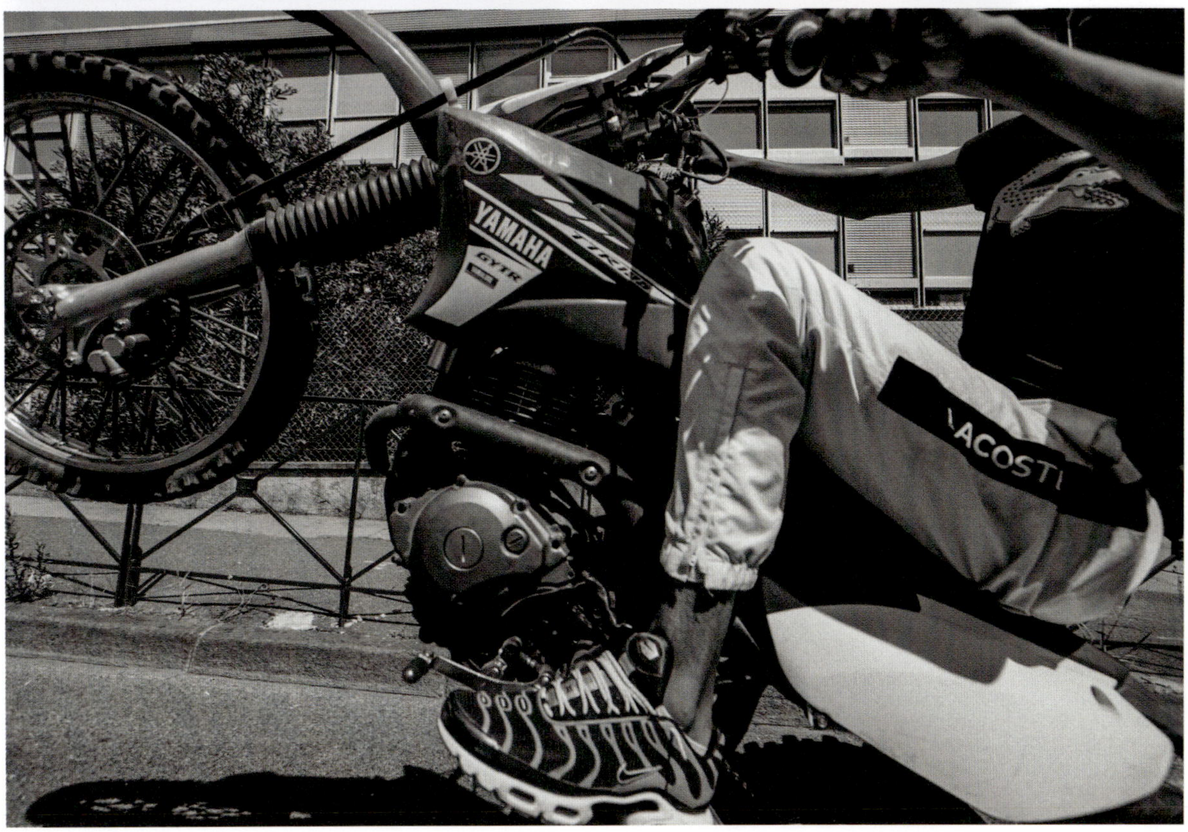

1. Die Hakke Show, Volksbühne. Foto von Edward Nurton – Berlin, 2022.
2. Der Nike-Air-Max-Plus-Designer Sean McDowell ließ sich von den Sonnenuntergängen an den Stränden Floridas inspirieren.
3. Air Max Plus TN SE BG Total Crimson.
4. La Paillade, Roberto Graziano Moro – Montpellier, 2021. Perimetro, Italien.

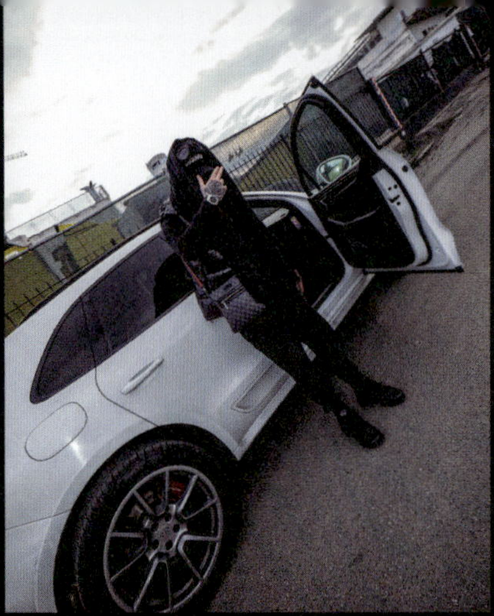

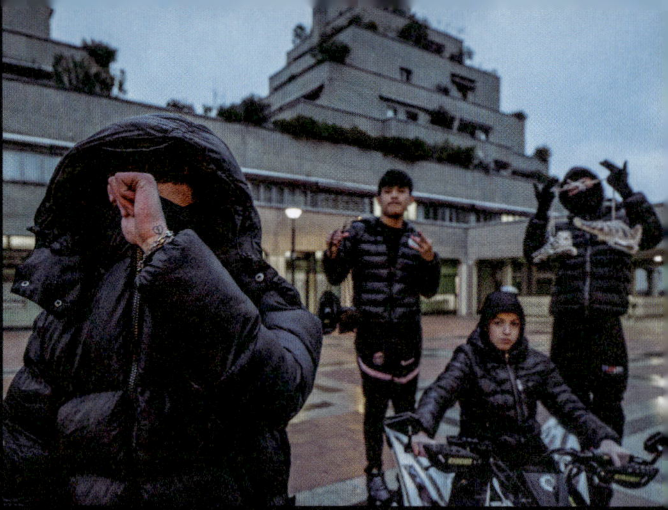

3 TORRI QUARTER HINTERLAND MILAN

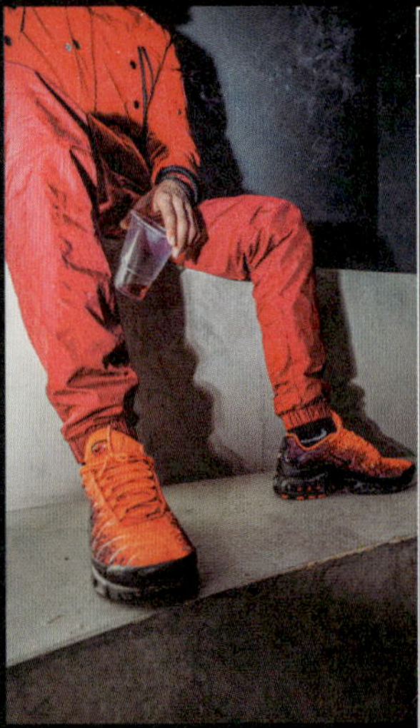

SPINOFF

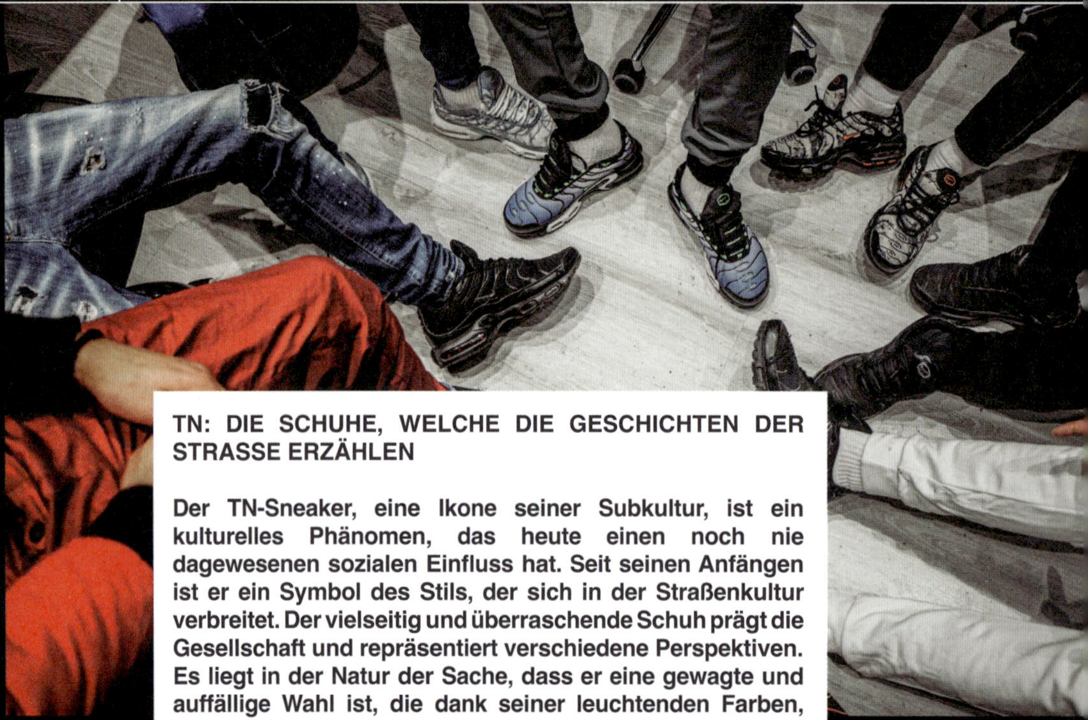

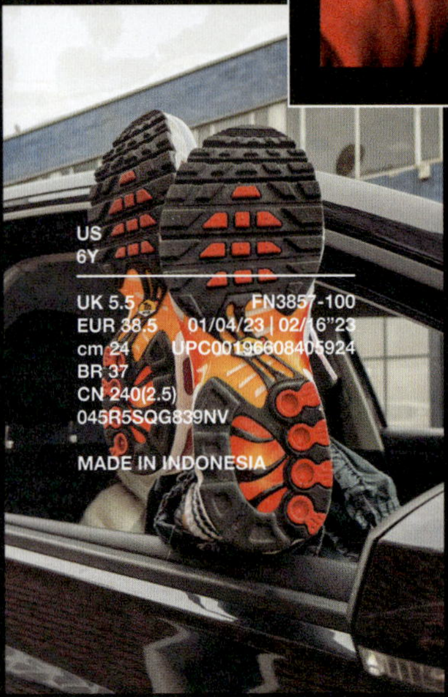

TN: DIE SCHUHE, WELCHE DIE GESCHICHTEN DER STRASSE ERZÄHLEN

Der TN-Sneaker, eine Ikone seiner Subkultur, ist ein kulturelles Phänomen, das heute einen noch nie dagewesenen sozialen Einfluss hat. Seit seinen Anfängen ist er ein Symbol des Stils, der sich in der Straßenkultur verbreitet. Der vielseitig und überraschende Schuh prägt die Gesellschaft und repräsentiert verschiedene Perspektiven. Es liegt in der Natur der Sache, dass er eine gewagte und auffällige Wahl ist, die dank seiner leuchtenden Farben, Texturen und immer gewagteren Effekte ins Auge sticht; je extremer er ist, desto begehrter ist er. Der TN-Sneaker macht sich Kreativität zu eigen, überwindet Grenzen und macht es unmöglich, unbemerkt zu bleiben. Er ist ein wahres Sinnbild für Kühnheit. Er stellt den Status quo infrage und übt eine unwiderstehliche Anziehungskraft aus, sodass der Wunsch, ihn zu tragen, größer ist als das Risiko, aufzufallen – ein Risiko, vor dem durch die außergewöhnliche Leistung des Schuhs geschützt wird.

Heute ist er der Schuh, der die Straße am meisten repräsentiert und mit ihr spricht. Der „Hai" bewegt sich durch die Straßen, in Supermärkten, in Wohngebieten, in Wohnungen, in Schulkorridoren und in Stadtkellern, aber auch in Parks, an Modesüchtigen und in Aufnahmestudios. Als plastisches kulturelles Manifest, das von Vielfalt und Einzigartigkeit spricht, lebt es außerhalb jeglicher Schemata und Vorurteile und verleiht dem Mut und der Originalität eine Stimme. Der TN ist der Leim, der uns ungeachtet unserer Unterschiede zusammenhält.

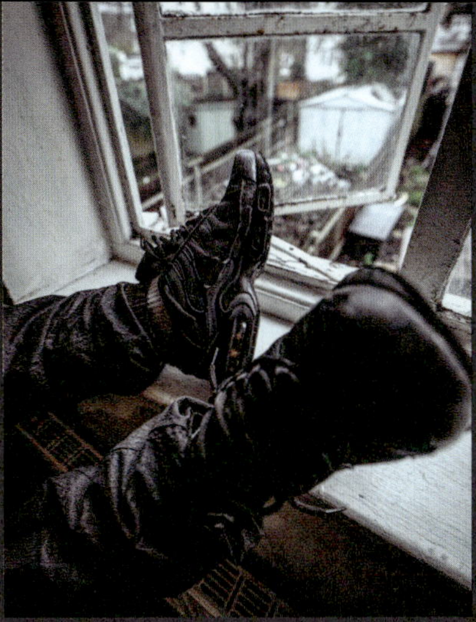

2/01/2024 H:13:00 – HARLESDEN/WEST LONDON

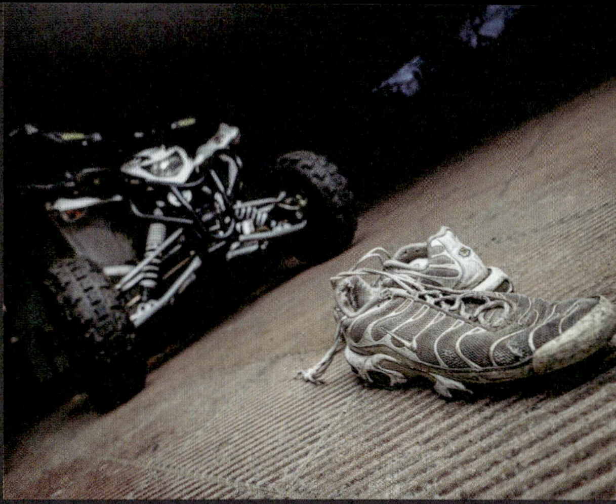

LUMIX S1 SIGMA 16-28MM SHUTTER SPEED 250

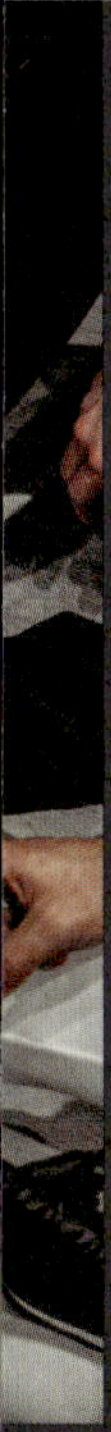

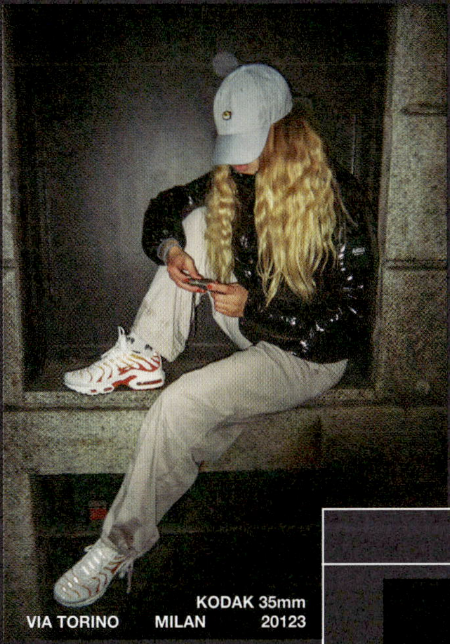

KODAK 35mm
VIA TORINO MILAN 20123

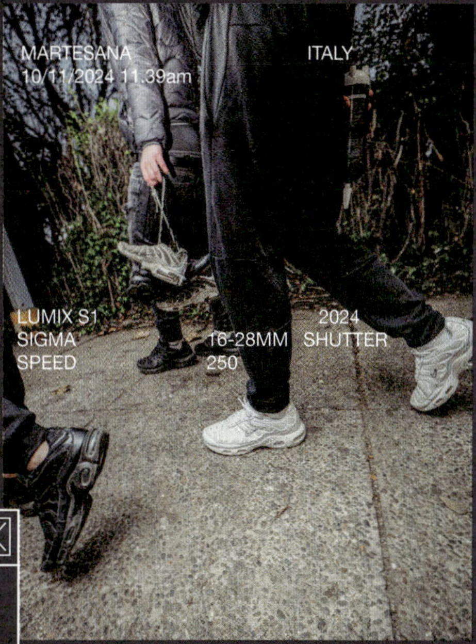

MARTESANA ITALY
10/11/2024 11.39am

LUMIX S1 2024
SIGMA 16-28MM SHUTTER
SPEED 250

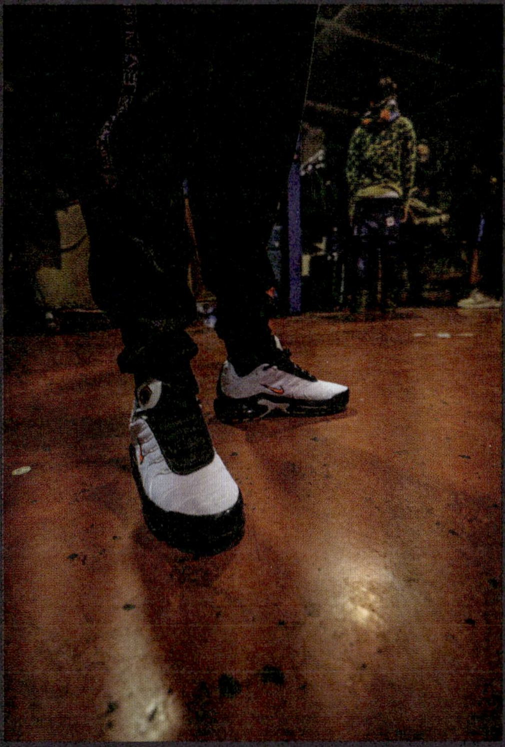

VARESE ITALY 07/02/2024 H:15:00

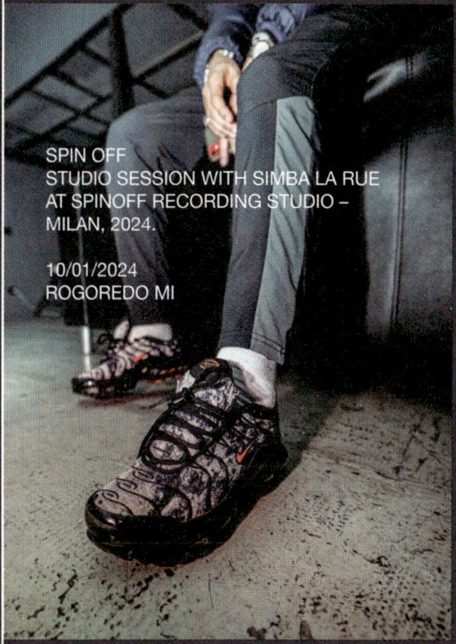

SPIN OFF
STUDIO SESSION WITH SIMBA LA RUE AT SPINOFF RECORDING STUDIO – MILAN, 2024.

10/01/2024
ROGOREDO MI

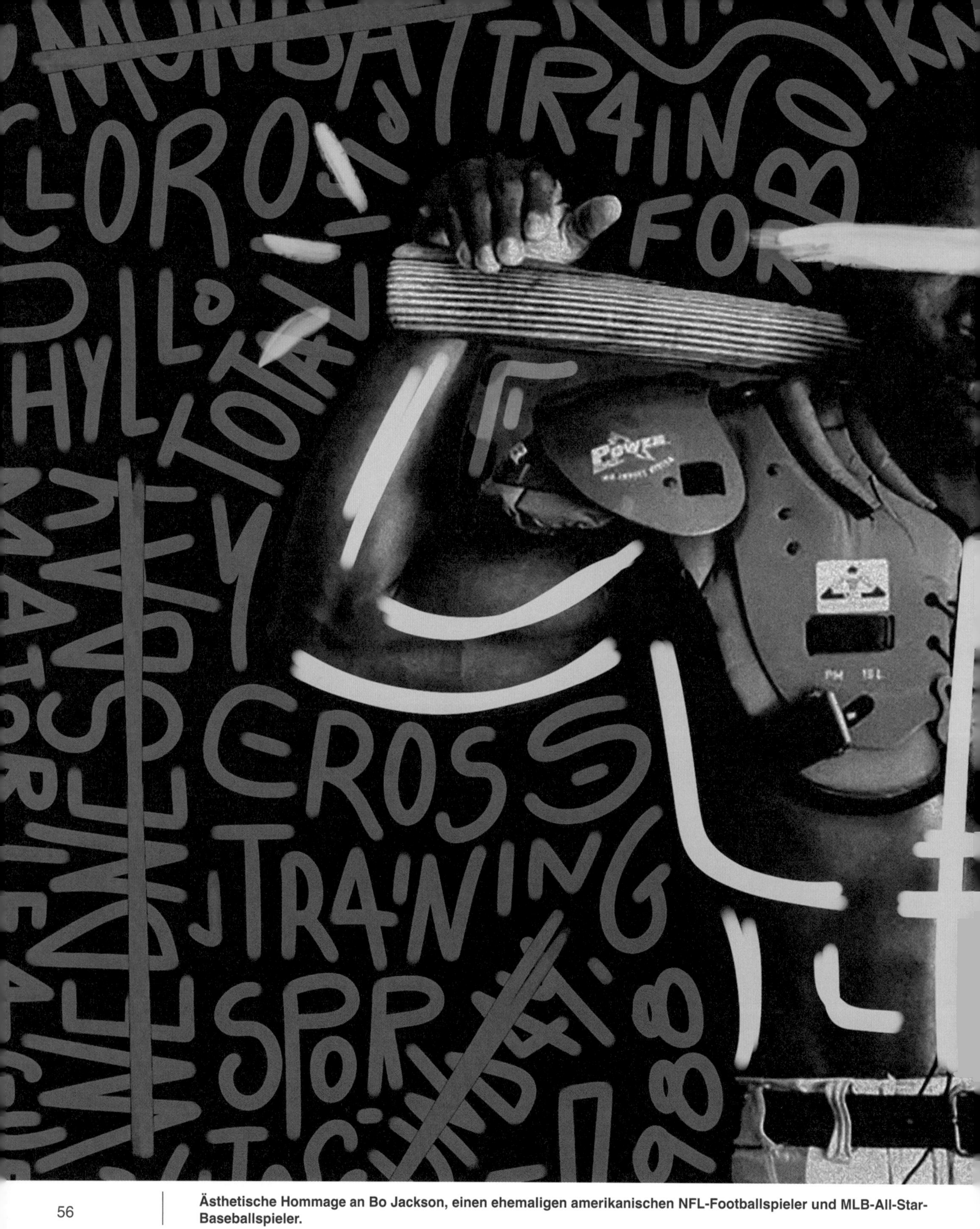

Ästhetische Hommage an Bo Jackson, einen ehemaligen amerikanischen NFL-Footballspieler und MLB-All-Star-Baseballspieler.

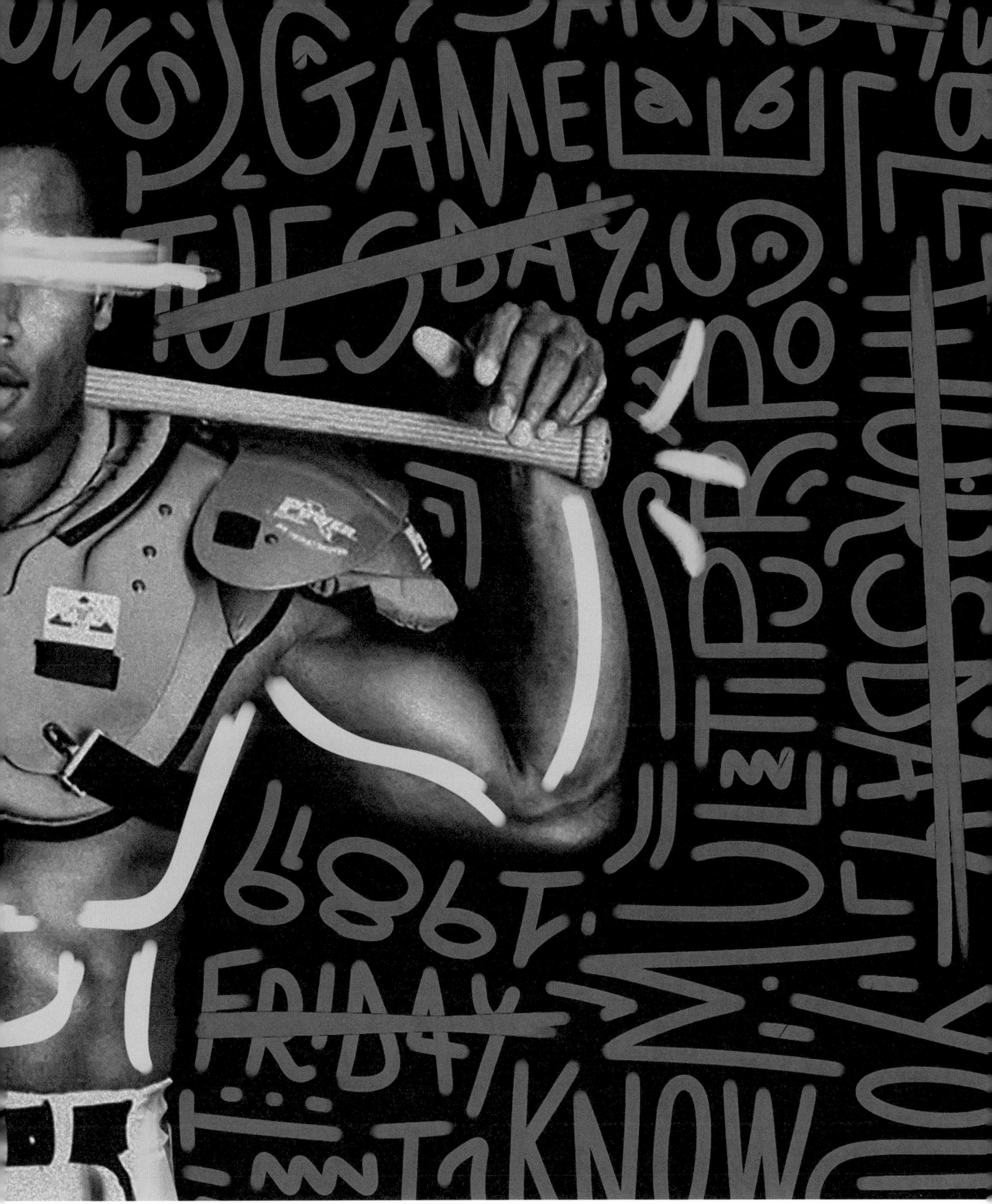
GAME
TUESDAY
FRIDAY
KNOW

AIR TRAINER 1 – NIKE

Der Air Trainer 1 ist ein bedeutendes Symbol für das frühe Erbe von Nike und stellt ein wesentliches Design der Nike-DNA dar. Der Air Trainer 1 entstand aus der Idee des visionären Designers Tinker Hatfield, der es nicht mehr notwendig machen wollte, mehrere Paar Schuhe mit ins Fitnessstudio zu nehmen. Er zielte darauf ab, verschiedene Trainingsbedürfnisse mit einem einzigen Design zu befriedigen.
Dieses Ereignis fiel mit dem Beginn des Cross-Trainings Mitte der 1980er-Jahre und dem Aufkommen von Amateur-Laufclubs zusammen, welche die Nachfrage nach technischen Sneakern antrieben, was zu einem erbitterten Wettbewerb zwischen den Schuhmarken führte. Obwohl seine Kollegen der Idee zunächst skeptisch gegenüberstanden und sie als „ziemlich dummes Projekt" bezeichneten, führte Hatfield sein Mehrzweck-Sneaker-Konzept zusammen mit seinem Freund und Mitarbeiter Mark Parker weiter. Sie entwickelten einen Schuh, der Elemente von Basketball- und Laufschuhen kombinierte. Die Partnerschaft zwischen Hatfield und Parker, der später CEO von Nike werden sollte, war im Jahr 1987 die Geburtsstunde des Allround-Sneakers, der ursprünglich Air Trainer Hi hieß.

Der Schuh hatte einen höheren Absatz als ein normaler Basketballschuh, aber nicht ganz den Auftrieb eines Laufschuhs. Der Schuh, den es in verschiedenen Weiß-, Schwarz- und Grautönen mit Akzenten in Chlorophyllgrün, seiner charakteristischen Farbgebung, gibt, verfügt über einen Riemen für eine sichere, verstellbare Passform mit einem Materialmix aus Leder und Nubuk.

Mit Bo Jackson, einem legendären Sportler, der in die Geschichte einging, indem er abwechselnd Baseball und Football spielte, hatte Nike eine ideale Figur für seine Werbekampagne gefunden. Die „Bo Knows"-Werbekampagnen und die Unterstützung von Sportlern wie John McEnroe und Andre Agassi festigten den Ruf des Schuhs weiter.

OBERMATERIAL AUS LEDER

SCHNÜRVERSCHLUSS I VORFUSSRIEMEN

HALBHOHER KRAGEN FÜR ZUSÄTZLICHEN HALT

SCHAUMSTOFF-ZWISCHENSOHLE I GUMMIPROFIL

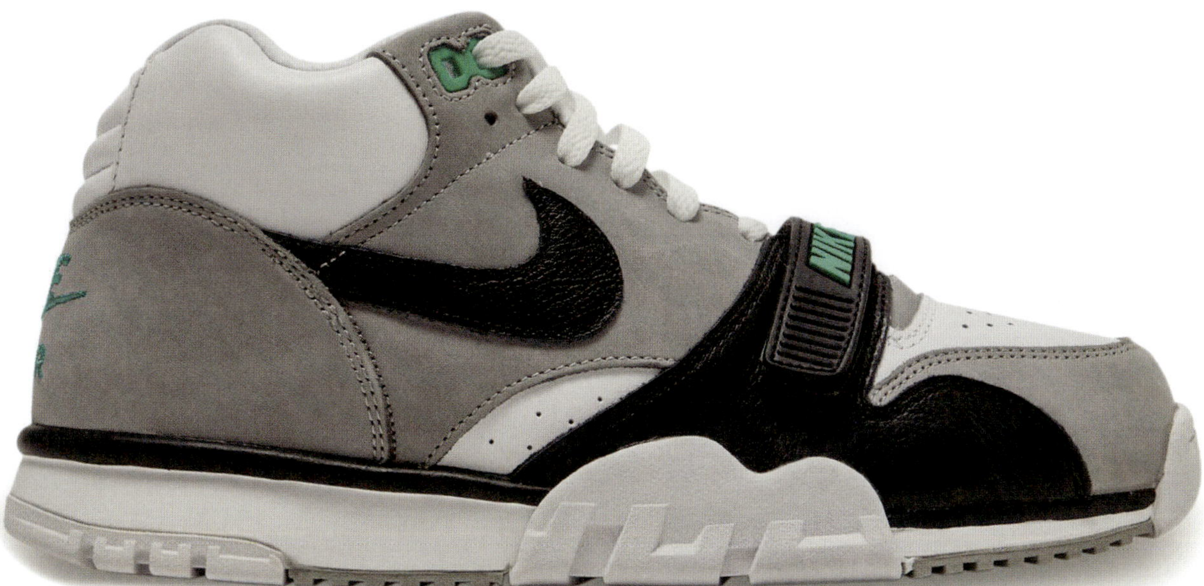

Der Cross-Training-Sneaker wurde unter Sportlern wegen seiner Vielseitigkeit in vielen Sportarten populär. Aufsehen erregte er, als der berühmt-berüchtigte Tennisspieler John McEnroe einen Prototyp des Air Trainer 1 trug, bevor dieser offiziell auf den Markt kam.

Obwohl Nike ihn davor gewarnt hatte, die Schuhe während eines Tennisspiels zu tragen, veranlasste McEnroes Reaktion Nike dazu, zwei einzigartige Prototypen exklusiv für ihn herzustellen. Er erklärte sofort, dass dies der beste Schuh sei, in dem er je gespielt habe. Der Air Trainer 1 wurde auch vom Tennisspieler Andre Agassi zu Beginn seiner Elitekarriere in 1988 getragen, was den Ruf des Schuhs im Tennissport festigte.
Obwohl die Popularität des Sneakers im Laufe der Zeit nachließ, halten gelegentliche Neuauflagen und Retro-Modelle sein Erbe als ursprünglicher Cross-Trainingsschuh in den Geschäften und in der Sneaker-Community aufrecht.

John McEnroe

John Patrick McEnroe, Jr. wurde am 16. Februar 1959 geboren und ist ein ehemaliger amerikanischer Profi-Tennisspieler, der für seine temperamentvollen Ausbrüche während der Spiele bekannt ist. Während seiner gesamten Karriere wurde er stets als einer der besten Spieler der Welt eingestuft.

TCH

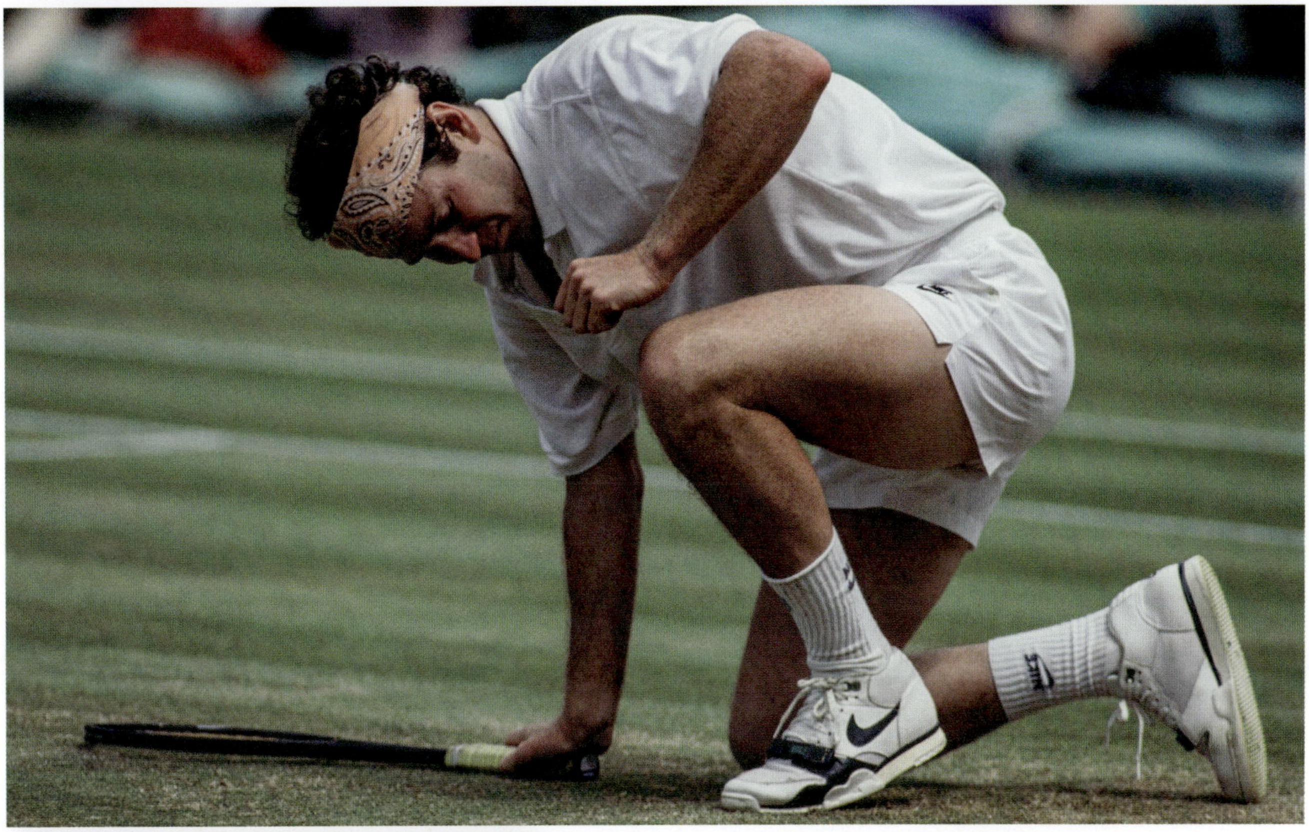

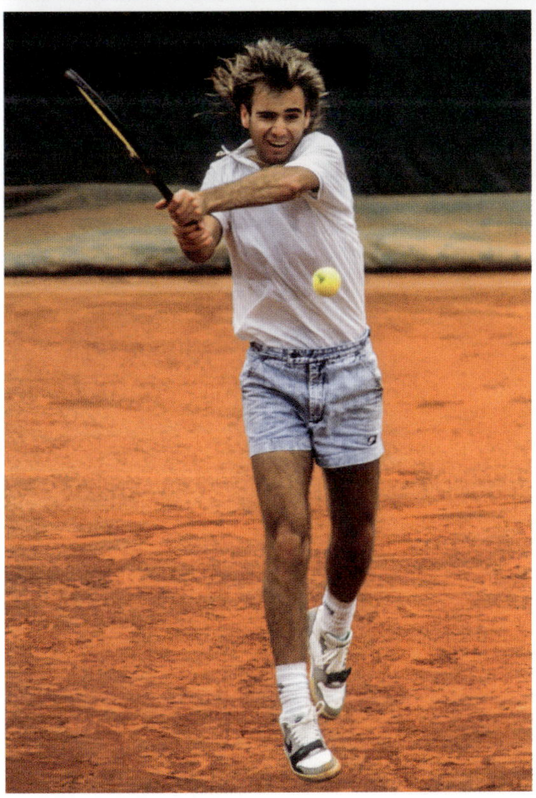

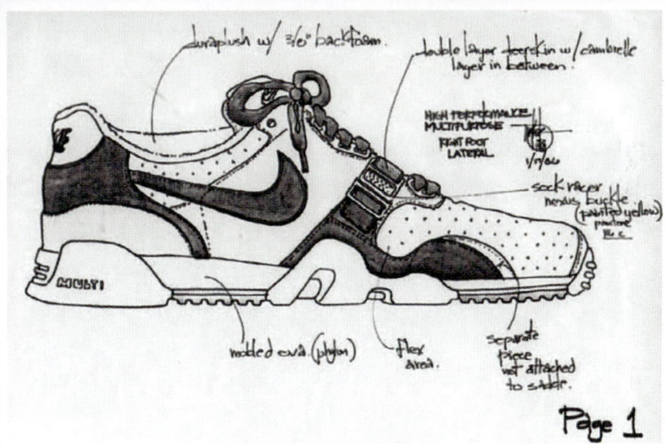

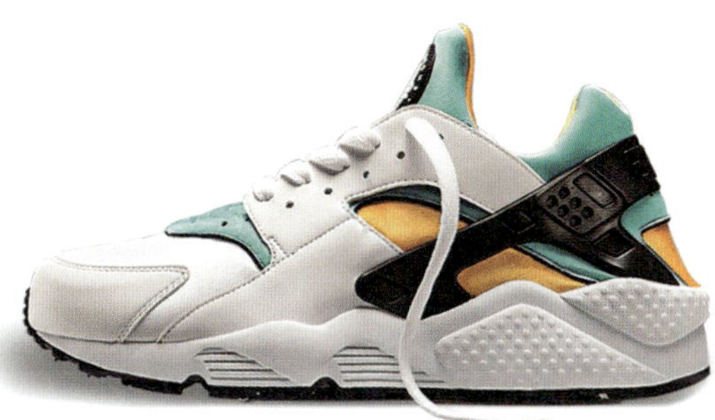

1. John McEnroe vs. Stefan Edberg, Wimbledon-Meisterschaften – London, 1991.
2. Andre Agassi bei den French Open – 1988.
3. Original Air-Trainer-Studiozeichnungen von Hatfield.
4. Nike Air Huarache – 1991.

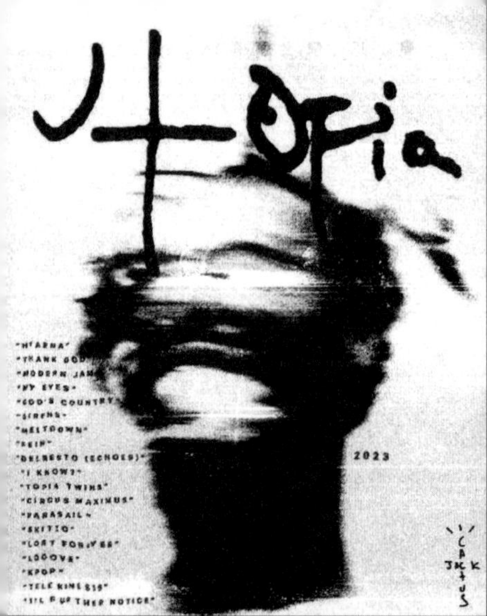
"GOD'S COUNTRY"
"MELTDOWN"
"I KNOW?"
"TOPIA TWINS"
"CIRCUS MAXIMUS"
"PARASAIL"
"KPOP"
2023
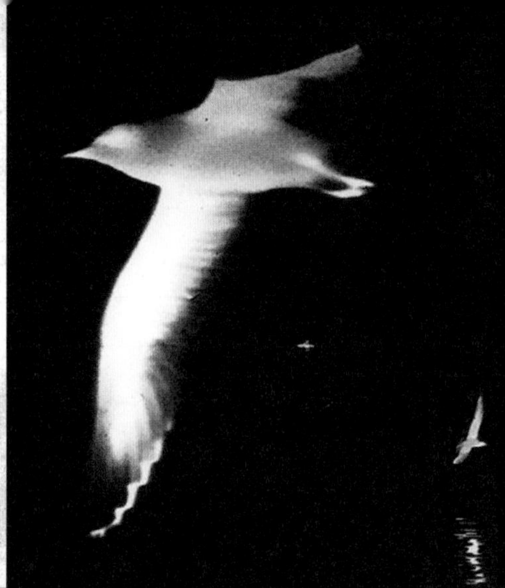
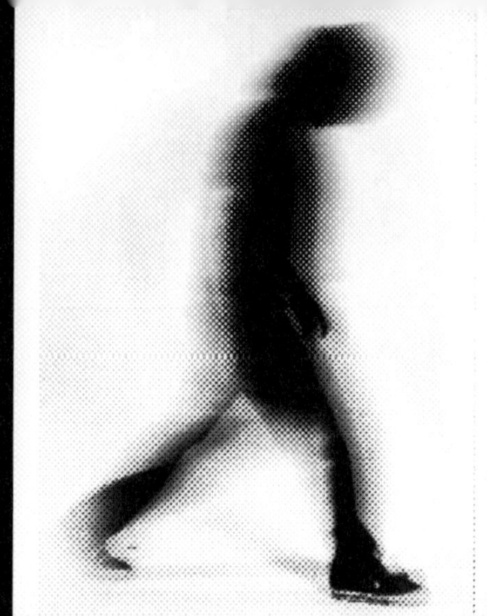
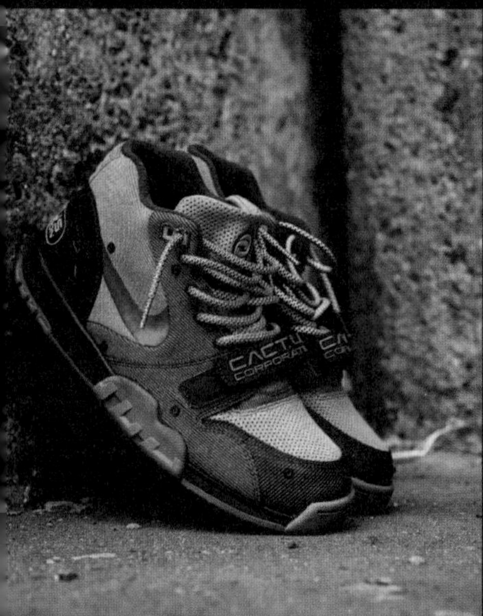
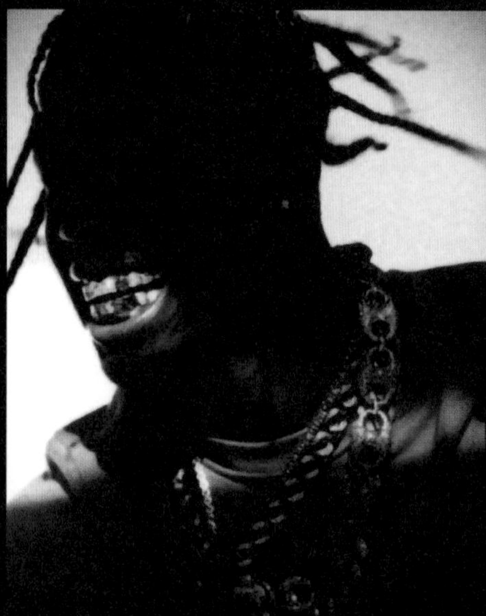
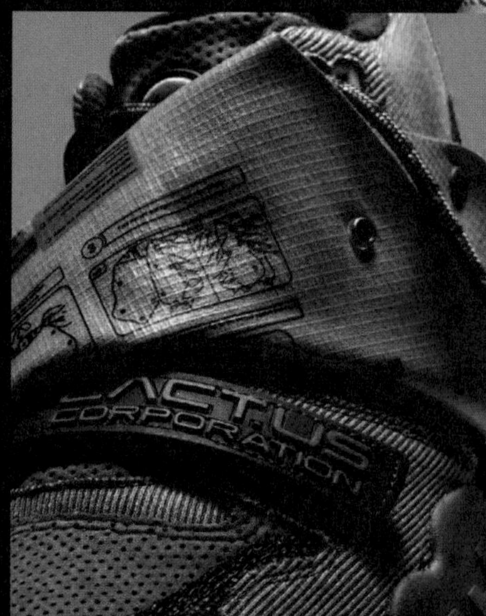
CACTUS
CORPORATION
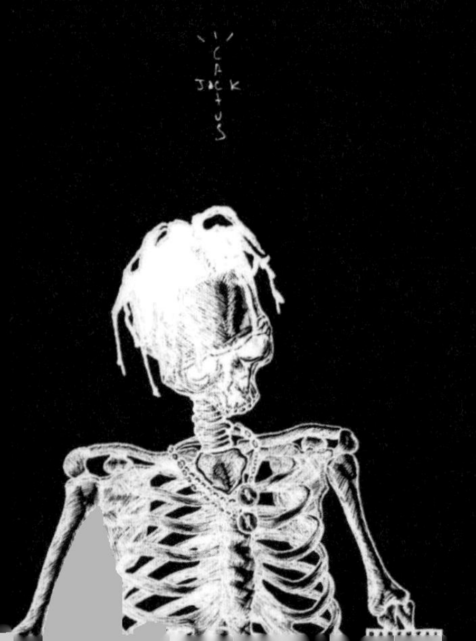
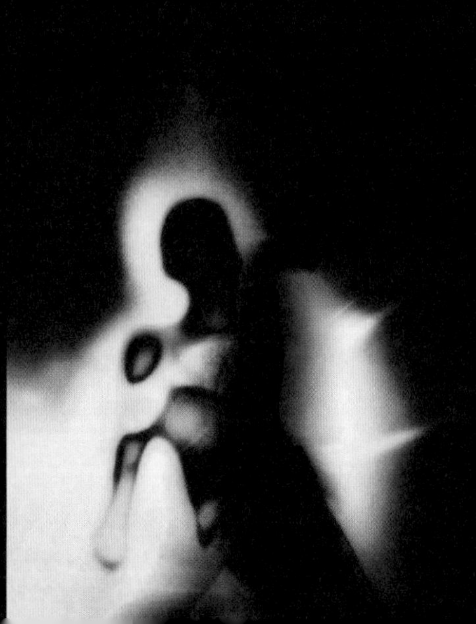
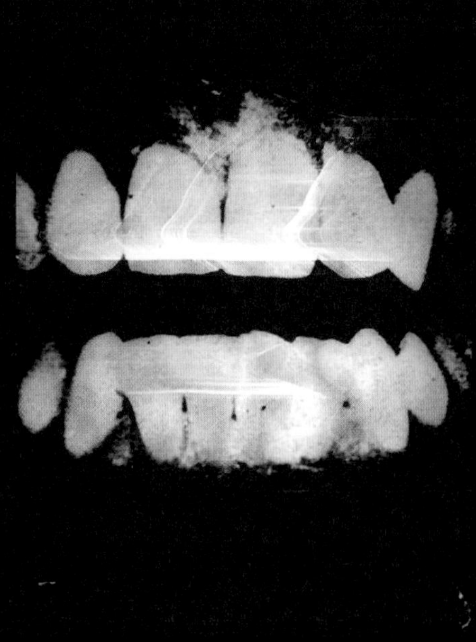

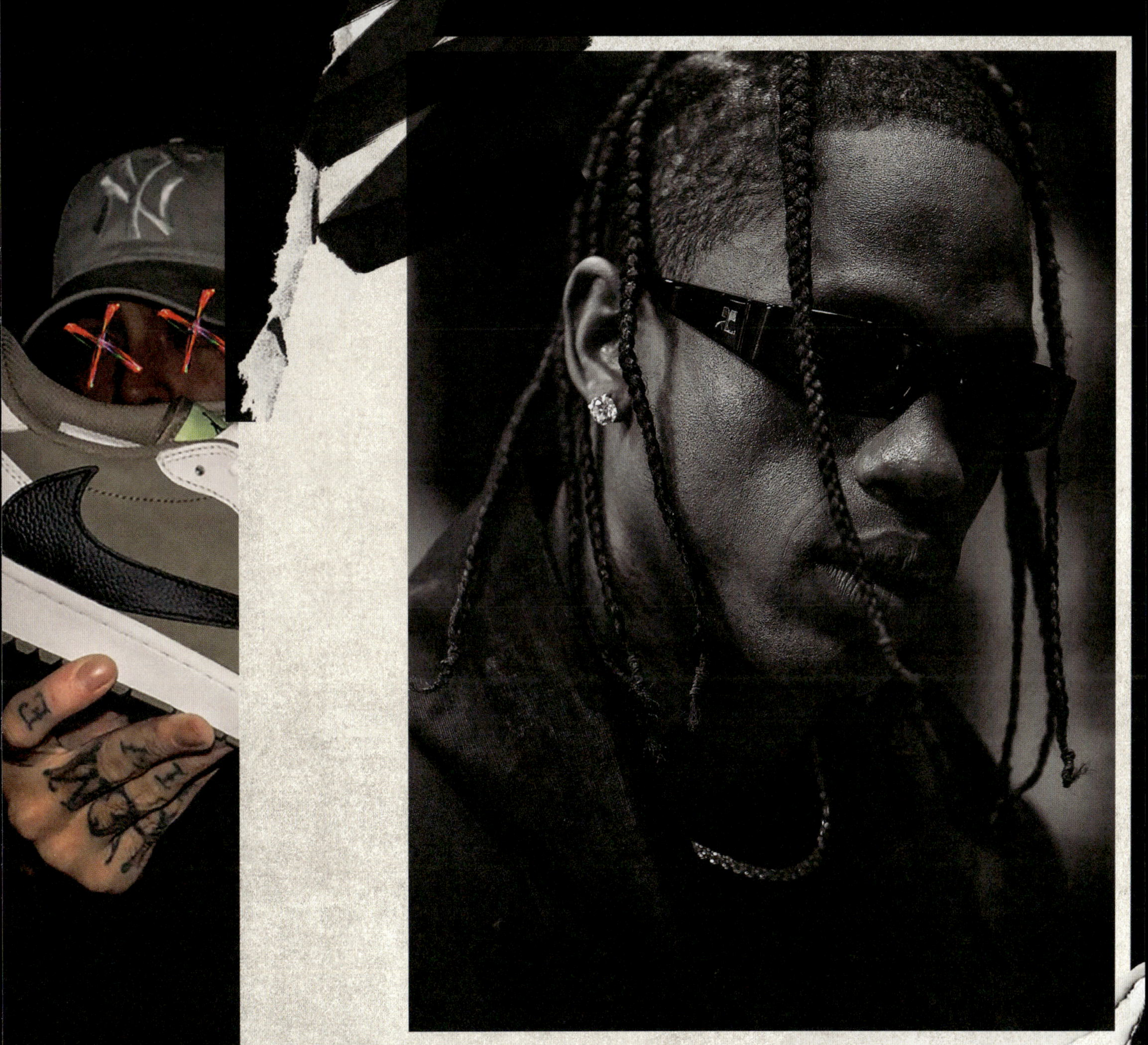

MOODBOARD KUNSTKOMPOSITION VON MARIA LUISA MIRALDI – Ein unvergessliches Zeichen im musikalischen Panorama, Travis Scotts Stimmung ist nur etwas für Visionäre.

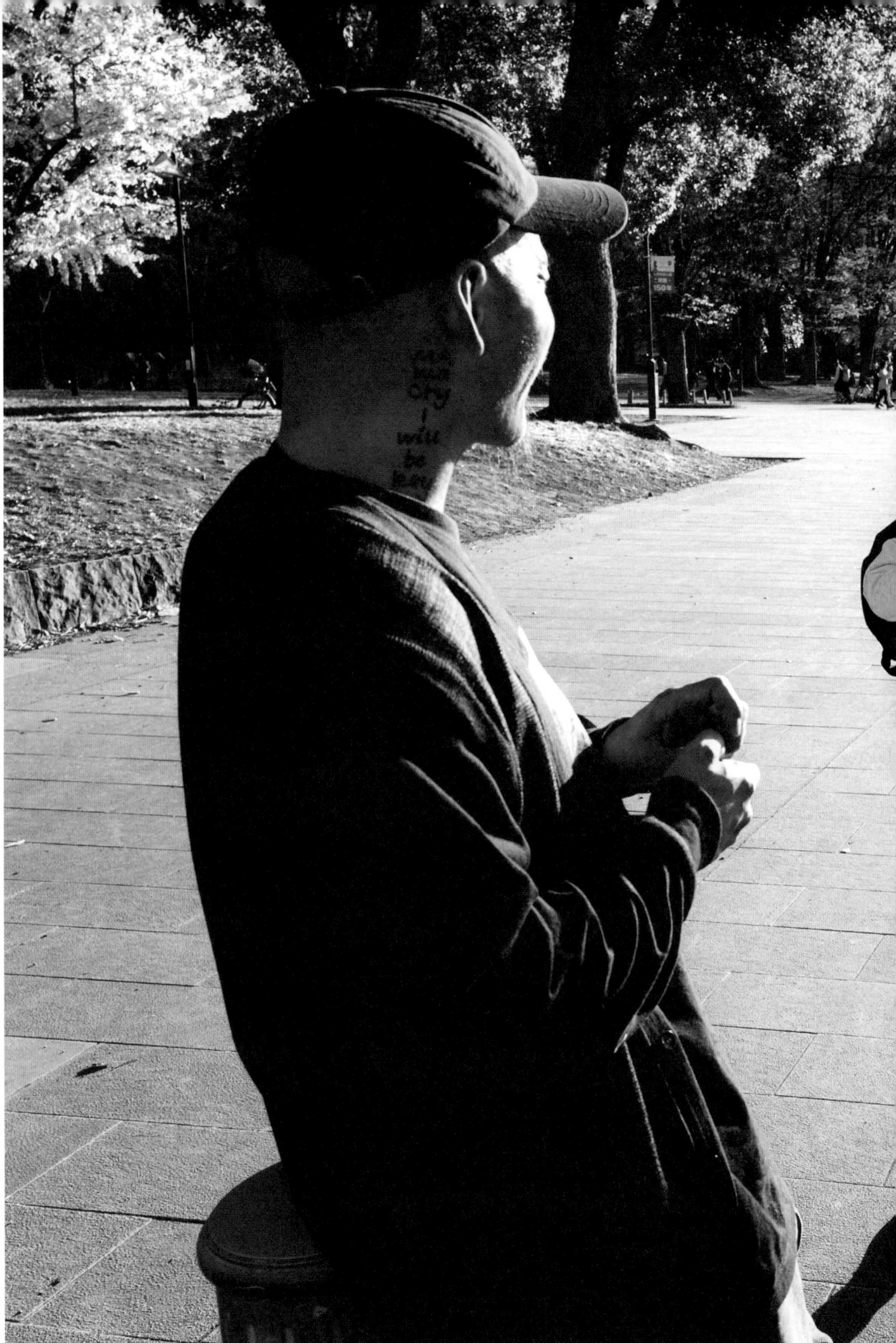

Ein Familienporträt in den Straßen von Tokio. Foto von Giacomo Miraldi – 2024.

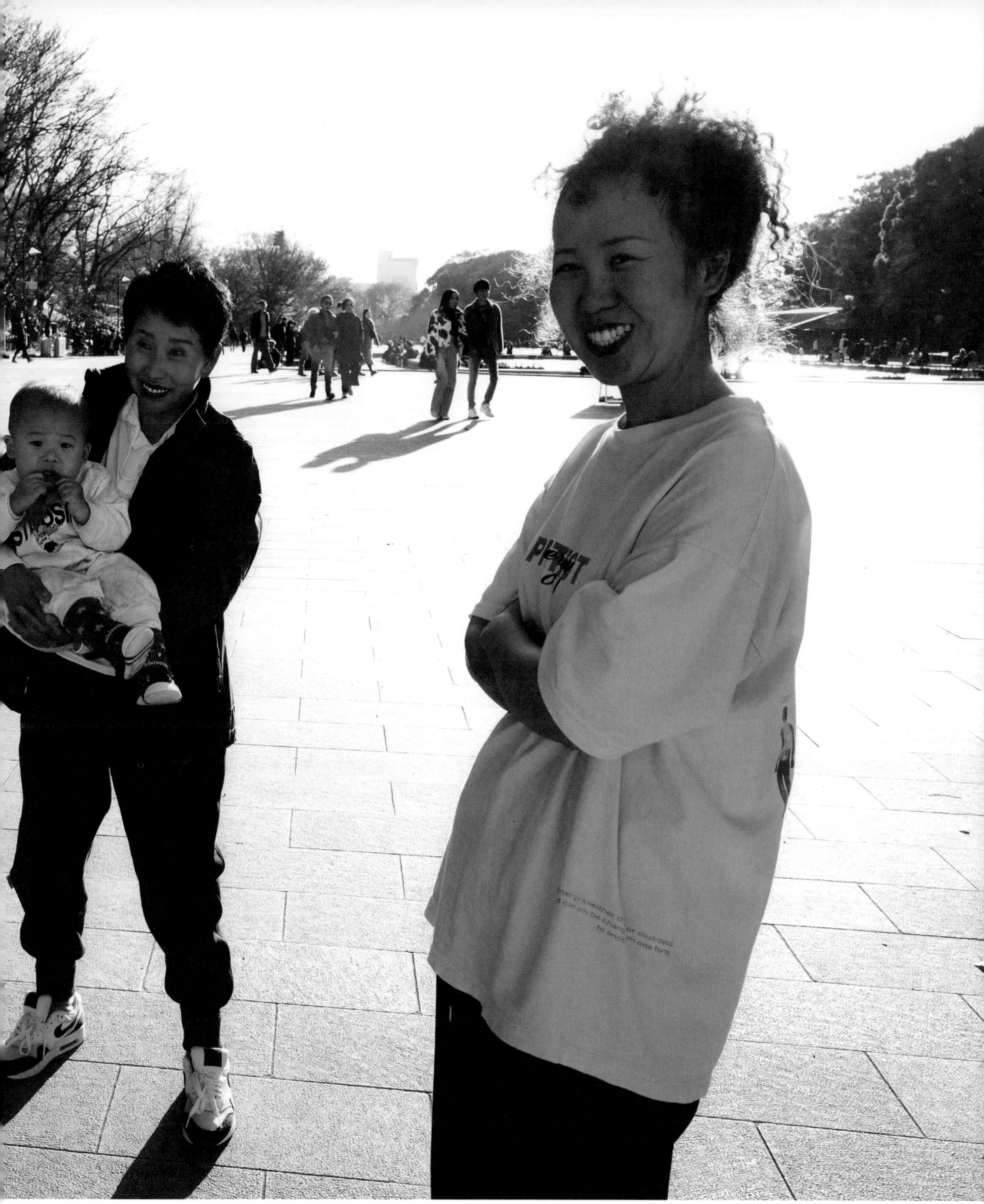

BAPE STA - BAPE (A BATHING APE)

BAPE STA, die ikonische Sneaker-Silhouette der japanischen Streetwear-Marke A Bathing Ape (BAPE), die 1993 von dem DJ und Designer Nigo (Tomoaki Nagao) gegründet wurde, steht als kühnes Symbol für Street Fashion und kulturellen Einfluss.

Die Anfang der 2000er-Jahre eingeführte BAPE STA wurde von der Hip-Hop-Kultur und dem kultigen Air Force 1 von Nike inspiriert, jedoch mit der unverwechselbaren BAPE-Ästhetik, die das erkennbare Camo-Muster der Marke und das charakteristische Stern-Logo im Gegensatz zum Swoosh von Nike aufweist.
Durch die große Bekanntheit von BAPE wurde der BAPE STA schnell zu einem kulturellen Symbol der japanischen urbanen Mode und wurde aufgrund seiner klassischen Farben und einzigartigen und gewagten Kooperationen zu einem begehrten Sammlerstück.

Bekannt für seine limitierten Auflagen und Partnerschaften mit einflussreichen Persönlichkeiten aus der Welt der Mode, Kunst und Musik – wie Pharrell, Kanye West und Soulja Boy – festigte der BAPE STA seinen Status als Sammlerstück und Symbol der modernen japanischen urbanen Kultur.
Im Jahr 2006 wurde eine BAPE STA-Kollaboration mit Kanye West veröffentlicht, die sich auf sein Debütalbum *The College Dropout* bezog. Die BAPE STA ist eine echte Mischung aus Straßenkultur, Musik und Kunst und erfreut sich mit ihren unverwechselbaren Farben und einprägsamen Mustern nach wie vor großer Beliebtheit und wird auch bei Sammlern immer beliebter, sodass er im Laufe der Jahre astronomische Preise erreicht hat.

OBERMATERIAL AUS LEDER

SCHNÜRVERSCHLUSS

SIGNATURE BAPE STA™ LOGO

GEBRANDETE INNENSOHLE I GUMMISOHLE

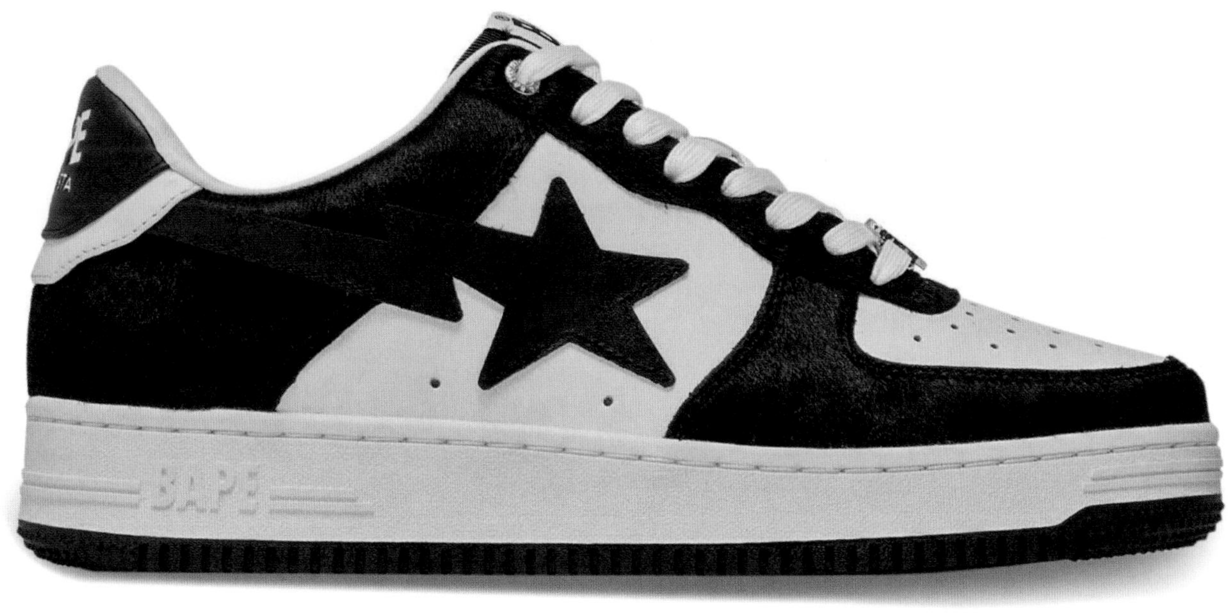

Nigo, geboren als Tomoaki Nagao, ist ein japanischer Modedesigner, Unternehmer und Musikproduzent. Er ist vor allem als Gründer der einflussreichen japanischen Streetwear-Marke A Bathing Ape (BAPE) bekannt. Seine Erziehung in Gunma, Japan, spielte eine entscheidende Rolle bei der Gestaltung seiner kühnen Ästhetik.

BAPE wurde in den frühen 1990er-Jahren gegründet und erlangte durch sein ikonisches Affenkopf-Logo und seine Tarnmuster schnell einen hohen Wiedererkennungswert. Aufgrund seiner langjährigen Freundschaft mit Pharrell sowohl auf privater als auch auf beruflicher Ebene war Nigo schon immer eng mit der Musikindustrie verbunden und stärkte die Verbindung zwischen Straßenkultur und Unterhaltung.

Im Jahr 2013 verließ Nigo BAPE, aber sein Einfluss auf die Streetwear und die Popkultur ist bis heute ungebrochen.

Nigo

Der am 23. Dezember 1970 geborene Nigo (geboren als Tomoaki Nagao) ist ein japanischer Modedesigner, Gründer von BAPE, DJ, Plattenproduzent und Unternehmer.

JPN

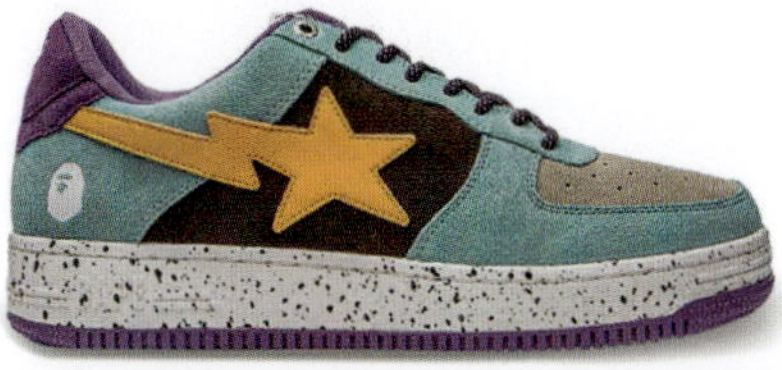

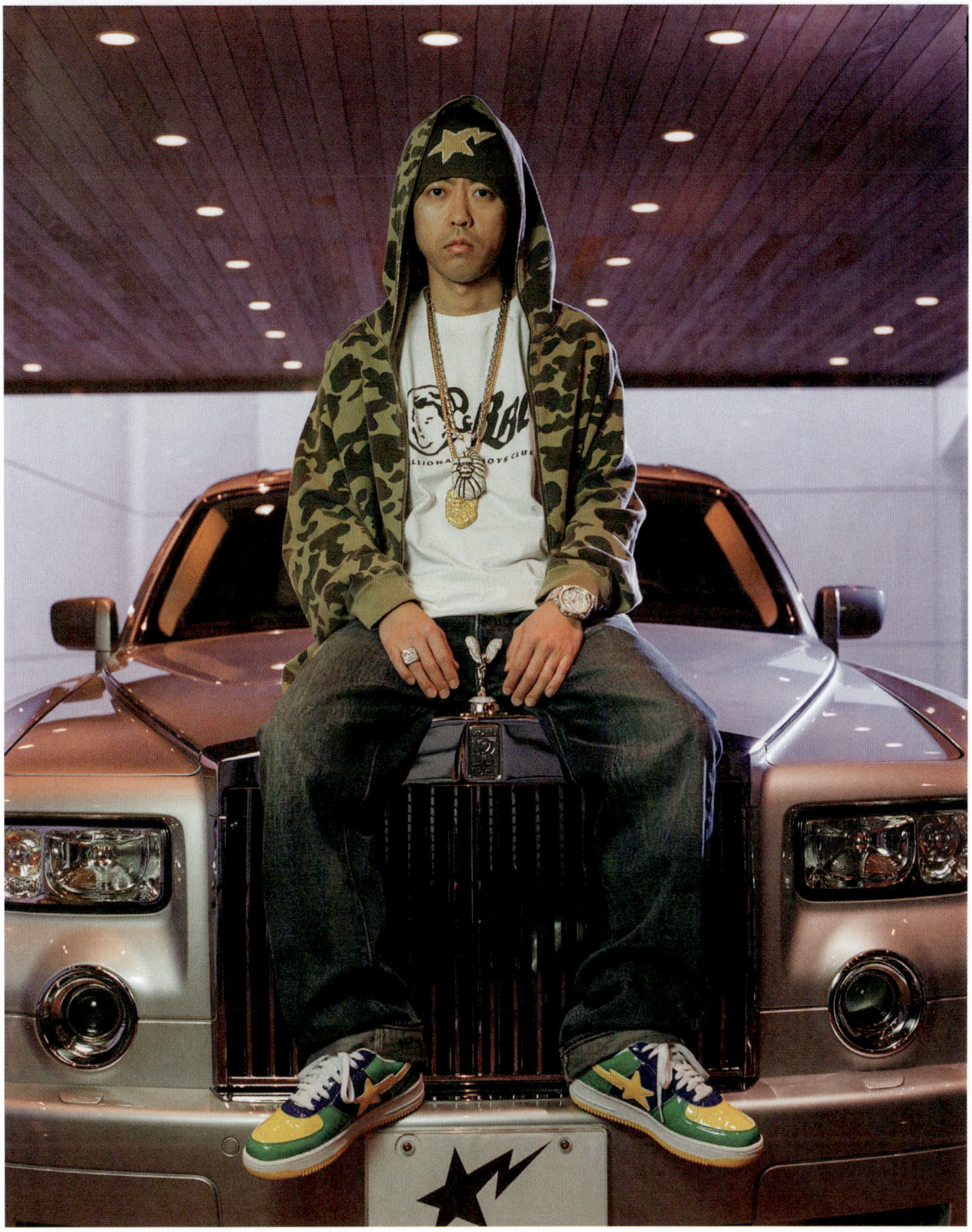

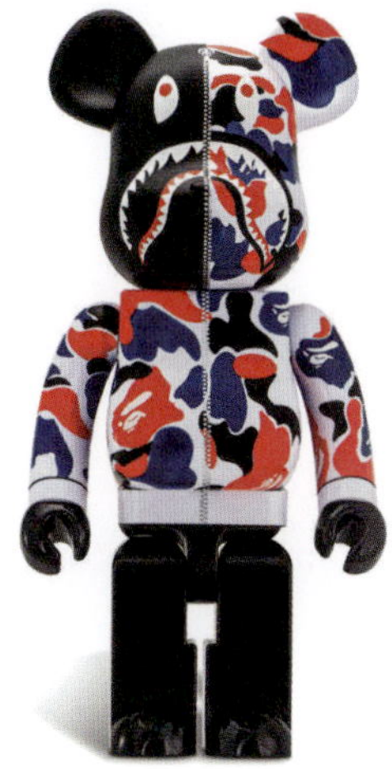

1. BAPE STA #2 M2 Sneakers, „Braun-Gelb“.
2. Nigo mit seinem Rolls-Royce – Shibuya, Tokio, 2004.
3. Bearbrick x BAPE Shark London Store 1000 %.

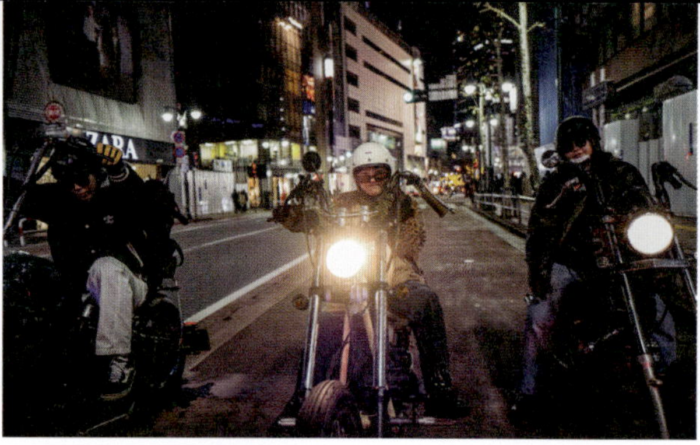
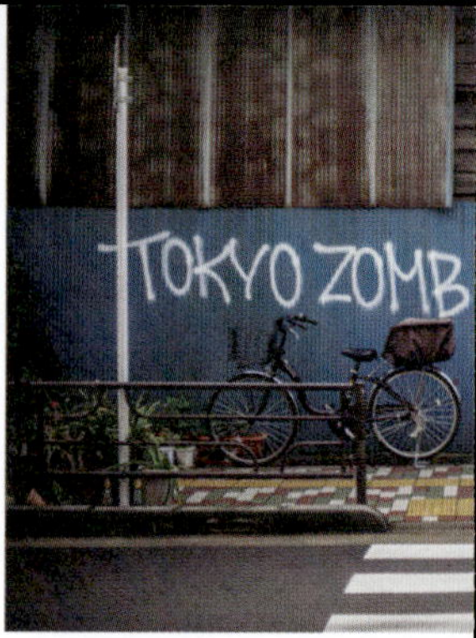
TOKYO ZOMB
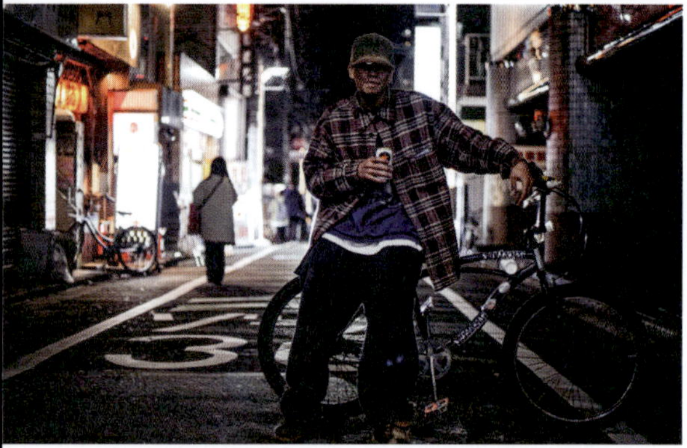
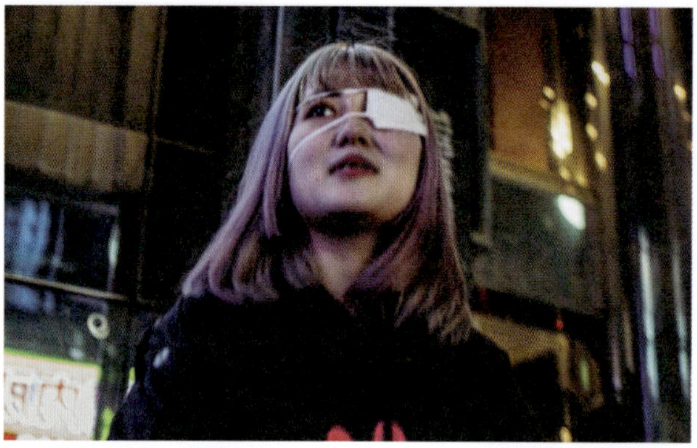
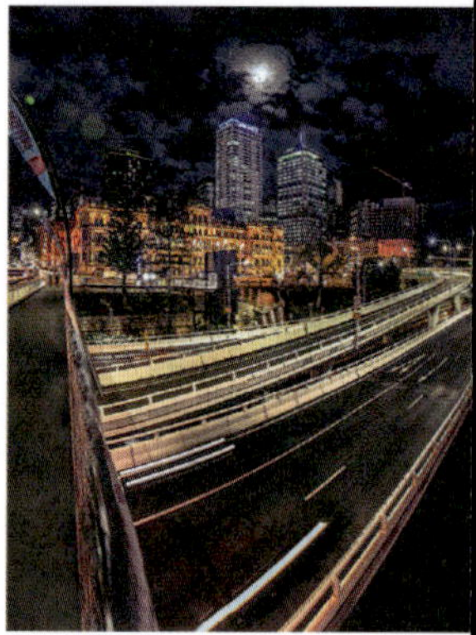
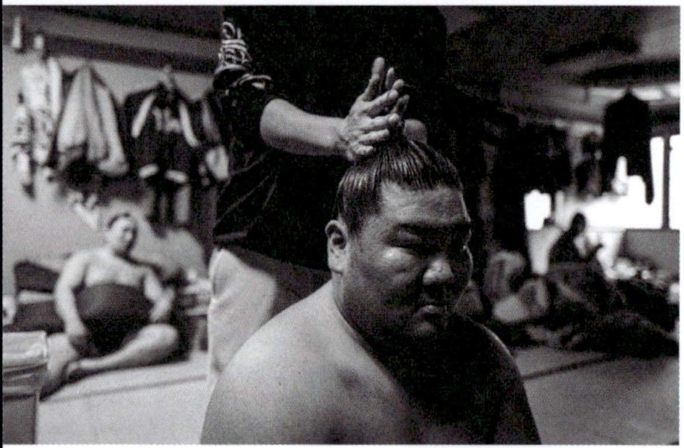
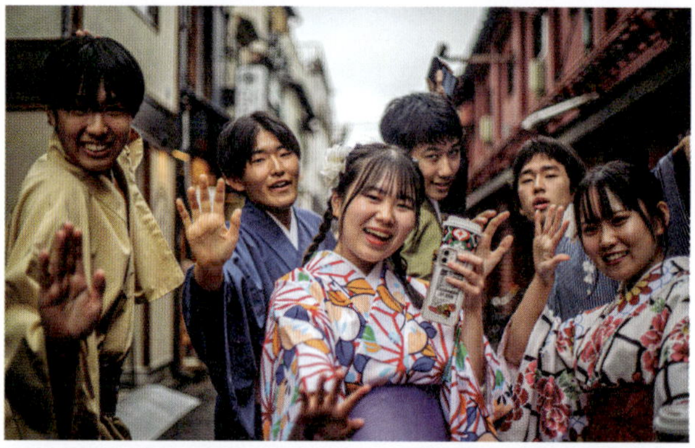
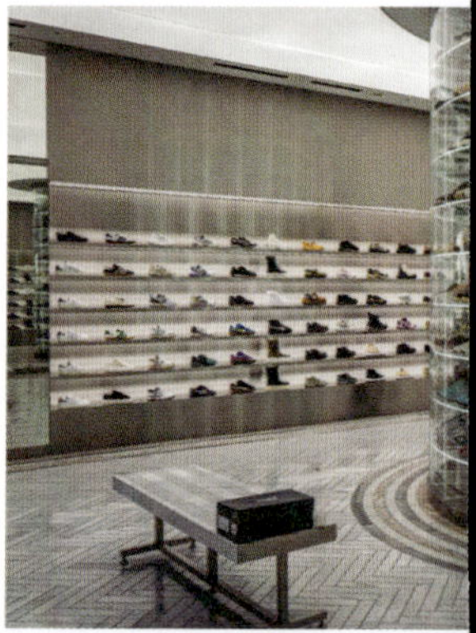
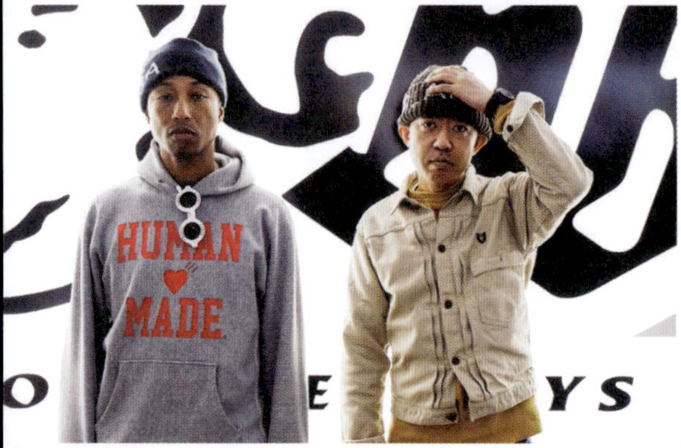
HUMAN
MADE
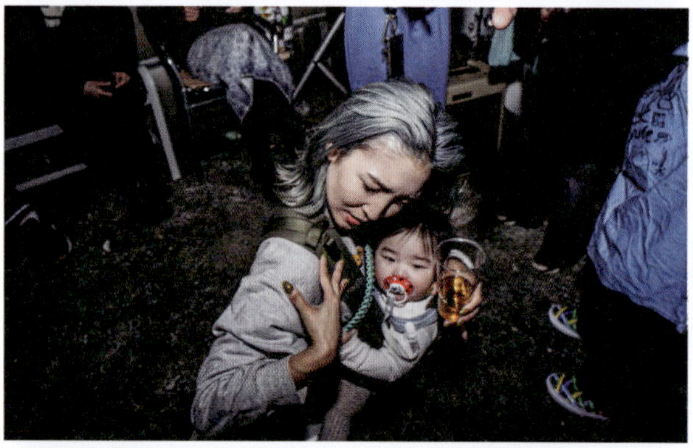
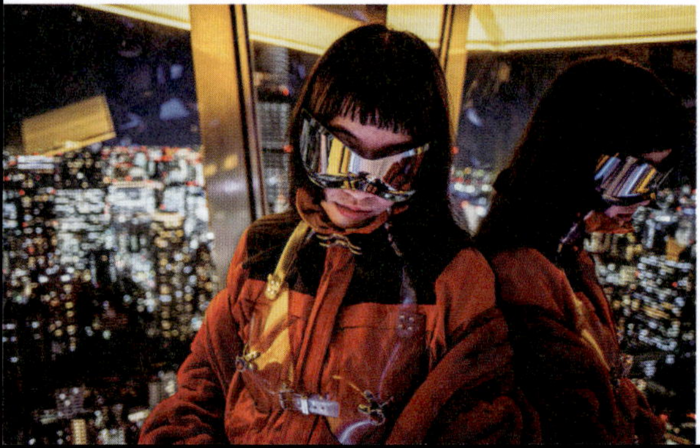
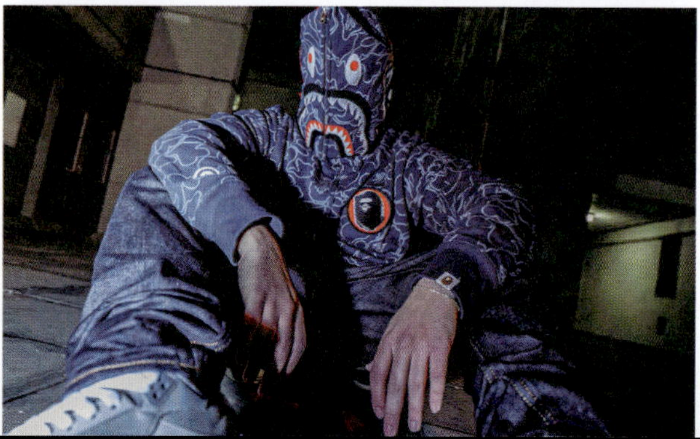
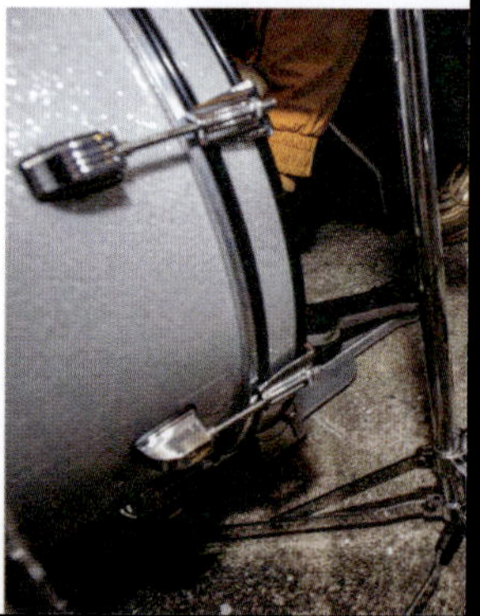

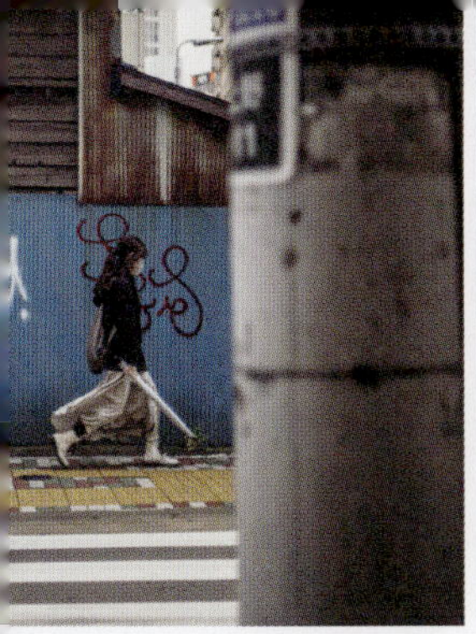
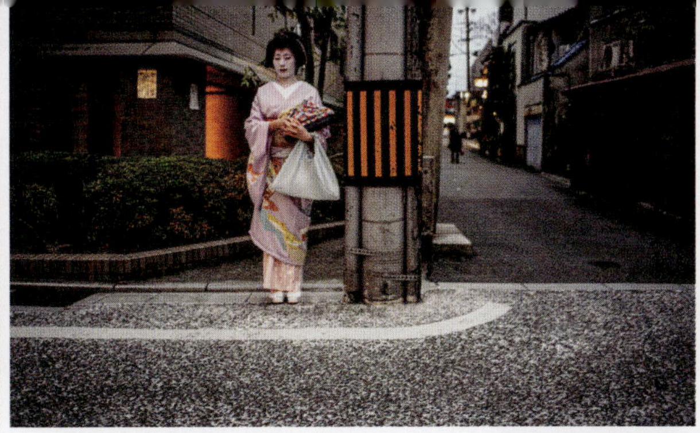
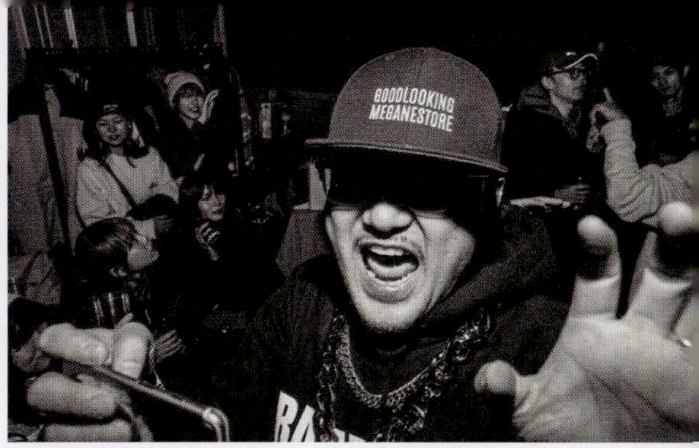

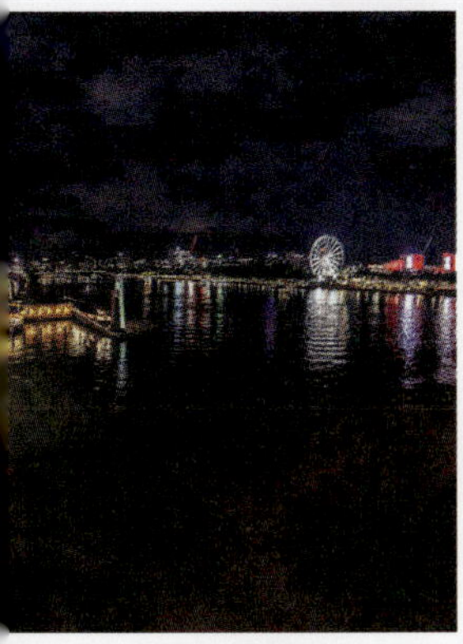
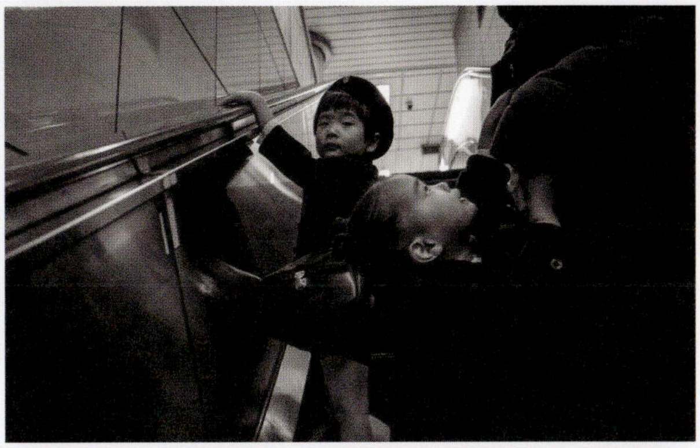
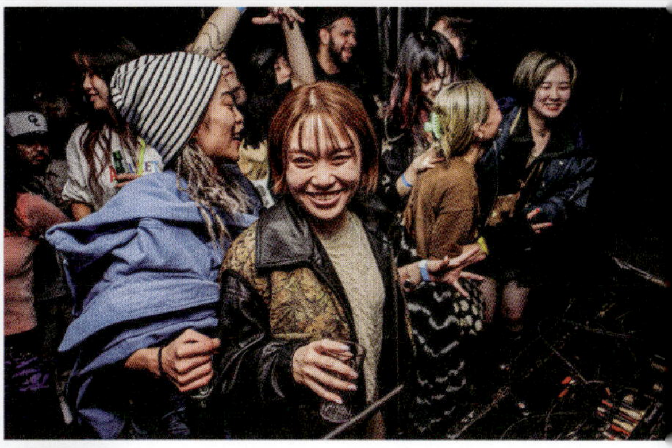
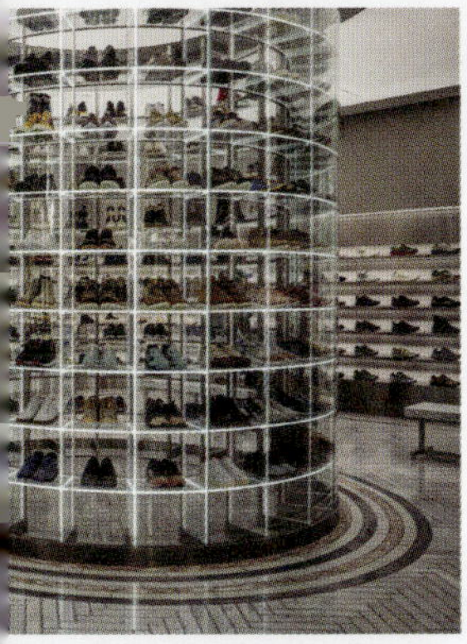
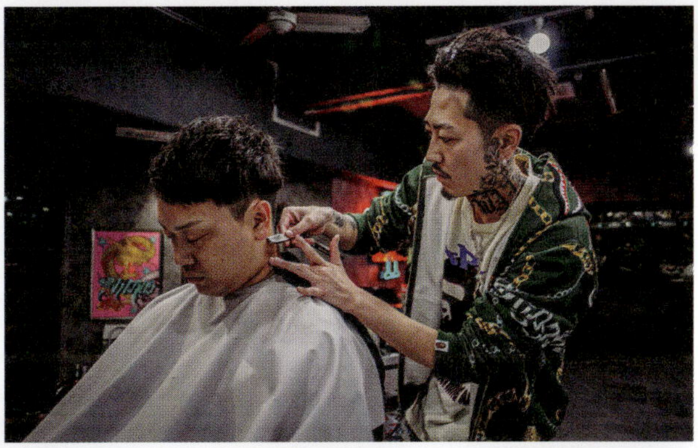

Tokyo Drift – Giacomo Miraldi, dreißig Tage von Tokio nach Fukuoka, durch die roten Lichter der Städte – 2024.

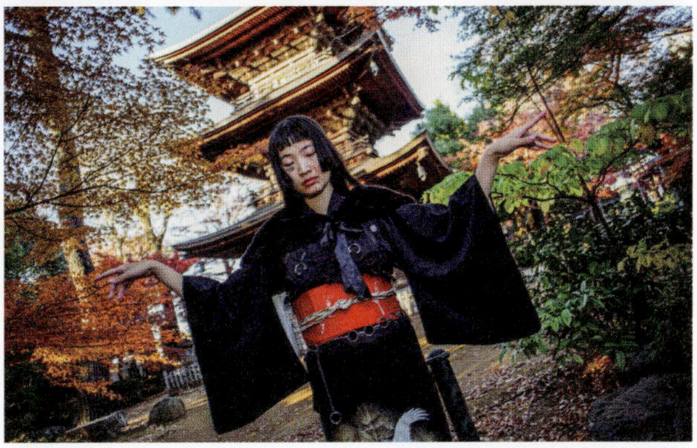
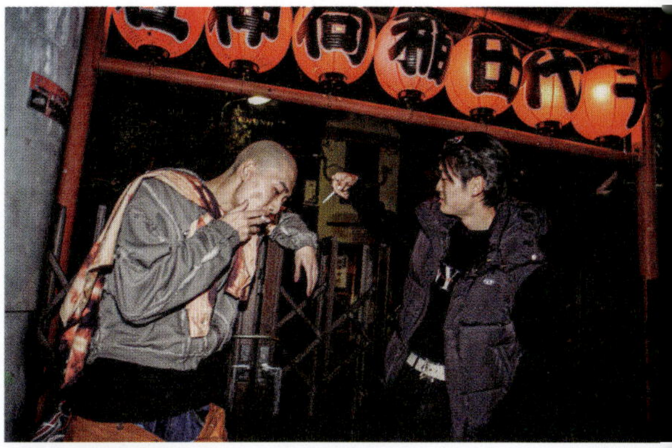
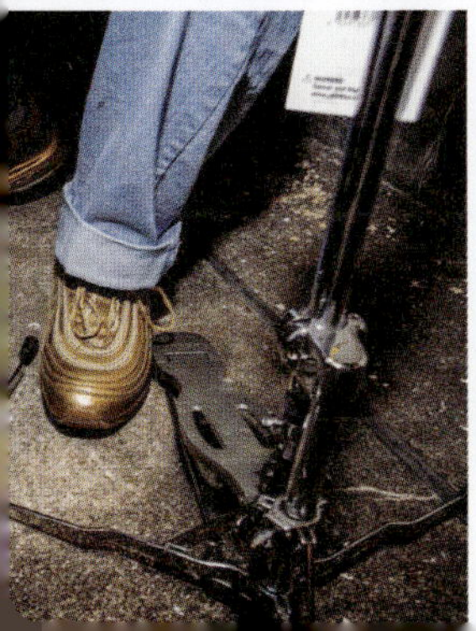
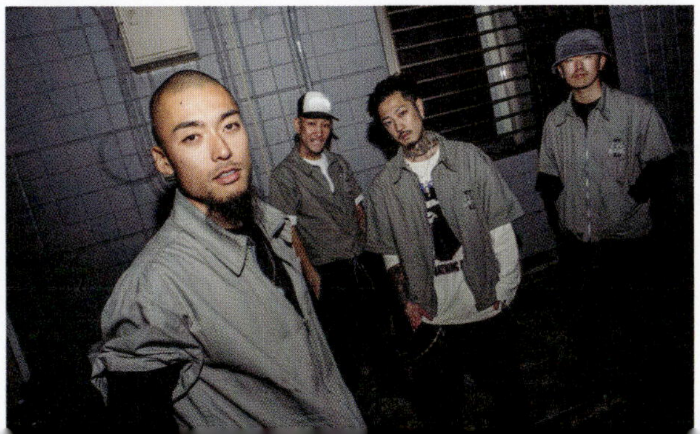
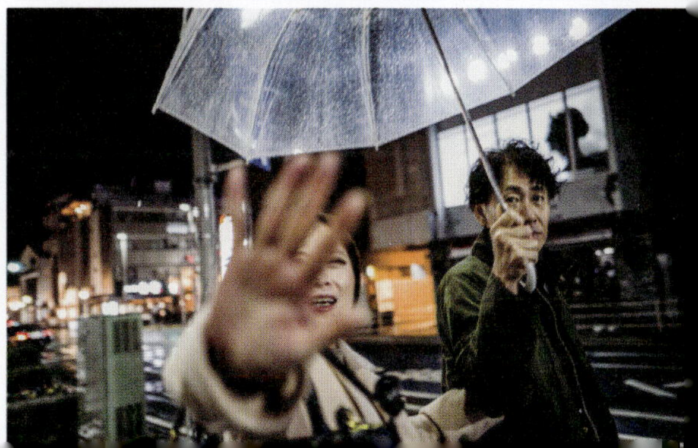

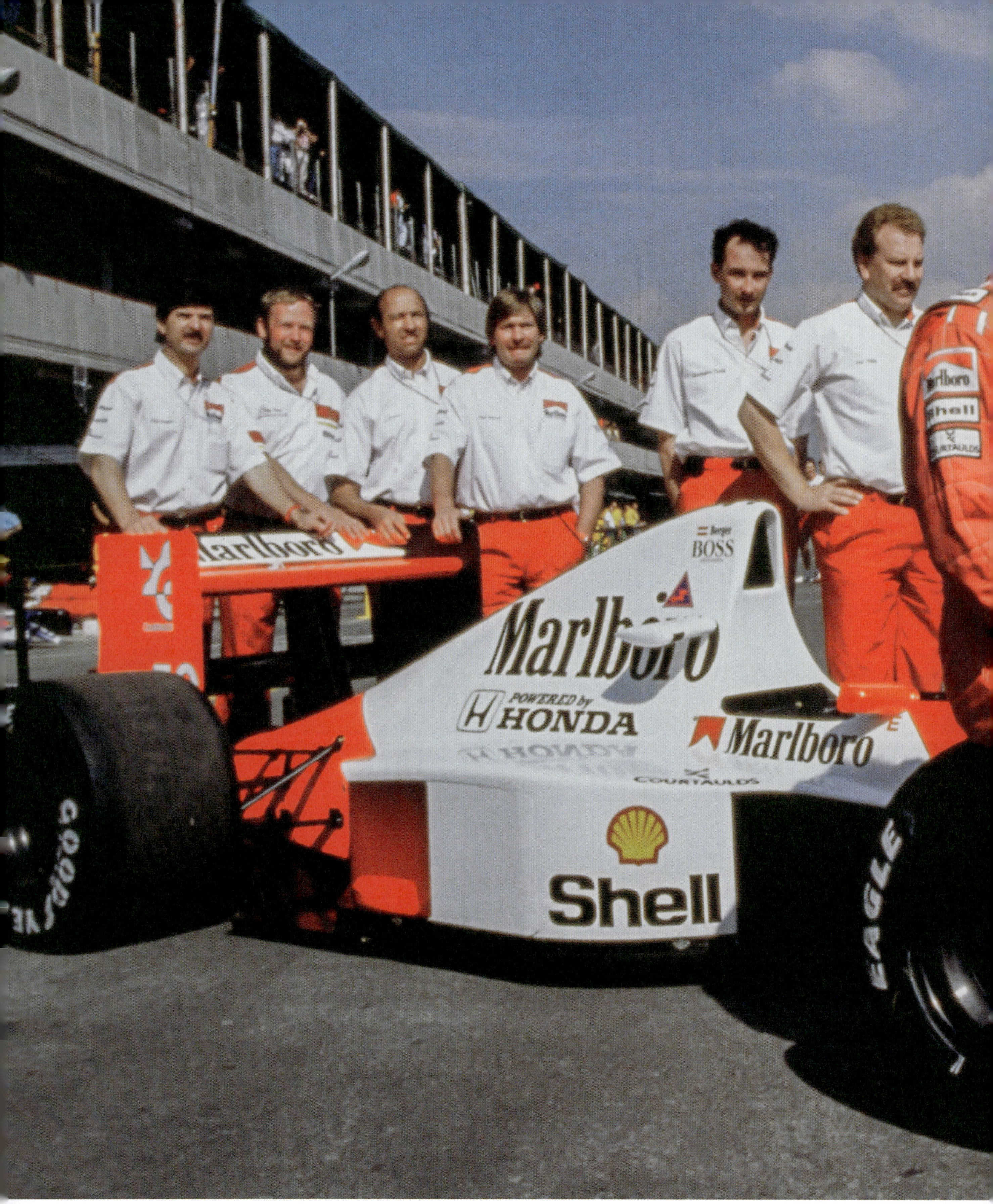

Ayrton Senna mit dem Rest des McLaren-Teams – Großer Preis von Mexiko, Mexiko-Stadt, 1990.

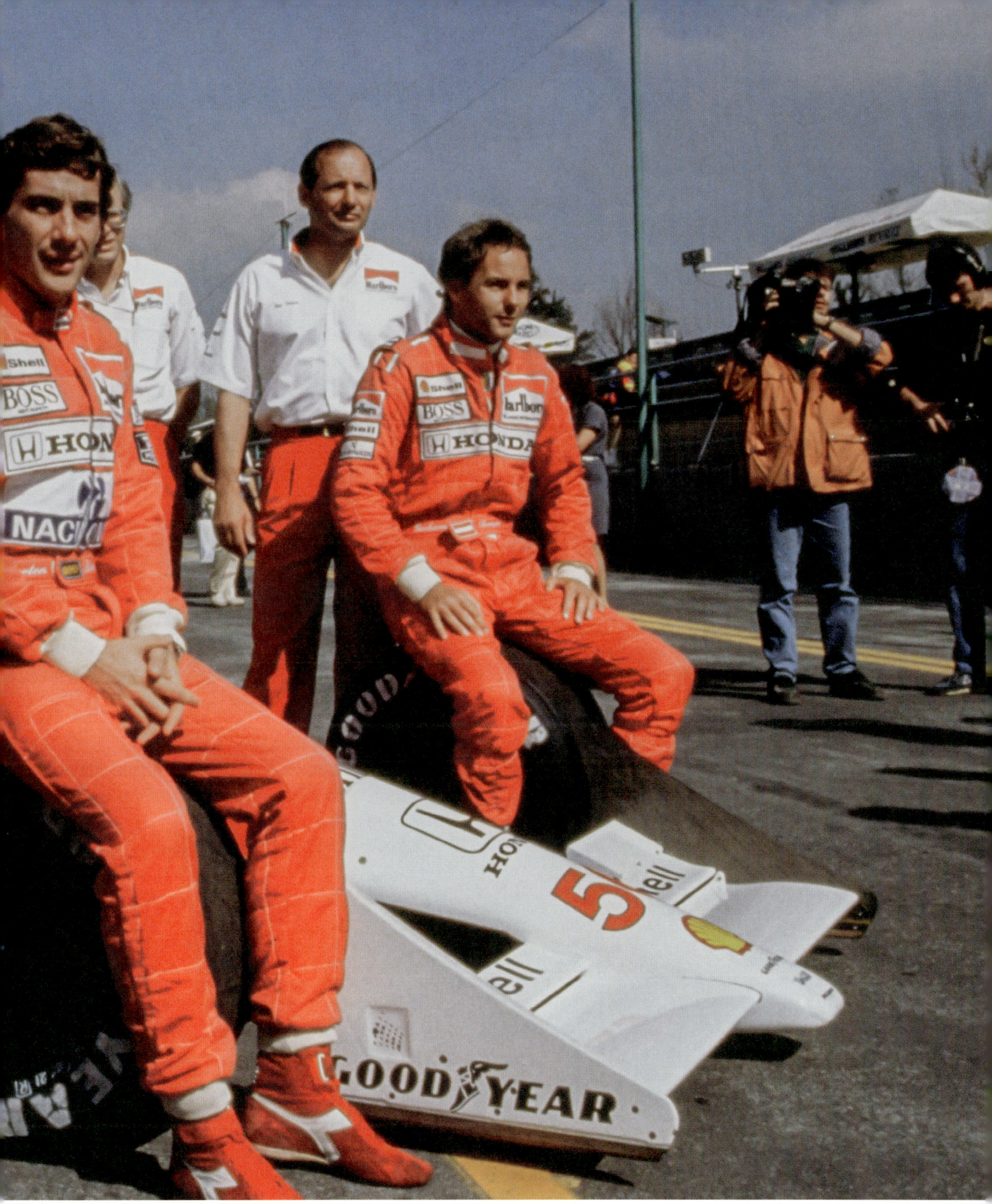
BOSS
HONDA
BOSS
GOODYEAR

B. ELITE – DIADORA

Diadora wurde 1948 von Marcello Danieli gegründet und konzentrierte sich zunächst auf die Herstellung von Wander- und Arbeitsschuhen, wobei Danieli hierfür seine Erfahrungen als Schuster von Militärschuhen aus der Nachkriegszeit nutzte. Handwerkliche Qualität und italienische Produktion wurden zu Diadoras Markenzeichen, verwurzelt in dem Ethos, Erfolge zu feiern, Teamarbeit zu fördern und respektvollen Wettbewerb zu unterstützen.

In den 1960er-Jahren expandierte die Marke in den Sportschuhbereich. Der Diadora Borg Elite, der 1978 ursprünglich für die Tennislegende Björn Borg hergestellt wurde, wurde 1981 zum Symbol für die Sportschuhe der 80er-Jahre und von den Europäern wegen seines Stils und seiner kulturellen Bedeutung geschätzt. Der B. Elite war mit weichem Känguru-Premiumleder, einer umkehrbaren Einlegesohle und innovativer Diadora-Technologie der Inbegriff von Hochleistung. Das Original-Modell zeichnet sich durch weiße und goldene Akzente, eine „Made in Italy"-Insignie, markante Schnürsenkelösen und eine Gummisohle mit dem Diadora-Retro-Logo auf einer cremefarbenen Zwischensohle aus.

In den 1990er-Jahren gründete Diadora ein Forschungs- und Entwicklungszentrum und arbeitete mit Orthopäden und Experten des Politecnico di Milano zusammen. Im Jahr 2009 wurde Diadora von Geox aufgekauft, was zu einem Relaunch der Marke führte. Ein bedeutendes Modell von Fußballschuhen entstand: der Brasil, bekannt für sein niedriges Gewicht und geschätzt für das gleiche weiche Känguruleder, das auch beim B. Elite verwendet wird. Bei den Spielern ist er wegen seines Komforts beliebt.
Im Laufe der Jahre hat die Marke verschiedene Varianten veröffentlicht und mit Designern und Künstlern zusammengearbeitet, um in der zeitgenössischen Mode relevant zu bleiben. Ein bemerkenswertes Beispiel sind die 1983 veröffentlichten Formel-1-Schuhe. Diadora reagierte mit der Entwicklung von feuerfesten, von der Formel 1 zugelassenen Schuhen auf Niki Laudas Rennsport-Rückkehr nach einem schweren Unfall. Auch Rennfahrer wie John Watson und Ayrton Senna entschieden sich für Diadora.

OBERMATERIAL AUS HOCHWERTIGEM LEDER

SCHNÜRVERSCHLUSS I KUNSTSTOFF-ÖSEN

ORIGINAL '80ER DETAILS

GEBRANDETE GUMMIFERSE UND ZWISCHENSOHLE

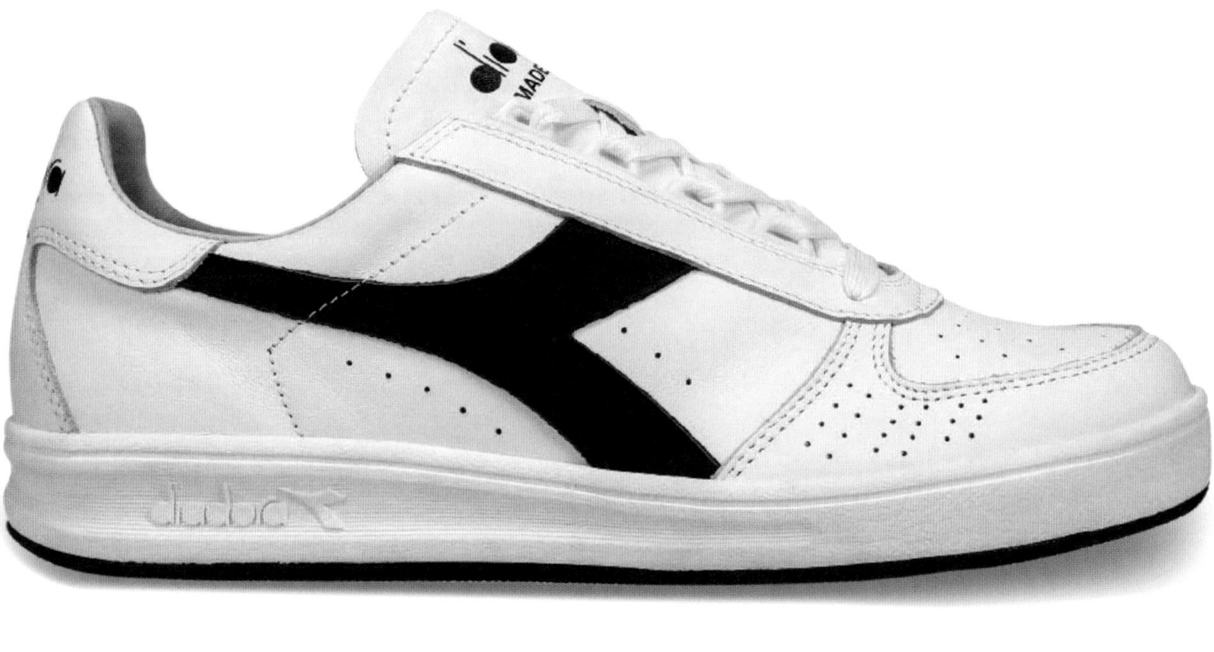

Die Tennislegende Björn Borg, auch „Ice Man“ genannt, spielte eine wichtige Rolle in der Geschichte von Diadoras B. Elite. Die für Borg entworfenen und ihm gewidmeten Sneaker wurden zum Synonym für seine herausragenden Leistungen auf dem Tennisplatz, eine starke Strategie. Borg erschien in einer Marketingkampagne, die einer Sonderedition des B. Elite – dem B. Elite Borg – mit dem Slogan „If I were in your shoes, I'd want to buy my shoes“ (Wenn ich an Ihrer Stelle wäre, würde ich meine Schuhe kaufen wollen). Die Kampagne war für die Schuhe erfolgreich, die in einer speziellen Kordeltasche mit Borgs Porträt und einem nummerierten Exklusivitätszertifikat geliefert wurden. Der kulturelle Einfluss von Diadora erstreckte sich auch auf die Vereinigten Staaten, wo die italienische Gemeinschaft mit Stolz ihr Erbe demonstrierte. Hollywood griff diese Verbindungen auf, indem es die italienische Kultur im Ausland häufig anhand von Haltungen und Lifestyle-Kleidung wie Trainingsanzügen und bequemen Schuhen darstellte und den emblematischen italienischen Stil mit stereotypen illegalen Geschäften assoziierte. Dieses Gefühl weckte das Interesse von Mitgliedern des Wu-Tang Clan, vor allem von Raekwon, dessen Zusammenarbeit mit Diadora 2015 begann. Dies festigte den Ruf der Marke auf der Straße weiter, insbesondere in Vierteln wie Staten Island, wo viele Italiener leben.

Björn Borg

Björn Borg, geboren am 6. Juni 1956 in Stockholm, Schweden, ist ein ehemaliger schwedischer Weltranglistenerster, der einer der besten modernen Tennisspieler war. Er war der erste Mann, der die Wimbledon-Einzelmeisterschaft fünfmal in Folge gewann (1976–80).

ICE

ICE: VON „ICE MAN“, DER SPITZNAME VON BJÖRN BORG

1. Bjorn Borg vs. John McEnroe, All England Club – London, 1980.
2. Eine Werbung für den Diadora B. Elite aus den 1980er-Jahren.

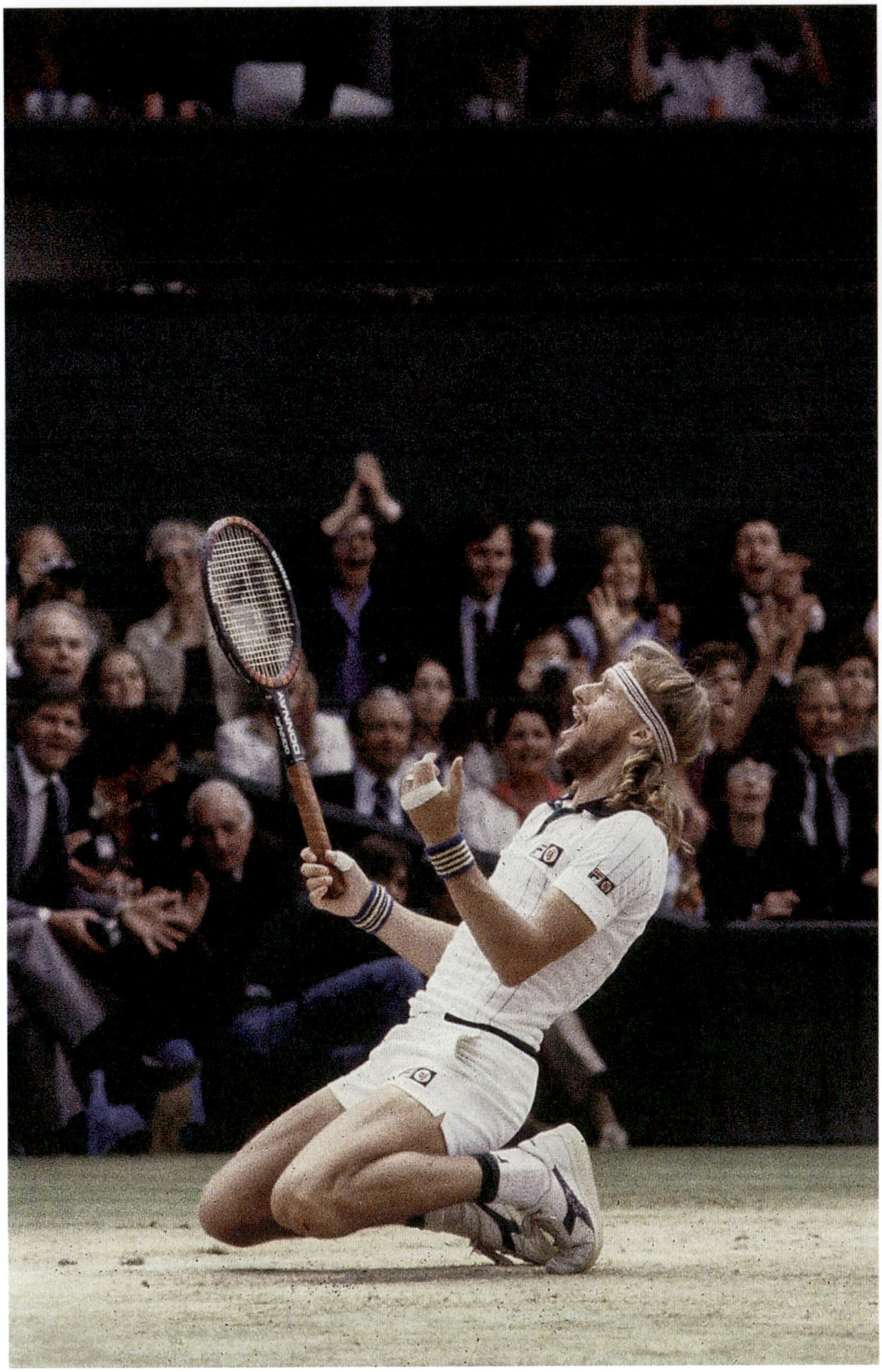

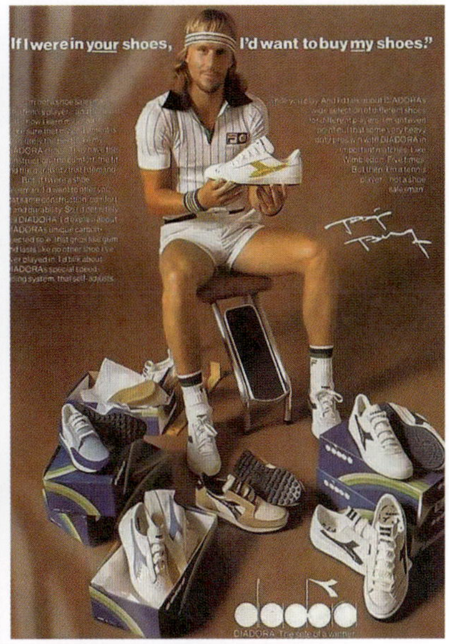

„WENN ICH AN IHRER STELLE WÄRE, WÜRDE ICH MEINE SCHUHE KAUFEN WOLLEN."

BJÖRN BORG

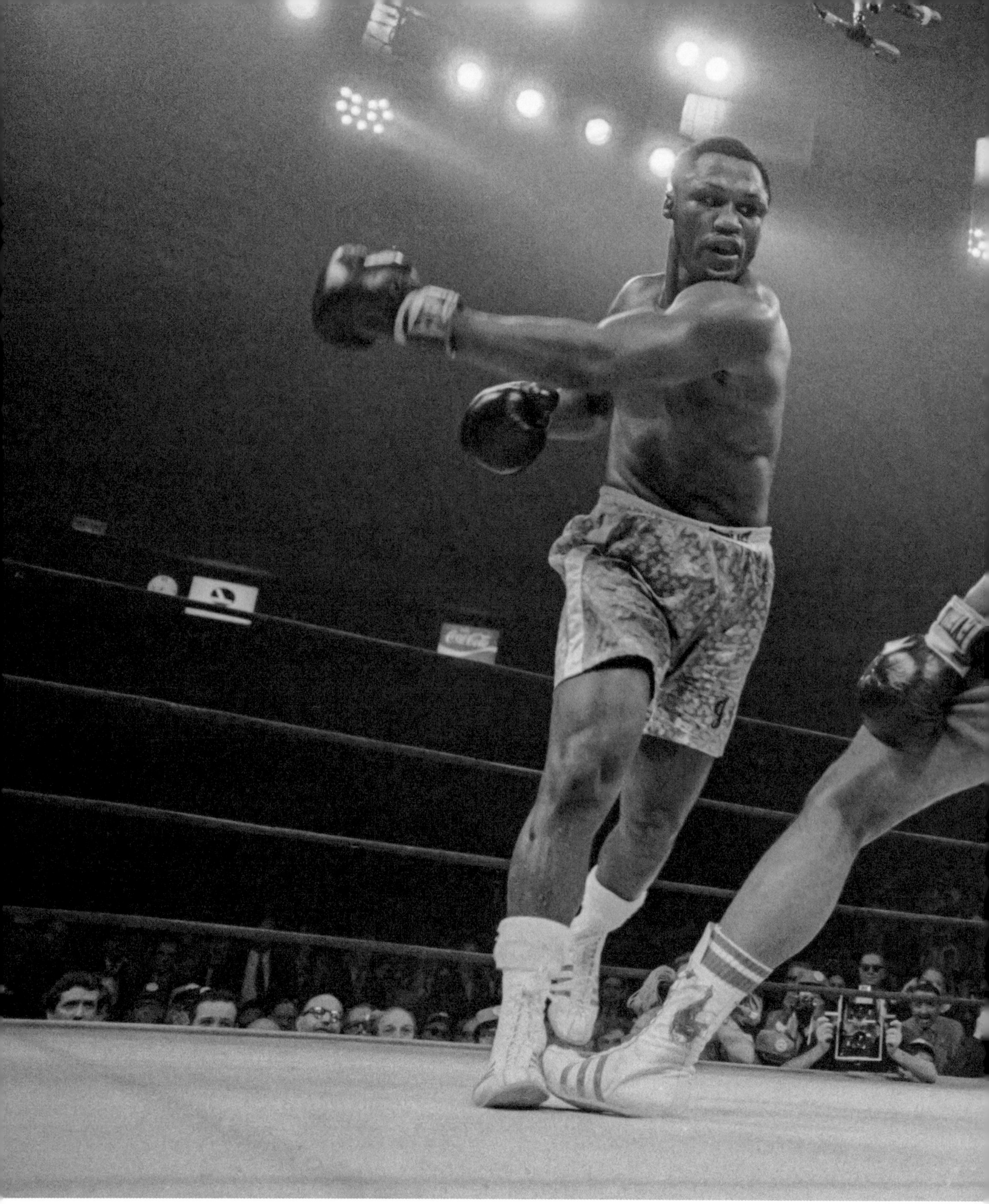

Der Boxer Muhammad Ali weicht einem Schlag von Joe Frazier aus – Madison Square Garden, 1971.

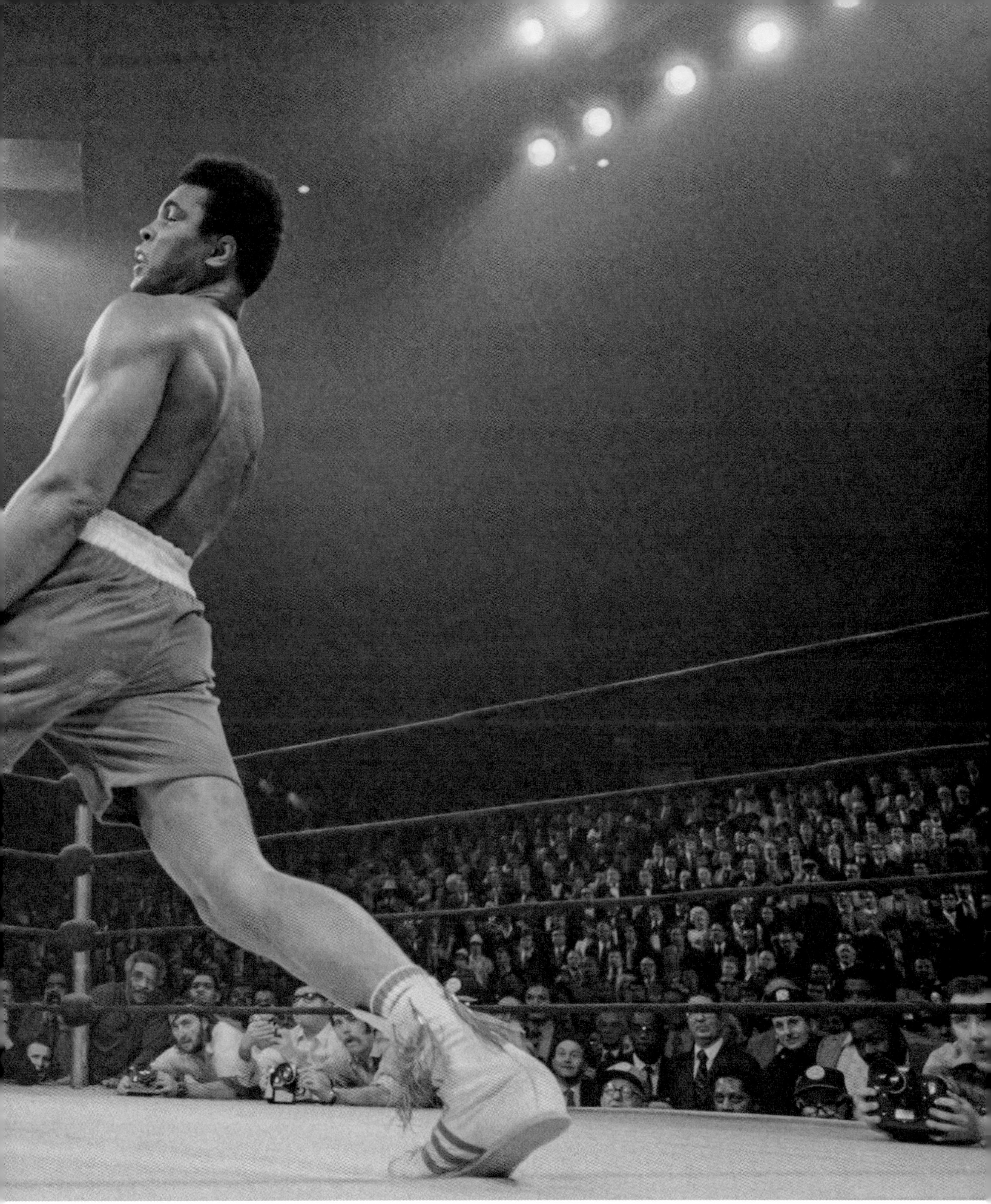

BOX HOG – ADIDAS

Vor dem Adidas Box Hog verließen sich die Boxer um 1900 auf Lederschuhe mit glatten Sohlen, auf die oft Harz aufgetragen wurde, damit sie während des Kampfes besseren Halt hatten.

Im Jahr 1916 veränderte Jack Dempsey, ein amerikanischer Profiboxer und Weltmeister im Schwergewicht, das Schuhwerk für Boxer, indem er in einem örtlichen Geschäft maßgefertigte Lederschuhe mit Gummisohle und Knöchelschutz bestellte. Diese bahnbrechende Innovation hatte einen tief greifenden Einfluss auf das Design zeitgenössischer Boxschuhe, was sich in den Kämpfen von Legenden wie Muhammad Ali zeigte, aber auch in Boxfilmen wie *Rocky IV*, in denen der Protagonist nach seinem Erfolg dieses spezielle Modell trägt.

Von den 1930er- bis zu den 1960er-Jahren entwickelten sich die Boxschuhe erheblich weiter, wobei synthetische Materialien, wie Nylon, und Wildleder für eine bessere Atmungsaktivität und Beweglichkeit eingesetzt wurden. Adidas debütierte in den 1950er-Jahren auf dem Boxsportmarkt, aber erst in den 1980er- und 1990er-Jahren kam es zu einer echten Revolution der Marke.

Die Adidas Box-Hog-Boxschuhe aus den 1970ern sind bekannt für ihr ikonisches Design und wurden gefertigt, um schnelle Bewegungen im Ring zu erleichtern. Mit einem Obermaterial aus Wildleder, das für eine bequeme und dauerhafte Passform sorgt, und einer robusten Gummisohle für optimalen Halt ermöglicht der leichte Box Hog Boxern, im Ring zu tanzen. Diese technischen Eigenschaften sind das Ergebnis zahlreicher Studien, und die heutigen Schuhe sind auch für Kampfsportarten ideal.
In den 1980er- und 1990er-Jahren erlebte die Boxkleidung einen bemerkenswerten Stilwandel, der durch Persönlichkeiten wie Hulk Hogan veranschaulicht wurde. Die heutigen Boxschuhe verbinden Funktionalität mit Stil und bieten eine breite Palette von Möglichkeiten für Boxer, ihre Individualität durch Farben, Muster und Designs zu zeigen.

OBERMATERIAL AUS MESH MIT INNEREN VERSTÄRKUNGEN

SCHNÜRVERSCHLUSS

ATMUNGSAKTIV UND LEICHT

EVA-ZWISCHENSOHLE I GUMMI-AUSSENSOHLE

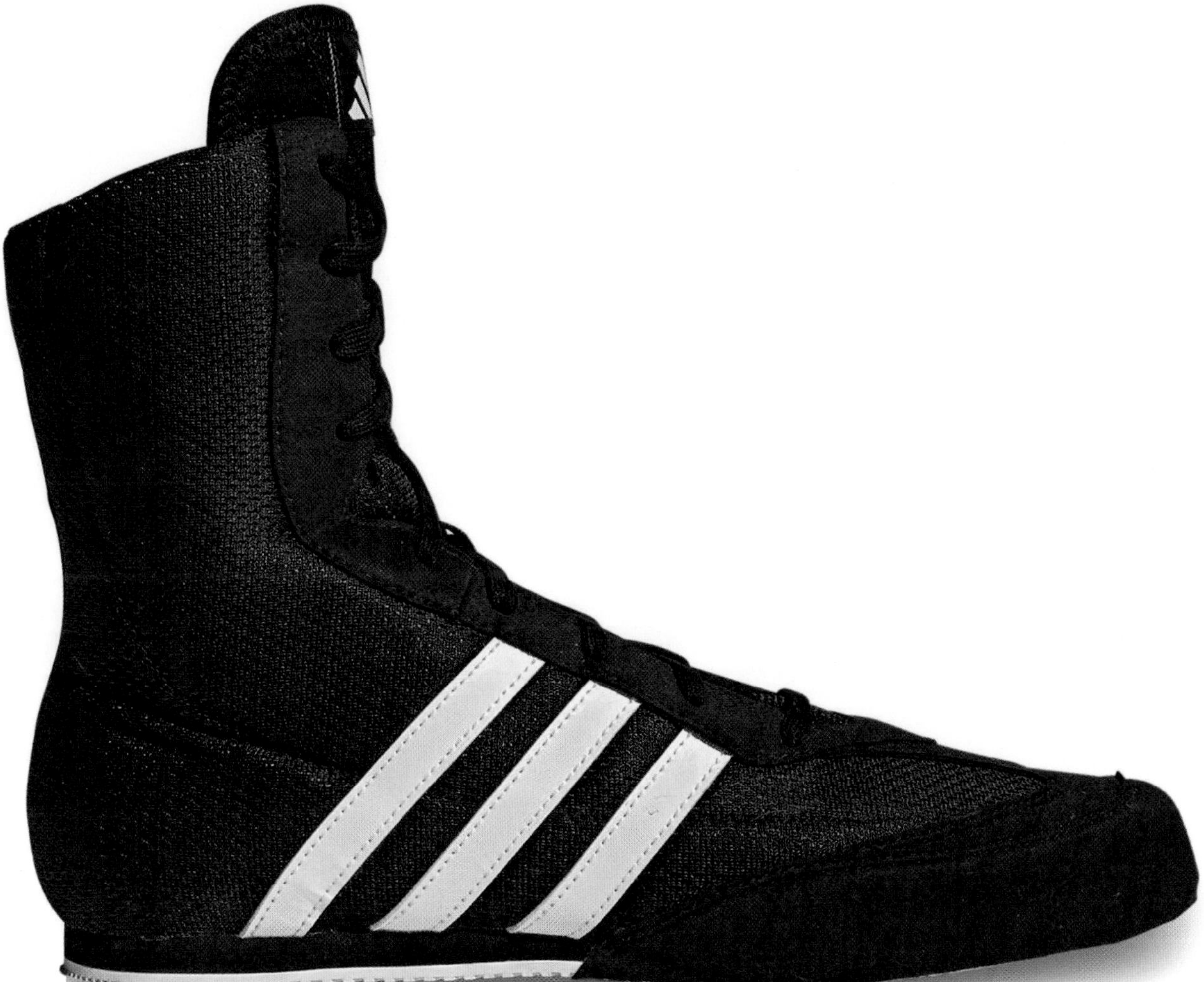

1984, während der The Works Tour, wurde Freddie Mercury zum ersten Mal in den leichten, weiß-schwarz gestreiften High-Top-Sneakers von Adidas fotografiert. Verschiedenen Quellen zufolge war der Künstler diesem Modell besonders zugetan, da es ihm bei seinen Auftritten Bewegungsfreiheit und Komfort bot. Es wurde fester Bestandteil seiner Bühnenausstattung. Das Modell war 1985 mehrmals zu sehen, einschließlich der historischen Auftritte in Rio de Janeiro und bei Live Aid. Während der Magic Tour 1986, die in zwei ausverkauften Veranstaltungen in der Wembley Arena und seinem letzten Live-Auftritt mit Queen im Knebworth Park ihren Höhepunkt hatte, blieb Freddie bei den Adidas-Sneakers.

Mary Austin, Freddie Mercurys längste Freundin und Beinahe-Ehefrau, erinnert sich, dass Freddie bei seinen Auftritten ausschließlich diese Art von Adidas-High-Tops trug und sie zusammen mit seinen anderen Bühnenkostümen aufbewahrte. Freddies Liebesaffäre mit Adidas setzte sich fort, als er die Sneaker während seines Auftritts mit Queen im Werbevideo für „The Miracle" im November 1989 trug.

Freddie Mercury

Freddie Mercury, geboren als Farrokh Bulsara (5. September 1946 – 24. November 1991), war ein britischer Sänger und Songschreiber, bekannt als Leadsänger der Rockband Queen. Er ist eine wahre Legende und wird allgemein als einer der größten Künstler aller Zeiten angesehen.

PWR

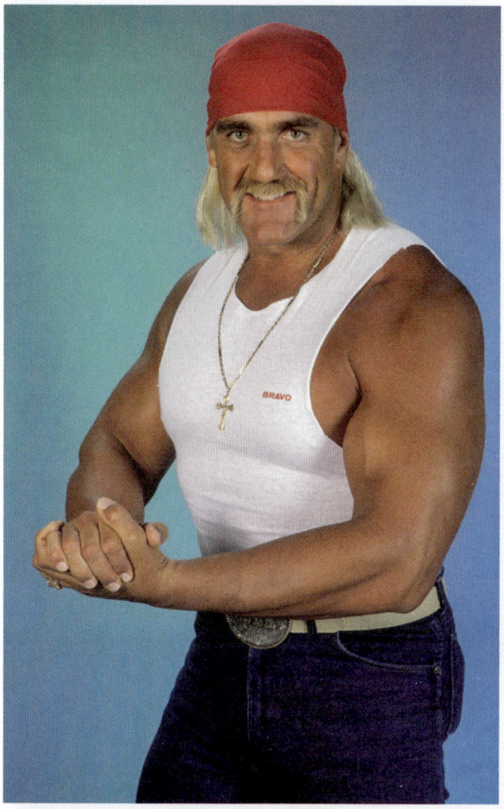

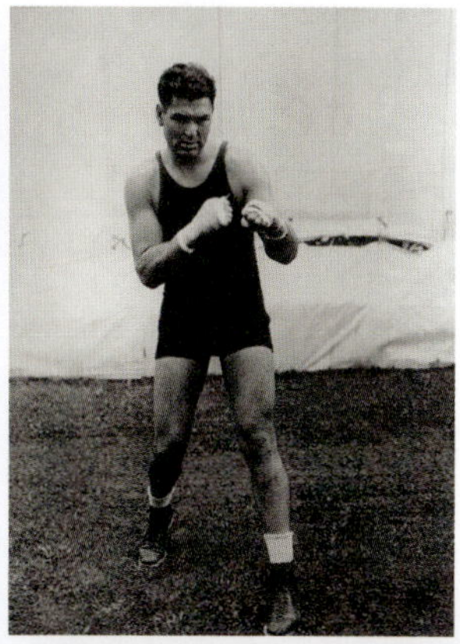

1. Hulk Hogan – München, 1991.
2. Der amerikanische Boxer Jack Dempsey (1895–1983) in Kampfpose.
3. Sylvester Stallone in Adidas Boxschuhen – *Rocky IV*, 1985.
4. Freddie Mercury live im Wembley-Stadion – 1986.

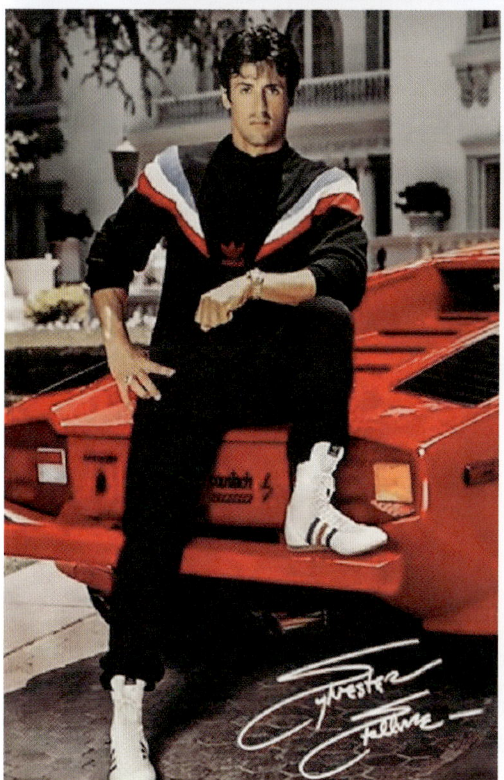

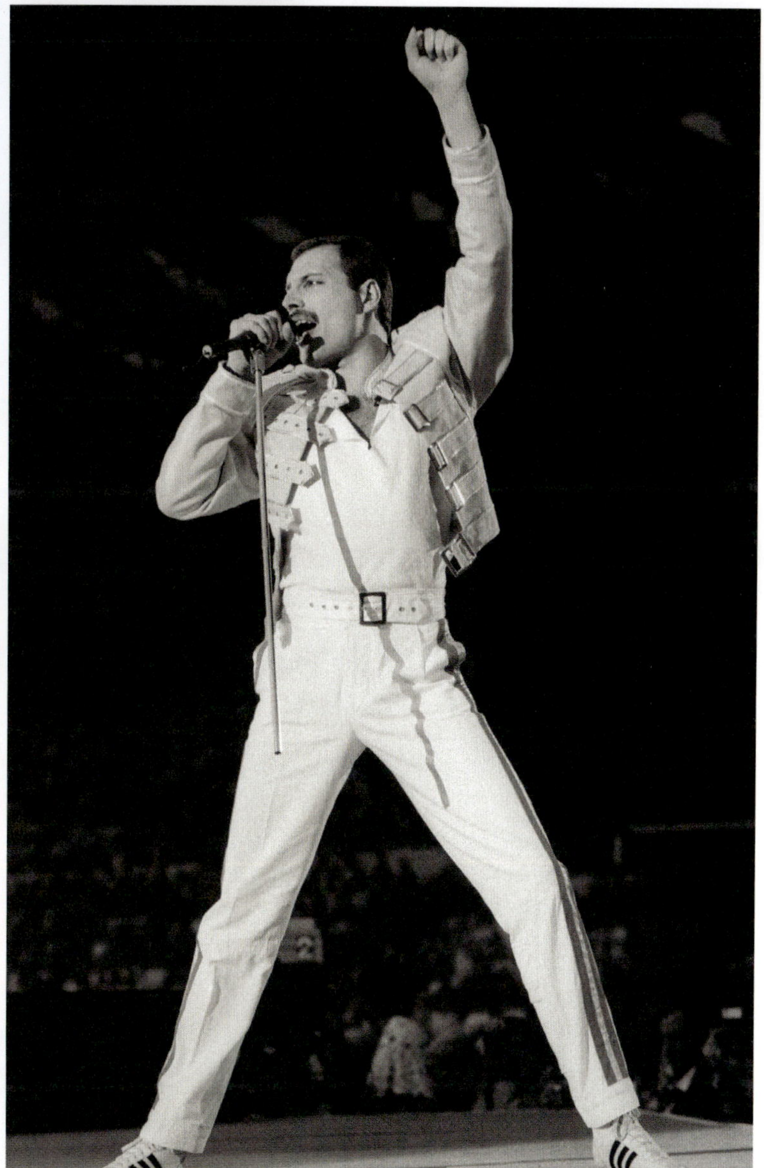

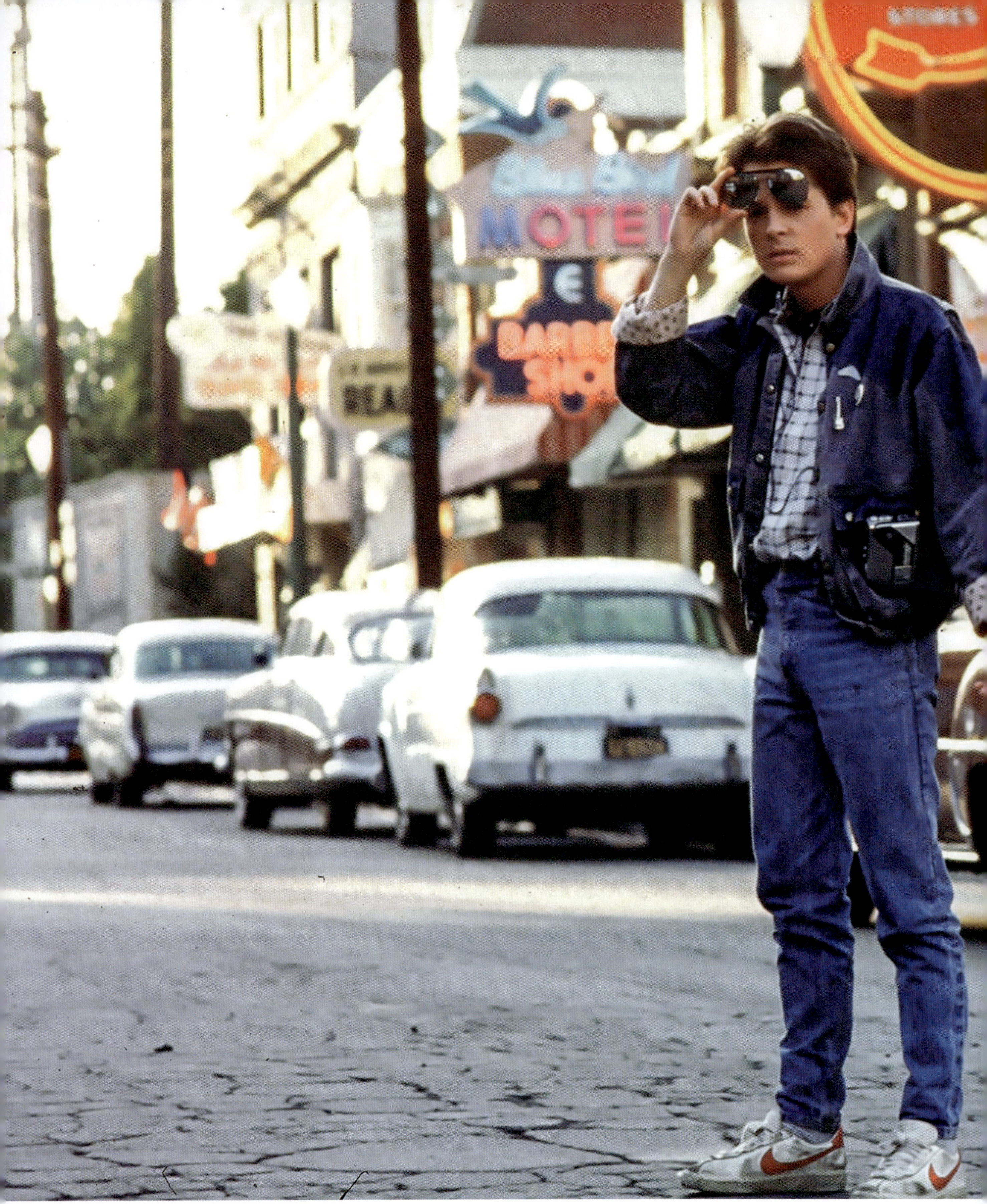

Michael J. Fox in Nike Bruins – *Zurück in die Zukunft*, 1985.

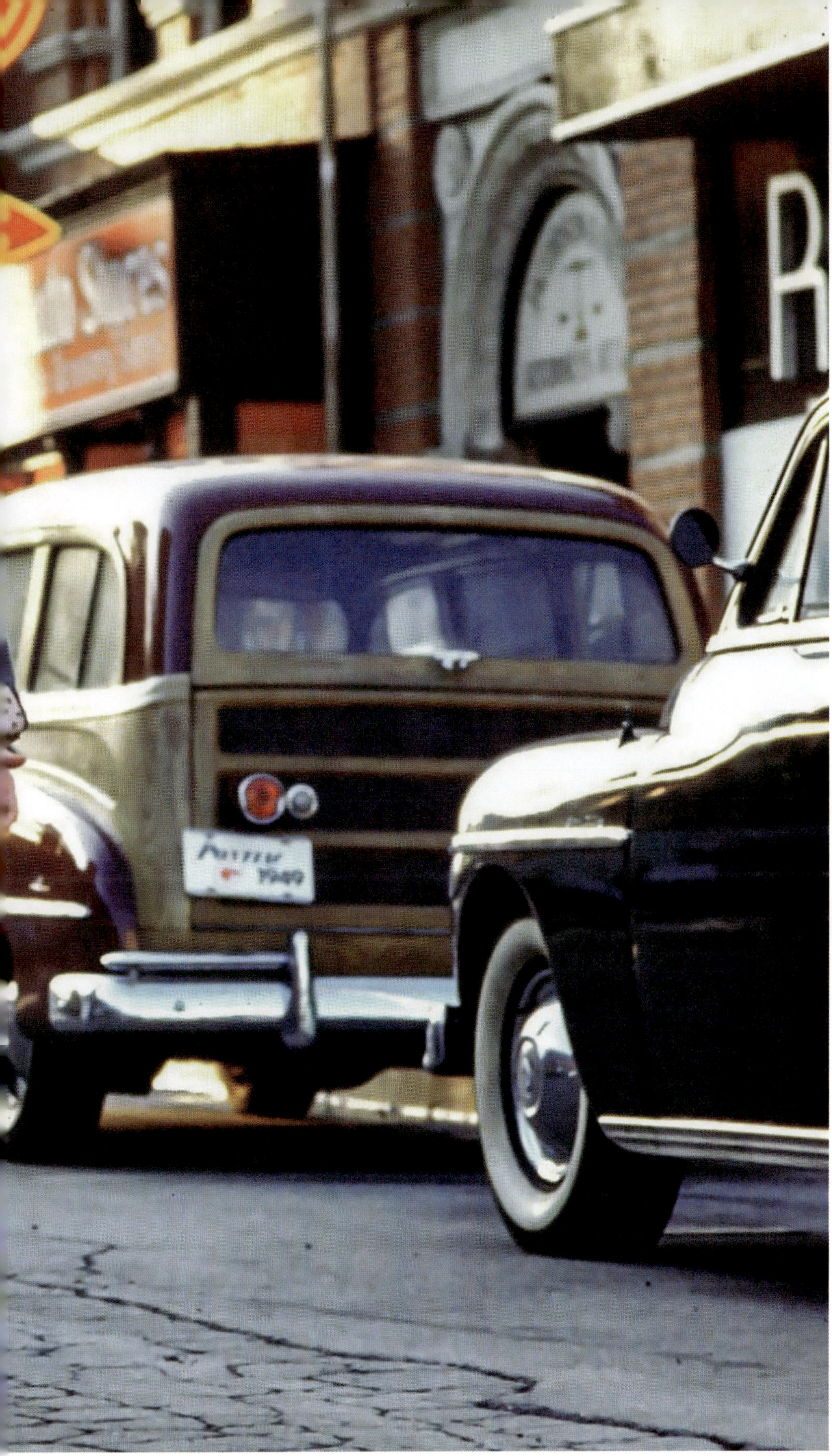

BRUIN/MAG – NIKE

Der Nike Bruin, ursprünglich ein Low-Top-Basketballschuh aus dem Jahr 1972, wurde dank Marty McFly, einer der berühmtesten Figuren der 1980er-Jahre, zu einer Ikone der Skate-Kultur.
Der sauber gestaltete und vielseitige Bruin bietet soliden Halt und Komfort und verfügt über ein genähtes und geklebtes Obermaterial aus Vollnarbenleder auf einer Außensohle mit Fischgrätenmuster für zusätzliche Traktion, die sich für eine Vielzahl von Sportarten auf dem Platz eignet.

Der Nike Bruin erlangte dank seines Auftritts in den Kinofilmen große Popularität. Marty McFly, gespielt vom Schauspieler Michael J. Fox, trug im Blockbuster *Zurück in die Zukunft* ein Paar dieser Schuhe. Die Schuhe tauchten im Film auf, weil Fox sie bei den Dreharbeiten trug, und da der Kostümbildner vergessen hatte, die Schuhe seiner Figur zum Set mitzubringen, wurden die Bruins zum Schuhwerk seiner Figur.

Um das Debüt des Schuhs im Film und sein dreißigjähriges Jubiläum zu feiern, wurde der Marty McFly Nike Bruin am 21. Oktober 2015 in einer Sonderedition herausgebracht. Der ursprünglich mit 110 Dollar bepreiste Schuh hat sich inzwischen zu einem Sammlerstück entwickelt, das seine Rolle in der Geschichte und Popkultur widerspiegelt.

Michael J. Fox' Einfluss, der noch vor den sozialen Medien bestand, hat die Sneakerkultur maßgeblich beeinflusst und zum Aufstieg von Nike beigetragen. Der kultige Nike Mag wurde für Marty McFly in dem Film *Zurück in die Zukunft Teil II* von 1989 entworfen und von ihm getragen. Tinker Hatfield verfolgte beim Design des Schuhs einen futuristischen Ansatz. Da der Film im Jahr 2015 spielt (damals dreißig Jahre in der Zukunft), spiegelten die ultrahoch geschnittenen Schuhe moderne Funktionen wie automatische Schnürsenkel und eine leuchtende Sohle wider. Nach der Veröffentlichung des Films brachte die Nachfrage nach den Schuhen die Sneakerkultur in nie dagewesene Höhen des Mainstreams.

OBERMATERIAL AUS WILDLEDER

SCHNÜRVERSCHLUSS

MESH-ZUNGE

GUMMI-AUSSENSOHLE

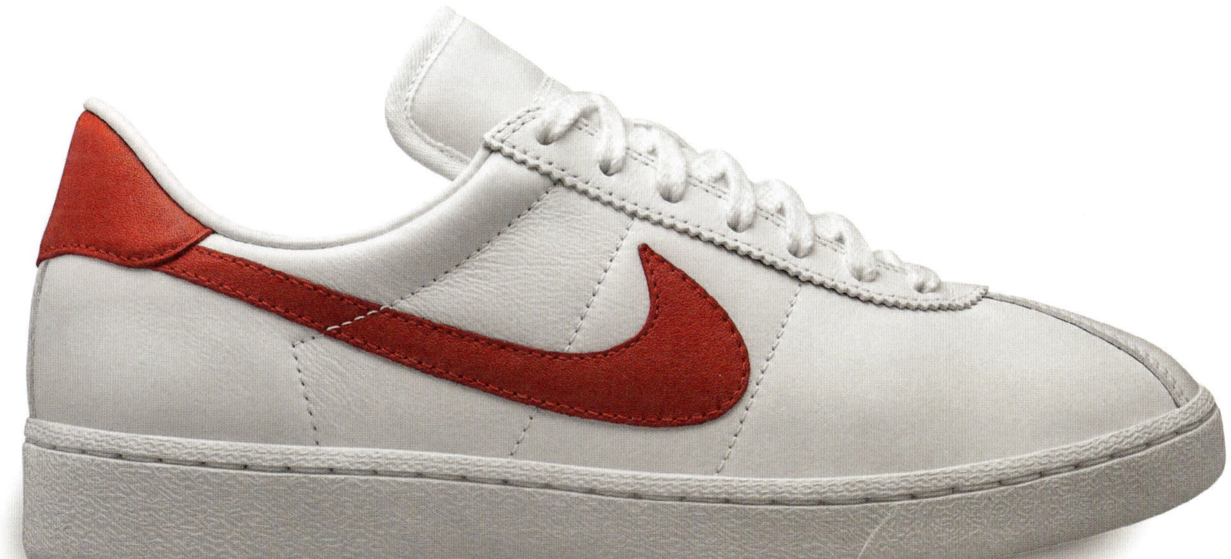

Nike brachte 2011 1500 Paar der ersten Replica Mag auf den Markt, und obwohl sie versuchten, das Modell so nah und originalgetreu wie möglich zu gestalten, fehlte ein Merkmal: die automatische Schnürung. Das wurde 2016 geändert, als Nike eine noch strenger limitierte Neuauflage der Mags herausbrachte, bei der alle neunundachtzig Paare mit der Selbstschnürungstechnologie ausgestattet sind. Die Replika-Sneaker, verpackt in einer unverwechselbaren gelben Schachtel mit aufwendigen Details, darunter ein „Magnetic Anti-Gravity"-Tag und ein Versandetikett aus Hill Valley, Kalifornien, wurden zu einer weltweiten Sensation.

Die auf 1500 Exemplare limitierten Schuhe wurden 2011 auf eBay versteigert und waren damals die größte Wohltätigkeitsauktion. Weitere zehn Paare, die in einzigartigen Plutonium-Hüllen präsentiert wurden, erzielten bei weltweiten Nike-Veranstaltungen beachtliche Preise. Auch die 2016er Modelle wurden verlost, wobei der Erlös an die Michael J. Fox Foundation ging. Der Einfluss des Nike Mag war nichts weniger als eine popkulturelle Sensation, die Sneaker- und Filmfans gleichermaßen in ihren Bann gezogen hat.

Michael J. Fox

Michael J. Fox wurde am 9. Juni 1961 geboren. Fox ist ein kanadischer Schauspieler, Produzent und Gitarrist. Berühmt wurde er durch seine Rolle des Marty McFly in der Filmtrilogie *Zurück in die Zukunft*.

FLY

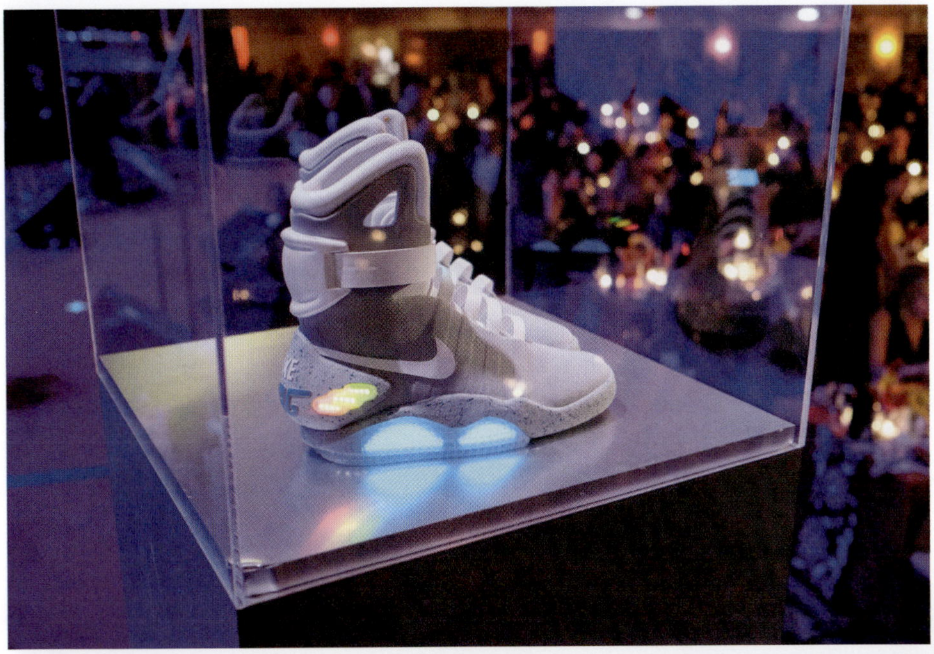

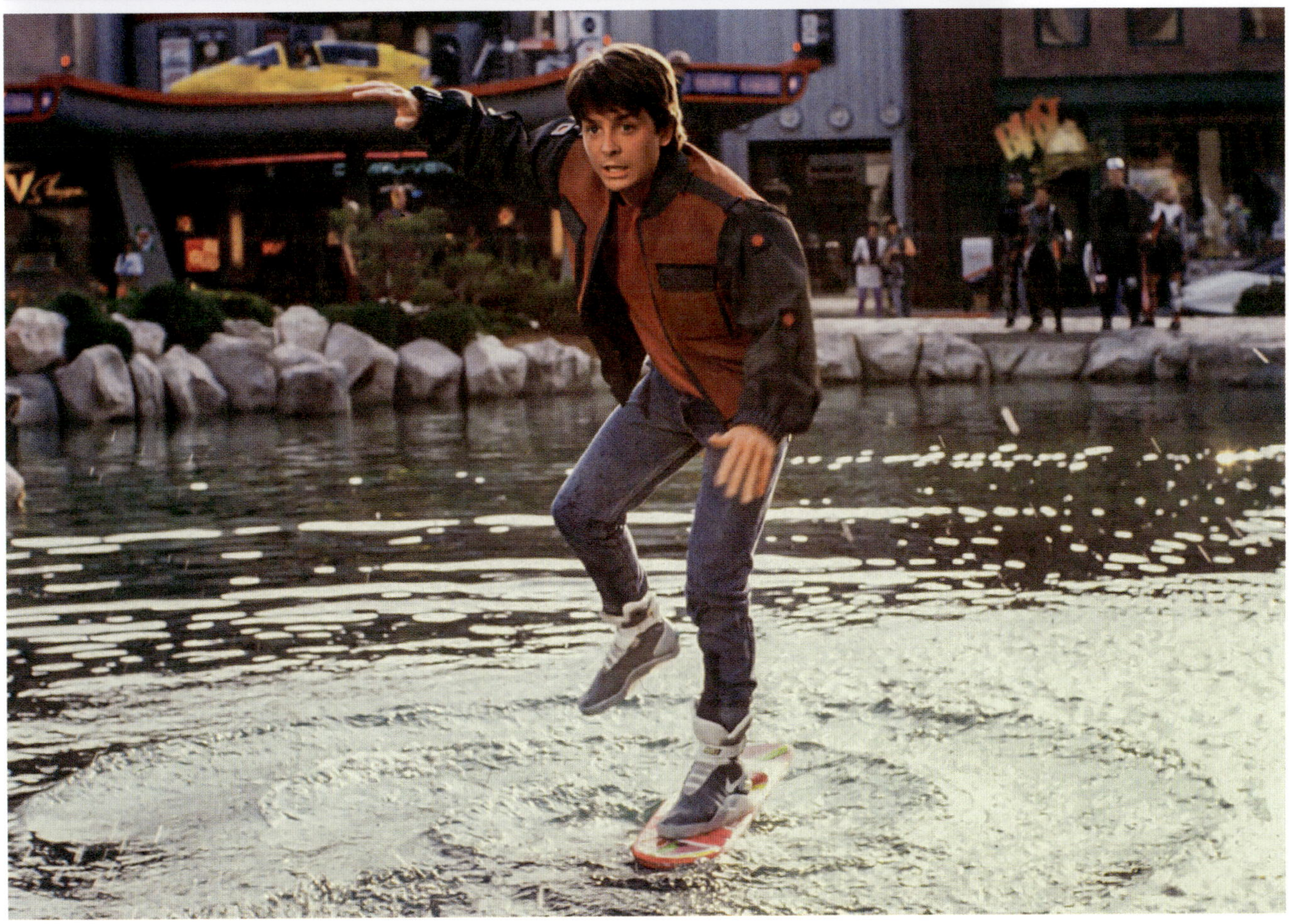

1. Der Nike Mag auf der Gala der Michael J. Fox Foundation's Gala im Waldorf – New York City, 2016.
2. *Zurück in die Zukunft Teil II*, Regie: Robert Zemeckis – 1989.

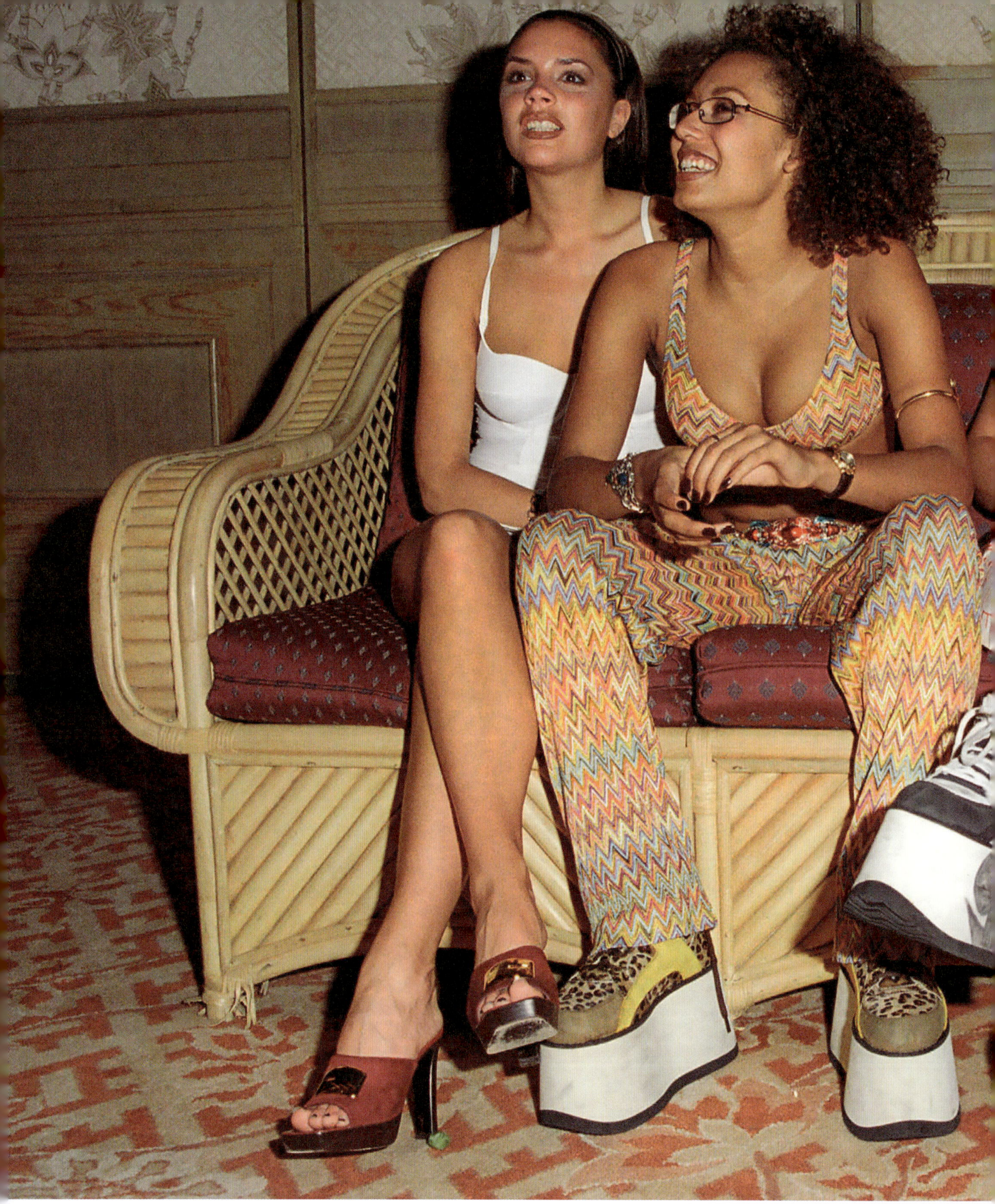

Die Spice Girls – Bali, 1997.

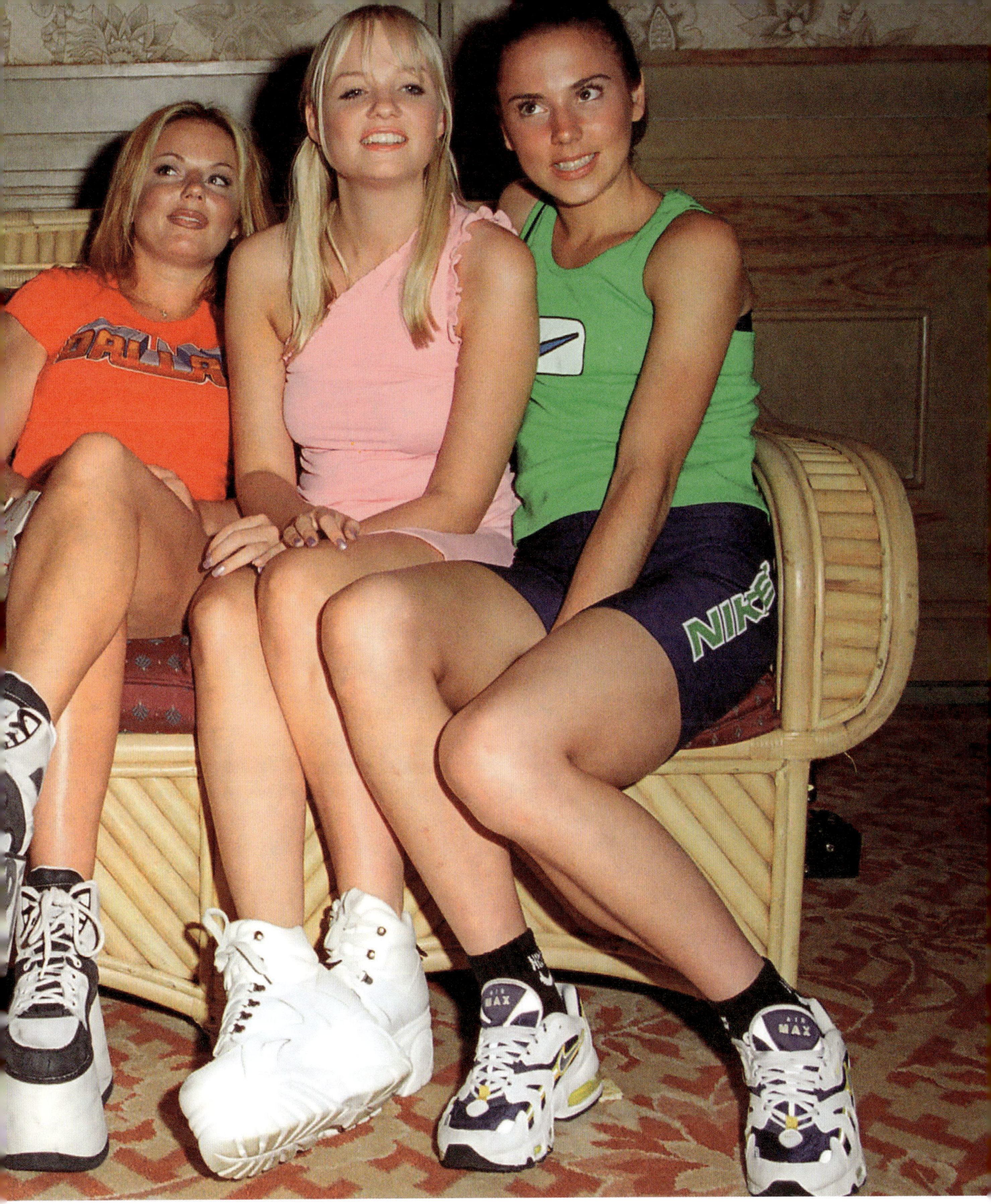
NIKE

BUFFALO

Buffalo-Sneaker sind ein Sinnbild für Kühnheit und unverfrorene Selbstentfaltung, geschaffen von der deutschen Marke Buffalo, die in den frühen 1990er-Jahren für ihre kühnen und unverwechselbaren, zwei Zoll hohen Plateauschuhe bekannt wurde, die traditionelle Silhouetten herausforderten. Der Ursprung der Marke geht auf die 1970er-Jahre zurück, als sich der Gründer Michael Conradi während einer Reise nach Mexiko in Cowboystiefel verliebte und beschloss, sie nach Europa zu importieren. Die ersten Modelle, die in Deutschland verkauft wurden, erfreuten sich großer Beliebtheit und wurden schnell zu einem Kultprodukt.
Der Buffalo-Plateau-Sneaker-Trend kam in den 90er-Jahren auf und definierte eine Ära, in der Individualität vorherrschte und die Träger im wörtlichen wie im übertragenen Sinne erhob. Das Design wurde bald zum Synonym für die überschwängliche Popkultur der 90er-Jahre, insbesondere in der Spice-Girls-Ära zwischen 1996 und 1997.

Während jedes Mitglied der Gruppe eine eigene Modepersönlichkeit mitbrachte, machten sich die Spice Girls gemeinsam die Buffalo-Sneaker zu eigen und verwandelten sie von einem Nischen-Accessoire für die Tanzfläche zu einem globalen Modestatement, das Girl Power propagierte und konventionelle Vorstellungen von Weiblichkeit durch Stil und Selbstentfaltung infrage stellte.

Heute werden Buffalo-Sneakers durch Partnerschaften mit modernen Designern und Influencern ständig weiterentwickelt. Sie sind nach wie vor in den urbanen Zentren beliebt und sprechen alle Geschlechter und Altersgruppen an. Ihr jüngstes Wiederaufleben, vor allem in den USA, ist auf ihre nonkonformistische Ideologie und die scheinbare Unterstützung durch Prominente wie Billie Eilish und Gigi Hadid zurückzuführen, die beim Tragen der Sneaker gesichtet wurden. Diese Sneaker werden sowohl tagsüber als auch in Clubs getragen und sorgen für Komfort bei jedem selbstbewussten und mutigen Schritt und erheben jeden, der sie trägt, weiter.

OBERMATERIAL AUS VEGANEM LEDER

SCHNÜRVERSCHLUSS

LEICHTGEWICHT

2¾-ZOLL-GUMMI-MITTELSOHLE

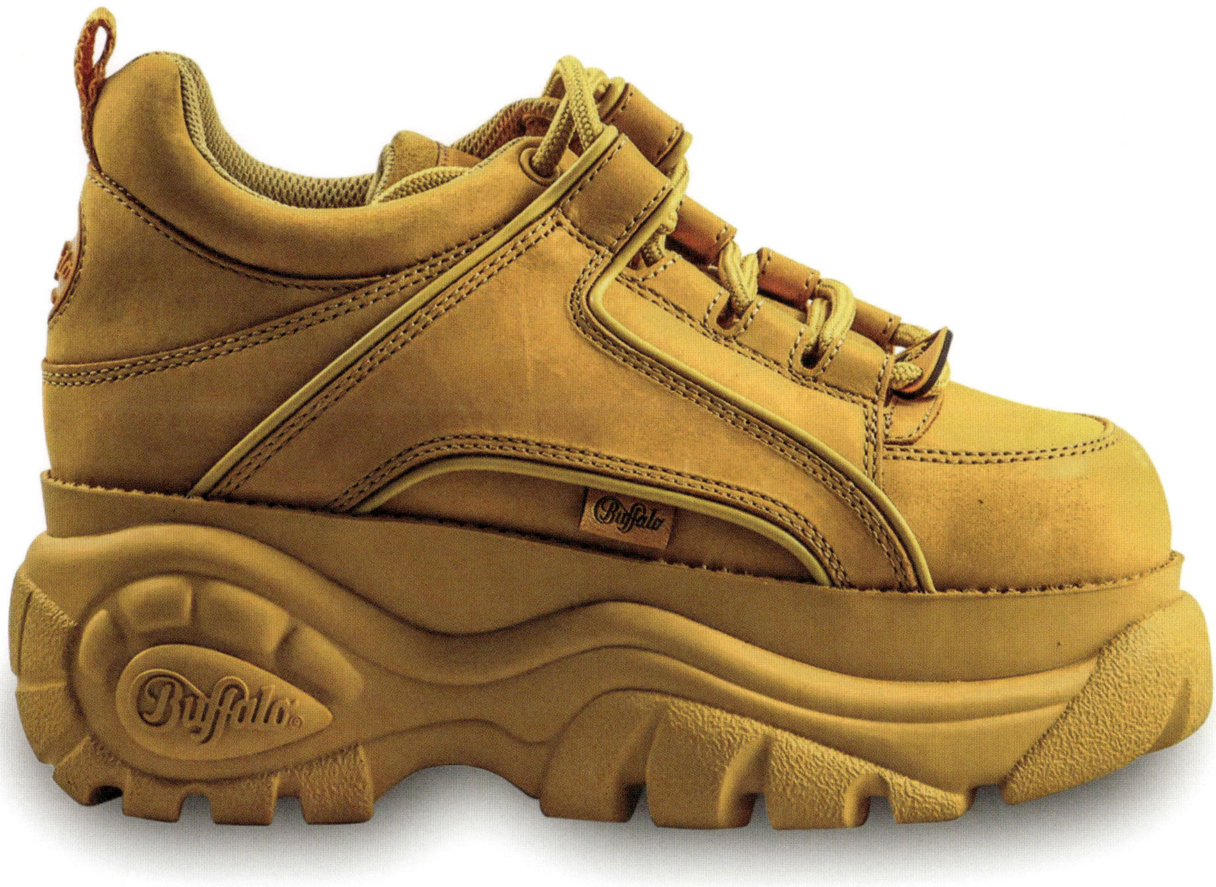

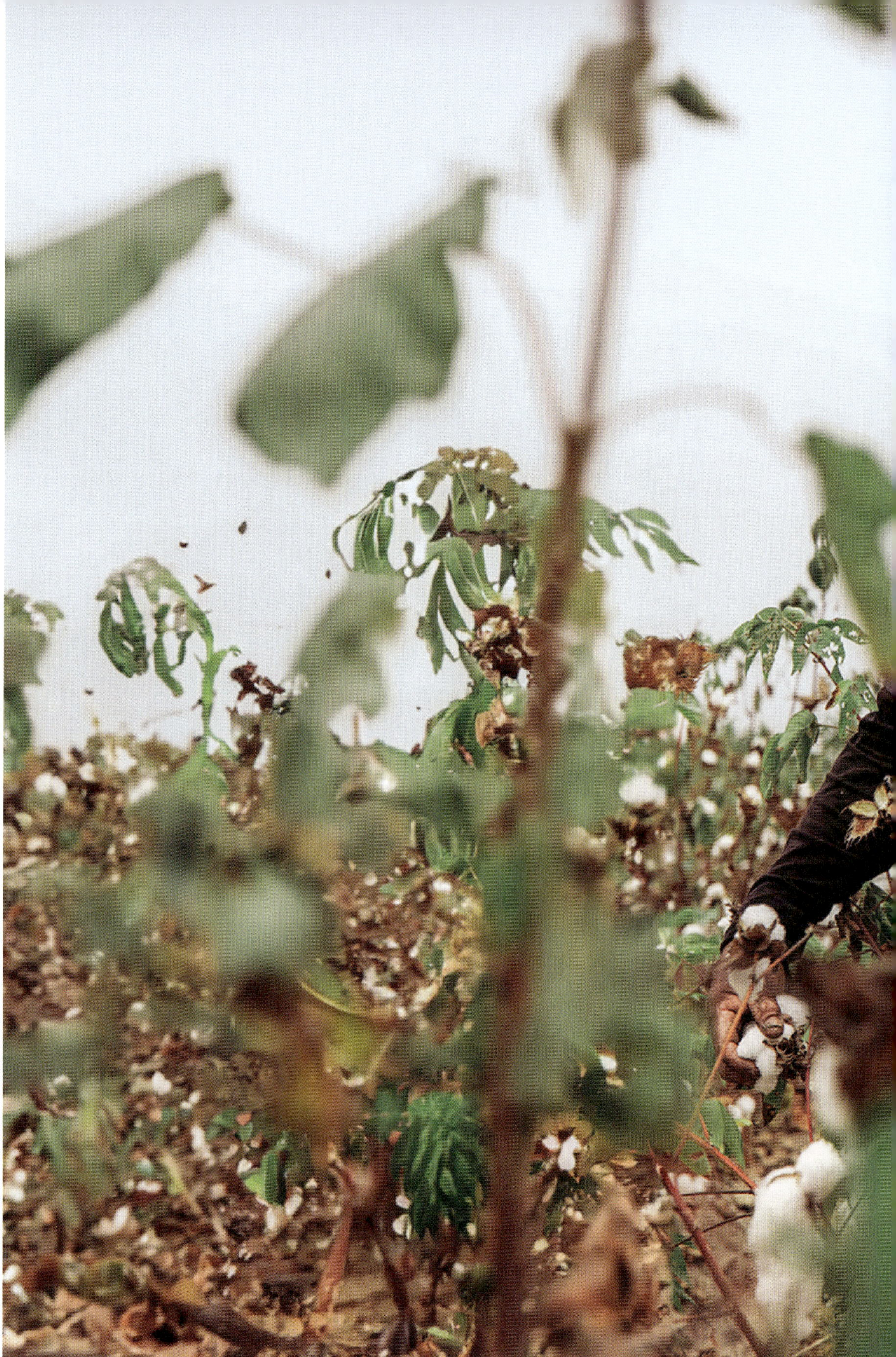

Bild eines VEJA-Produktionszentrums.

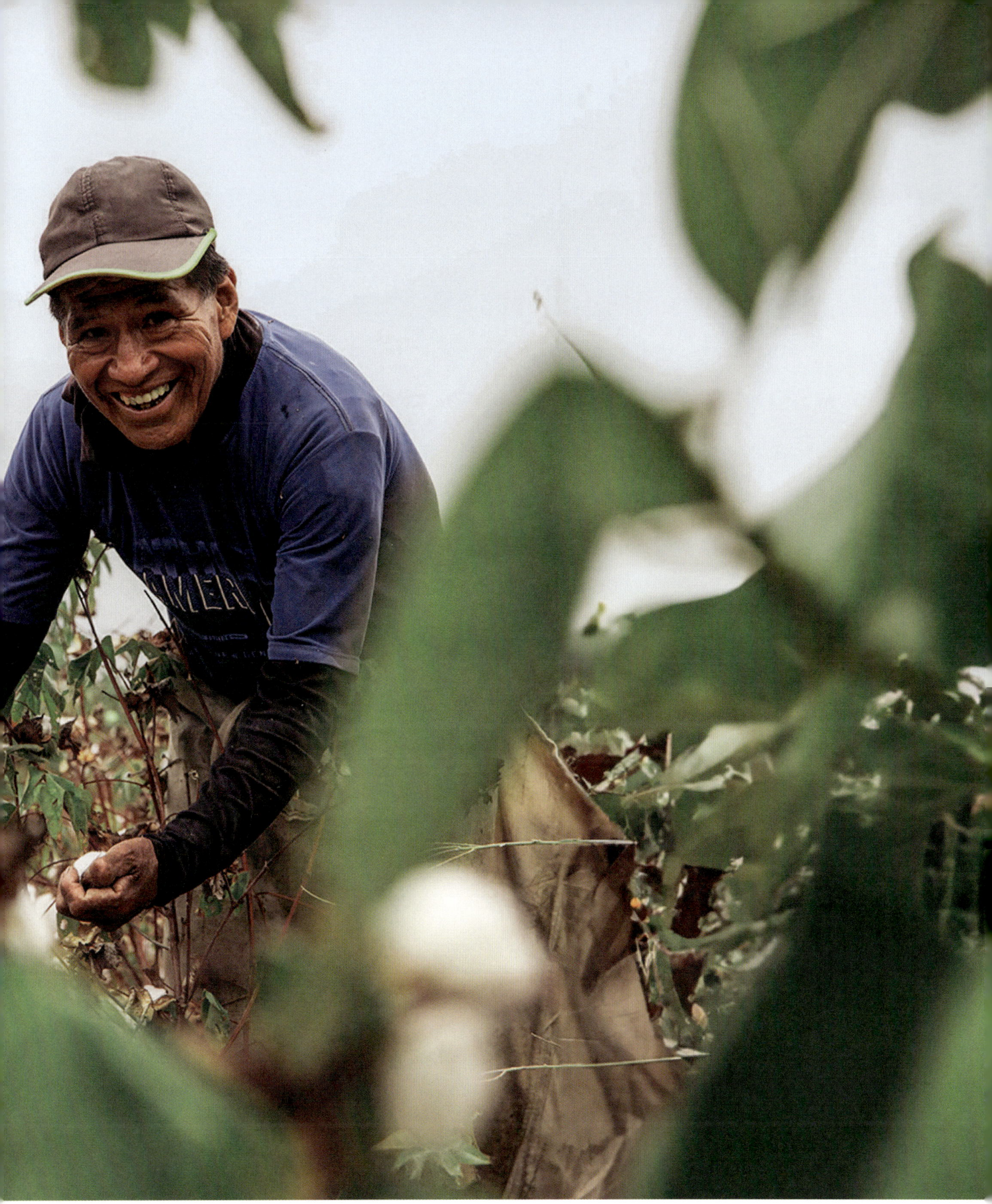

CAMPO - VEJA

Das 2004 von den Jugendfreunden Sébastien Kopp und François-Ghislain Morillion gegründete Unternehmen Veja ist ein Vorreiter für nachhaltige Schuhe und verkörpert die Werte der Marke durch einen bewussten Umgang mit Mode. Jedes Paar Veja-Schuhe ist der Nachhaltigkeit verpflichtet und erzählt eine Geschichte über ethische Beschaffung, fairen Handel und Umweltverantwortung – von Rohstoffen bis hin zum modischen Statement.

Veja (in Brasilien als Vert bekannt), was auf Portugiesisch „Look" bedeutet, erkennt die Bedeutung von Design und Werten. Die Leinwände von Veja sind, sowohl im wörtlichen als auch im übertragenen Sinne, aus organischer Baumwolle hergestellt, die frei von schädlichen Chemikalien ist. Die Schuhe werden aus recycelten Plastikflaschen hergestellt und verfügen über Gummisohlen, die verantwortungsvoll aus dem Amazonas-Regenwald bezogen werden. Veja, bei denen ein umweltbewusster Ethos und Nachhaltigkeit vor Überfluss stehen, nimmt sich die nötige Zeit, um sicherzustellen, dass das ästhetische Ergebnis die Erwartungen übertrifft. Die Sneaker integrieren die Werte der Marke nahtlos in ein minimalistisches und modernes Design.

Die Markenstrategie dreht sich um den Verzicht auf Werbe- und Marketingausgaben und beinhaltet eine Mischung aus sozialen Projekten und wirtschaftlicher Gerechtigkeit, um die Langlebigkeit der Produkte zu fördern und von Impulskäufen abzuraten. Veja sprengt die Grenzen der konventionellen Mode und läuft den Regeln des modernen Konsumverhaltens zuwider.

Jeder Schritt in Vejas Schuhen dient der Erinnerung daran, dass Mode mit der Erhaltung des Planeten in Einklang gebracht werden kann, denn Sneaker können der Geschichte nicht entkommen.

UMWELTBEWUSSTE MATERIALIEN

SCHNÜRVERSCHLUSS

FUTTER AUS BAUMWOLLGEWEBE

GUMMISOHLE

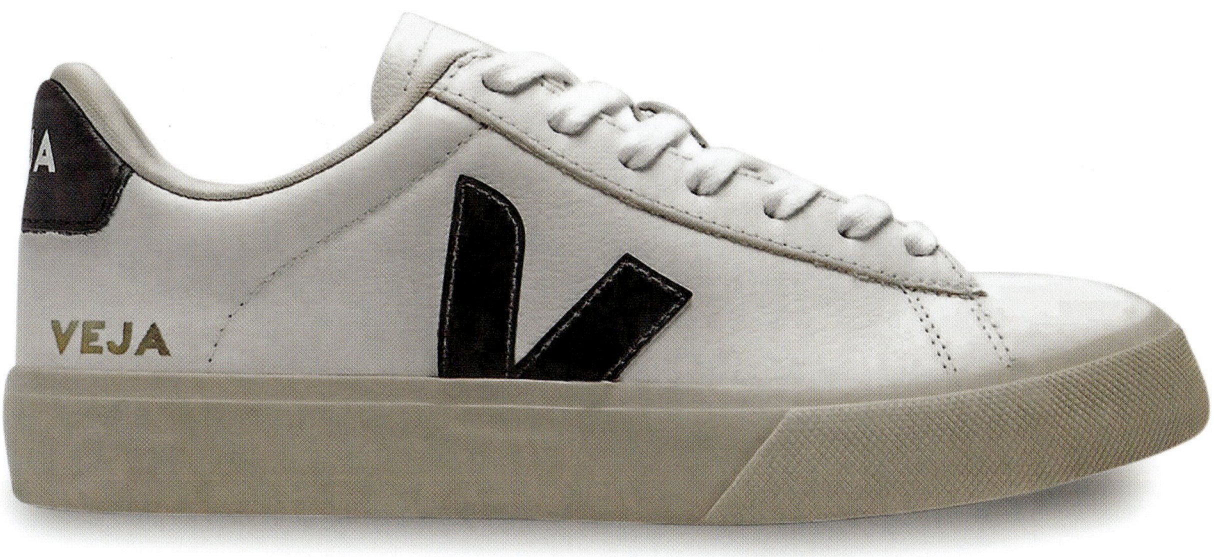

Veja wurde 2004 in Paris von Sébastien Kopp und François-Ghislain Morillion gegründet, die zunächst eine Karriere im Investmentbanking anstrebten. Als Hochschulabsolventen mit kreativem Geschäftssinn fühlten sie sich von dem Wunsch motiviert, einen Beitrag zu einer nachhaltigeren Modeindustrie zu leisten, und gründeten Veja.

Die Marke hat ihre globale Präsenz auf mehr als siebzig Länder ausgeweitet, ist in mehr als 3000 Einzelhandelsgeschäften weltweit vertreten und hat seit 2004 mehr als 12 Millionen Paar Schuhe verkauft. Veja hat die Unterstützung von Prominenten wie Ben Affleck und Meghan Markle und die Anerkennung der Modeelite gewonnen und hat mit Rick Owens und Marni zusammengearbeitet.

„Wir haben uns entschieden, Sneakers zu kreieren, weil dieses Produkt unsere Generation und unsere Zeit symbolisiert. Es ist auch ein Produkt, das durch seine Produktion, Verbreitung und Verwendung die wichtigsten Themen der Globalisierung herauskristallisiert.“

Veja

Veja wurde 2004 gegründet und ist eine französische Marke für Schuhe und Accessoires. Ihre Produkte werden aus upgecycelten und nachhaltig produzierten Materialien wie Bio-Baumwolle und recycelten Plastikflaschen hergestellt.

RCL

1. 1/3/4/5/ Bilder eines VEJA-Produktionszentrums in Südamerika.
2. 2/ Porträt von Sébastien Kopp und François-Ghislain Morillon, den Gründern von VEJA.

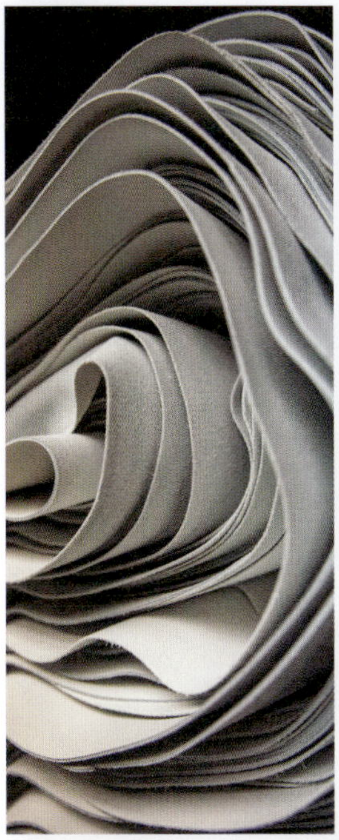

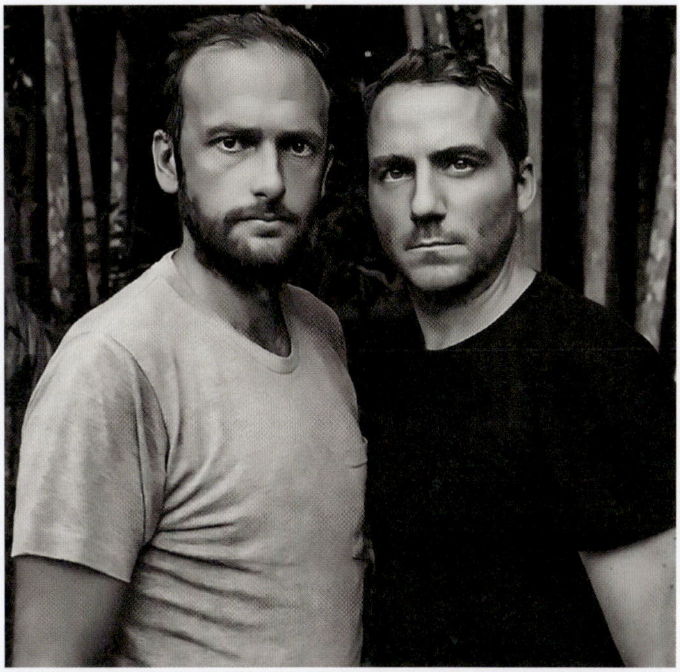

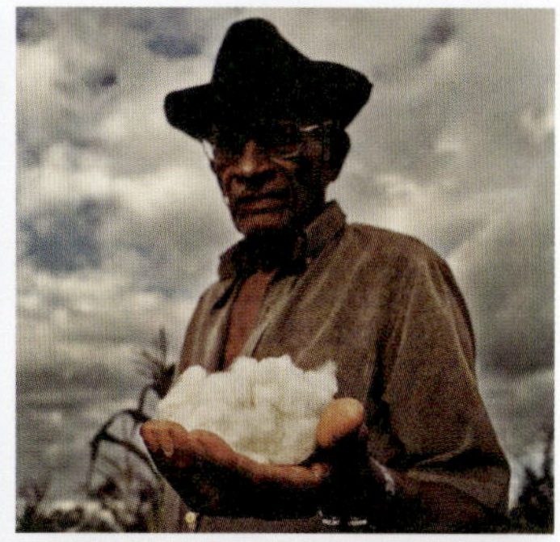

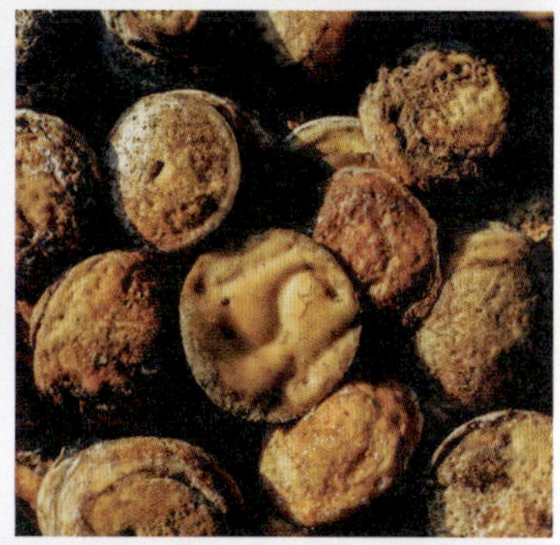

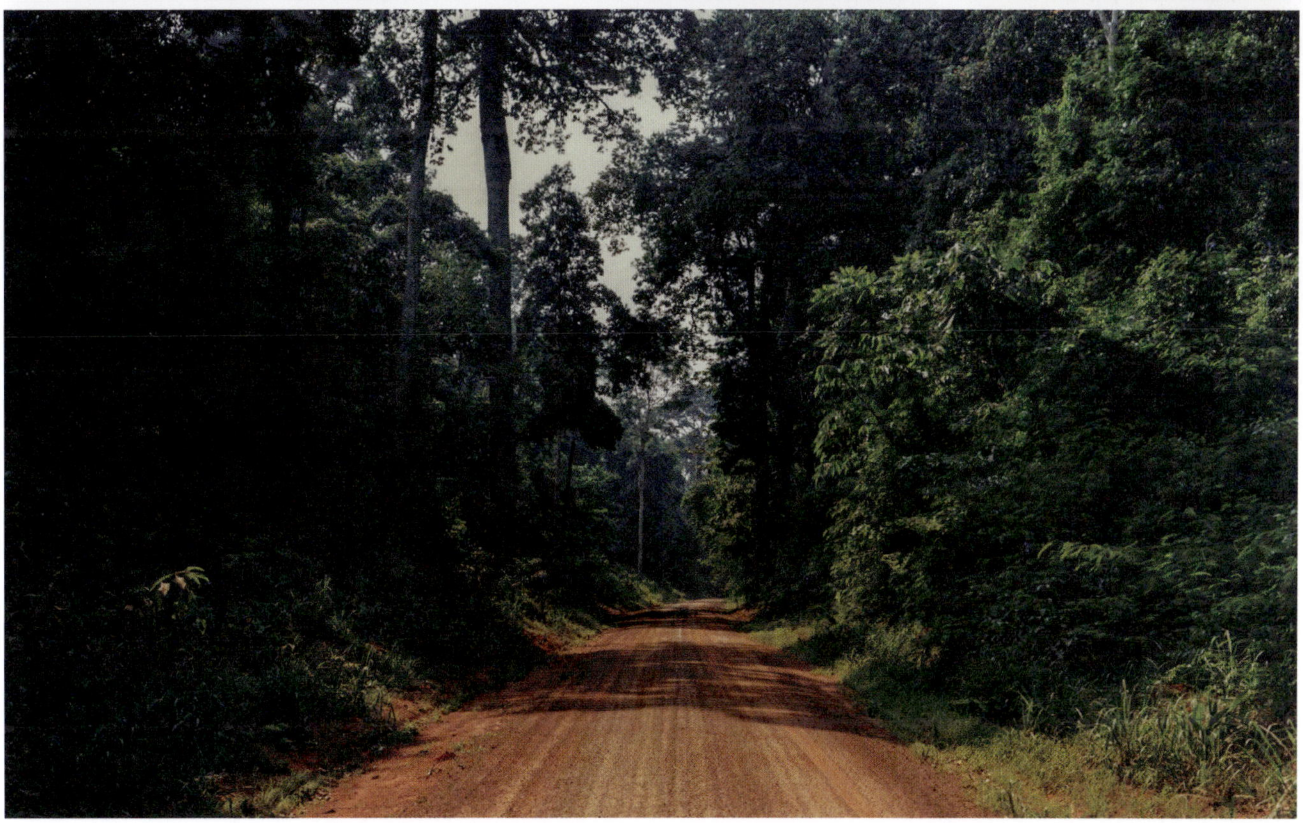

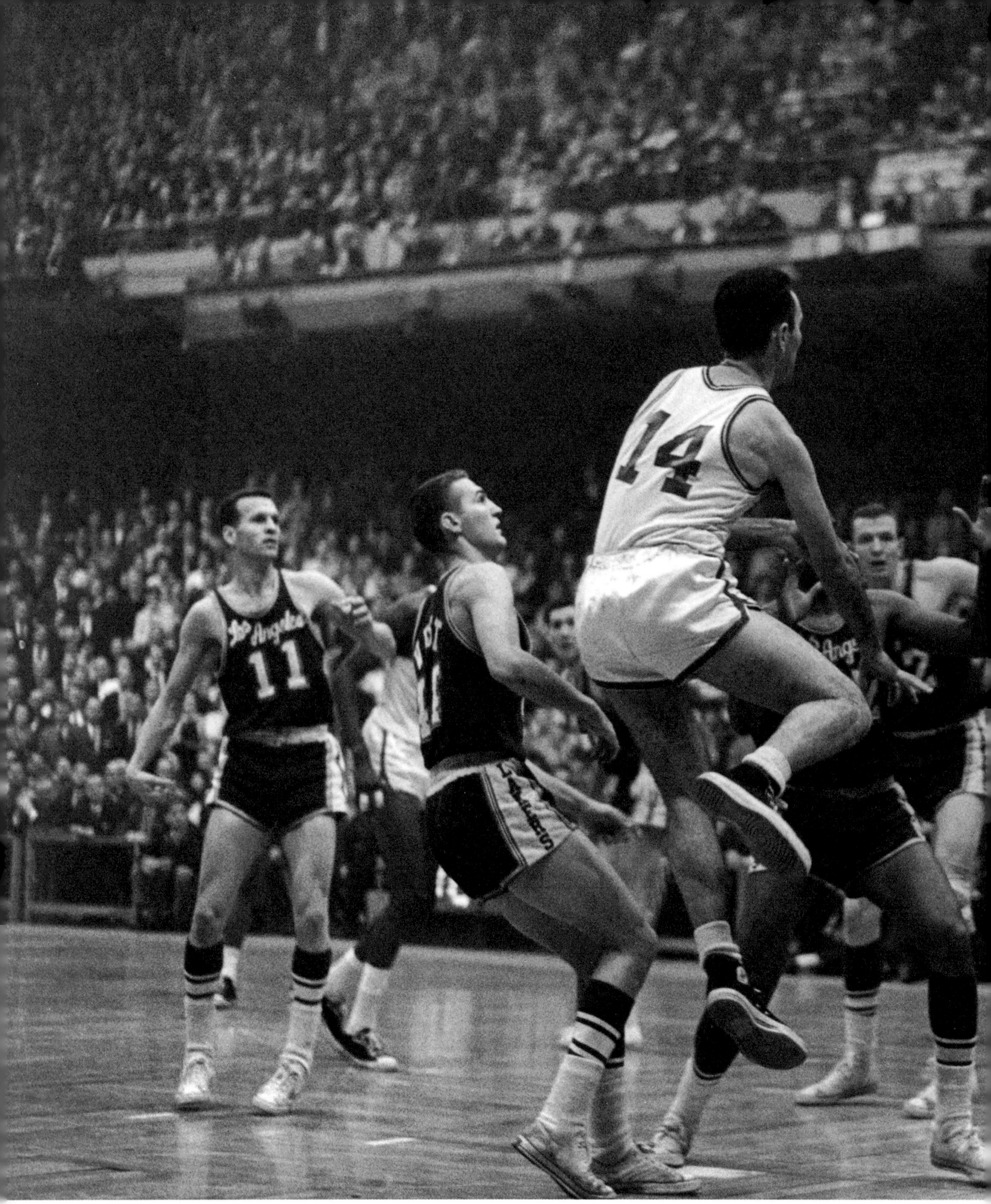

Boston Celtics vs. Los Angeles Lakers, Boston Garden – Massachusetts, 1960er-Jahre.

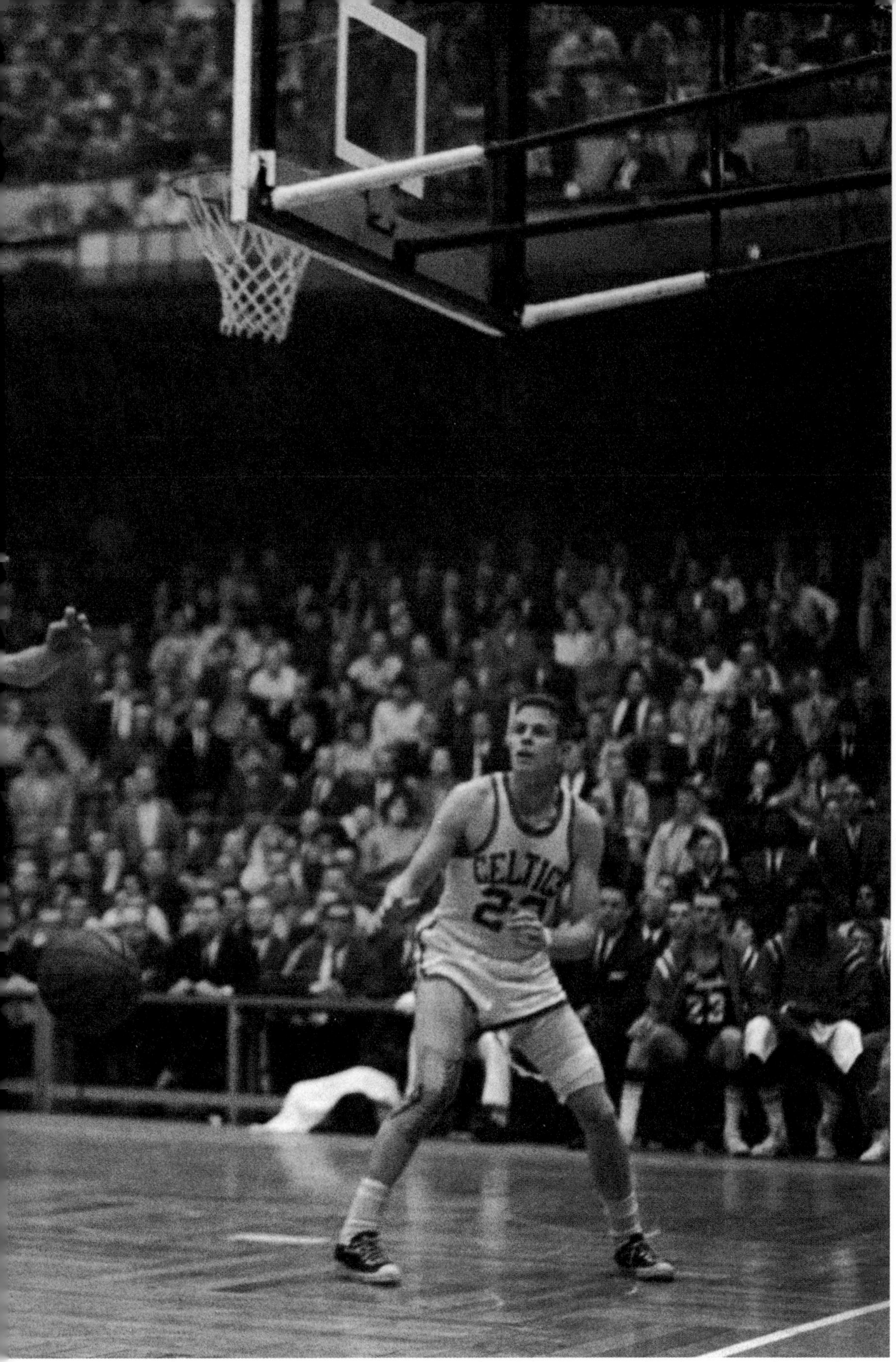
CELTICS

CHUCK TAYLOR ALL STAR – CONVERSE

Gummisohle. Der Mythos besagt, dass ein Sturz auf einer rutschigen Treppe den Gründer Marquis Mills dazu inspirierte, Schuhe mit rutschfesten Sohlen zu entwerfen.
Im Jahr 1917 feierte der Basketballschuh Converse All Star sein Debüt.
Er gewann in den 1920er-Jahren an Popularität, als Chuck Taylor, ein Basketballspieler, der für Converse arbeitete, eine entscheidende Rolle bei wesentlichen Designverbesserungen spielte. Als offizieller Converse-Botschafter und -Verkäufer warb Taylor als Trainer und Verkäufer aktiv für die Schuhe und bot eine kostengünstige Alternative zu anderen Hochleistungs-Sneakern. Sein Name wurde 1932 auf dem Knöchelaufnäher angebracht.

Der weiße Schuh mit Zehenkappe und Segeltuch ist der meistverkaufte Basketballschuh aller Zeiten, und seine Vielseitigkeit und breite Anwendbarkeit machen ihn zu einem Synonym für zeitlosen Stil. Er wurde sogar zum inoffiziellen Trainingsschuh der US-Streitkräfte, was seinen Einfluss über den Sport hinaus ausweitete. Das weiße All-Star-Modell wurde für die Olympischen Spiele 1936 entworfen und ebnete den Weg für die moderne weiße High-Top-Version, die heute für jede Gelegenheit geeignet ist – und sogar gelegentlich als Ausweichlösung bei einer Hochzeit dient.
Von James Dean bis Elvis Presley wurde Converse schnell populär und zu einem Symbol für Nonkonformität und Individualität. Ob von Magic Johnson, Larry Bird oder Extremsportlern getragen – Converse ist mehr als nur ein Freizeitschuh, er symbolisiert eine kulturelle Bewegung und bietet eine Leinwand für Kreativität und Kooperationen. Das zeitlose Chuck-Taylor-Design blieb weitgehend unverändert, behält seinen lässigen Vintage-Appeal und wird von allen akzeptiert.

In den 1950er- und 1960er-Jahren wurden Converse-Schuhe von rebellischen Jugendlichen, Punkrock-Stars und Musikern übernommen und etablierten sich als Klassiker in alternativen Musikkreisen.

OBERMATERIAL AUS CANVAS

SCHNÜRVERSCHLUSS MIT MITTLEREN ÖSEN

KLASSISCHER ALL-STAR-KNÖCHELAUFNÄHER

GUMMI-AUSSENSOHLE

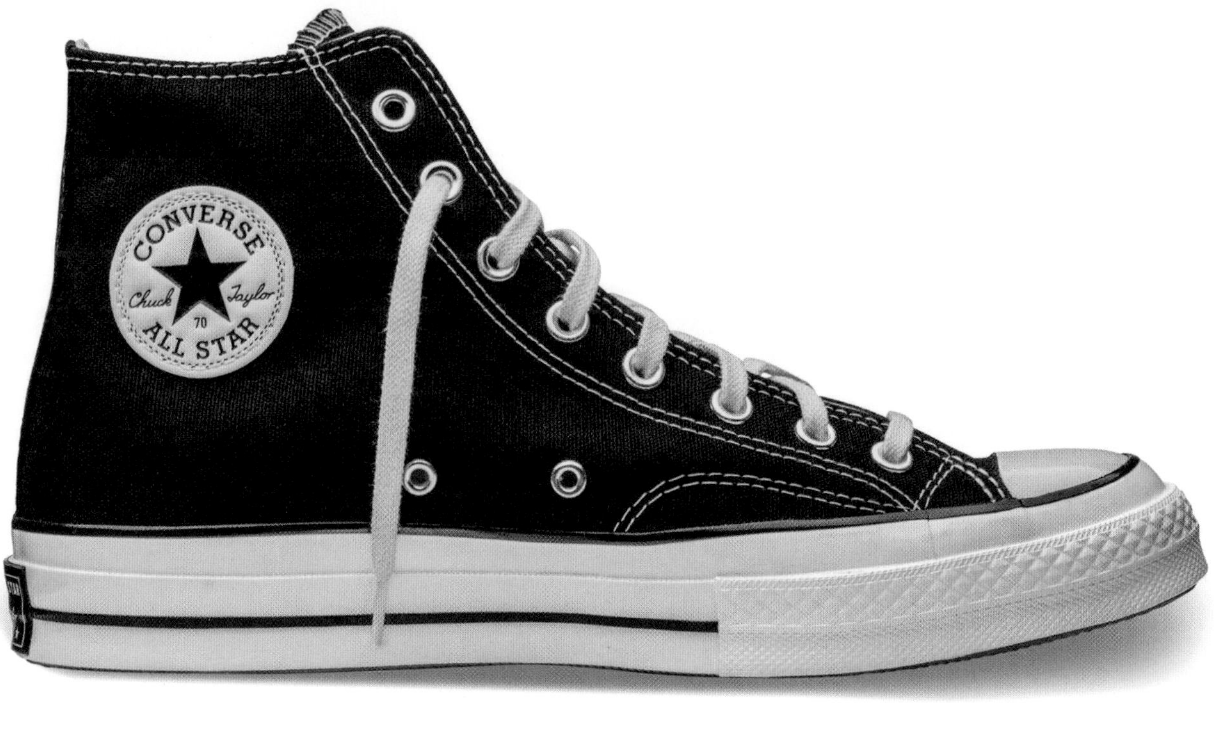

Die Band Nirvana verkörperte dies und trug maßgeblich zum Ruhm dieser Schuhe bei. Als Vorreiter der Grunge-Bewegung, sowohl in der Musik als auch in der Mode, entwickelte sich Converse zu einem festen Bestandteil eines Stils, der sich durch den bewussten Verzicht auf konventionelle Mode auszeichnete und zu einem entspannten, mühelosen und lässig zerzausten Look führte. Kurt Cobain, der Leadsänger von Nirvana, wählte Chuck Taylors wegen ihres Komforts und ihrer Erschwinglichkeit und trug sie so lange, bis sie sichtlich abgenutzt waren und ersetzt werden mussten. Die Schuhe fügten sich nahtlos in Cobains Anti-Establishment und lässige Einstellung ein und standen für die Ablehnung der Mainstream-Kultur und den Ausdruck von Individualität und Authentizität.
Anlässlich des hundertjährigen Jubiläums der Marke im Jahr 2008 brachte Converse eine limitierte Sonderserie als Hommage an Cobain auf den Markt. Der Schuh ist ausgefranst und beschädigt, wie Cobains Schuhe es oft waren, und zeigt gekritzelte persönliche Notizen, Texte von Nirvana-Songs wie „Come As You Are“ und Originalskizzen aus den Tagebüchern des Punkrockers.

Kurt Cobain

Kurt Cobain (20. Februar 1967 – 5. April 1994) war ein amerikanischer Singer-Songwriter und Gitarrist. Er war der Leadsänger von Nirvana, einer der einflussreichsten Alt-Rock-Bands der Grunge-Bewegung.

RBL

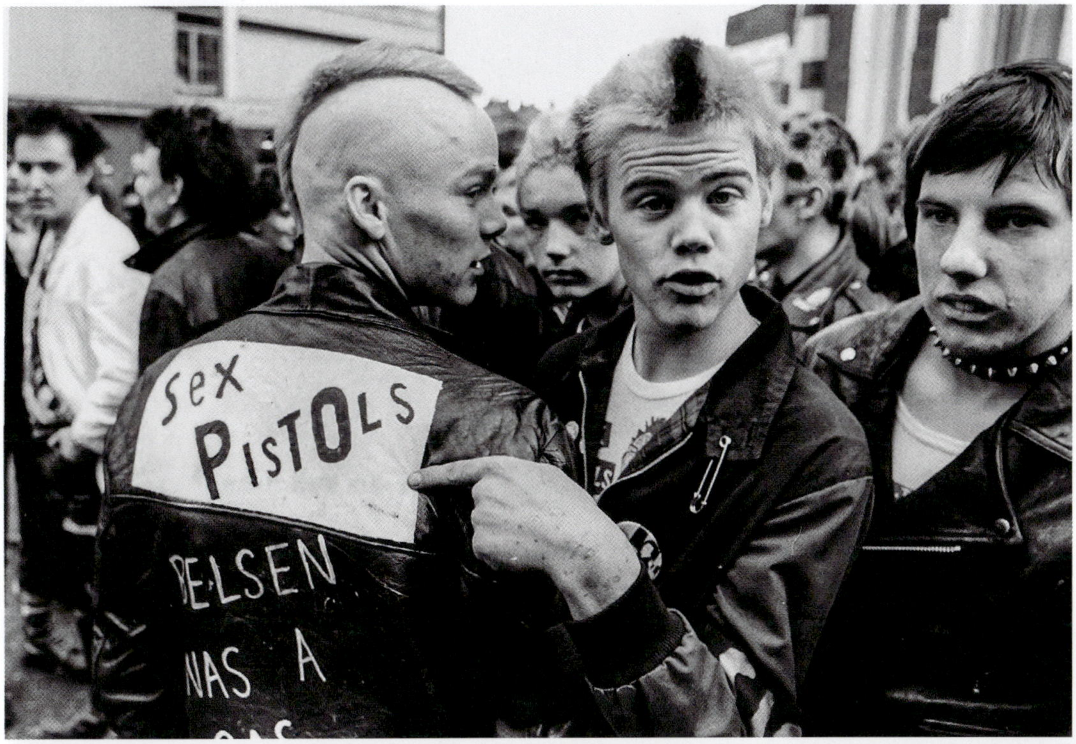

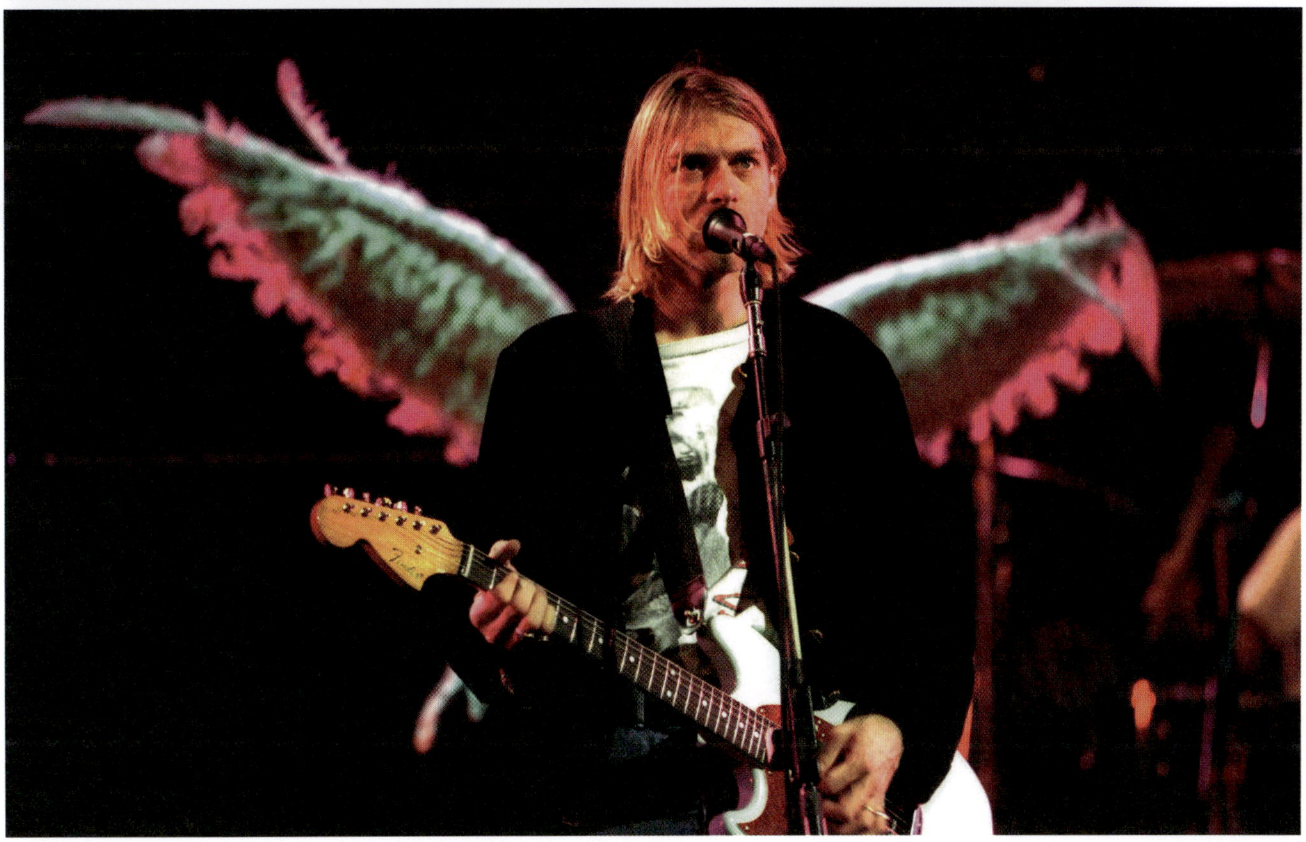

1. Teenager-Fans der Sex Pistols gedenken des Todes von Sid Vicious – Sloane Square, 1980.
2. Kurt Cobain. MTV Live and Loud: Nirvana tritt live auf – Dezember 1993.

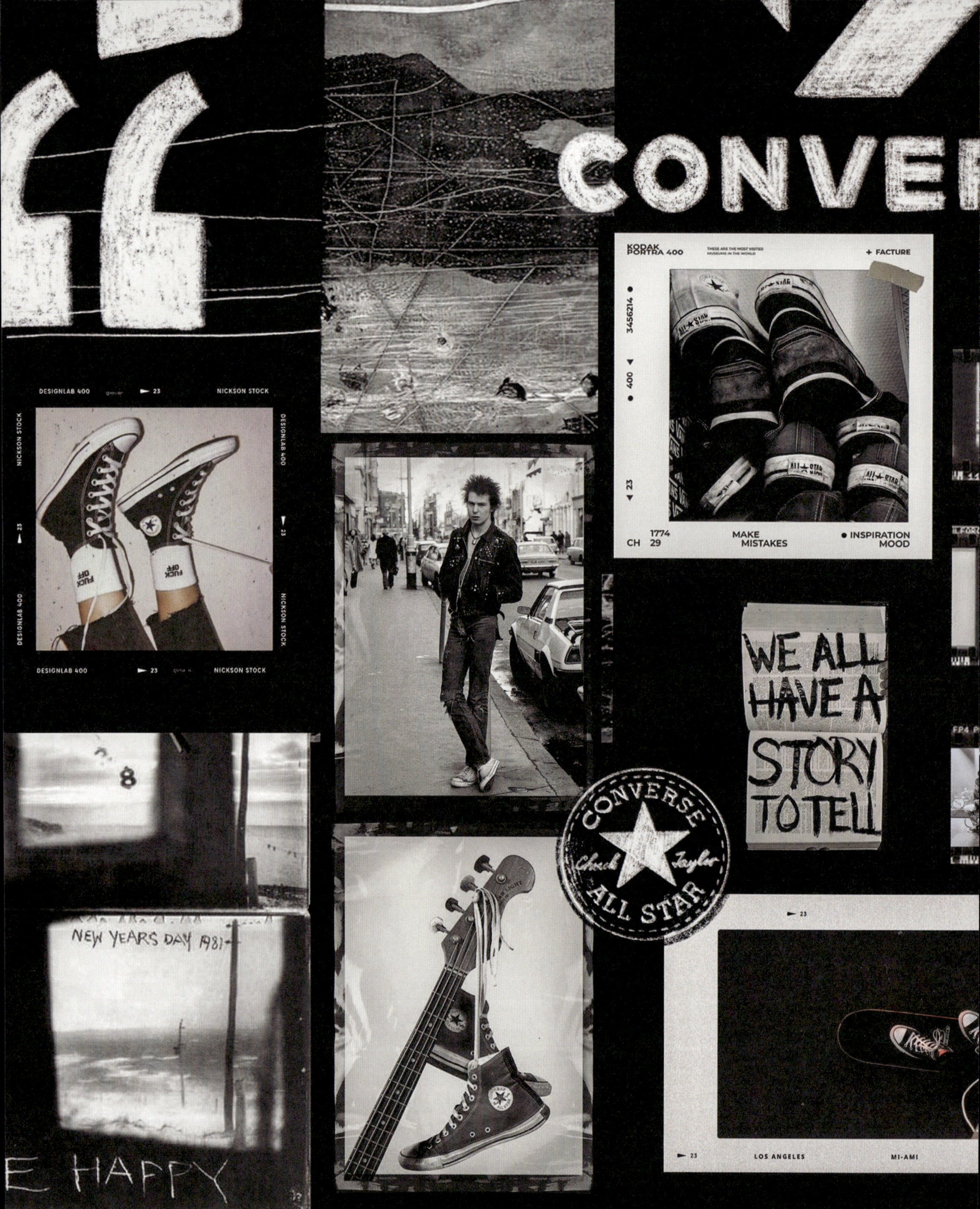

CONVER
DESIGNLAB 400
23
NICKSON STOCK
KODAK PORTRA 400
THESE ARE THE MOST VISITED MUSEUMS IN THE WORLD
+ FACTURE
3456214
400
23
CH 1774 29
MAKE MISTAKES
INSPIRATION MOOD
WE ALL HAVE A STORY TO TELL
CONVERSE Chuck Taylor ALL STAR
NEW YEARS DAY 1981
E HAPPY
LOS ANGELES
MI-AMI

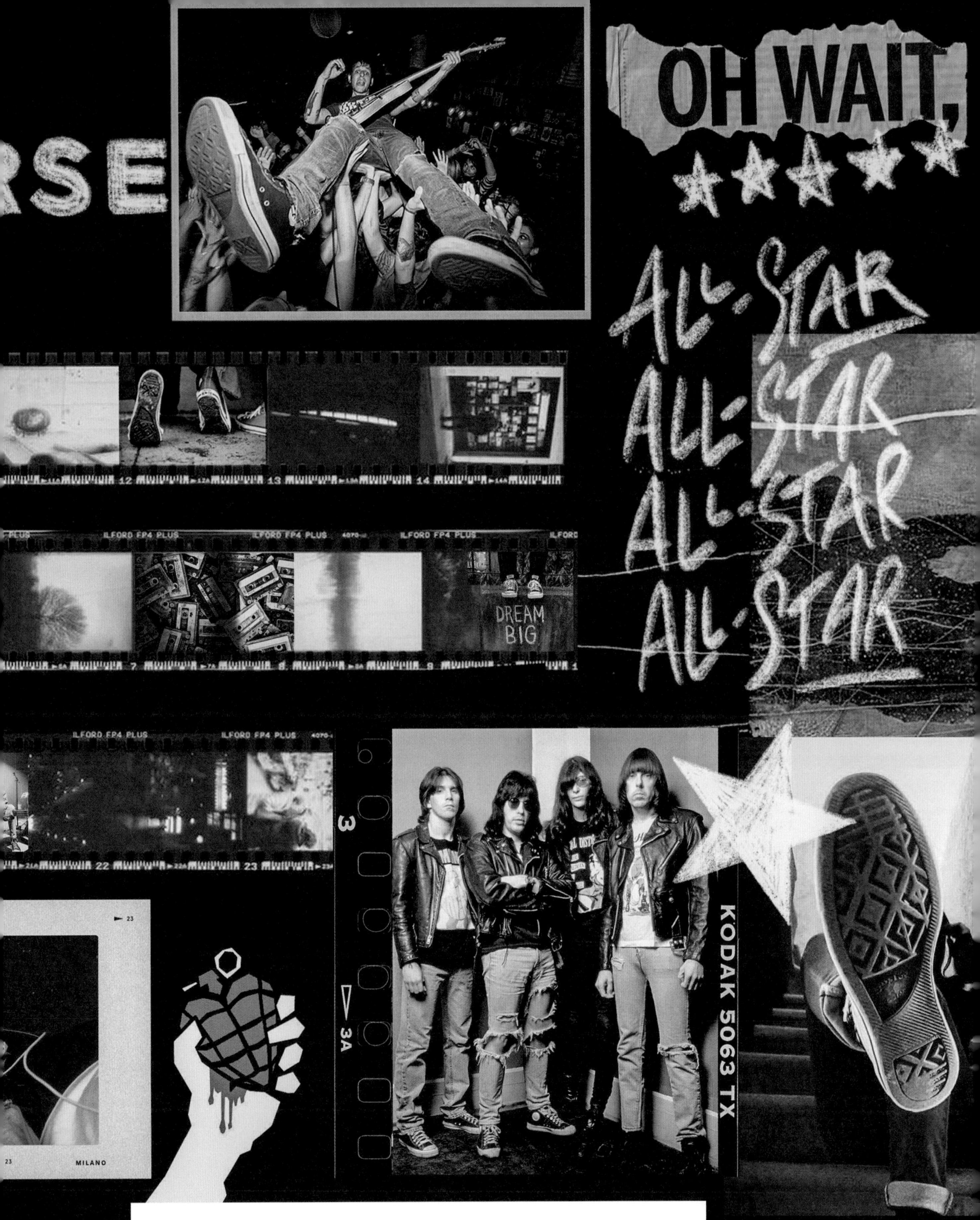

MOODBOARD-KUNSTKOMPOSITION VON MARIA LUISA MIRALDI – Es bedarf keiner Worte. Converse ist eine Geisteshaltung und ein Lebensstil für alle.

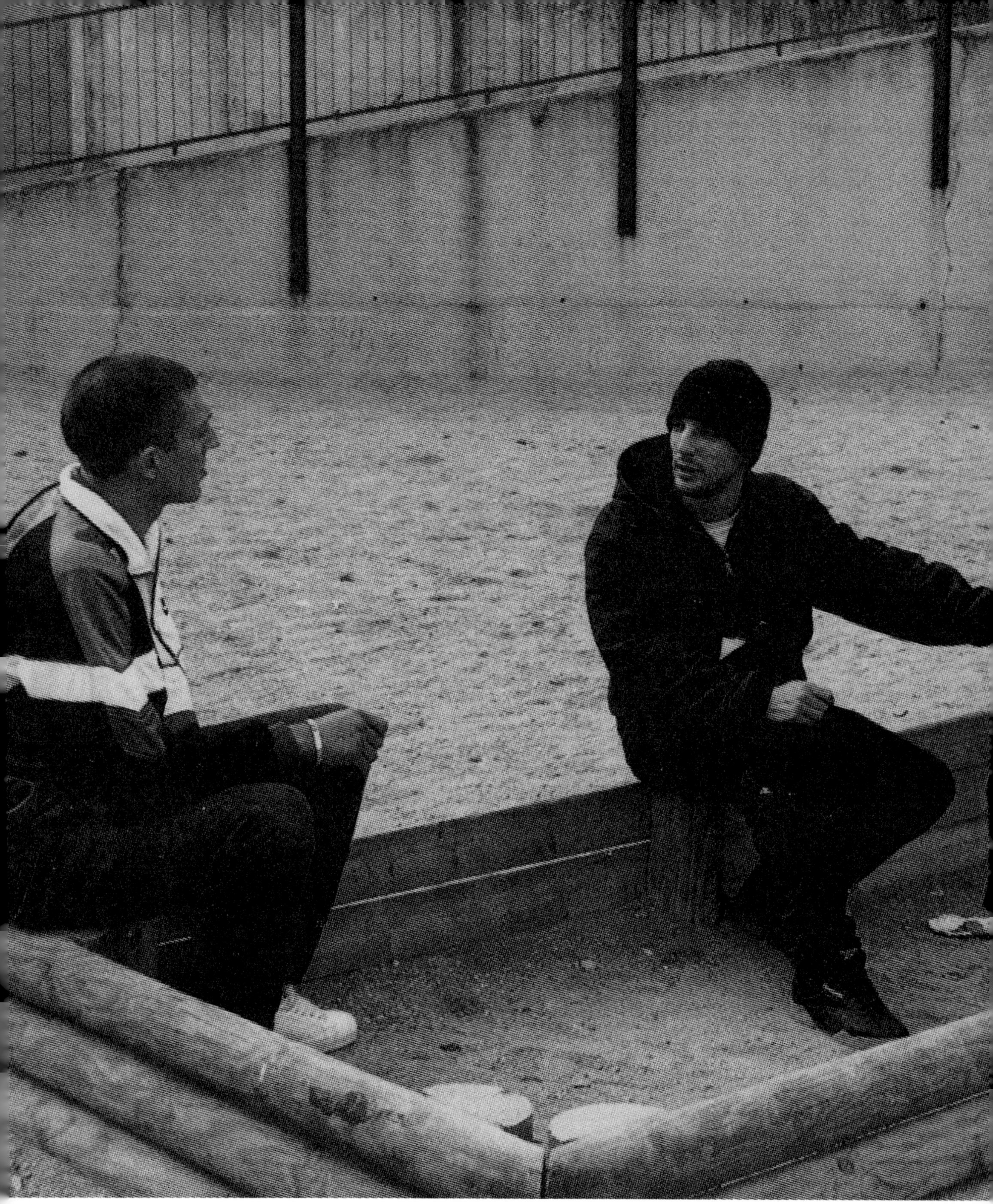

Haß (La Haine), **Regie: Mathieu Kassovitz – 1995.**

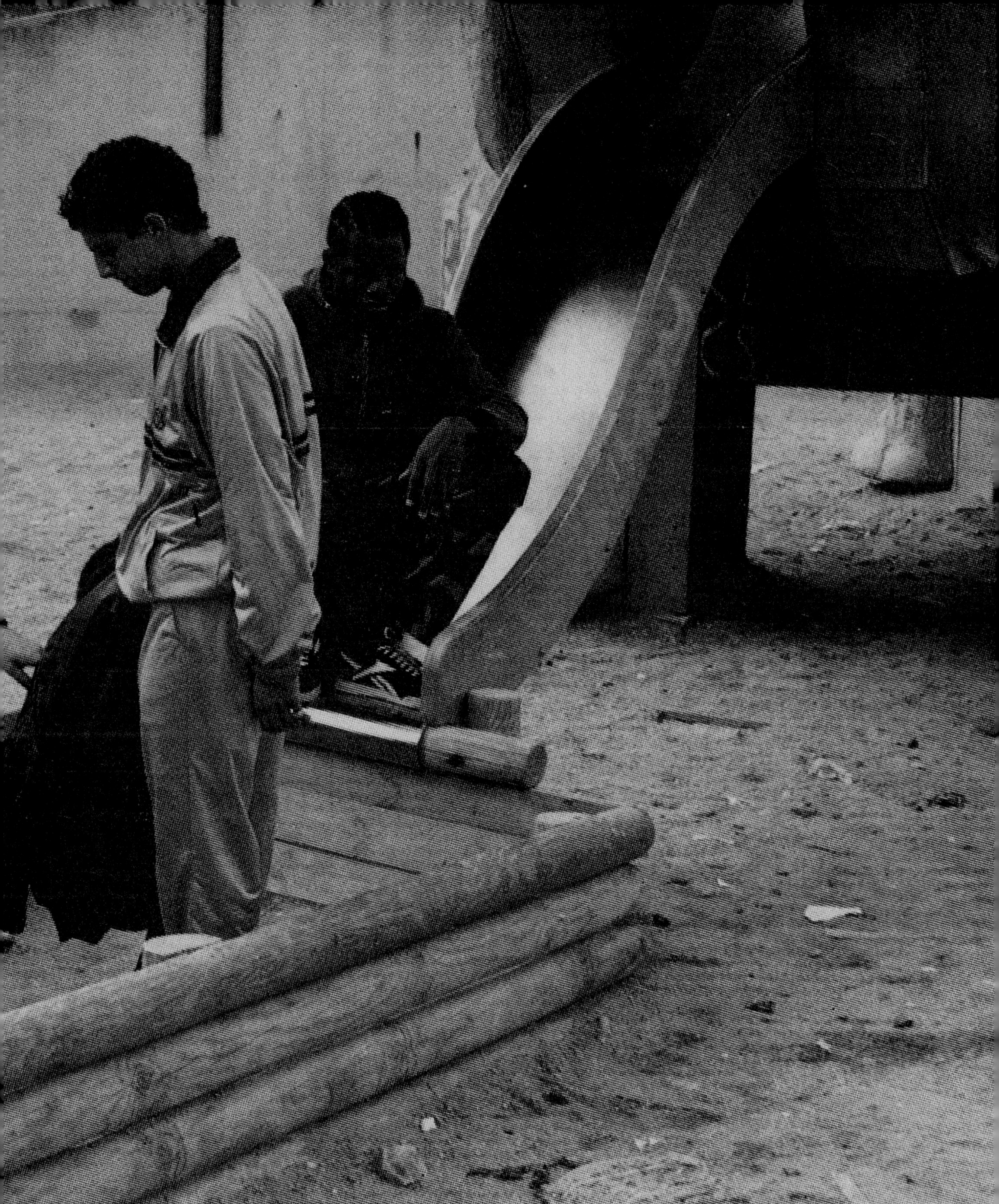

CLASSIC – REEBOK

Reebok wurde in den 1890er-Jahren von Joseph William Foster gegründet und hat die Schuhindustrie nachhaltig geprägt. Reeboks Pionierzeit begann mit der Entwicklung innovativer Stollenschuhe, die neue Maßstäbe bei sportlichen Leistungen setzten. Das ursprünglich als Mercury Sports Footwear bekannte Unternehmen benannte sich 1958 in Reebok um und ließ sich dabei vom Rhebok, einer afrikanischen Antilopenart, inspirieren. Diese Namensänderung spiegelt den Fokus der Marke auf Schnelligkeit und Eleganz wider. Eigenschaften, die sich in seiner gesamten Produktpalette widerspiegeln. Das Logo wurde bis 2014 elfmal weiterentwickelt und spiegelt den Weg von Reebok vom Union Jack bis zum ikonischen Dreieck wider. Nach der Übernahme durch Adidas im Jahr 2006 und durch die Authentic Brands Group im Jahr 2021 hat Reebok viele Unternehmenswechsel überstanden und dabei sein Erbe bewahrt.

In den 1990er-Jahren machte Reebok bemerkenswerte technische Fortschritte und führte den vielseitigen Ventilator mit seinen belüfteten Elementen, auffälligen Farben und leichter Atmungsaktivität sowie die DMX Air Technology ein, welche die Energiefreisetzung durch miteinander verbundene Luftkammern verbessert, die Luft von der Ferse bis zu den Zehen transportiert und dafür sorgt, dass der Träger bei jedem Schritt sowohl Stabilität als auch Weichheit spürt. Reebok-Sneaker sind zu Symbolen der britischen Popkultur geworden. Sie überbrücken soziale Klüfte und werden sogar bei Ermittlungen an Tatorten eingesetzt. Eine Studie der University of Leicester aus dem Jahr 2010 brachte den Reebok Classic mit 52 Prozent der an Tatorten entdeckten Fußabdrücke in Verbindung. Wie in der renommierten Zeitschrift *Police Review* berichtet, wurde festgestellt, dass diese Schuhe aufgrund ihrer leichten und weichen Konstruktion nur minimale Geräusche erzeugen.

Die Schuhe erlangten in Filmen und darüber hinaus Popularität, nachdem sie in *Haß* zu sehen waren, einem französischen Meisterwerk aus dem Jahr 1995 unter der Regie von Mathieu Kassovitz, welches das Leben dreier junger Männer in einem französischen Vorstadtghetto schildert. Sie tragen alle während des gesamten Films Reeboks. In 2020 feierte das Sportbekleidungsunternehmen mit der Veröffentlichung einer speziellen Kollektion von Schuhen und Bekleidung, die von dem Film inspiriert wurden, das fünfundzwanzigjährige Jubiläum von *Haß*. Reebok steht für eine Mischung aus Qualität und Design und bietet Produkte, die Spitzentechnologie, Komfort und Stil vereinen und bei jedem Schritt ein einzigartiges Erlebnis bieten.

OBERMATERIAL AUS LEDER

SCHNÜRVERSCHLUSS

FUTTER AUS STOFF

EVA-ZWISCHENSOHLE I ABRIEBFESTE GUMMISOHLE

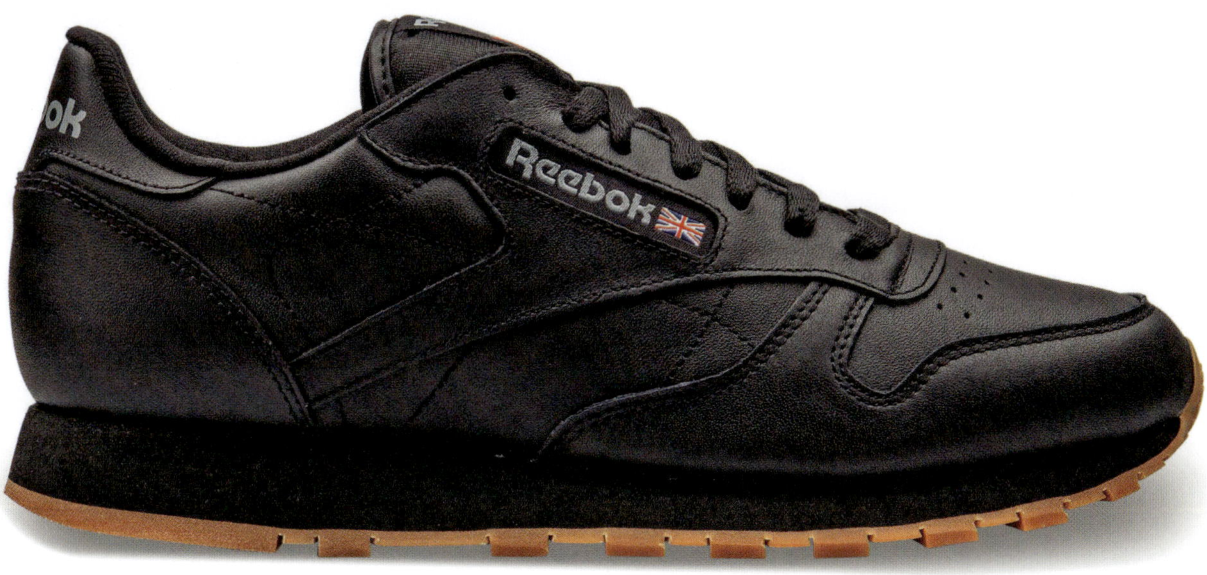

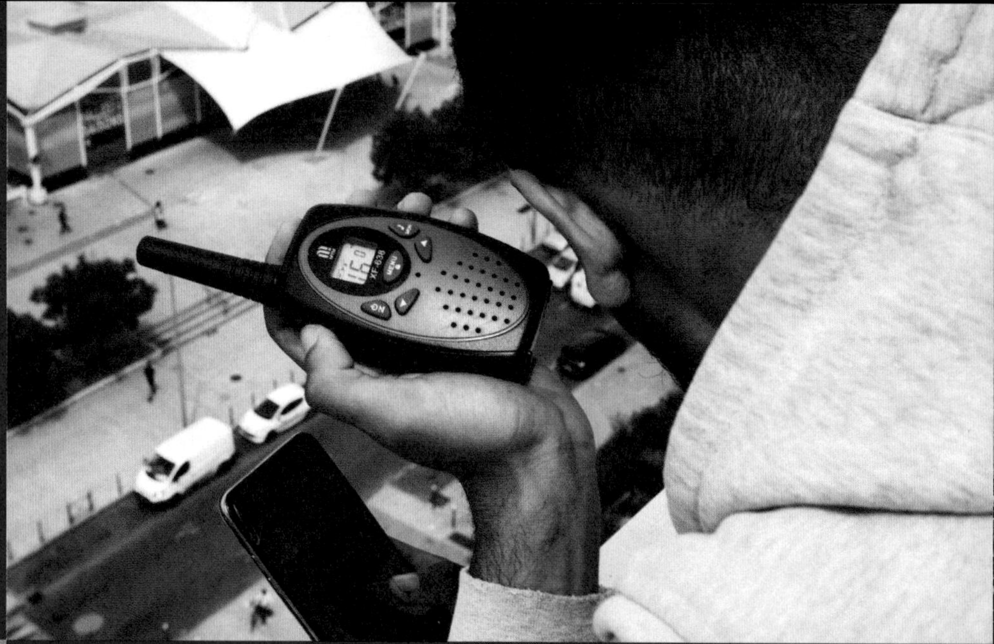

MONTPELLIER – FRANKREICH

SURVEILLANCE – 14/07/2021 H:15.19.23“

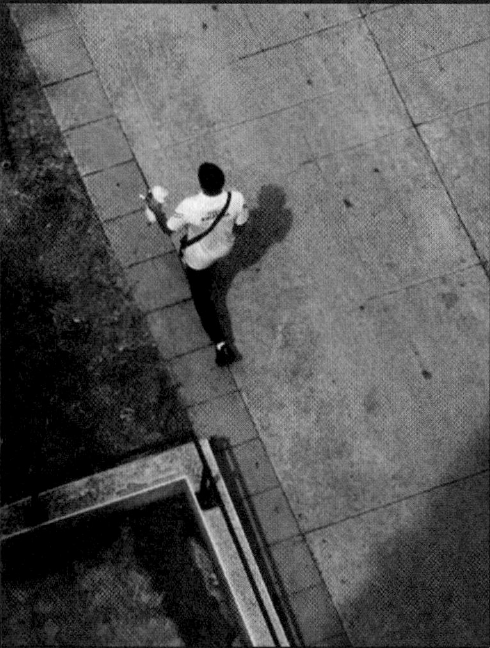

KAMERA ZONE 2 – SÜDOST

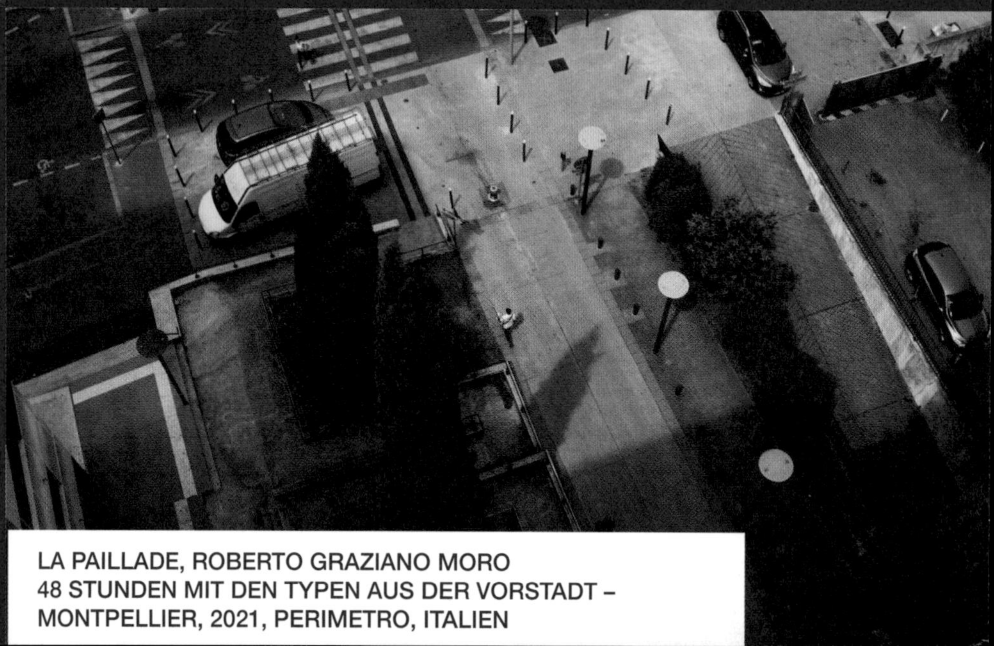

LA PAILLADE, ROBERTO GRAZIANO MORO
48 STUNDEN MIT DEN TYPEN AUS DER VORSTADT –
MONTPELLIER, 2021, PERIMETRO, ITALIEN

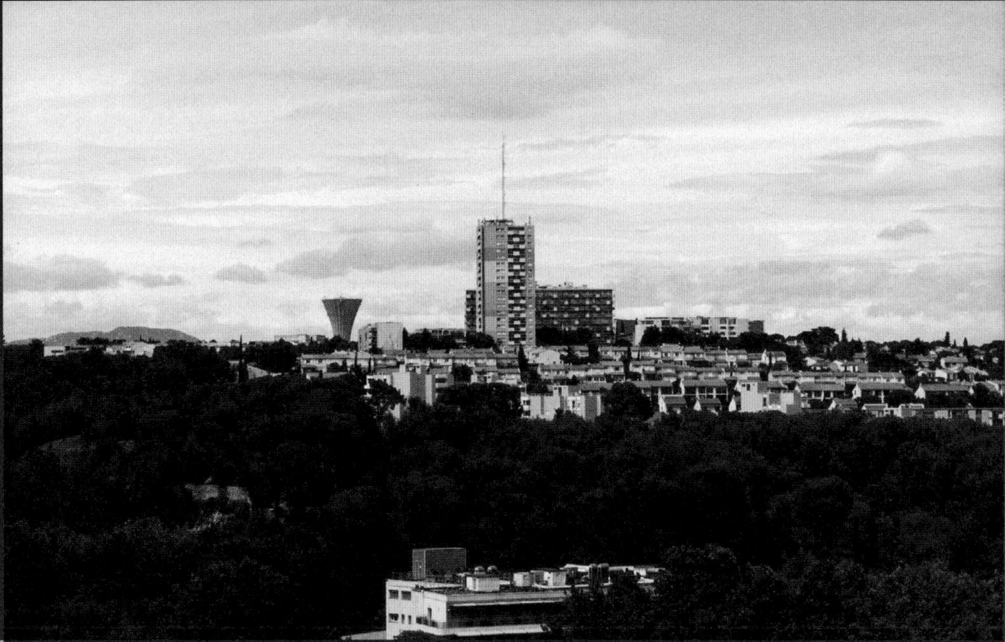

PARIS

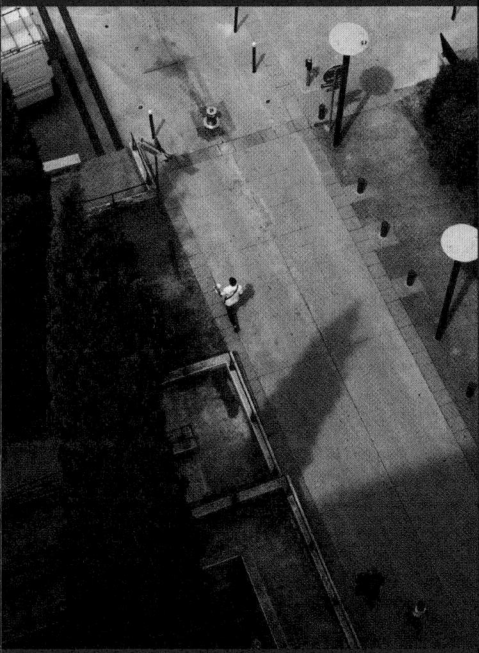

43°36′N 3°53′E / 43.6°N 3.883333°E

14/07/2021
H:15.18.21“
CAMERA ZONE 1 NORTH – MONTPELLIER

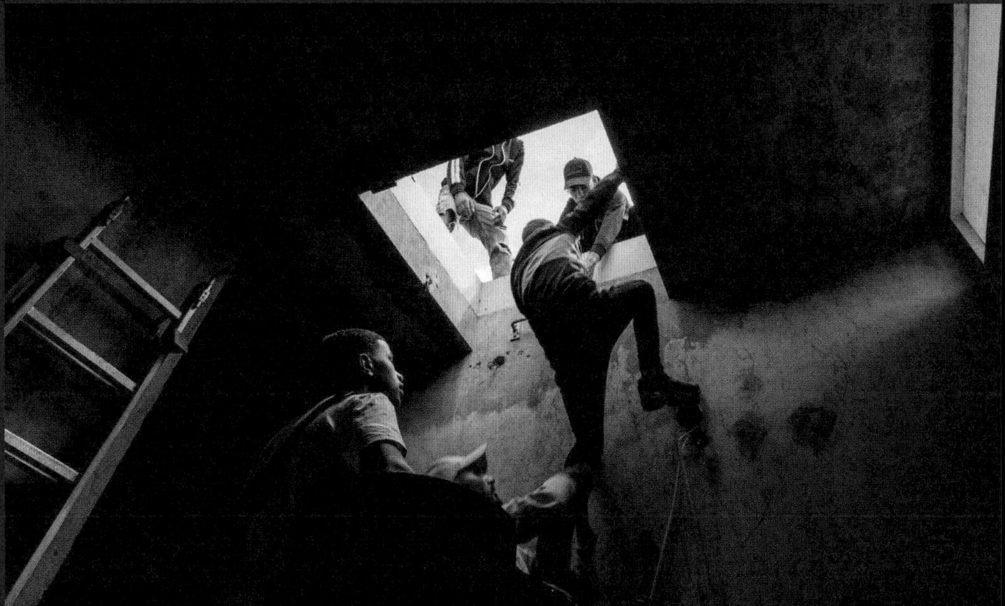

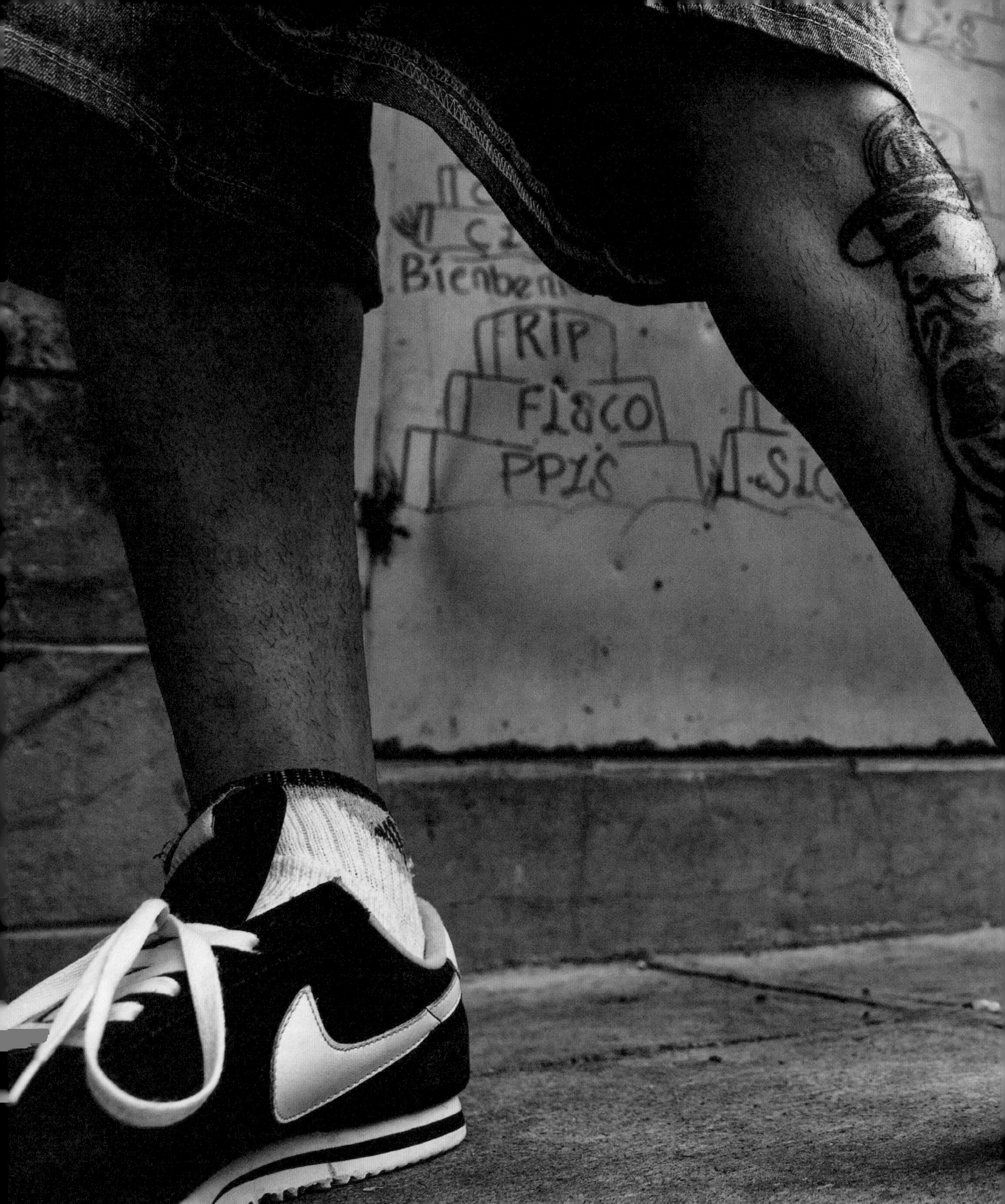

Ein Mitglied der Bande Mara Salvatrucha (MS-13) – Gefängnis von Tonacatepeque, El Salvador.

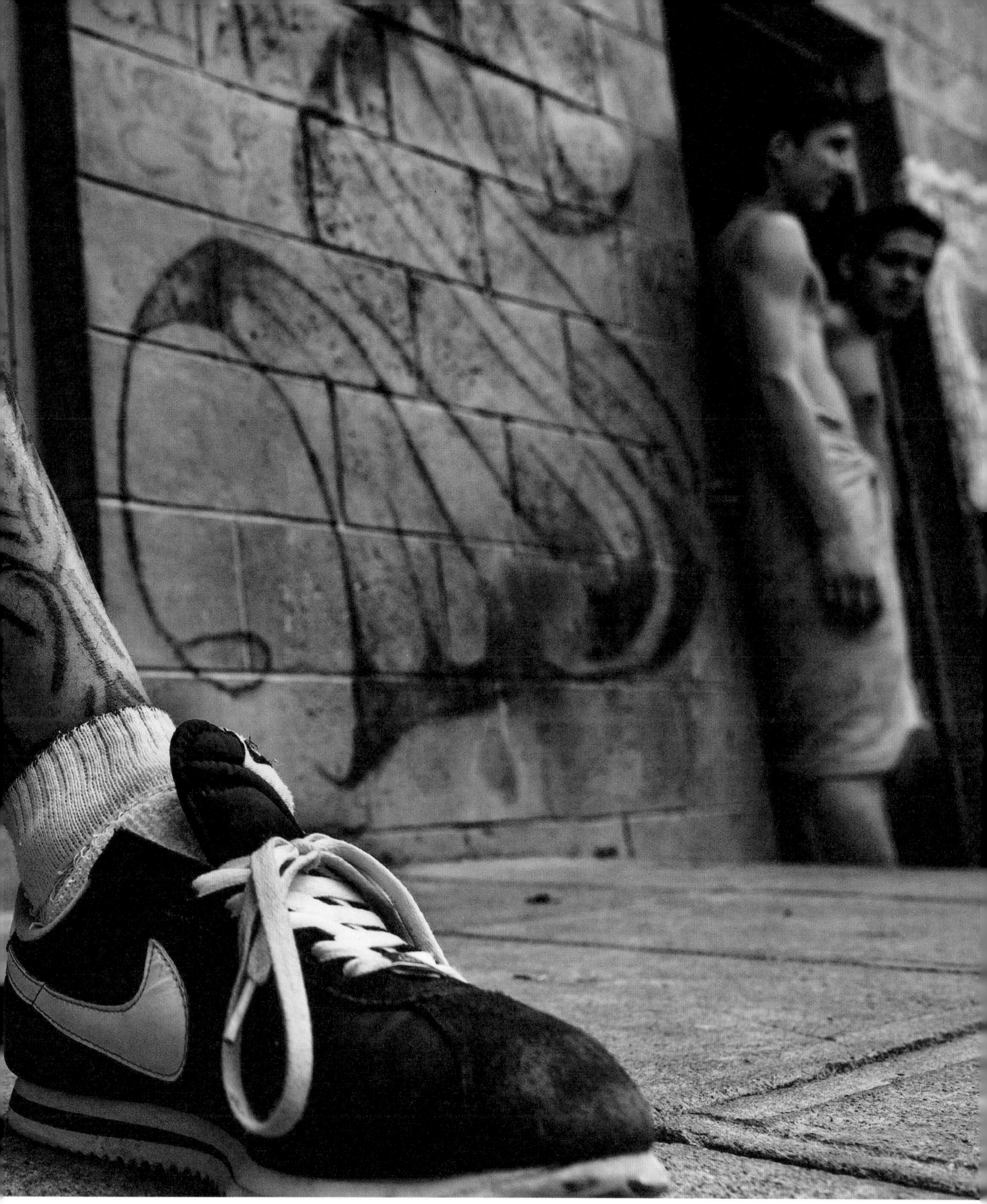

CORTEZ - NIKE

Vor Nike gab es das von Bill Bowerman und Phil Knight gegründete Blue Ribbon Sports, welches als US-Vertriebspartner für Onitsuka Tiger fungierte. Das Unternehmen wurde 1971 in Nike umbenannt, zeitgleich mit der Einführung des ersten Laufschuhs, des Cortez. Obwohl der Cortez 1968 von Nike-Mitbegründer Bill Bowerman konzipiert wurde, debütierte er vier Jahre später bei den Olympischen Spielen 1972 in München.

Der Cortez ist von großer historischer Bedeutung, da er der erste Schuh mit dem kultigen Swoosh-Logo war. Er markierte den Beginn eines bedeutenden Vermächtnisses, welches zu Anfang unterschätzt wurde. Der von den Azteken inspirierte Schuh wurde zunächst nach ihnen benannt, aber da Adidas bereits einen Schuh namens Azteca Gold hatte, musste der Name geändert werden. Der Schuh wurde stattdessen als Cortez bekannt, benannt nach Hernán Cortes, dem Spanier, der im sechzehnten Jahrhundert das Aztekenreich eroberte. Als weiteren Seitenhieb auf Adidas entwarf Carolyn Davidson das ikonische Swoosh-Logo und begründete damit eine dauerhafte Rivalität mit den Three Stripes.

Das ursprüngliche Design des Cortez zeichnete sich durch ein hochwertiges Obermaterial aus Leder in strahlendem Weiß aus, das durch einen auffälligen roten Swoosh hervorgehoben wurde. Er ist ein bequemer und gepolsterter Laufschuh, der Stöße an der Ferse absorbiert. Die dezenten blauen Details sind eine Hommage an die Farben der amerikanischen Flagge, während die geriffelte Sohle für hervorragenden Halt sorgt. Der Cortez ist zu einem zeitlosen amerikanischen Klassiker geworden, der in der Popkultur immer wieder auftaucht, z. B. im Film *Forrest Gump* und während Whitney Houstons Super-Bowl-Auftritt 1991 mit der Nationalhymne.
Der Cortez hat sich seit über fünfzig Jahren bewährt und ist damit einer der ältesten Sneakers von Nike und eines der langlebigsten Modelle auf dem gesamten Markt.

OBERMATERIAL AUS LEDER

SCHNÜRVERSCHLUSS

ZWISCHENSOHLE AUS SCHAUMSTOFF MIT KEILEINLAGE

GUMMILAUFSOHLE MIT FISCHGRÄTENMUSTER

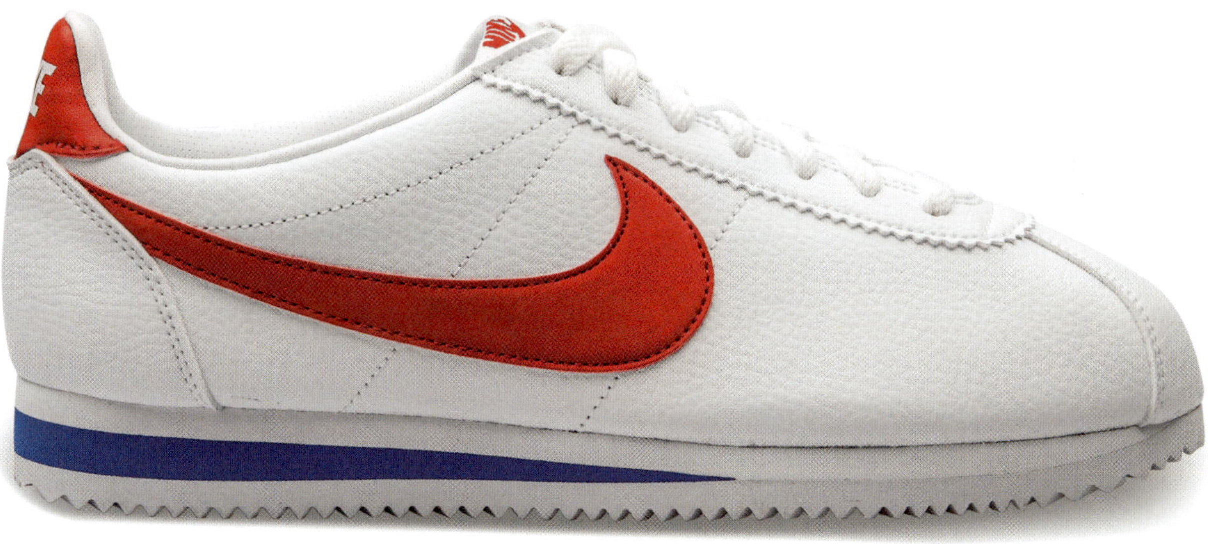

Der Cortez, ein Synonym für verschiedene kulturelle Bewegungen, ist auch zu der Grundausstattung von Chicano Streetwear geworden, was seine Erschwinglichkeit und Zugänglichkeit für Arbeiterfamilien widerspiegelt. Die Fotografie von Estevan Oriol hat die Faszination der Chicano-Gemeinschaft von Los Angeles für den Cortez in den 1980er-Jahren dokumentiert. Aufgrund seiner Erschwinglichkeit und seines einfachen Designs wurde der Cortez häufig in die Uniformen vieler nordamerikanischer Gangs integriert, was dazu führte, dass der Schuh Anfang der 1990er-Jahre in Schulen verboten wurde.
Die Rückkehr des Cortez in eine führende Rolle, die ihm in der Geschichte zugewiesen wurde, ist die zeitgenössische Modewahl, bei der Menschen aus allen Gesellschaftsschichten den Cortez als ein Symbol für LA akzeptieren. Von Kendrick Lamars denkwürdigem Text „White tees and Nike Cortez“ bis hin zu seinen Auftritten an Prominenten wie Lil Wayne, YG und Eazy-E und Schauspielern wie Farrah Fawcett in *Drei Engel für Charlie* und Leonardo DiCaprio in *The Wolf of Wall Street* zeichnet sich der Nike Cortez als vielseitiger Schuh aus, der den Übergang von Bühne zu Straße nahtlos schafft. Seine Anwesenheit begleitet uns auf einer Reise, die von Kreativität und Vertrauen in das eigene Bauchgefühl geleitet wird.

Forrest Gump

***Forrest Gump* von Regisseur Robert Zemeckis ist ein amerikanisches Komödiendrama aus dem Jahr 1994. Ein denkwürdiger Moment im Film passiert, als Forrest, gespielt von Tom Hanks, Nike-Cortez-Schuhe als Geschenk erhält, was dazu führt, dass die Farbgebung des Schuhs Nike Cortez „Forrest Gump“ genannt wird.**

ANG

1. In dem Film *Forrest Gump* erhält Tom Hanks Cortez-Laufschuhe als Geschenk – Alabama, 1994.
2. Farrah Fawcett übt Skateboardfahren am Set von *Drei Engel für Charlie* – 1976.
3. Eazy-E wird auf dem Union Square mit Nike-Cortez-Sneakers fotografiert – New York City, 1989.

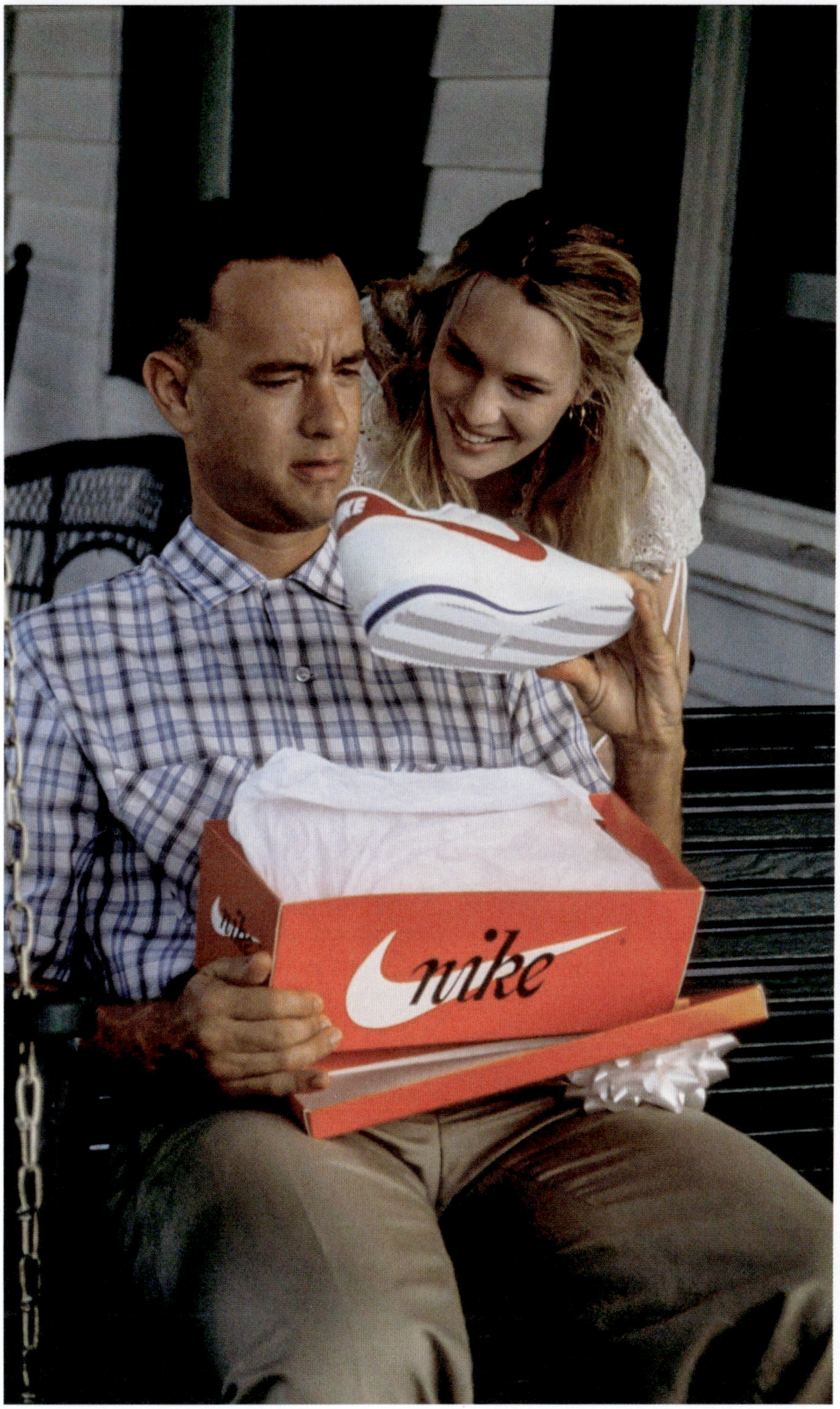

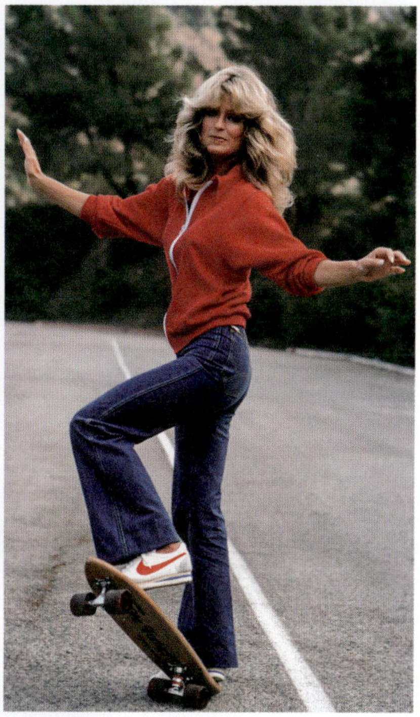

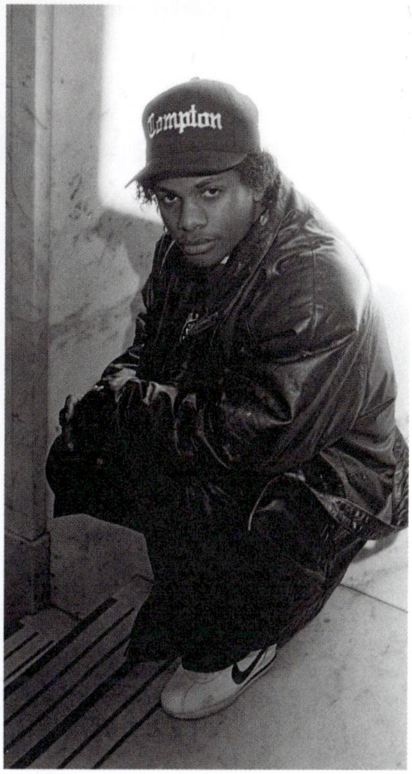

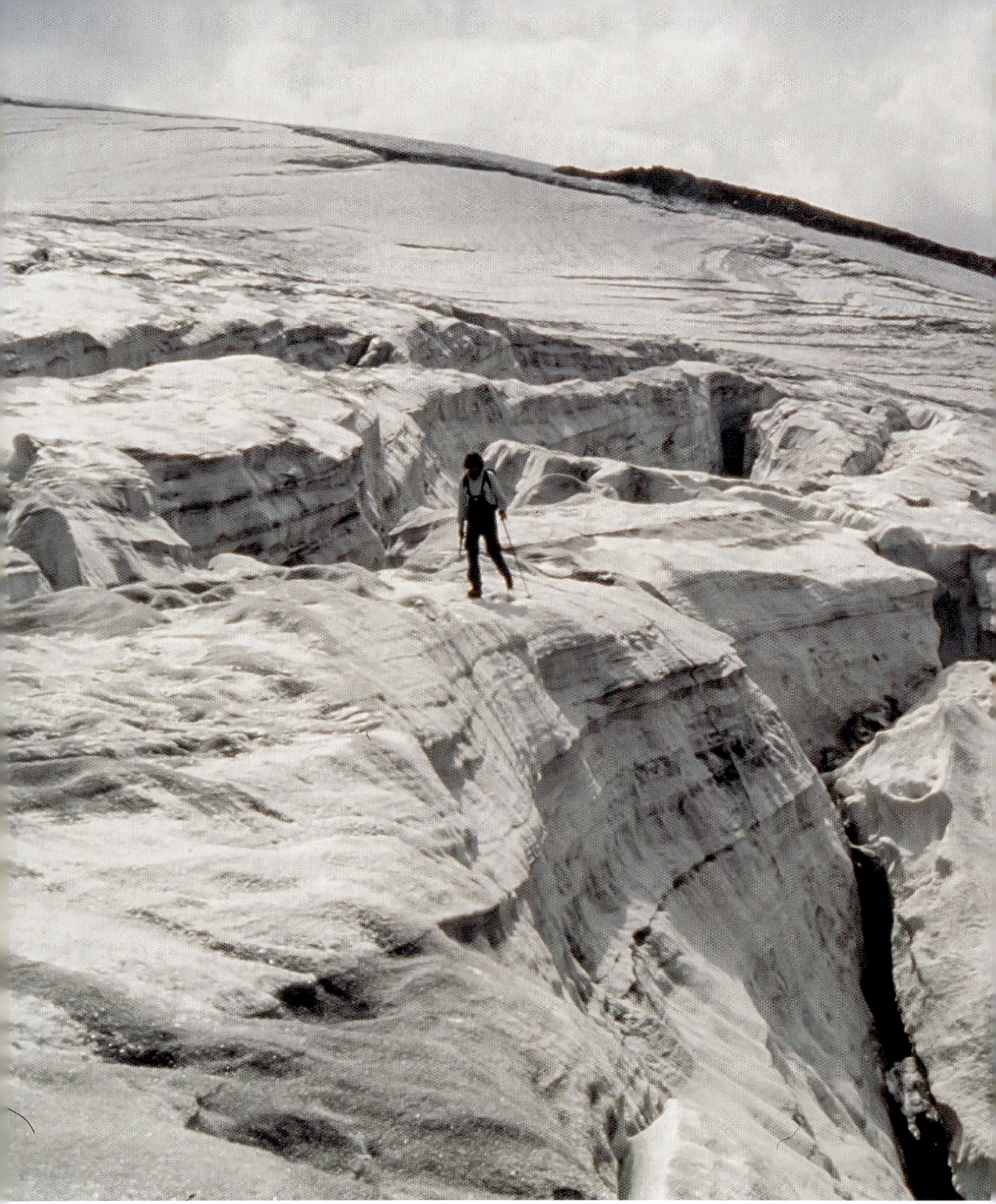

Messners legendäre Besteigung – Mount Everest, 1978.

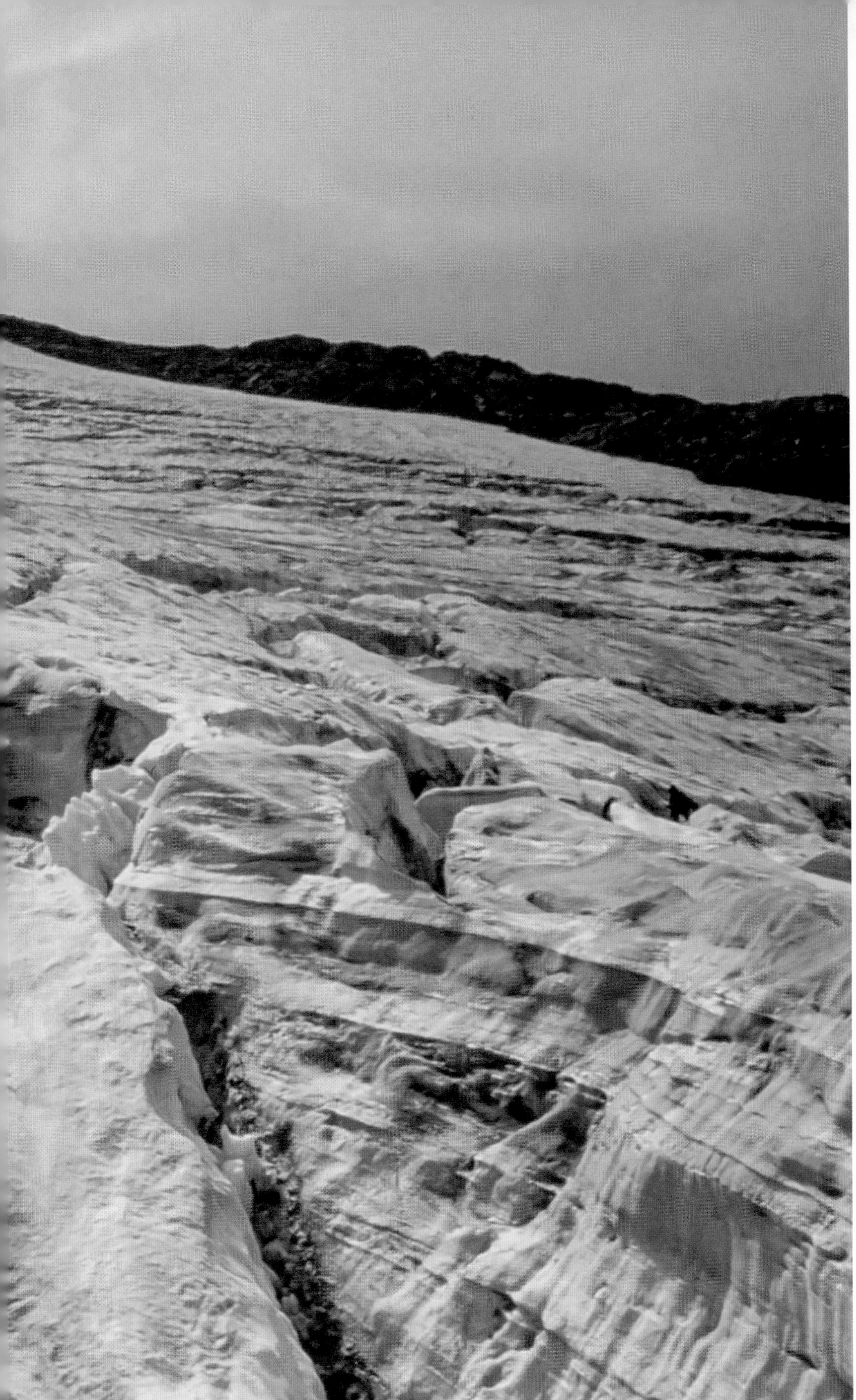

DISRUPTOR – FILA

Diese Marke wurde 1911 von den italienischen Brüdern Fila gegründet und konzentrierte sich zunächst auf Unterwäsche. Im Jahr 1973 revolutionierte FILA die Tennisbranche, indem sie die Farben Marine und Rot als Markenzeichen zu einer überwiegend weißen Farbpalette hinzufügte. Während des Rebrandings in den 1970er-Jahren wurde das FILA-Logo in die charakteristische rote und marineblaue F-Box umgewandelt.

In den 1990er-Jahren stieg FILA erfolgreich in den amerikanischen Markt für Sportschuhe ein, vor allem durch die Zusammenarbeit mit dem Basketballspieler Grant Hill. Die denkwürdige Besteigung des Mount Everest durch Reinhold Messner in den Schuhen der Marke gab FILA einen Popularitätsschub und führte zu technischen Verbesserungen.

In den frühen 2000er-Jahren erlebte FILA einen Rückgang der Verkaufszahlen und der Popularität. Im Jahr 2007 wurde FILA von FILA Korea übernommen und begann sich zu modernisieren. Die Marke investierte in Paris Hilton als Markenbotschafterin und zahlte ihr Berichten zufolge 1 Million Dollar pro Jahr für ihre Unterstützung. FILA nutzte zeitgenössische Trends wie das Wiederaufleben der 80er- und 90er-Jahre-Nostalgie und unterstrich gleichzeitig die Begeisterung der neuen Generation für Streetwear und „Logo Mania". Im Jahr 2015 ging FILA eine Partnerschaft mit Urban Outfitters für eine 90er-Jahre-Revival-Kollektion ein, aber erst mit der Zusammenarbeit mit FENDI im Jahr 2018 konnte die Marke wirklich glänzen, indem sie Logos mit dem kreativen, ausgefallenen Touch des Instagram-Künstlers Hey Reilly vermischte.

Der FILA Disruptor, ursprünglich ein schwarz-weißer Tennisschuh, der in den 90er-Jahren seine größte Beliebtheit feierte, ist jetzt in verschiedenen Farben erhältlich. Er ist eine kulturelle Ikone und ähnelt einem Bergstiefel mit einer unkonventionellen Silhouette, einer Zickzack-Sohle und einem auffälligen Branding. Als echter „Dad-Schuh", der das Wiederaufleben des „absichtlich hässlichen" Typs bedient, stellt er die Vorstellungen von sportlicher Eleganz infrage und fügt sich nahtlos in die Kategorien Streetwear, Athleisure und High Fashion ein. Erschwinglich, günstig und sowohl für Männer als auch für Frauen erhältlich, richten sich diese Schuhe an alle, die ein hochwertiges, vielseitiges Produkt suchen.

OBERMATERIAL AUS LEDER UND SYNTHETIK

SCHNÜRVERSCHLUSS

LEICHTER EVA

GEFORMTE GUMMI-AUSSENSOHLE

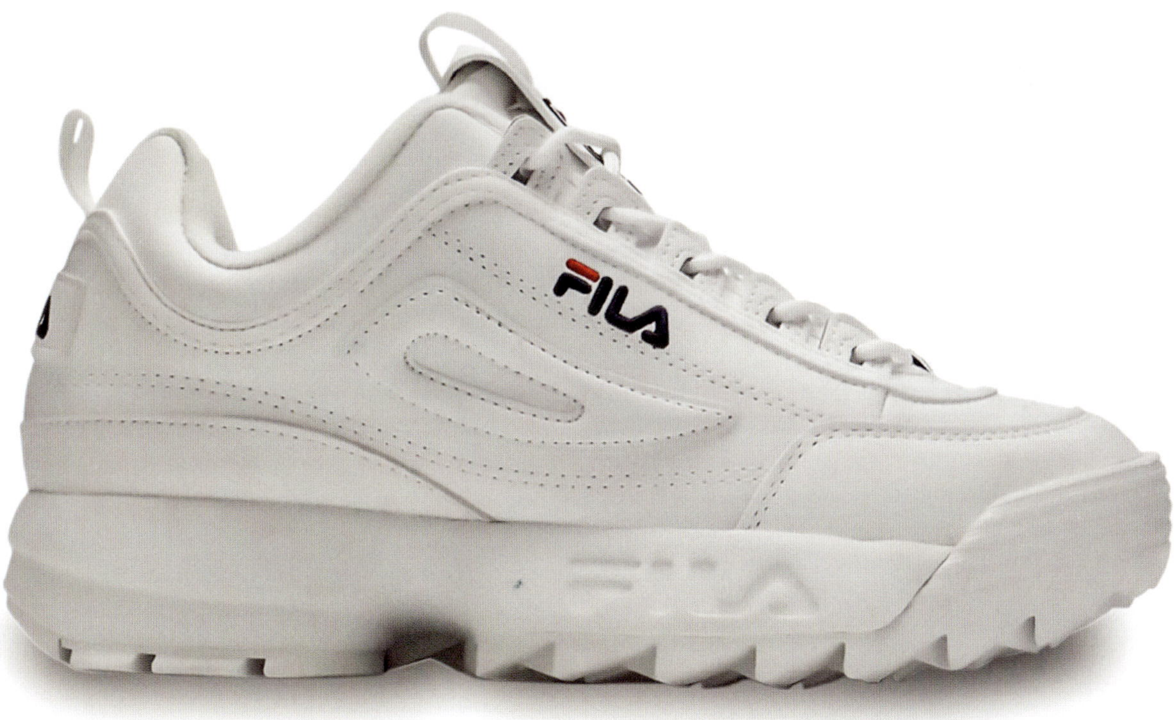

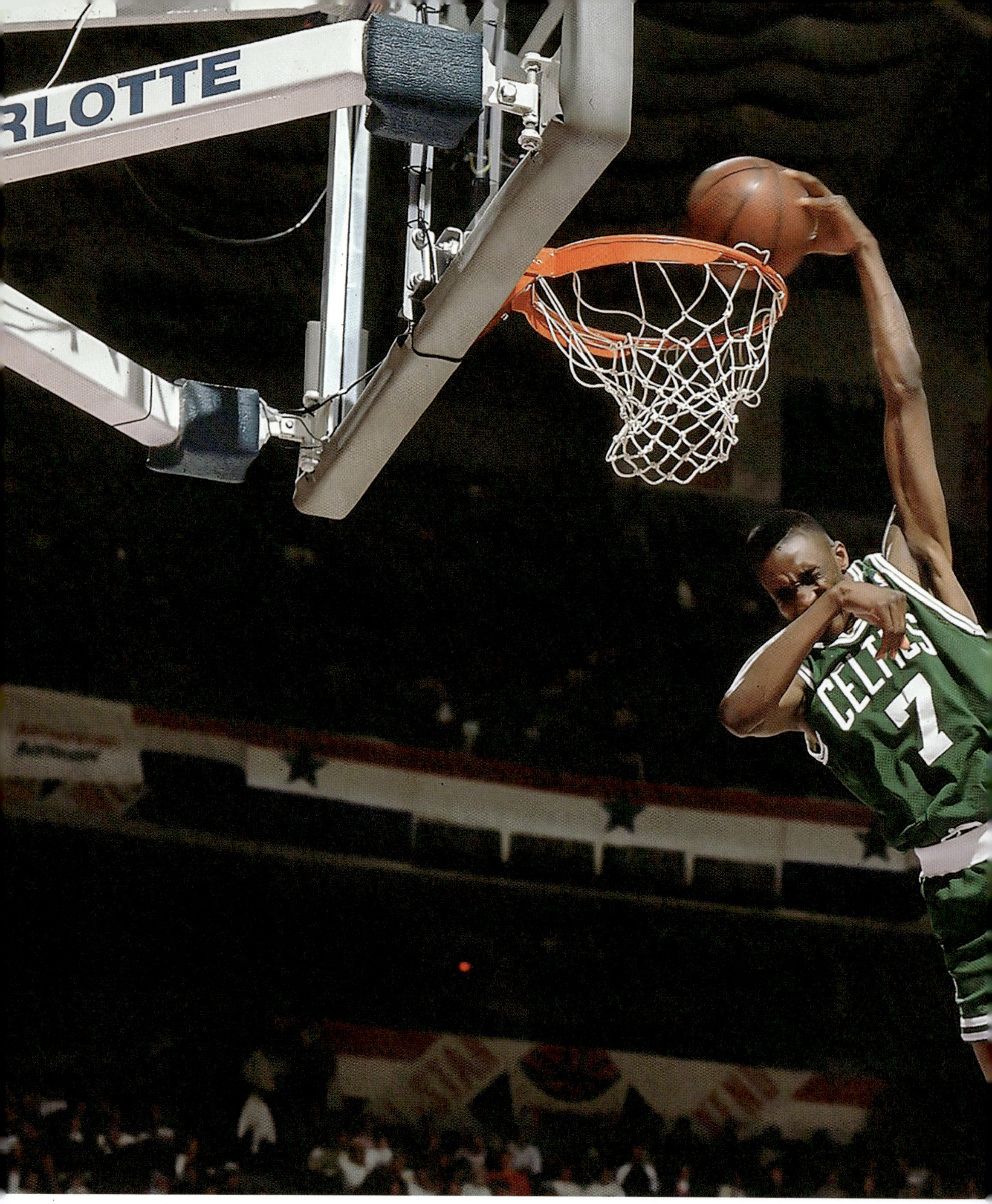

Dee Brown von den Boston Celtics beim NBA Slam Dunk Contest – 1991.

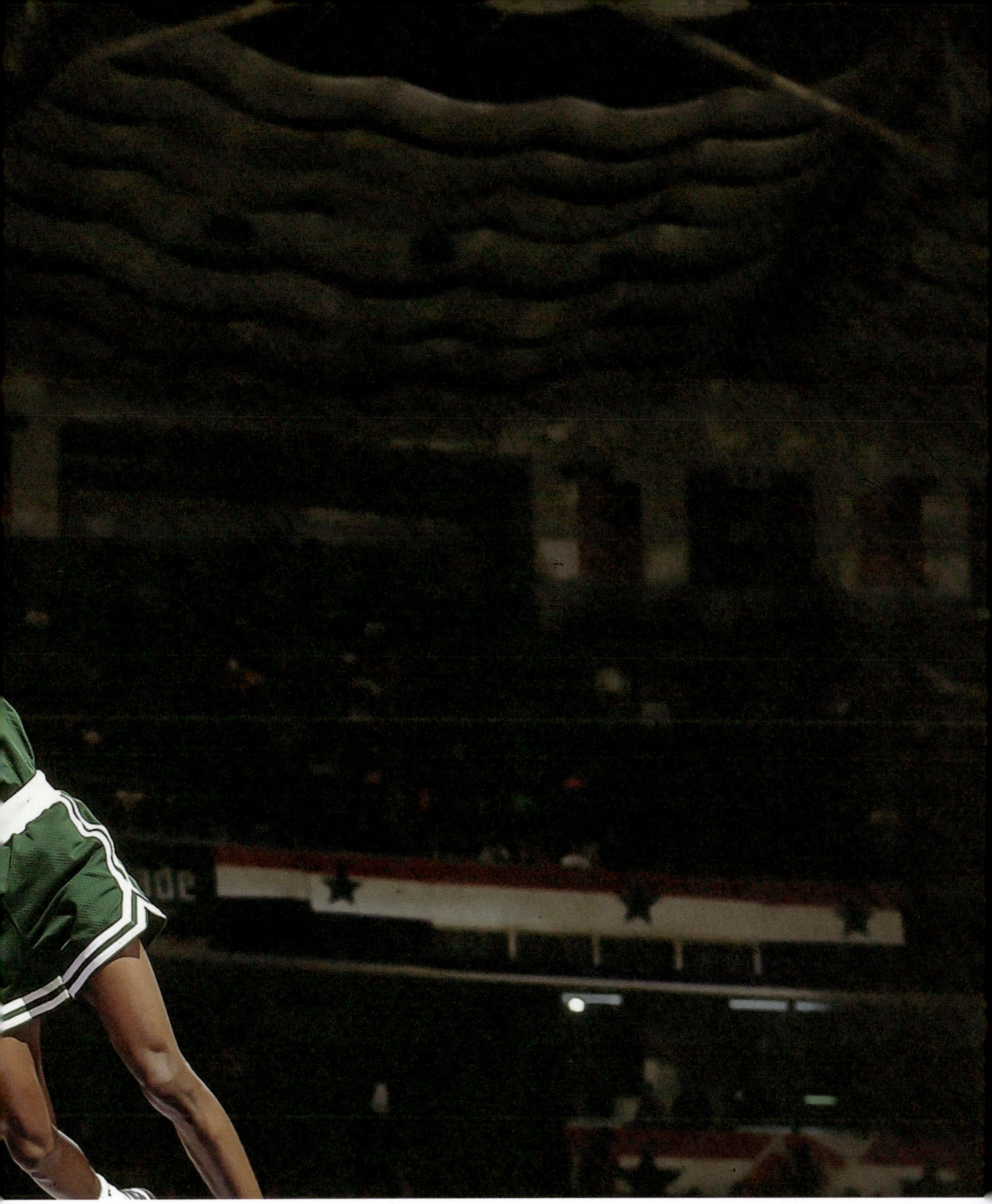

DUNK – NIKE

Der Dunk von Nike, der Mitte der 1980er-Jahre ursprünglich als High-Top-Basketball-Sneaker entworfen wurde, hat sich dank seines schlichten und farblich abgestimmten Designs zu einem kulturellen Phänomen entwickelt. Der ursprüngliche Dunk wurde mit dem Slogan „Be True To Your School“ (Sei deiner Schule treu) als Aufforderung an College-Basketballteams und ihre jeweiligen Fans vermarktet, die Farben ihres Teams zu tragen und zu ehren. Die einzigartigen und spezifischen Farbbehandlungen führten sofort zu einer cleveren und eingängigen Marketingtaktik.

Dunking bedeutet wörtlich übersetzt, etwas kurz in eine Flüssigkeit oder Substanz zu tauchen. Im Zusammenhang mit Basketball bedeutet es, dass ein Offensivspieler hoch genug springt, um den Ball durch den Korb zu drücken.

Im Gegensatz zu anderen Schuhen lässt sich die Entwicklung des Dunk nicht in einer einzigen linearen Geschichte nachverfolgen. Das liegt an der Trennung zwischen dem Nike Dunk und den nachfolgenden Nike-SB-Dunk-Linien – zwei unverwechselbare, aber oft verwechselte Sneakers. Für das ungeübte Auge sind die kleinen Änderungen, die sie voneinander unterscheiden, fast nicht wahrnehmbar. Tatsächlich erlangte der ursprüngliche Nike Dunk in den frühen 2000er-Jahren dank der separaten SB-Dunk-Serie, einer speziell für Skateboarder entwickelten Silhouette, wieder an Popularität. Obwohl sich die beiden Modelle in ihren sportartspezifischen Details unterscheiden, präsentieren sie eine kohärente gemeinsame Geschichte, welche die beiden ikonischen Sneaker miteinander verwebt.

Der Dunk von Nike hat für die Personalisierung und den Ausdruck des eigenen Geschmacks einen einzigartigen und ikonischen Reiz. Die zahllosen Kollaborationen mit Künstlern, Designern und Marken sowie die von der Popkultur inspirierten Farbgebungen machen den Nike Dunk zu einer der begehrtesten und beliebtesten Sneaker-Silhouetten, die es je gab.

OBERMATERIAL AUS LEDER

SCHNÜRVERSCHLUSS

SCHAUMMITTELSOHLE

GUMMI-AUSSENSOHLE

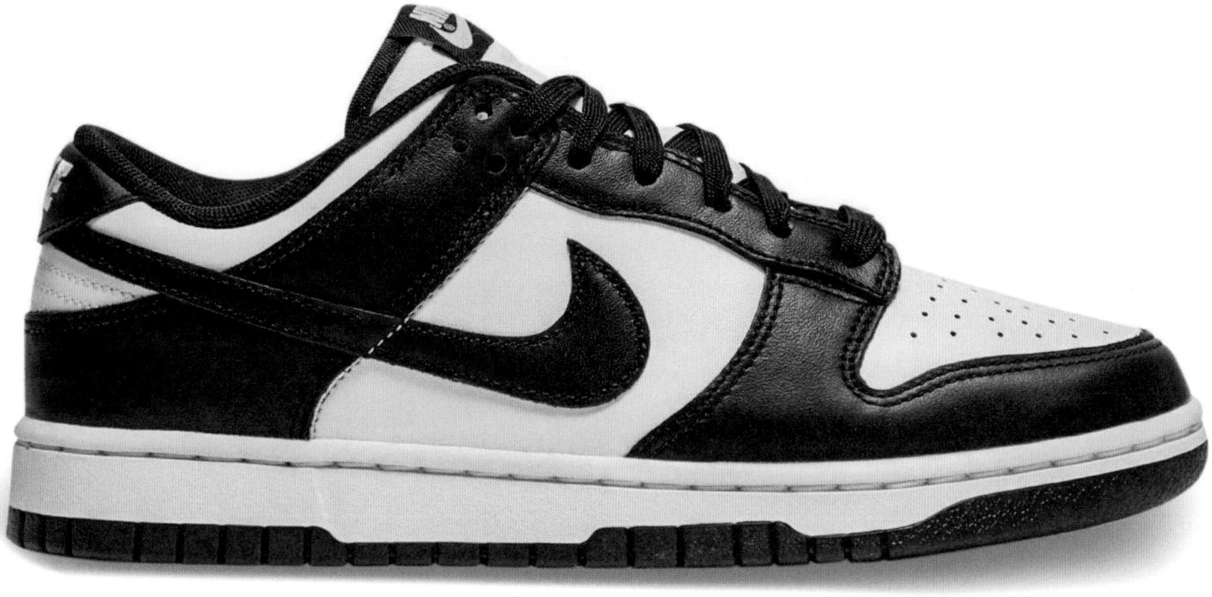

Rapper, Sänger und Produzent Travis Scott hat die Welt der Streetwear und der Schuhe durch mehrere Kooperationen zwischen seiner eigenen Marke Cactus Jack und Nike maßgeblich beeinflusst, insbesondere durch die Zusammenarbeit mit der Marke für das bemerkenswerte Design des Modells SB Dunk Low.

Im Jahr 2020 arbeitete Travis Scott mit Nike zusammen, um einen einzigartigen Dunk mit Paisley-Druck und Bandana zu schaffen, der sich durch seinen robusten Look und seine erdigen Farben auszeichnet. Die Zusammenarbeit war ein großer Erfolg und steigerte die Popularität von Cactus Jack und dem ikonischen Dunk weiter. Der Travis Scott x Nike SB Dunk Low ist ein Beweis für den Bund zwischen Musik, Mode und Sneakerkultur und steigt aufgrund seiner hohen Nachfrage weiterhin im Preis in die Höhe.

Travis Scott

Der am 30. April 1991 geborene Travis Scott (geboren als Jacques Bermon Webster II) ist ein amerikanischer Rapper, Sänger, Songwriter und Plattenproduzent.

TRP

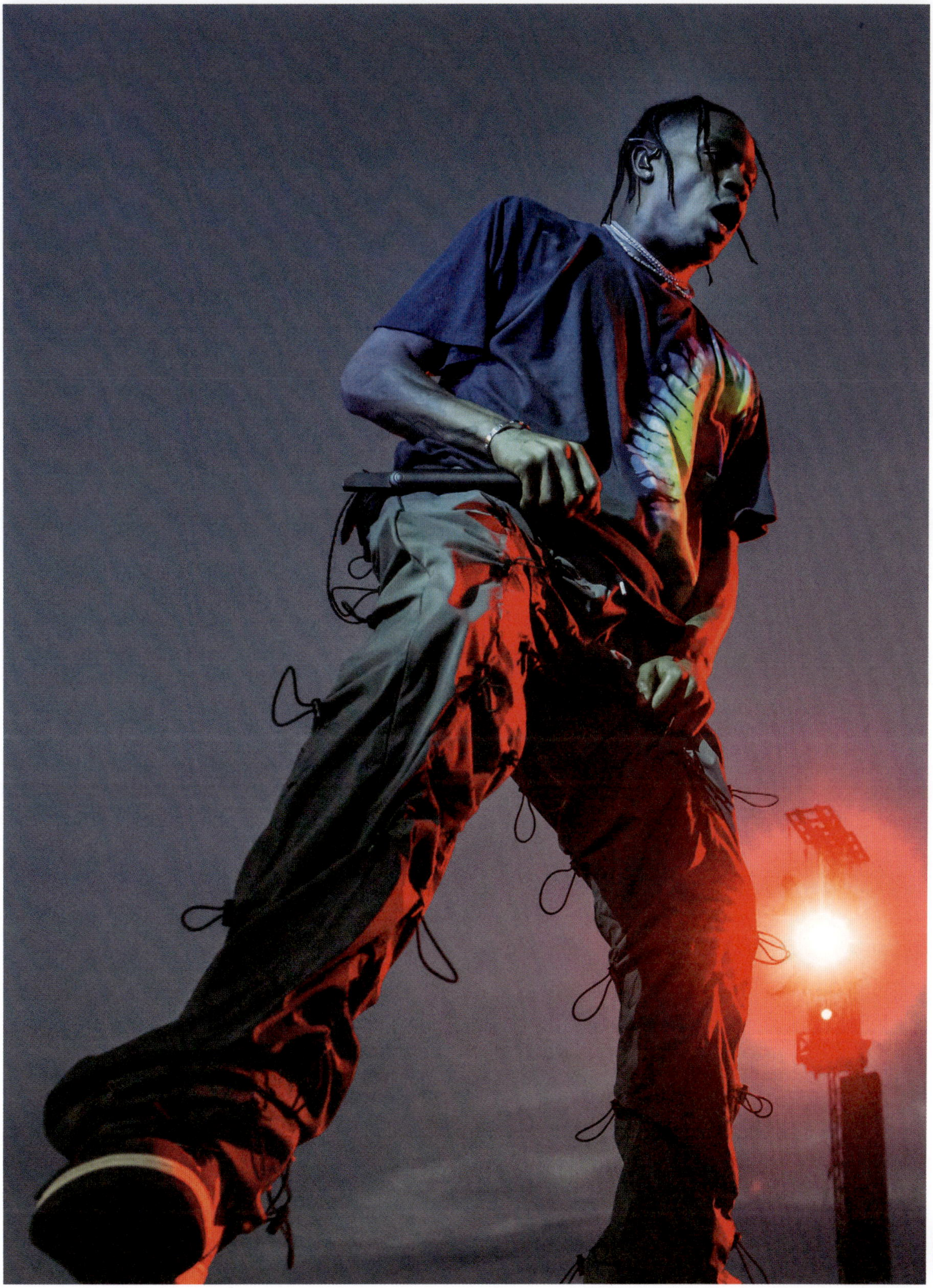

Travis Scott beim Lollapalooza – Stockholm, 2019.

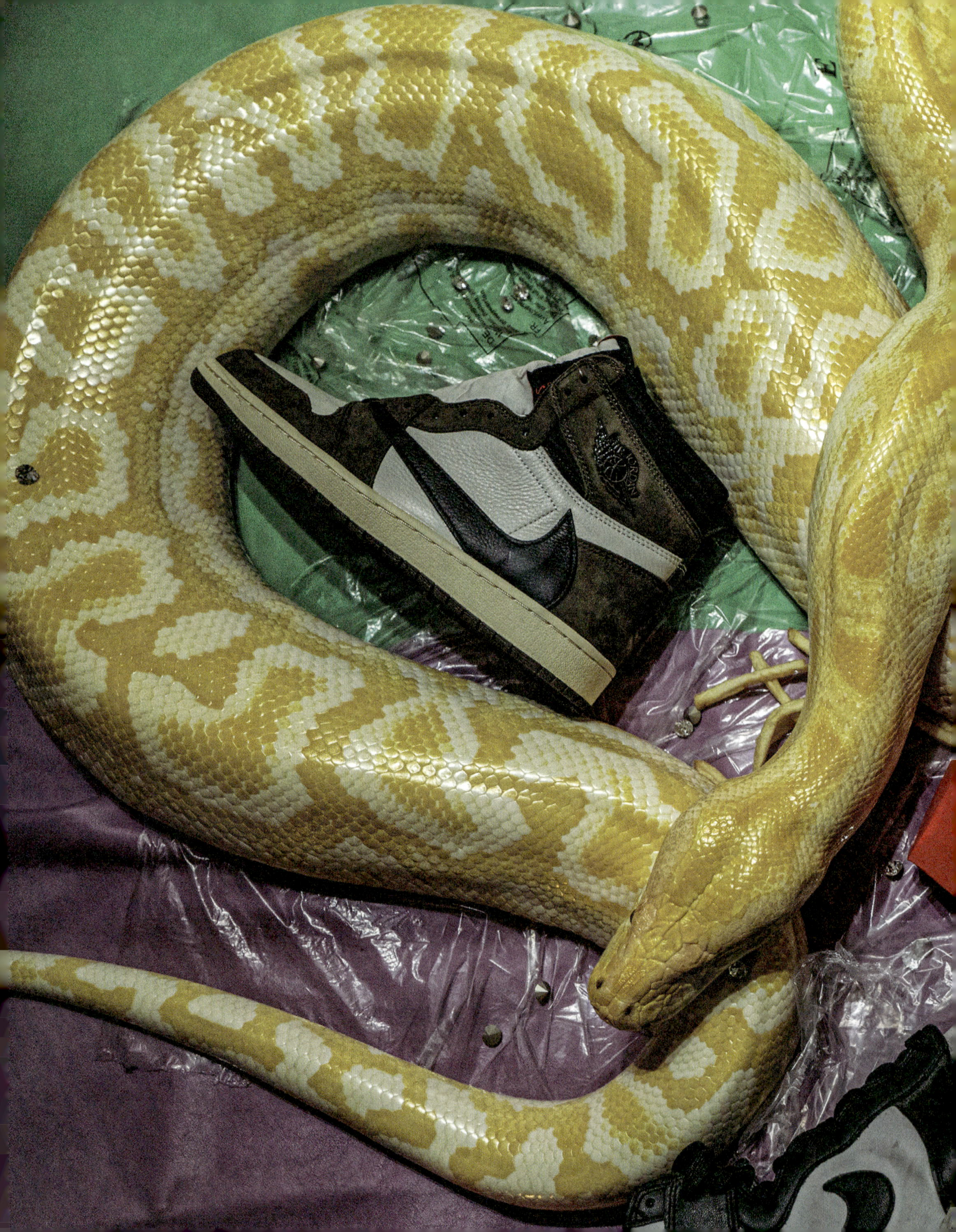

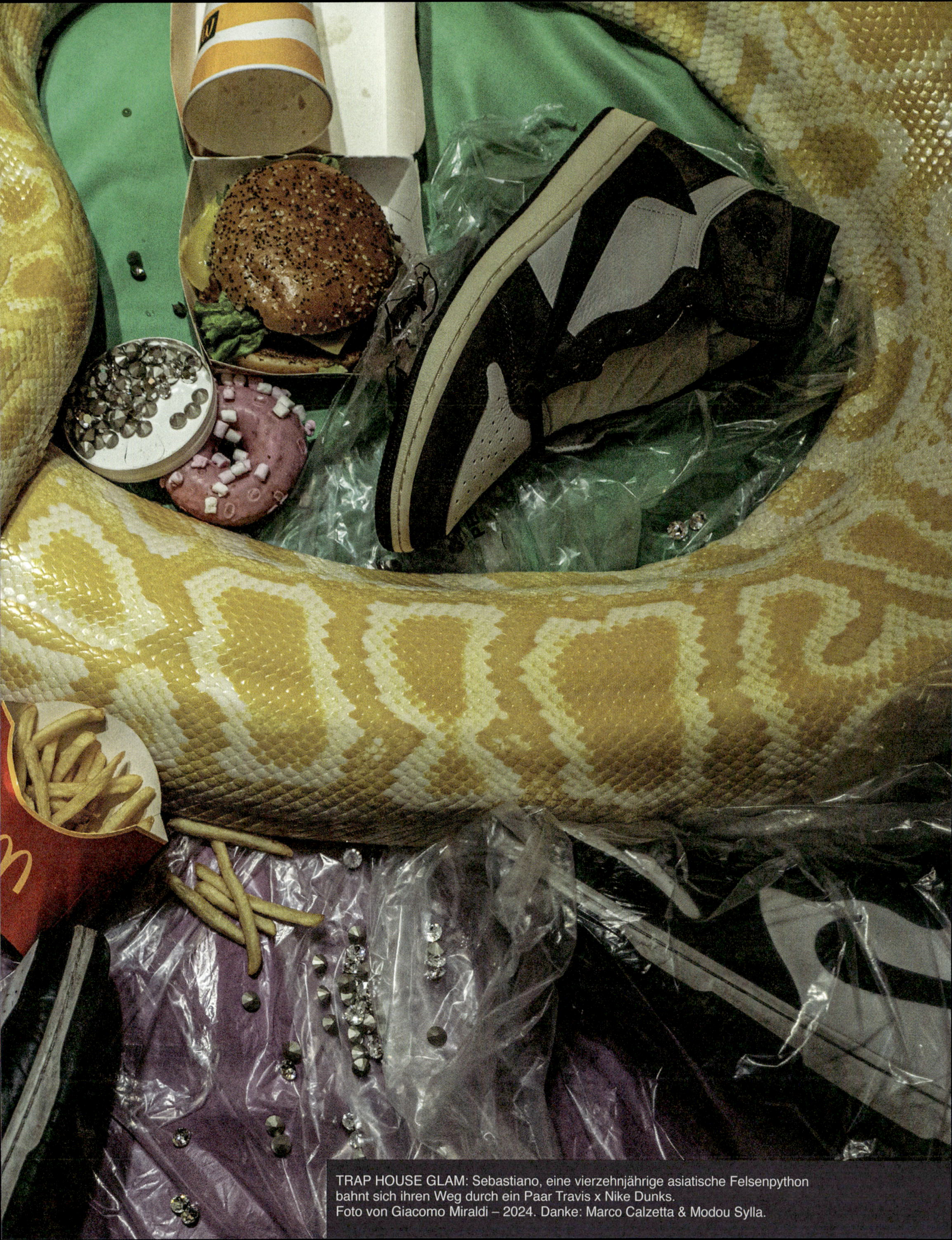

TRAP HOUSE GLAM: Sebastiano, eine vierzehnjährige asiatische Felsenpython bahnt sich ihren Weg durch ein Paar Travis x Nike Dunks.
Foto von Giacomo Miraldi – 2024. Danke: Marco Calzetta & Modou Sylla.

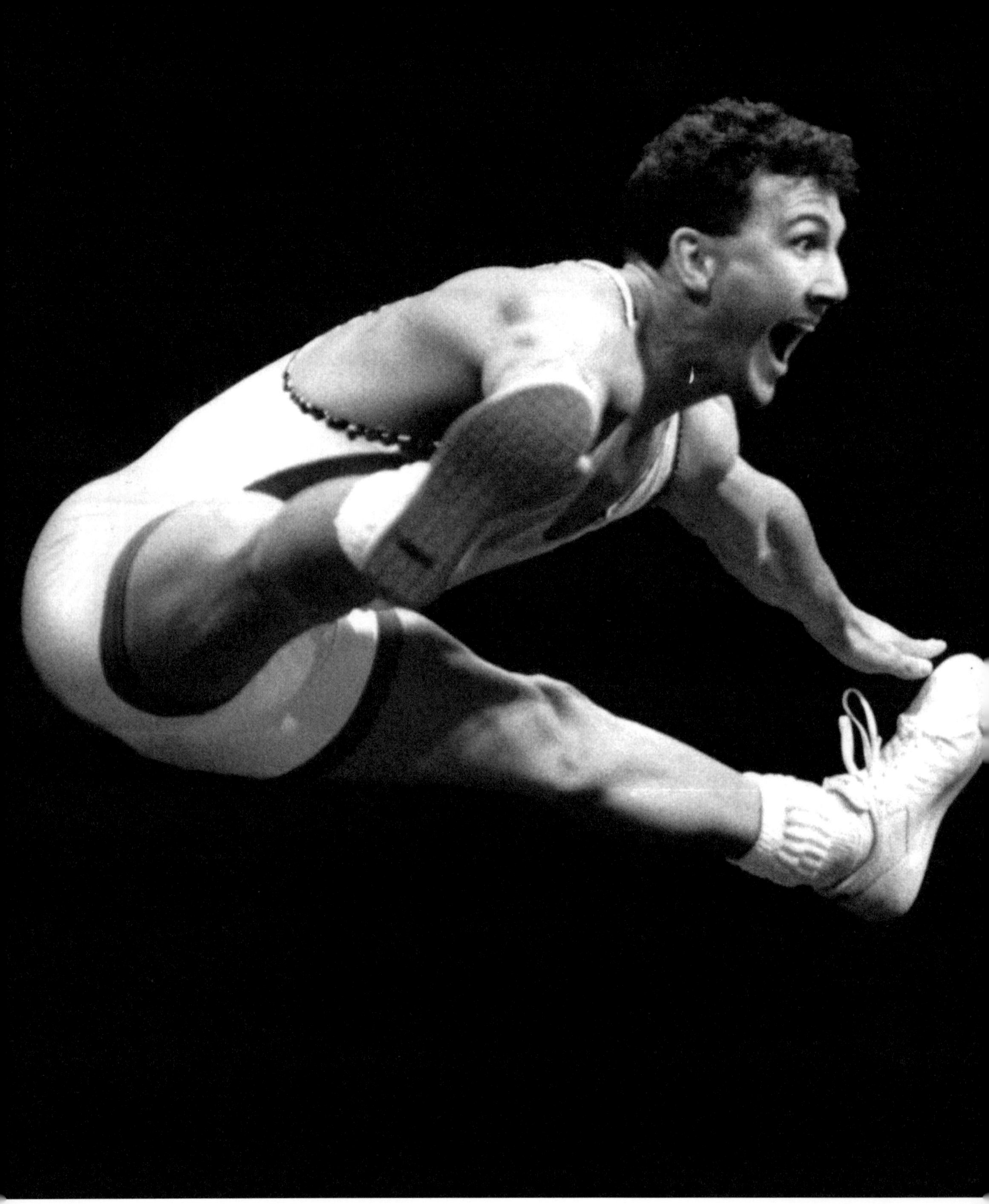

Paula Allen und Rob Dalla-Bona bei der Reebok Freestyle – Reebok National Aerobic Championship, 1991.

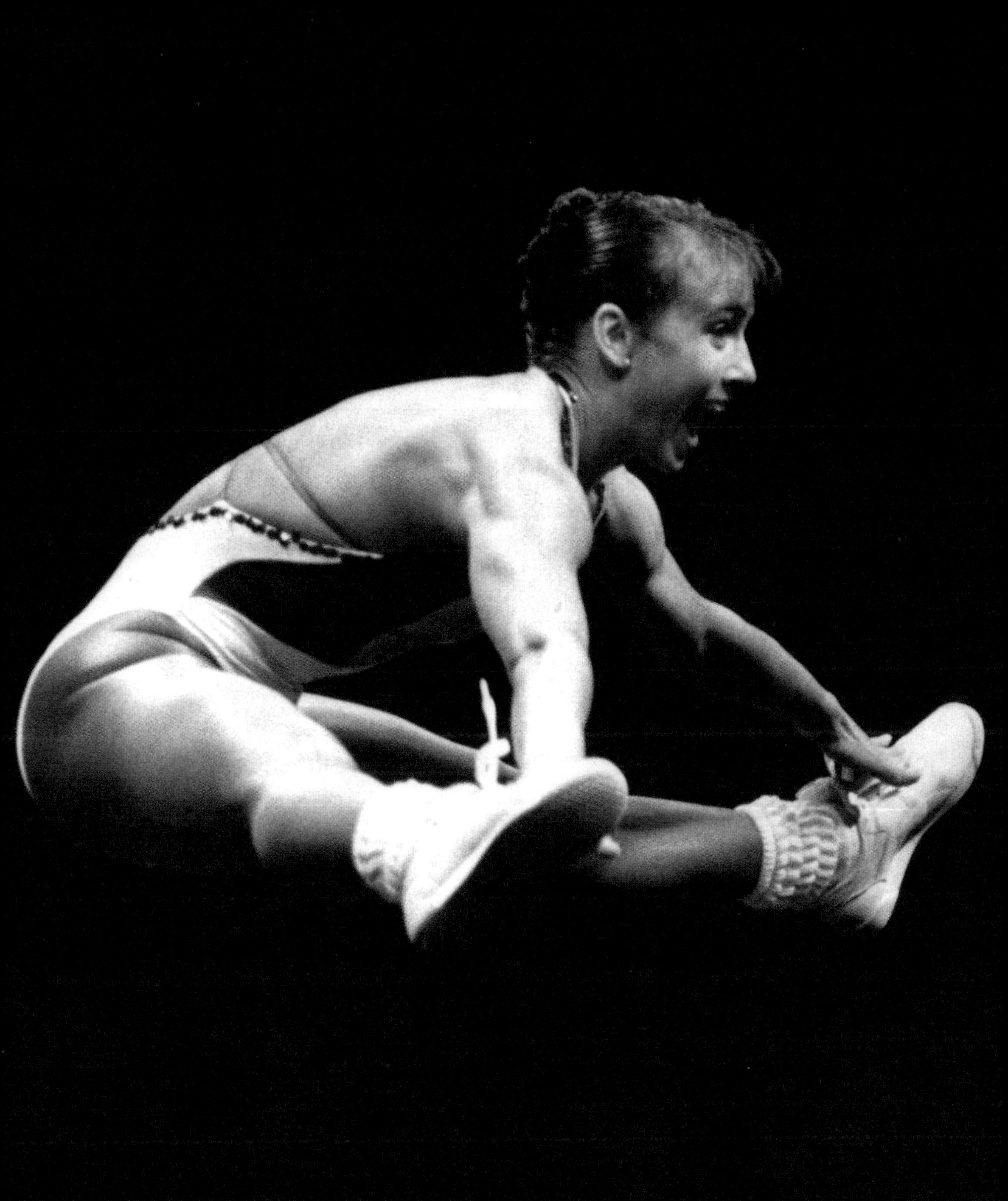

FREESTYLE - REEBOK

Im Laufe der Jahre hat Reebok seine Designs ständig weiterentwickelt und erneuert. Die 1982 auf den Markt gebrachten Reebok Freestyle Sneakers waren ein Wendepunkt in der Sneaker-Geschichte, denn sie waren einer der ersten Sportschuhe, die ausschließlich für Frauen entworfen wurden. Dieser strategische Schritt spiegelte nicht nur den sich entwickelnden Aerobic-Fitness-Wahn in den 1980er-Jahren wider, sondern auch, wie wichtig der Marke Inklusion und Empowerment von Frauen sind. Nachdem er bemerkt hatte, dass viele Frauen barfuß trainierten, erkannte der Designer Angel Martinez die Notwendigkeit, einen Schuh speziell für Sport treibende Frauen zu entwerfen. In Zusammenarbeit mit Steve Liggett, dem damaligen Produktionschef von Reebok, brachte er den Freestyle auf den Markt. Die Fitnesstrainerin Denise Austin war eine der Ersten, die für die neuen Schuhe warb, indem sie sie bei einer Sport- und Fitnessmesse in Los Angeles trug.

Die Einführung des mit Frottee gefütterten Sneakers mit „handschuhweichem“ Leder war ein Durchbruch in der Damenschuhbranche. Er war in zwei Versionen erhältlich, einem Low-Top-Modell, das einem Tennisschuh ähnelt, und einem High-Top-Modell, das einem Basketballschuh ähnelt, und wurde sofort beliebt. Sein Erfolg erstreckte sich nicht nur auf das Training, sondern auch auf Aktivitäten wie Walking, Bodybuilding, Tanzen und professionelles Cheerleading. Er wurde zu einem festen Bestandteil der Freizeitkleidung. Andere Marken wie Avia, LA Gear und Nike folgten mit ähnlichen, auf Frauen zugeschnittenen Modellen.

2008 arbeitete Reebok mit dem Damenbekleidungsunternehmen Married to the Mob und der französischen Boutique Colette zusammen, um eine besondere Version des Freestyle zu entwickeln. Im Jahr 2009 ging die Marke eine Partnerschaft mit Warner Brothers und DC Comics ein, um eine Wonder-Woman-1984-Kollektion zu entwickeln, der 2012 eine Partnerschaft mit Alicia Keys und ein Auftritt in der Netflix-Serie *GLOW* folgten. Das kultige Modell hat sein Erbe bewahrt, indem es seinen Stil an aktuelle Trends anpasst und gleichzeitig seinen nostalgischen 80er-Jahre-Vibe bewahrt.

OBERMATERIAL AUS LEDER

SCHNÜRVERSCHLUSS MIT KNÖCHELRIEMEN

HERAUSNEHMBARE, GEPOLSTERTE EINLEGESOHLE

EVA-ZWISCHENSOHLE I GUMMI-AUSSENSOHLE

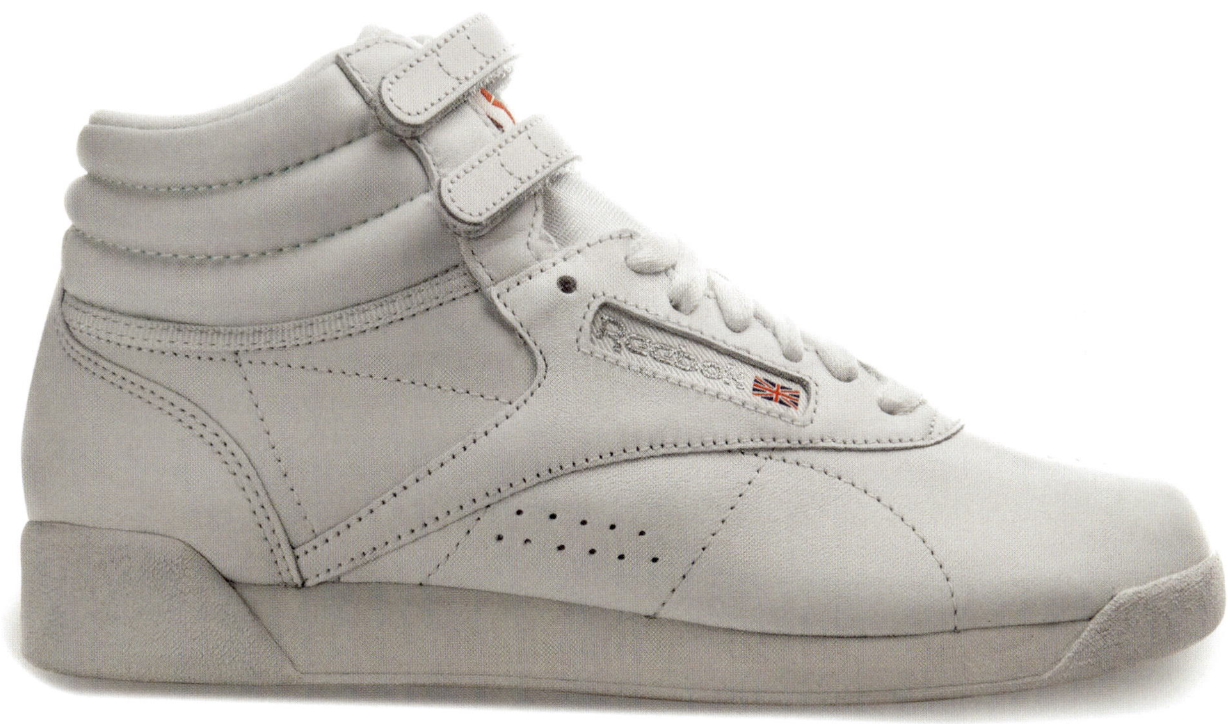

Jane Fonda revolutionierte die Welt des speziell auf Frauen zugeschnittenen Fitnesstrainings und leistete Pionierarbeit mit dem Konzept der Workout-Routinen für zu Hause. Sie eröffnete 1979 ihr berühmtes Aerobic-Studio in Beverly Hills und leitete einige der Kurse sogar selbst. Innerhalb weniger Jahre verbreitete sich der Fonda-Aerobic-Wahn in ganz Amerika und führte zu einem Bestseller-Buch und einer Workout-VHS.

Die VHS mit dem Titel *Workout Starring Jane Fonda* wurde mit weltweit über 17 Millionen verkauften Exemplaren zum meistverkauften Heimvideo aller Zeiten. Fondas Heimvideo-Übungsroutinen boten Frauen ein privates Workout-Erlebnis, das es ihnen ermöglichte, bequem im eigenen Wohnzimmer zu trainieren, ohne an feste Kurszeiten gebunden zu sein. Die „Fonda-Revolution“ inspirierte Frauen und berufstätige Mütter und setzte Trends in der Workout-Szene der 1980er-Jahre mit der Popularisierung von Beinwärmern und hochgeschnittenen gestreiften Trikots.

Jane Fonda

Jane Seymour Fonda, geboren am 21. Dezember 1937, ist eine amerikanische Schauspielerin, Filmproduzentin, Aktivistin und Model. 1982 veröffentlichte sie ihr erstes Fitnessvideo, *Workout Starring Jane Fonda*, das zum meistverkauften Video seiner Zeit wurde.

UP!

1. Jane Fonda – Los Angeles, Kalifornien, 1985.
2. Werbung für den Reebok Freestyle, dem ersten Athletik-Schuh.
3. Vintage-Workout-Übung-VHS für *Start Up with Jane Fonda* – 1987.

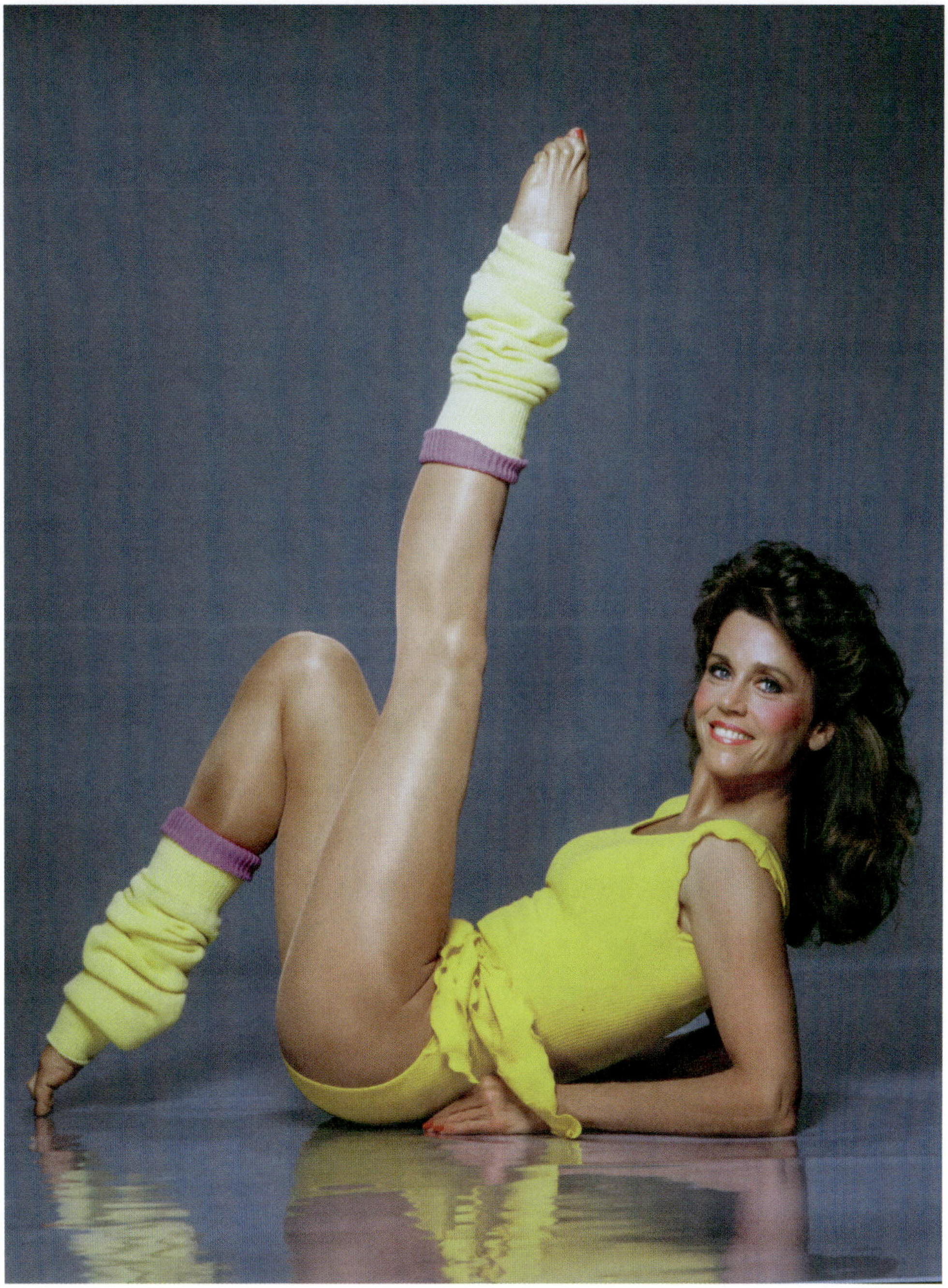

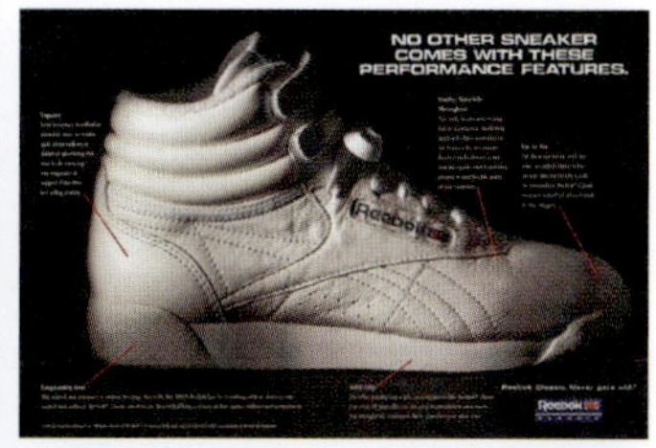

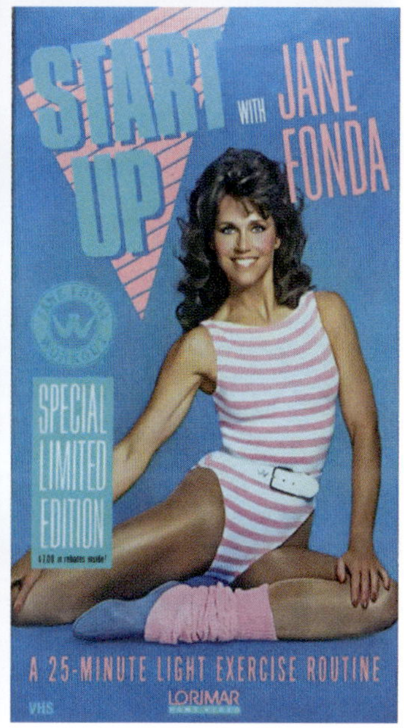

Wilma Rudolph, „Die schwarze Gazelle“, bei den Olympischen Sommerspielen 1960 in Rom.

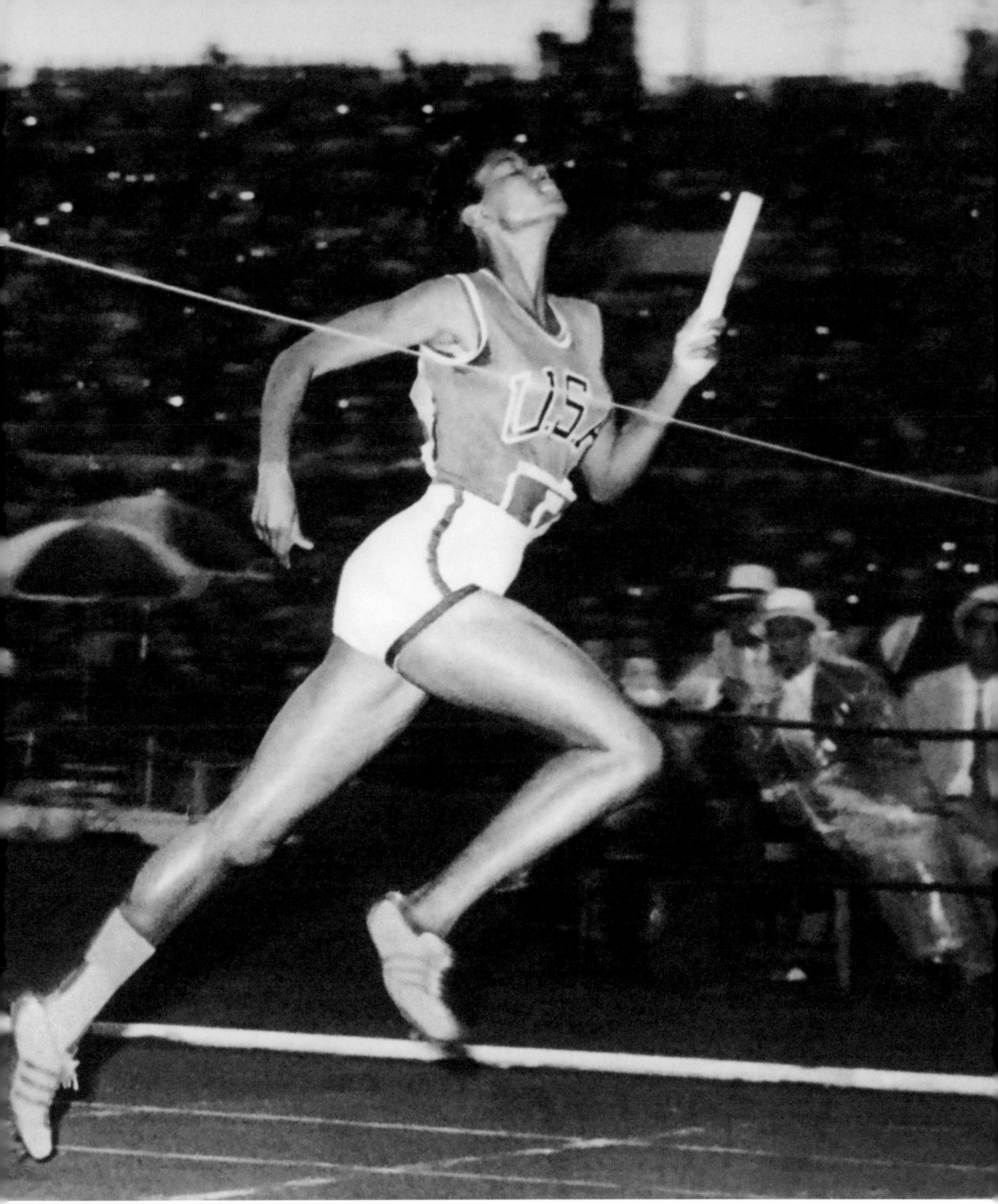
U.S.A

GAZELLE - ADIDAS

Der Adidas Gazelle, ursprünglich ein Trainingsschuh aus den 1960er-Jahren, hat sich seit mehr als siebzig Jahren erfolgreich in den Verkaufsregalen etabliert. Mit seinem klassischen Wildlederkorpus und der Gummisohle findet er weltweit Anklang, vom Laufsteg bis zum Skatepark. Mit der Einführung von Wildleder in der Produktion entwickelte sich der Gazelle zu einem beliebten Lifestyle-Schuh. Bei seinem Debüt im Jahr 1966 erregte die Gazelle mit ihrem Design aus Vollwildleder, das ursprünglich aus Känguruleder hergestellt wurde, Aufmerksamkeit. Ursprünglich gab es zwei Versionen: die rote Variante für den Hallensport mit einer transparenten, rutschfesten Sohle und die blaue Variante für das Training mit zusätzlicher Knöchel- und Fußgewölbestütze und einer Sohle mit mikroskopischen Noppen. Im Jahr 1985 wurde eine grüne Variante eingeführt.

In den 1970er-Jahren wurden die Schuhe bei den Olympischen Spielen in München sowohl berühmt als auch umstritten: Der siebenfache Goldmedaillengewinner im Schwimmen, Mark Spitz, hielt bei der Medaillenverleihung sein Paar blaue Gazelles über den Kopf. Da das Zeigen der Schuhe als Produktwerbung angesehen wurde, wurden sie vorübergehend aus dem Adidas-Katalog gestrichen und verzeichneten Verkaufsrückgänge. Im Sommer 1976 wurde der Gazelle in der allerersten Ausgabe des Magazins *Popeye* vorgestellt, was ihre Rückkehr in die Modewelt einleitete.

In den 1990er-Jahren erlebte der Gazelle im Vereinigten Königreich einen Aufschwung, der durch die Britpop-Bewegung und Bands wie Oasis beeinflusst wurde. Berühmte Persönlichkeiten wie die Beastie Boys, Mick Jagger, Michael Jackson und Kate Moss trugen Gazelles im Laufe der Jahrzehnte und festigten damit den Status des Schuhs als zeitloses Schuhwerk. Doch hinter der ikonischen Silhouette verbirgt sich eine tiefgründigere Geschichte – eine Geschichte von Leidenschaft und Kreativität, die eng mit der zeitgenössischen Subkultur verwoben ist, in der Mode und verschiedene Musikgenres nahtlos miteinander verschmelzen.

OBERMATERIAL AUS WILDLEDER

TEXTILFUTTER I SCHNÜRVERSCHLUSS

GUMMI-AUSSENSOHLE

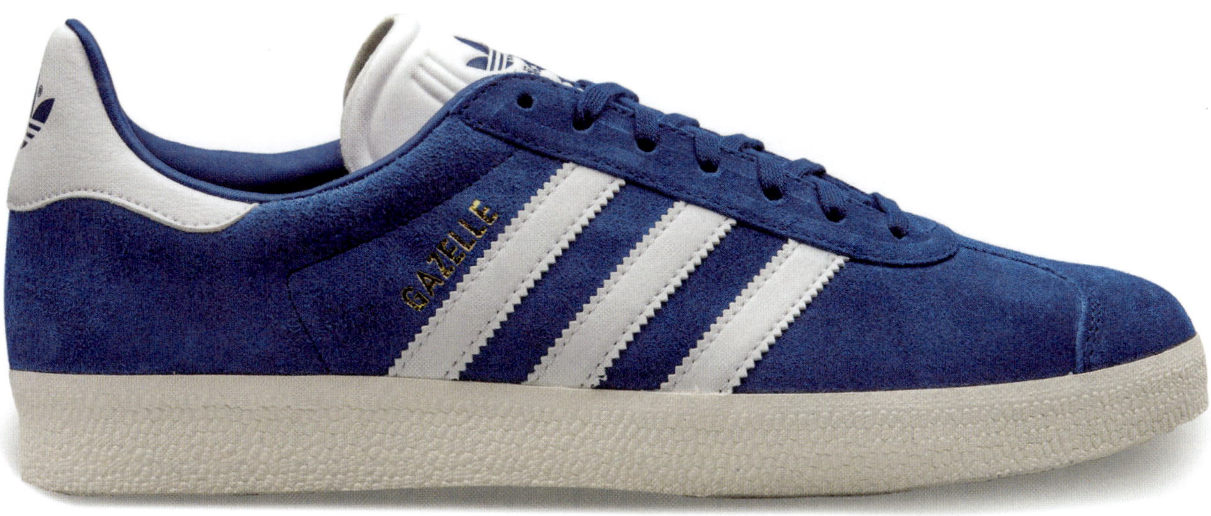

Jay Kay ist der Leadsänger und Frontmann der britischen Band Jamiroquai, die für ihre einzigartige Mischung aus Funk, Acid Jazz und elektronischer Musik bekannt ist. Er ist bekannt für seine Leidenschaft für Sportwagen sowie für seinen ausgeprägten Sinn für Mode und seine vielfältige Sammlung von Kopfbedeckungen.
Der Bandname „Jamiroquai“ ist eine Hommage und setzt sich aus „Jam-“ und „-iroquai“ zusammen, der englischen Bezeichnung für die indianischen Stämme, die als Irokesen der Six Nations bekannt sind. Dieser kulturelle Einfluss inspiriert auch Jay Kays breit gefächerten Stil, der sich durch einen Mix aus Alt und Neu, Low- und High-End-Stücken auszeichnet.
Das ikonische Logo von Jamiroquai, das von Jay Kay selbst gezeichnet wurde und den markanten Büffelhut zeigt, fängt die kreative, funkige Essenz der Band ein und findet sich auf der Zunge einer Gazelle-Sonderedition als Hommage an Kay und seine Treue zum Modell wieder.
Jay Kay, der bei jedem Auftritt OG Gazelles trägt, begeistert das Publikum immer wieder mit seinen dynamischen Live-Shows, die durch seine unverwechselbare Stimme und seinen eklektischen Look gekennzeichnet sind.

Jay Kay

Jason „Jay“ Kay, am 30. Dezember 1969 als Jason Luís Cheetham geboren, ist ein britischer Musiker. Er ist der Frontmann und Gründer der Acid-Jazz-Funk-Band Jamiroquai.

JMP

JMP: JUMP, SICH MIT DEN MUSKELN IN BEINEN UND FÜSSEN IN DIE LUFT STOSSEN

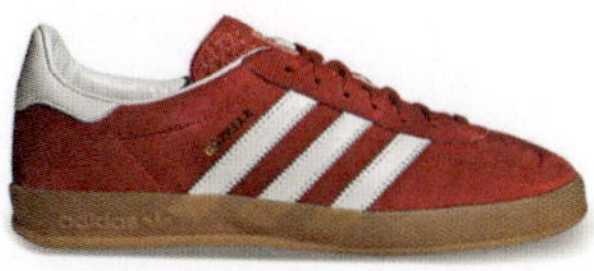

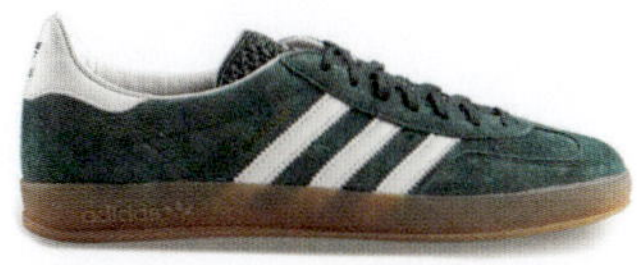

1. Jay Kay von Jamiroquai – Manchester, 2002.
2. Mark Spitz bei den Olympischen Sommerspielen 1972 in München.
3. Adidas x Gucci Gazelle Blau.

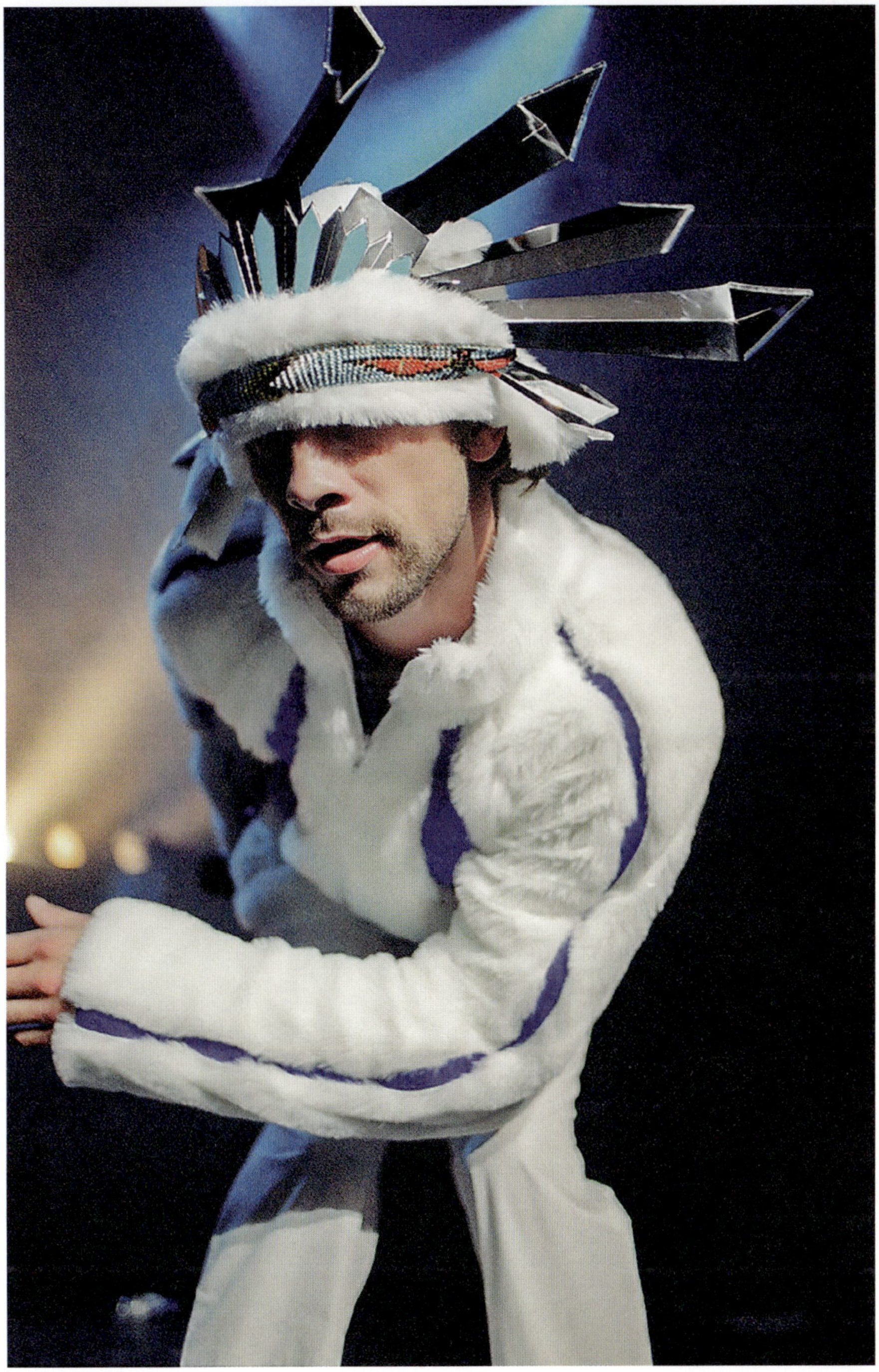

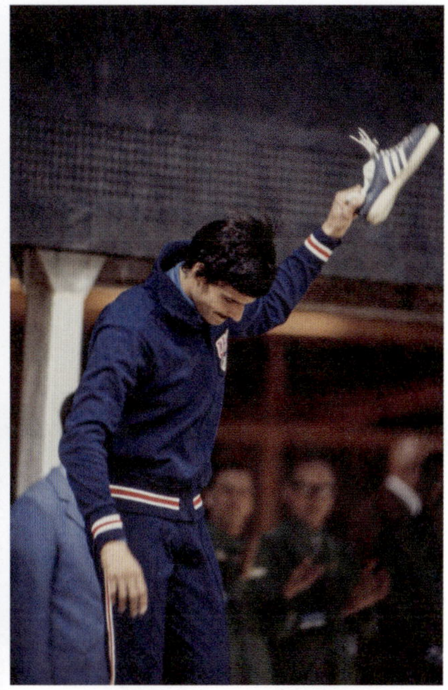

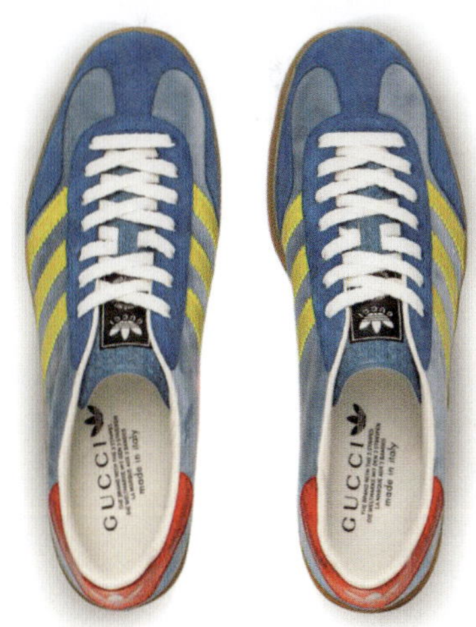

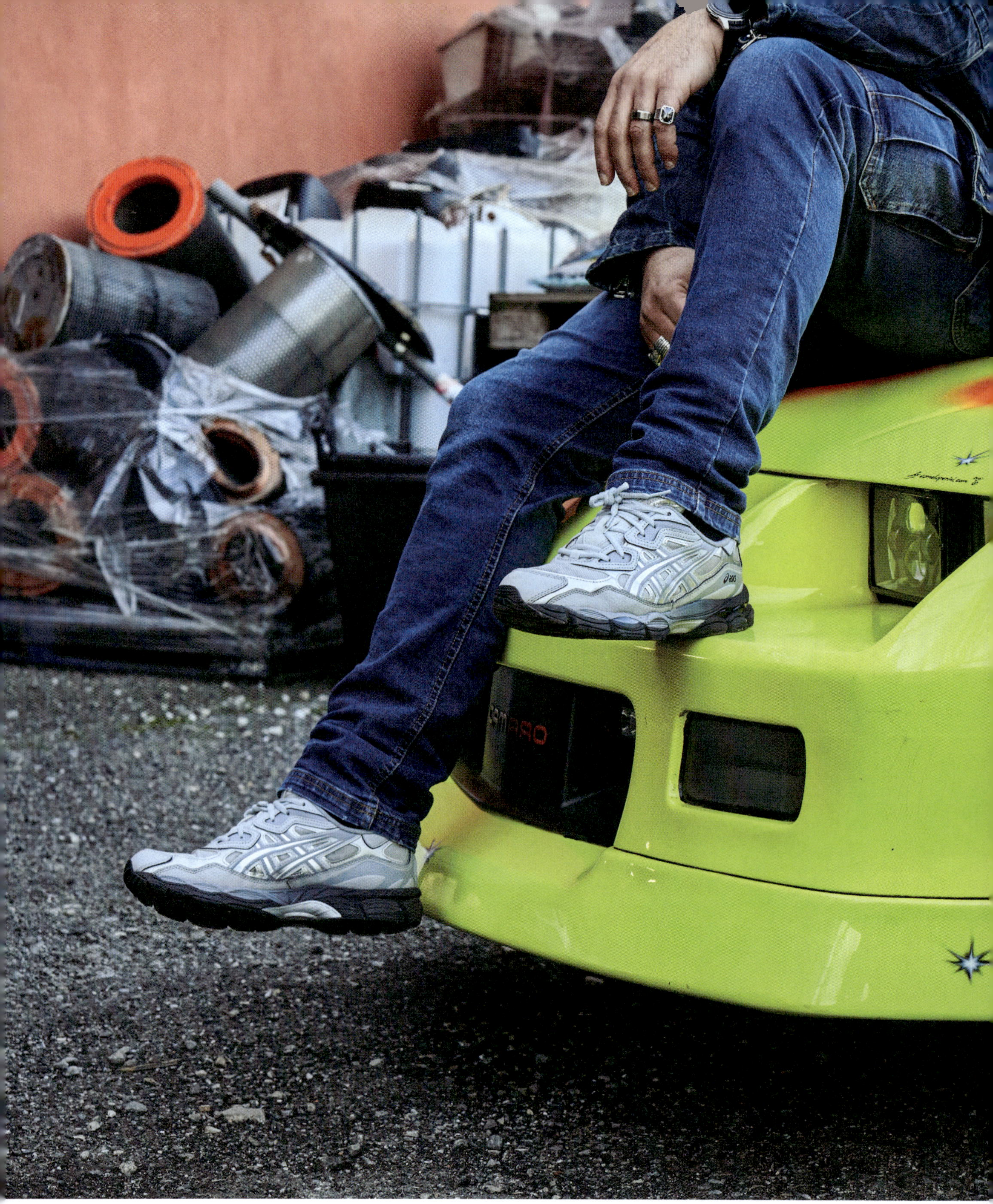

Der Gel-Kayano von ASICS und der Flaming Camaro. Foto von Massimo Zanusso – Mailand, 2024.

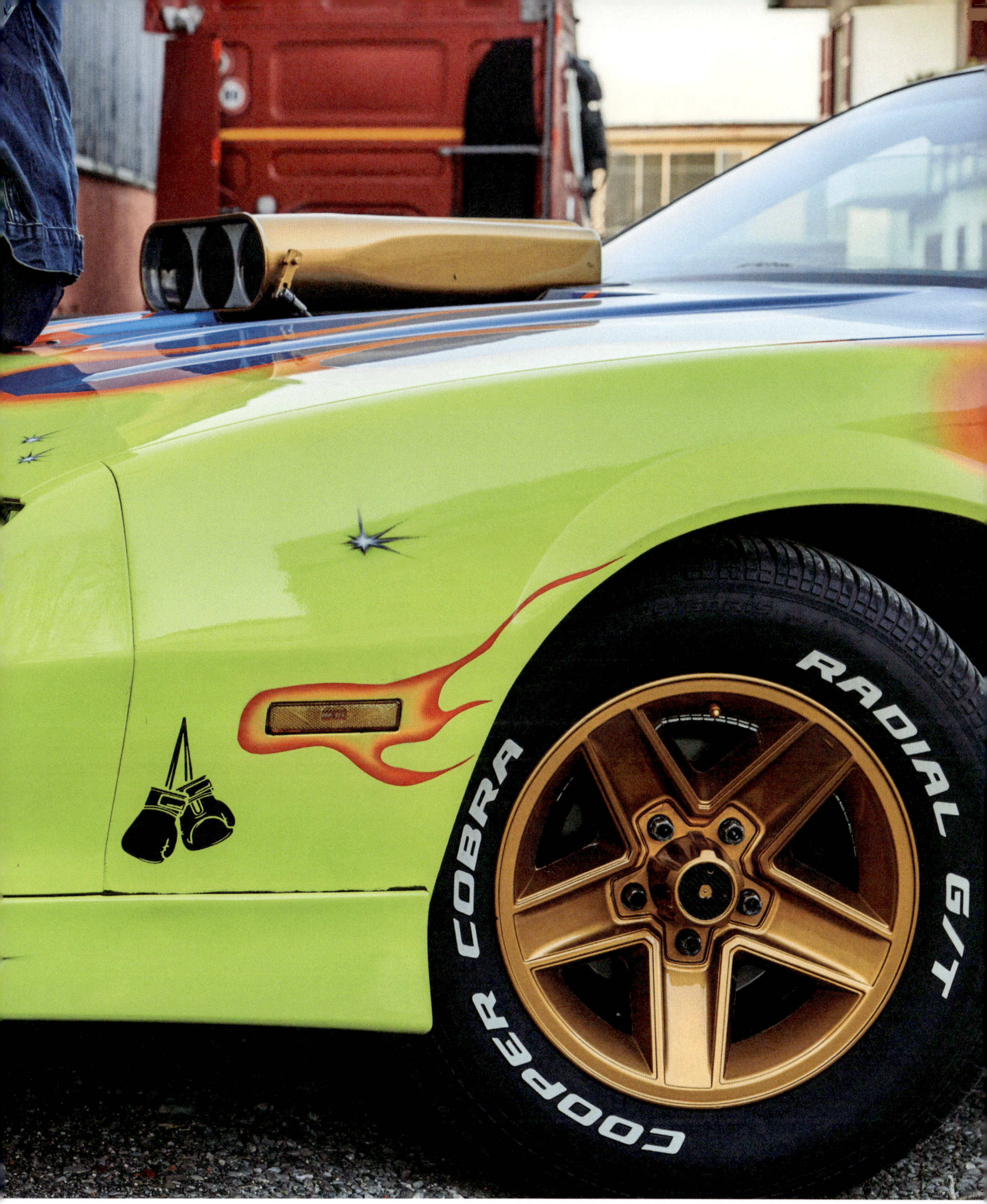
RADIAL G/T
COOPER COBRA

GEL-LYTE III – ASICS

Das 1949 vom japanischen Unternehmer Kihachiro Onitsuka gegründete Unternehmen, das später als ASICS bekannt wurde, entwickelte sich zu einem führenden Akteur in der Sneaker-Branche. Die ursprünglich auf Basketballschuhe spezialisierte Marke diversifizierte ihre Produktpalette in den 1950er-, 1960er- und 1970er-Jahren schnell. Sein Name ist ein Akronym, abgeleitet von der lateinischen Redewendung „Anima Sana In Corpore Sano“ („ein gesunder Geist in einem gesunden Körper“).

Auch nach der Trennung von der Marke Onitsuka Tiger behielt ASICS sein unerschütterliches Engagement für die Herstellung hochwertiger Sport-Performance-Sneakers bei, was durch die Unterstützung renommierter Athleten wie Olympiasieger Abebe Bikila, Kenji Kimihara und Derek Crayton belegt wird. Im Laufe der Zeit war ASICS führend in der Schuhtechnologie und führte 1986 bahnbrechende Fortschritte wie die Gel-Dämpfung ein, die sowohl die sportliche Leistung als auch den Alltagskomfort revolutionierten.

Im Jahr 1990 gründete ASICS das ASICS R&D Center in Kobe, Japan, um Forschung zu betreiben und mit Sportlern und Trainern zusammenzuarbeiten. Im selben Jahr entwarf Shigeyuki Mitsui den Gel-Lyte III mit dem Ziel, einen leistungsstarken, funktionalen und stilvollen Schuh zu schaffen, der das Engagement von ASICS für Innovation verkörpert. Trotz anfänglicher Hürden bei der Herstellung führte diese Integration zu einer verbesserten Dämpfung und Unterstützung, und die Einbeziehung der ikonischen geteilten Zunge verbesserte Komfort und Passform. Der Industriedesigner Toshikazu Kayano verhalf ASICS mit ikonischen Modellen wie dem Gel-Saga und dem Gel-Spotlyte zu mehr Erfolg und unterstützte die Expansion der Marke auf dem US-Markt, insbesondere im Basketball. Darüber hinaus stärkten Partnerschaften mit Designern und Influencern, wie beispielsweise die Zusammenarbeit mit Patta im Jahr 2007, die Präsenz der Marke in der Streetwear- und Sneaker-Kultur und vereinten urbanen Charakter mit japanischem Design zu einer wirklich einzigartigen Ästhetik.

OBERMATERIAL AUS SCHICHTLEDER UND MESH

SCHNÜRVERSCHLUSS

GEL-TECHNOLOGIE-DÄMPFUNG

GUMMI-AUSSENSOHLE

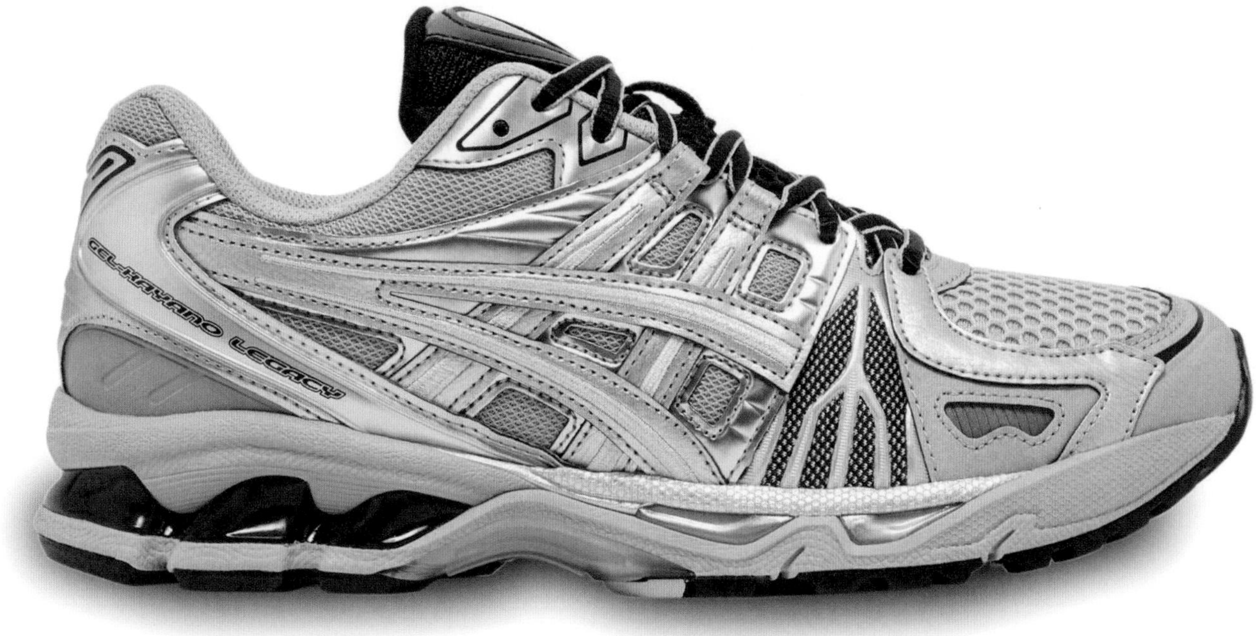

Das 2004 gegründete Patta ist eine Idee von Edson Sabajo und Guillaume „Gee“ Schmidt. Die in den Niederlanden geborene und von Schwarzen geführte Streetwear-Marke wird weltweit für ihre mühelos coole DNA, kreative Collabs und bedeutungsvolle, von der Community getragene gesellschaftliche Veranstaltungen geschätzt. Das Wort „Patta“ leitet sich vom surinamischen Slang für „Schuhe“ ab und ist eine Hommage an das kulturelle Erbe der Gründer. Bevor sie ihr erstes Geschäft eröffneten, spielten Sabajo – ein DJ – und Schmidt – ein MC – eine entscheidende Rolle in der niederländischen Hip-Hop- und Nachtlebenszene der späten 90er- und frühen 2000er-Jahre. Ihre Einflüsse und kulturellen Hintergründe haben zur Gründung einer Marke geführt, die ihre Leidenschaften zum Ausdruck bringt: gute Musik und Sneakers. Die gemeinsame Leidenschaft des Duos für die Jagd auf Schallplatten und coole Kicks auf ihren Reisen veranlasste sie, ihr erstes Geschäft in Amsterdam zu eröffnen. Schon bald stieg die Nachfrage sprunghaft an und Patta entwickelte sich zu der beliebten Marke, die wir heute kennen. „Each One, Teach One“ – das Motto im Mittelpunkt von The Next Wave, Pattas Collab mit Nike – spiegelt die Mentalität seiner Gründer wider, stets aufgeschlossen und bereit zu sein, etwas Neues zu lernen.

Patta

Patta wurde 2004 von Edson Sabajo und Guillaume „Gee“ Schmidt gegründet und ist eine Streetwear-Marke, welche die Vermischung zwischen Kulturen fördert und dabei stets die Gemeinschaft in den Mittelpunkt stellt.

GEL

GEL: SCHOCKABSORBIERENDE DÄMPFUNG MIT GEL™-TECHNOLOGIE

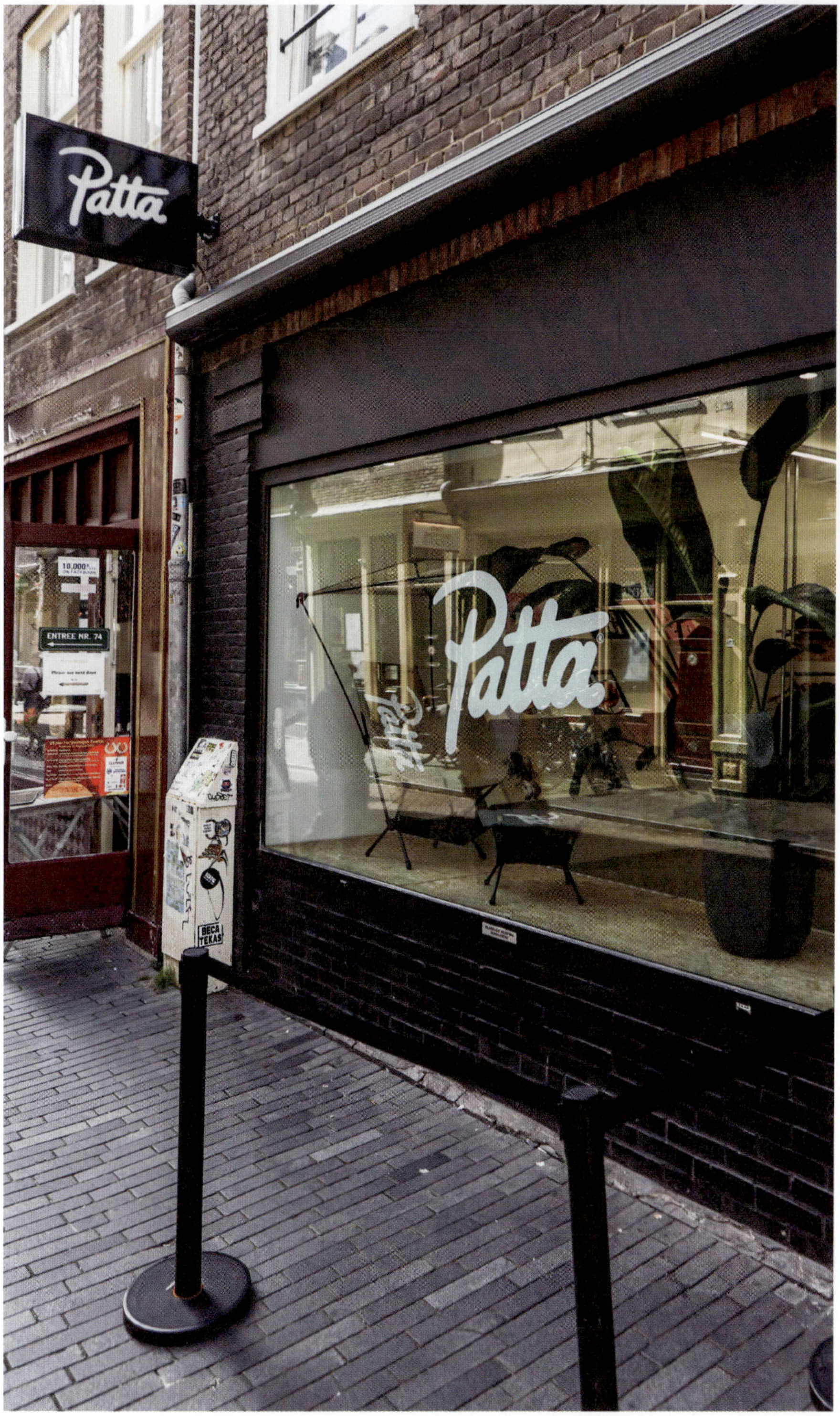

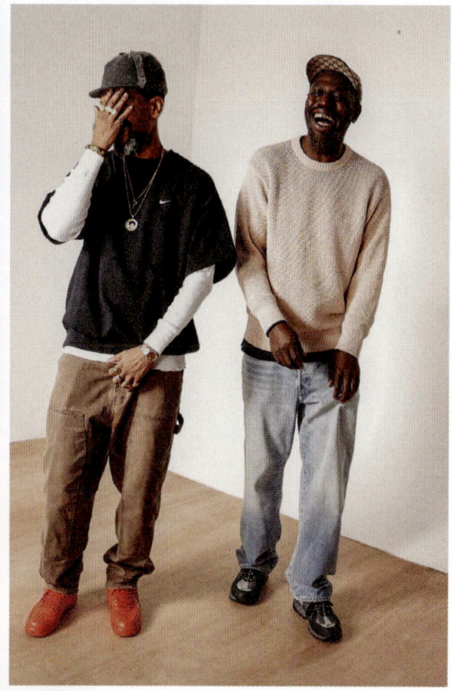

1. Der Patta-Store im Herzen Amsterdams ist zu einem Aufmerksamkeitszentrum geworden und bringt neuen Schwung in die niederländische Streetwear-Szene.
2. Edson Sabajo und Guillaume „Gee“ Schmidt, Pattas Gründer.

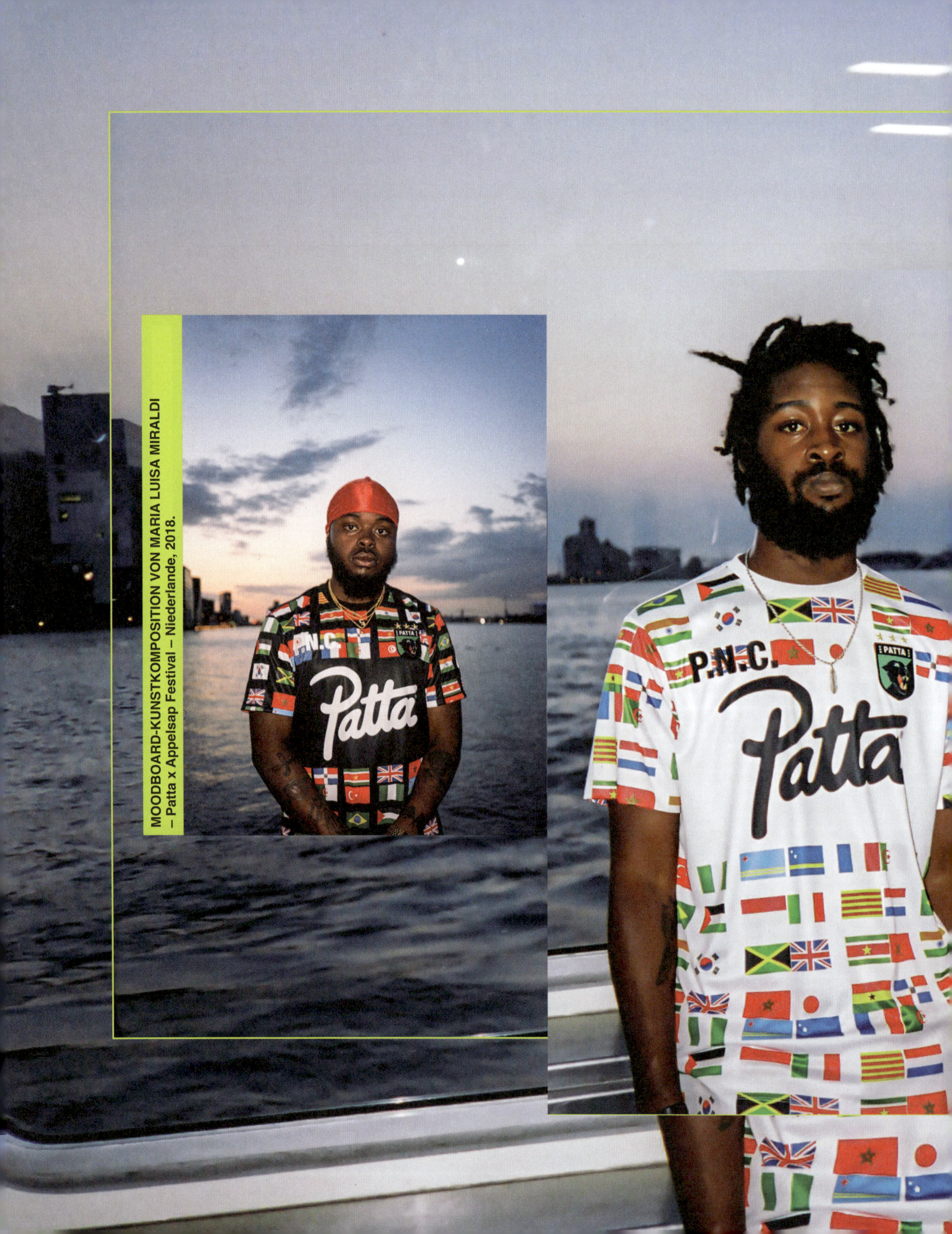

MOODBOARD-KUNSTKOMPOSITION VON MARIA LUISA MIRALDI
– Patta x Appelsap Festival – Niederlande, 2018.

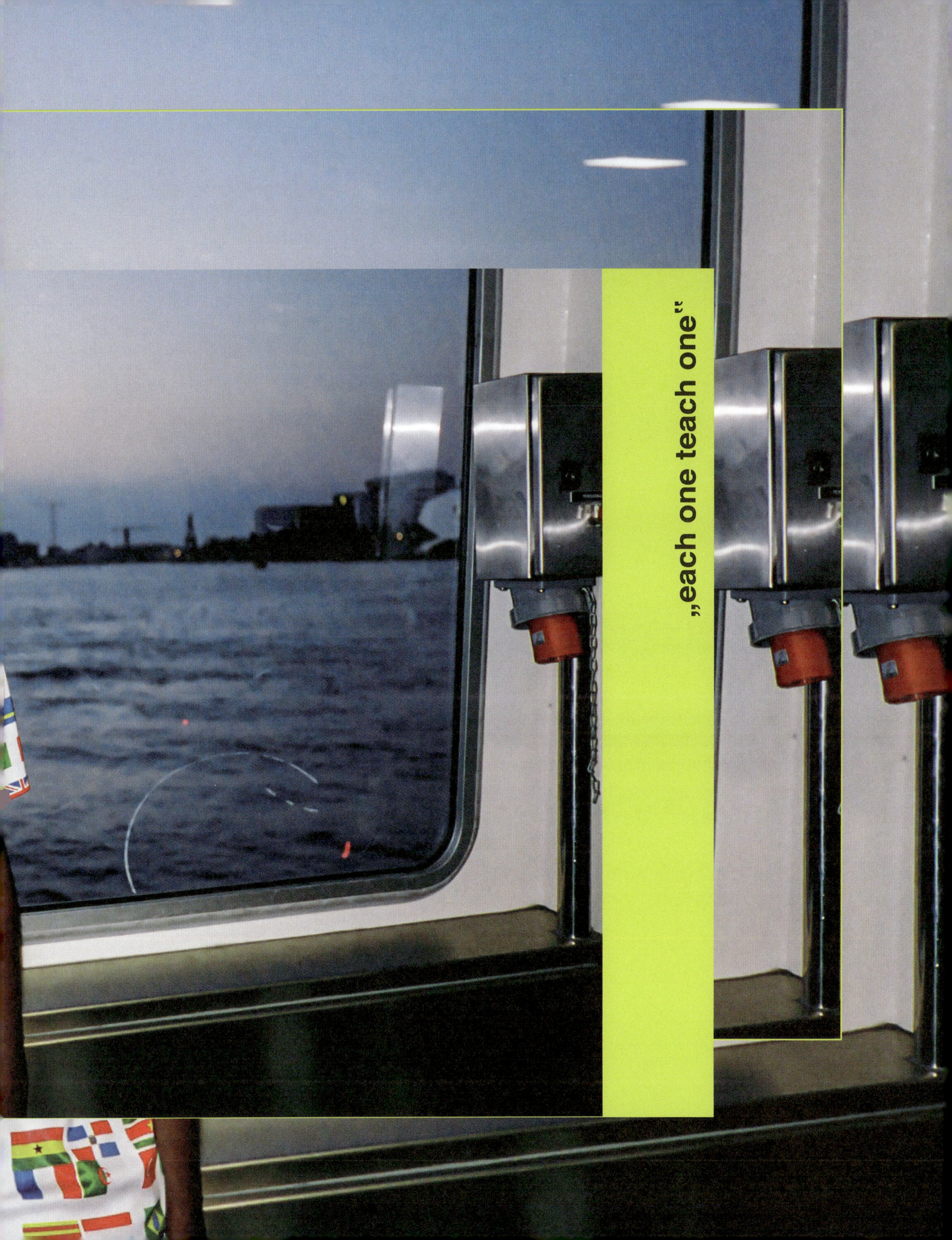
„each one teach one“

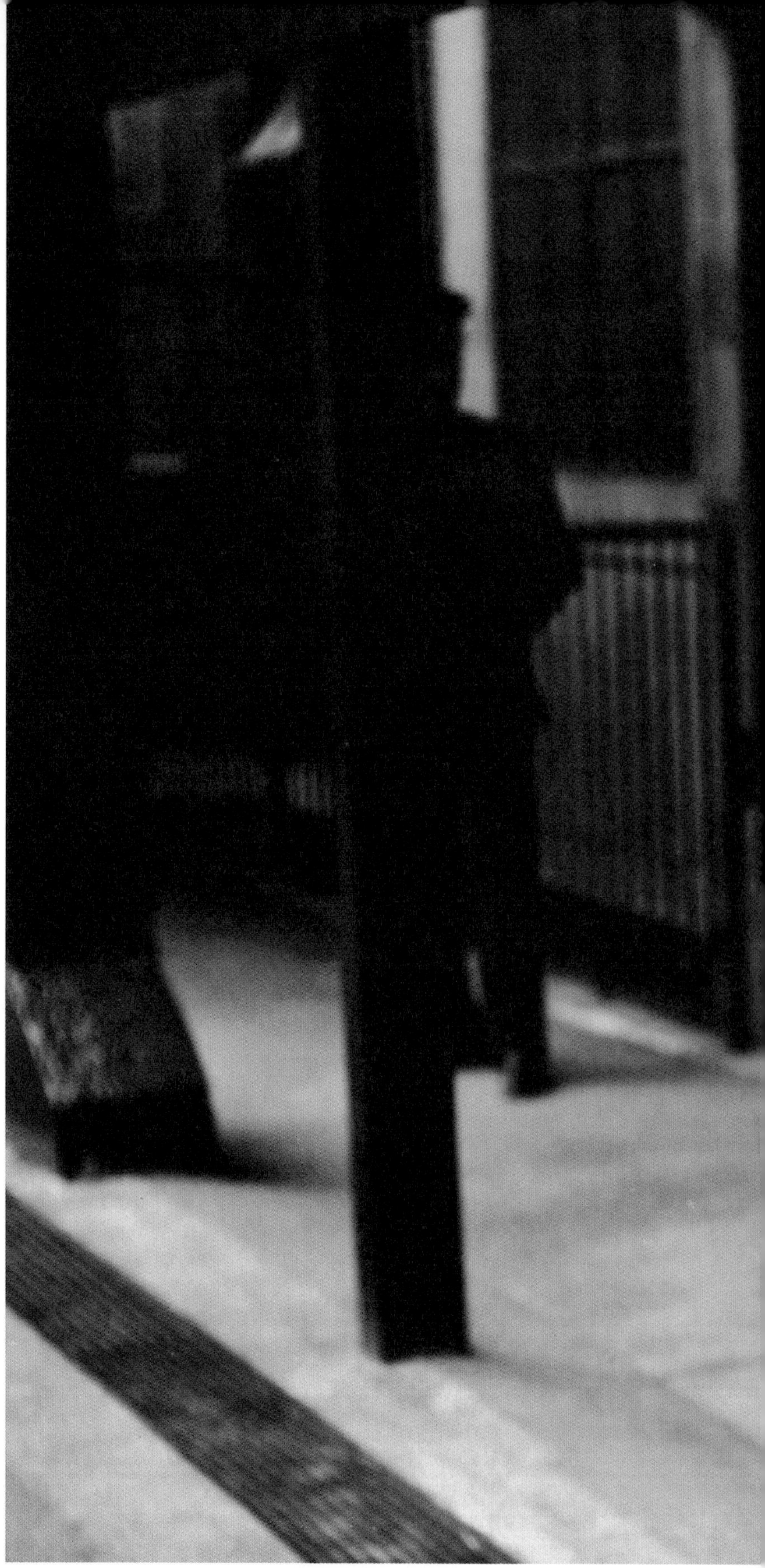

René Lacoste, All England Club, Wimbledon – London, 1927.

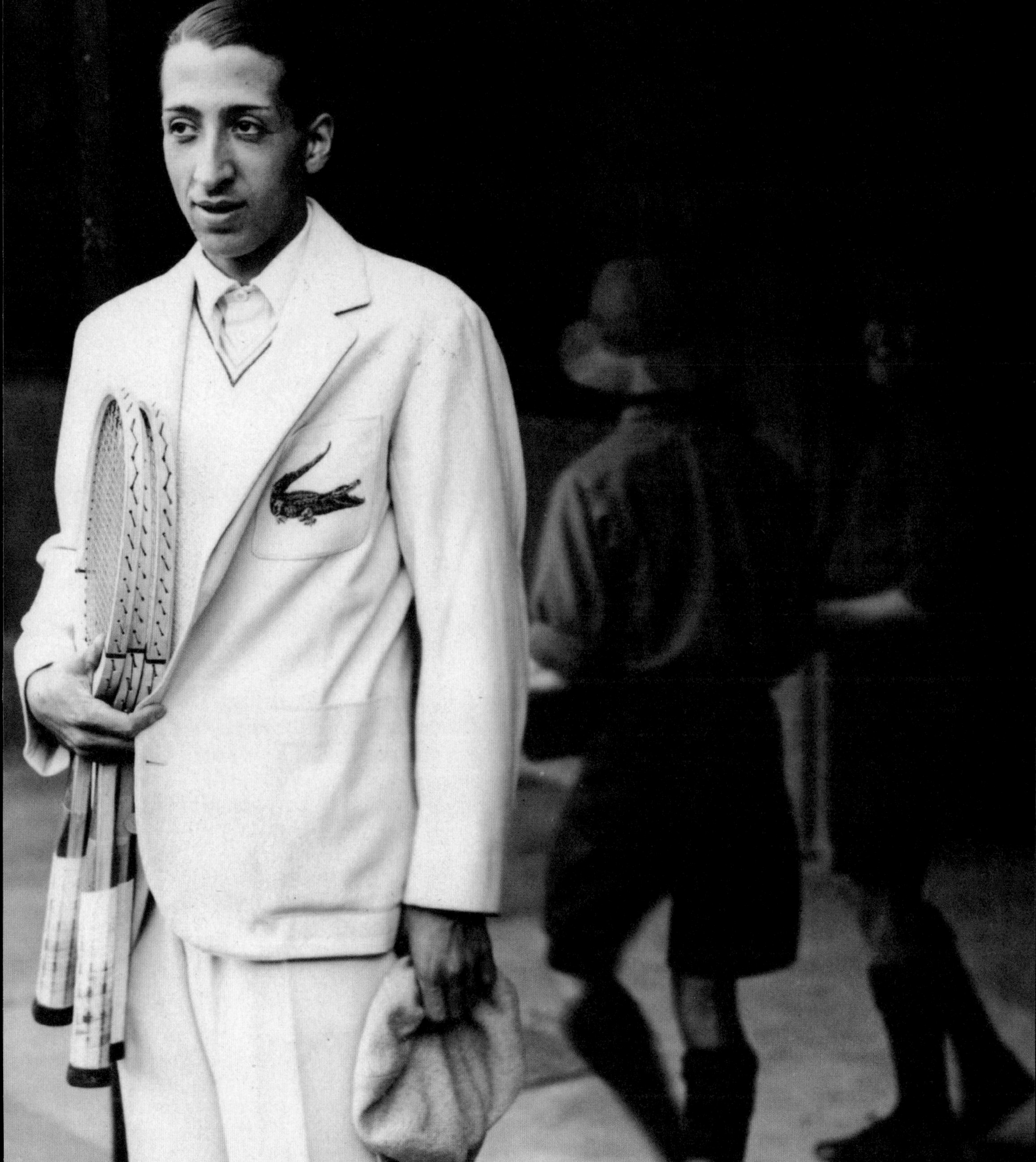

LEROND – LACOSTE

Lacoste ist eine Luxus-Sportmarke, die 1933 von René Lacoste – einem der „Vier Musketiere" des berühmten Tennisquartetts – und dem Unternehmer André Gillier gegründet wurde. Die Marke bietet eine Vielzahl von Produkten an, die sich durch ihr zeitloses grünes Krokodil-Logo auszeichnen, das in verschiedenen Formen angepasst und verwendet wird. Nachdem Lacoste eine Wette mit seinem Kapitän verloren hatte, in der dieser versprach, Lacoste einen Krokodilkoffer zu kaufen, wenn er sein nächstes Tennismatch gewinnen würde, nannte ihn die amerikanische Presse aufgrund seiner Hartnäckigkeit auf dem Platz und in Anspielung auf die gescheiterte Wette „das Krokodil". Als wahrer Visionär revolutionierte Lacoste die Geschichte der Tenniskleidung, indem er sich gegen die Tradition stellte und das erste leichte Poloshirt der Welt aus „Petit Piqué"-Baumwolle entwarf. In den 1950er-Jahren begann Lacoste, auf der ganzen Welt zu exportieren, und in den 1960er-Jahren erweiterte das Unternehmen seine Produktpalette und entdeckte die Welt der Accessoires und sogar der Parfums.

Der vielseitige Lerond Lacoste verkörpert den Geist der zeitlosen französischen Marke. Sein schlankes Design, das hochwertige Leder und die vulkanisierte Gummisohle machen ihn ideal für den Tennisplatz und die schlichte Eleganz für den Alltag. Seit den 1930er-Jahren hat sich Lacoste mit seinem Sportsgeist weiterentwickelt und seine Werte sowohl in seinen Kollektionen als auch in seinem Engagement für die Gesellschaft und die Nachhaltigkeit beibehalten. Das Unternehmen ist seit 1971 offizieller Sponsor von Roland-Garros und pflegt eine dauerhafte Partnerschaft mit dem Stadion, die bis in Lacostes Zeit als Spieler im Jahr 1927 zurückreicht. Im Jahr 1991 brachte die Marke zusammen mit dem Schuhhersteller Pentland ihre ersten Lacoste-Freizeitschuhe auf den Markt.

Um das Unternehmen über den Sport hinaus zu erweitern und Gemeinschaft zu fördern, gründete Lacoste 2006 die Lacoste Foundation, um die soziale und berufliche Integration von benachteiligten Jugendlichen und Menschen mit Behinderungen zu unterstützen. Lacoste ist durch Partnerschaften, Veranstaltungen und philanthropische Initiativen weiter gewachsen und spiegelt dabei stets seine unaufdringliche Raffinesse, Eleganz und Liebe zum Sport als Mittel zur Zusammenführung von Menschen wider.

OBERMATERIAL AUS LEDER UND SYNTHETIK

SCHNÜRVERSCHLUSS

KUNSTSTRICK MIT FERSENKISSENEINSATZ

GUMMI-AUSSENSOHLE

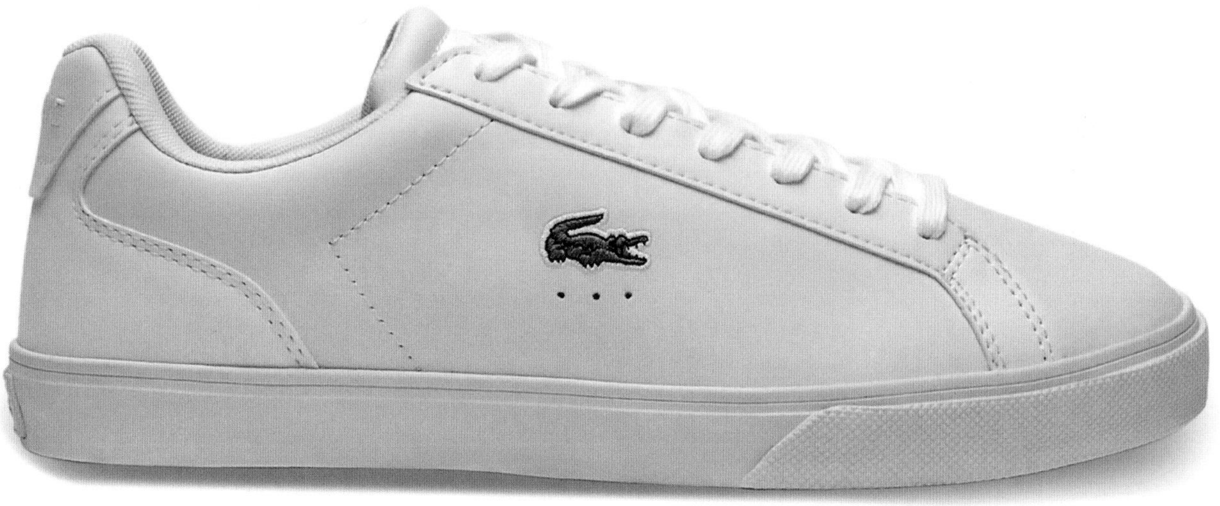

Im jungen Alter von achtzehn Jahren brach René Lacoste, ein begabter Schüler, sein Studium an einer renommierten polytechnischen Schule ab, um seiner Sport-Leidenschaft und eine Karriere im Tennis zu verfolgen. Mit bemerkenswertem Können wurde er 1927 schnell zum besten Spieler der Welt und konnte sich mit sieben Grand-Slam-Titeln rühmen. Lacoste wurde für seine Hartnäckigkeit auf dem Platz anerkannt und geschätzt und erhielt 1923 den Spitznamen „das Krokodil“. Er nahm den gegebenen Spitznamen an, ließ ein Krokodilemblem auf seine Jacken nähen. Eine Ikone war geboren.
1930 heiratete René Lacoste die Golfmeisterin Simone Thion de la Chaume, die sich in einem von Männern dominierten Sport über Geschlechternormen hinwegsetzte und auch die Marke ihres Mannes beeinflusste. Gemeinsam verkörperten sie die Werte Exzellenz, Bescheidenheit, Leidenschaft und Fairplay, die sie ihrer Familie vermittelten und an ihre Tochter Catherine Lacoste weitergaben, die 1967 Weltmeisterin im Mannschaftsgolf war.

„Erfinder! Wenn ich auf meiner Visitenkarte einen Beruf vermerken müsste, würde ich diesen schreiben. Ich habe mein ganzes Leben lang erfunden.“ **– René Lacoste**

J. R. Lacoste

Jean René Lacoste (2. Juli 1904 – 12. Oktober 1996) war ein französischer Tennisspieler und Unternehmer, der als „das Krokodil“ bekannt war. Als visionärer Freidenker widersetzte er sich den Regeln, um sein Leben lang Innovationen und Erfindungen zu schaffen.

LCS

1. René Lacoste gegen Umberto De Morpurgo, Wimbledon Championships – 1928.
2. Alte Lacoste-Werbekampagne.

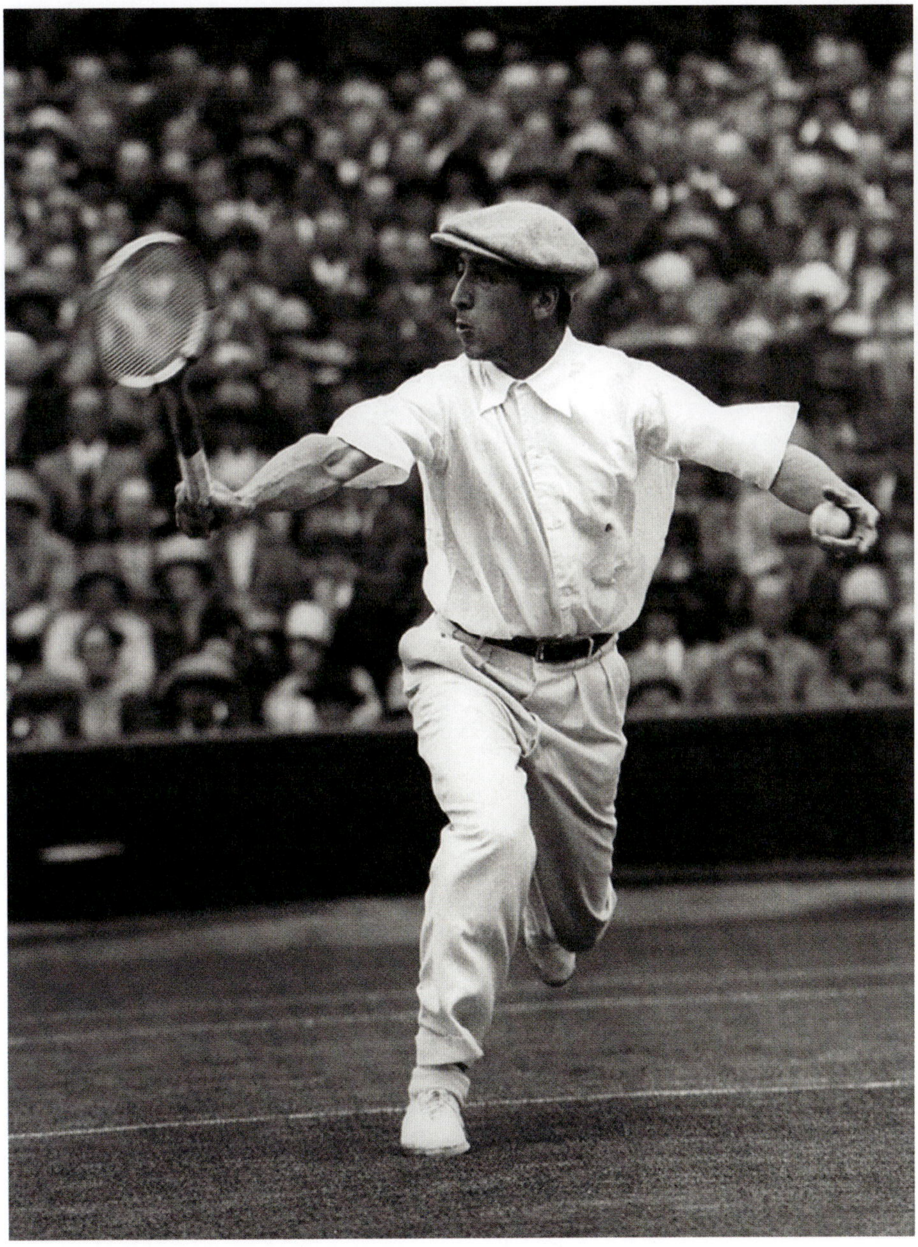

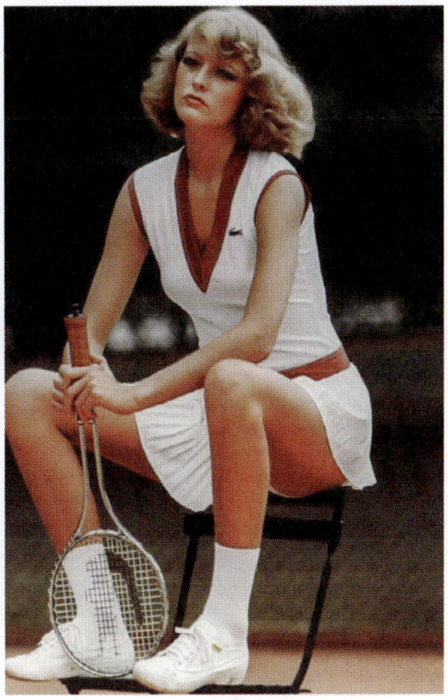

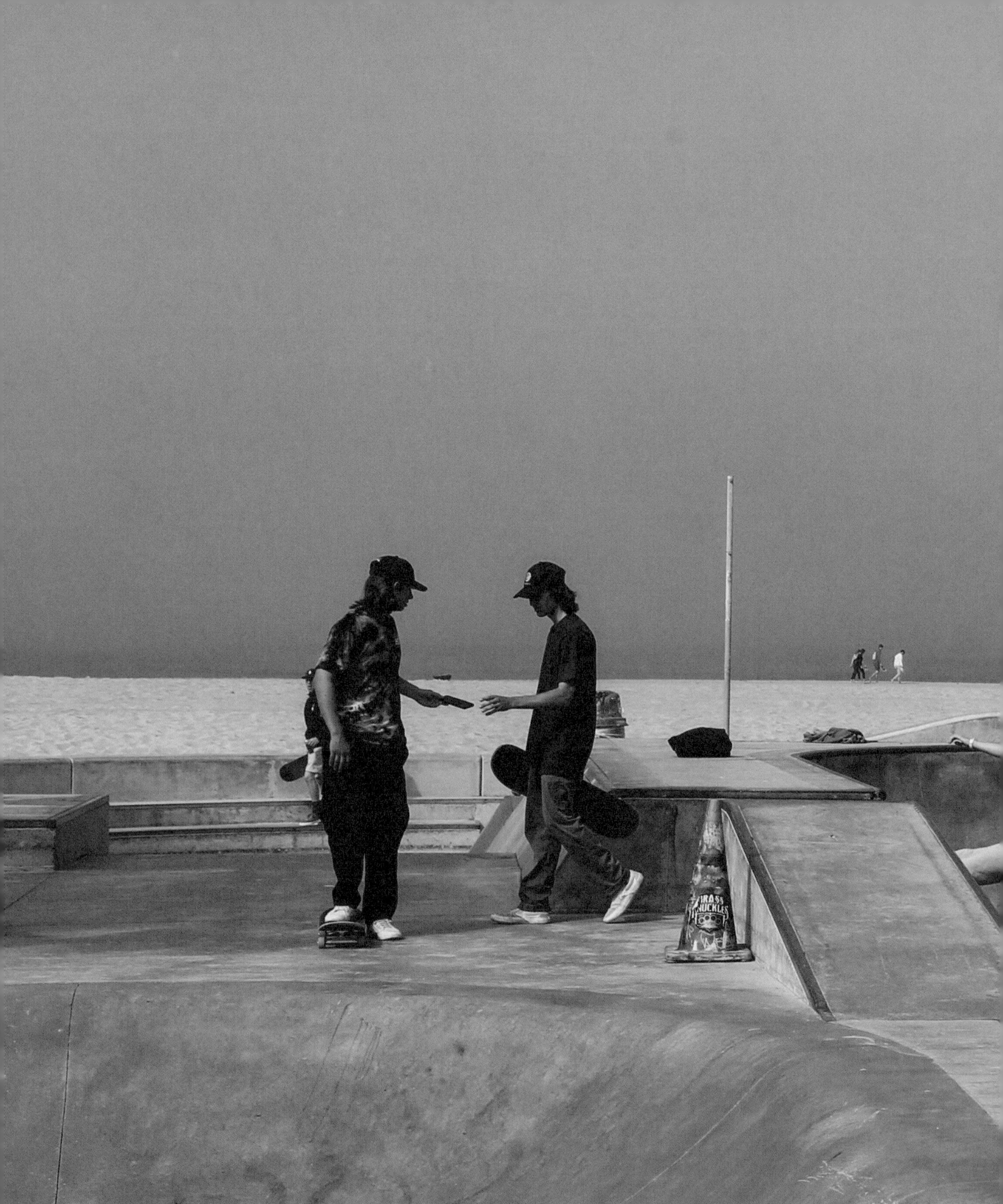

Skatepark, Venice Beach.

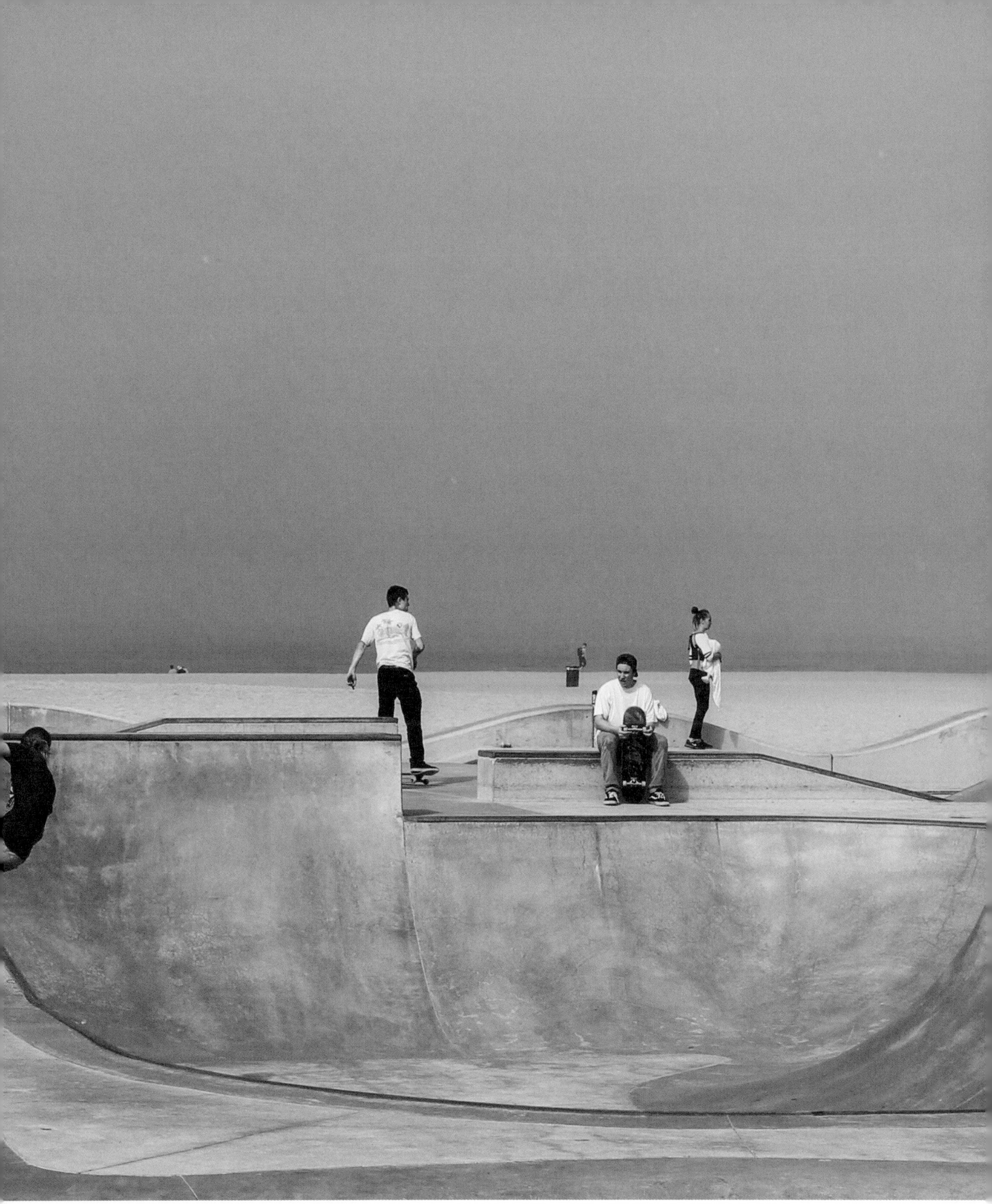

MANTECA - DC

Das 1994 in Carlsbad, Kalifornien, gegründete Unternehmen DC – ursprünglich bekannt als Droors Clothing – wurde von Damon Way, Ken Block und Clayton Blehm mit dem Ziel gegründet, qualitativ hochwertige Schuhe, die auf die sportlichen Bedürfnisse von Fahrern weltweit angepasst sind, anzubieten. Die Vielfalt der Marke, die für ihre Performance-Schuhe für Skateboarding und extreme Action-Sportarten wie Surfen, Snowboarden, BMX, Motocross, Rallye und Wellenreiten bekannt wurde, hat sich in den letzten Jahren deutlich erhöht.

Der Manteca von DC wurde in den frühen 2000er-Jahren aufgrund seiner bemerkenswerten Eigenschaften berühmt: ein gepolsterter Bund und eine gepolsterte Lasche, die Impact-G-Technologie der Cupsohle für Aufprallschutz, ein strapazierfähiges Obermaterial aus Wildleder und eine harte Gummilauffläche mit dem für DC charakteristischen „Pill-Muster“ für verbesserte Griffigkeit und Abriebfestigkeit. Diese Eigenschaften machten ihn zu einer idealen Wahl für Skateboarding-Performance, und durch kontinuierliche Verbesserungen bleibt er aktuell.

Der Erfolg von DC ist auf seine qualitativ hochwertigen Produkte und seine Plattform zur Präsentation von Extremsportleistungen zurückzuführen. Ein Beispiel dafür ist das 2003 erschienene *The DC Video*, in dem die gesponserten Skater Danny Way, Rob Dyrdek, Josh Kalis, Colin McKay, Anthony Van Engelen, Brian Wenning und Stevie Williams zu sehen sind. Mit der Betonung auf Gemeinschaft und Kultur behauptet DC, dass die Neudefinition seiner selbst bei den Menschen beginnt. Die Marke setzt sich für Umweltbewusstsein ein und betrachtet ihre Produkte als Fortschrittssymbole, die umweltfreundliche Botschaften verbreiten, um positiven Wandel zu fördern.

OBERMATERIAL AUS SUPER-WILDLEDER

SCHNÜRVERSCHLUSS

SCHAUMSTOFFGEPOLSTERTER KRAGEN UND ZUNGE

STOSSDÄMPFENDE EINLEGESOHLE I SUPER-GUMMI-AUSSENSOHLE

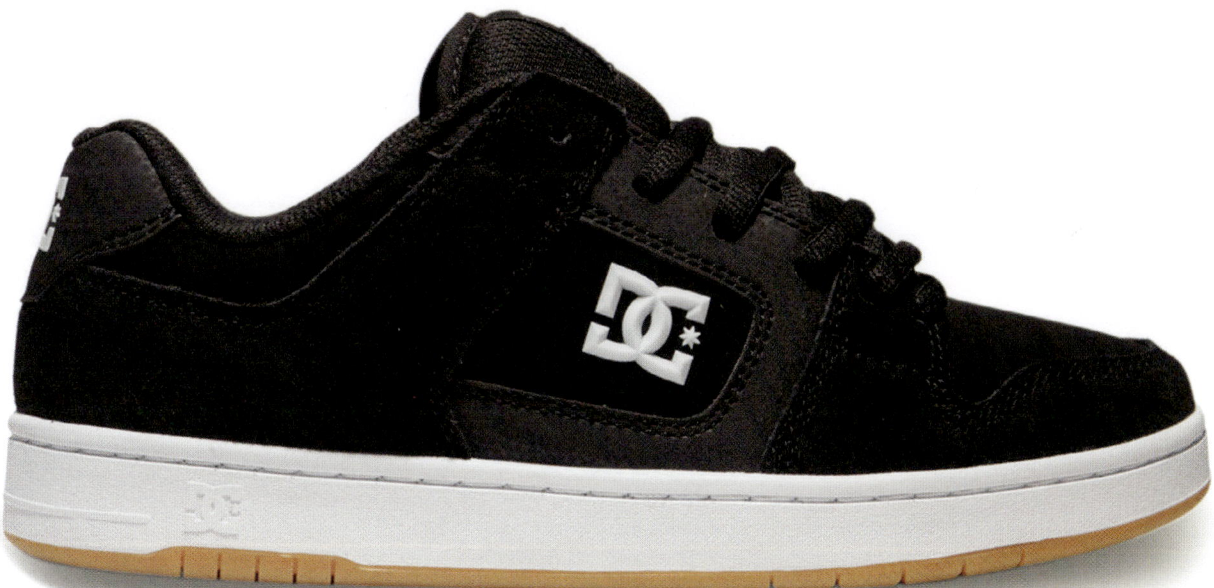

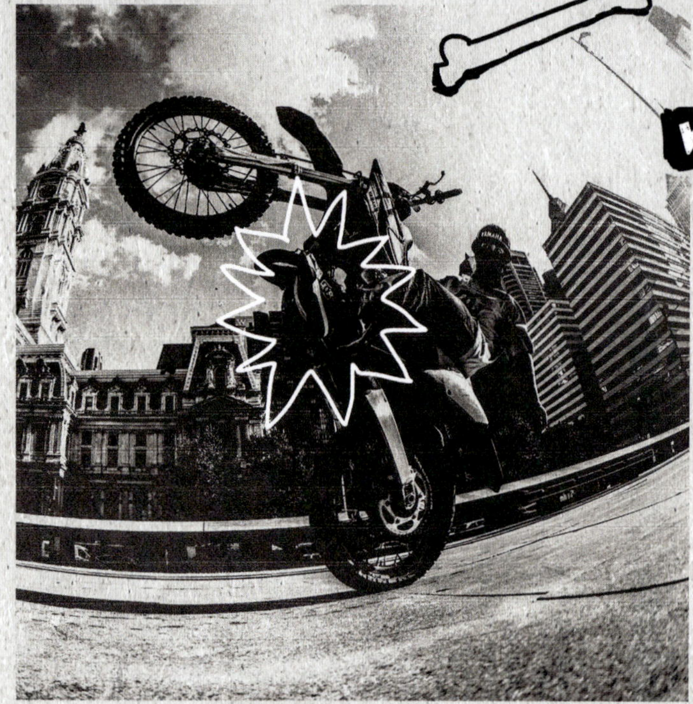

WHEELIE

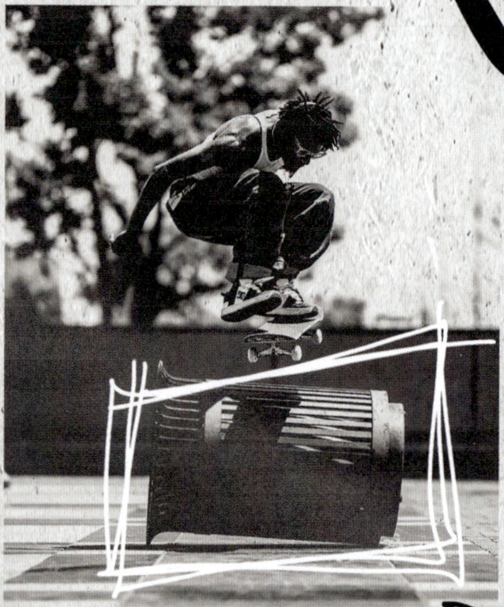

MOODBOARD-KUNSTKOMPOSITION VON MARIA LUISA MIRALDI & LORENZO CREMONA – DC, ein Synonym für „Gleichstrom“, treibt deine Geschichte mit Stil und Persönlichkeit über ihre Grenzen hinaus.

Mood

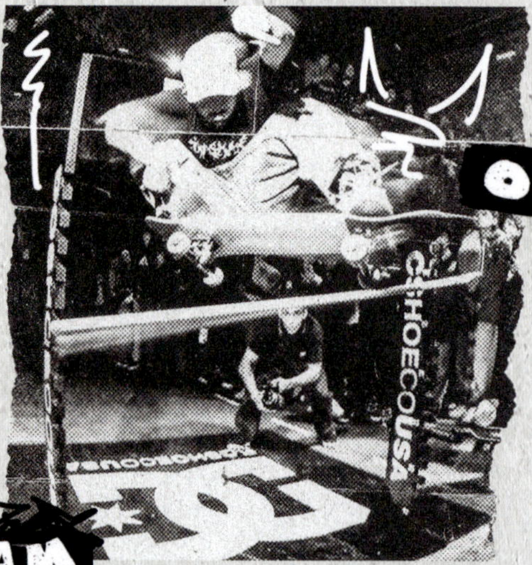

OLLIE

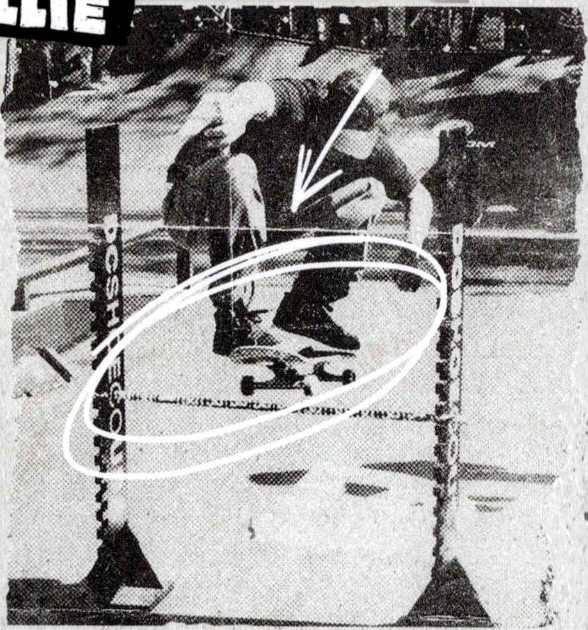

DEMO TEAM

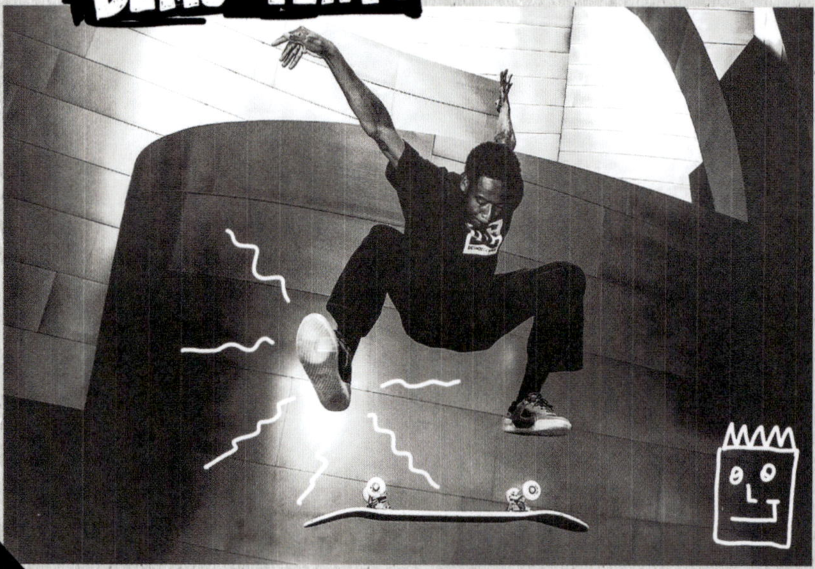

Kickflip

"SK8"

"SKTP"

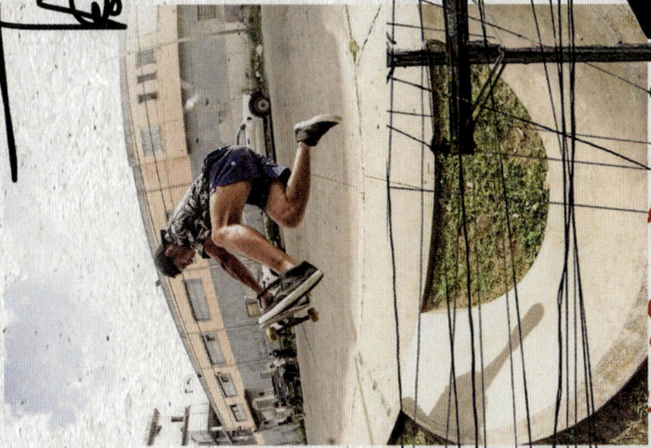

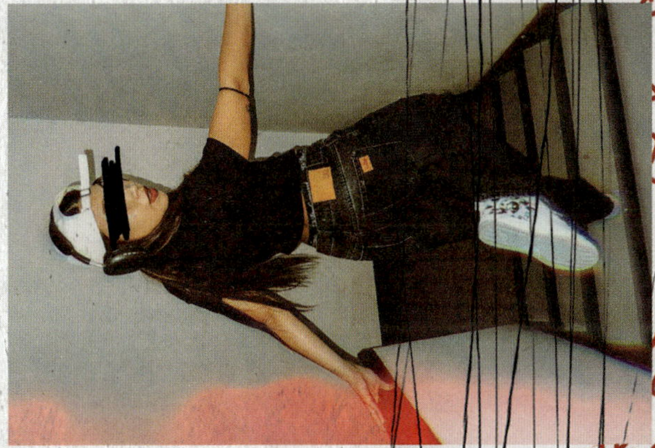

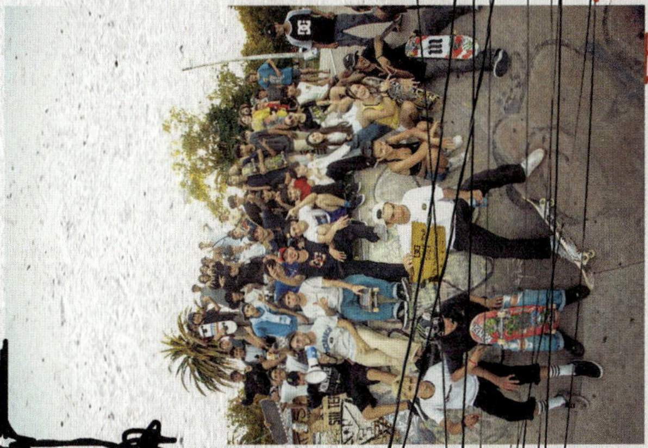

we started doing the DC video,
ew it would be the biggest in
y, and I knew that my
boarding would not
t people as strongly as
. So I came up with
bodyguard idea! You
how skaters are always
g kicked out of spots.
hen we started traveling
touring together."

-Rob Dyrdeck

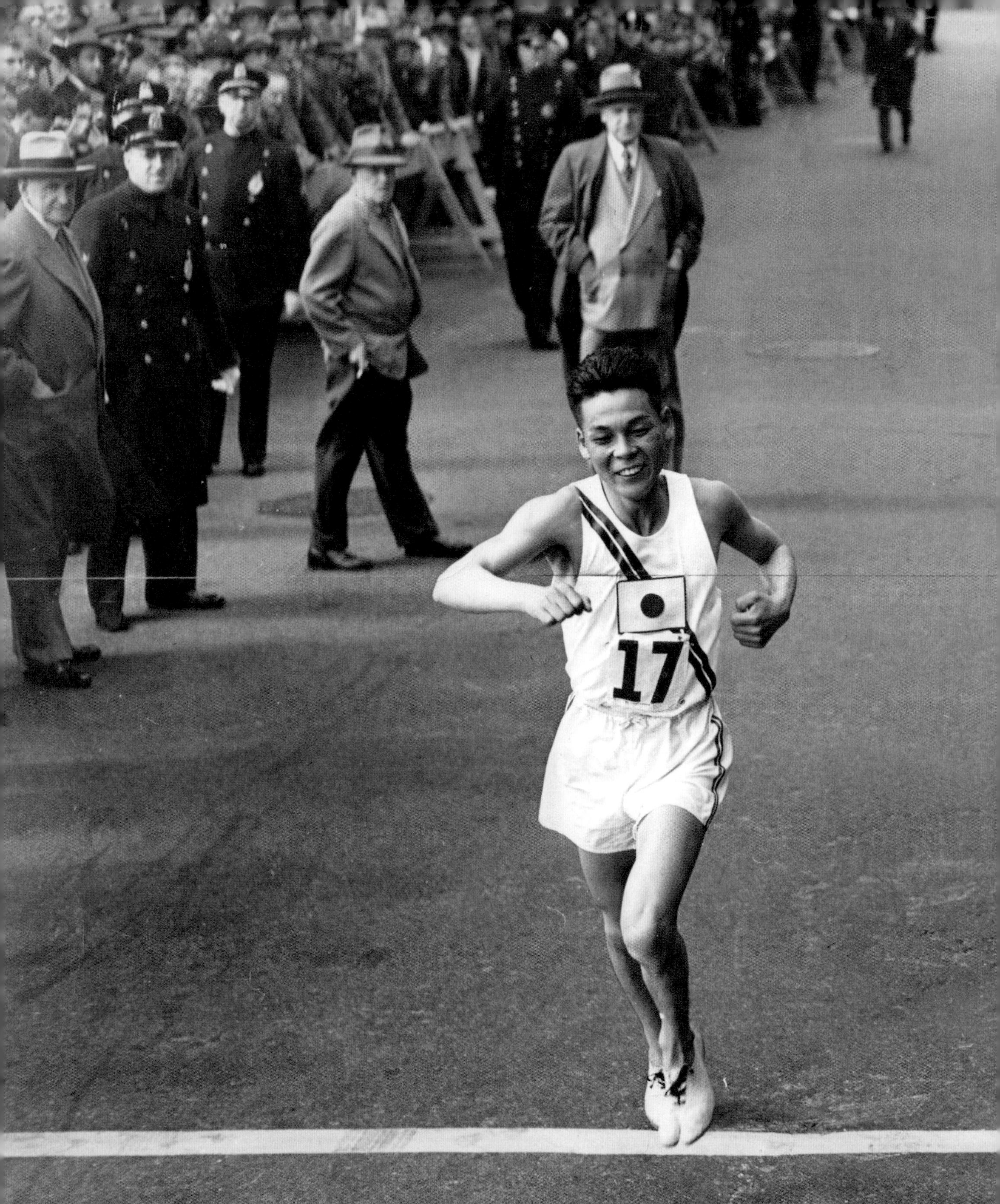

Shigeki Tanaka, Boston-Marathon – 1951.

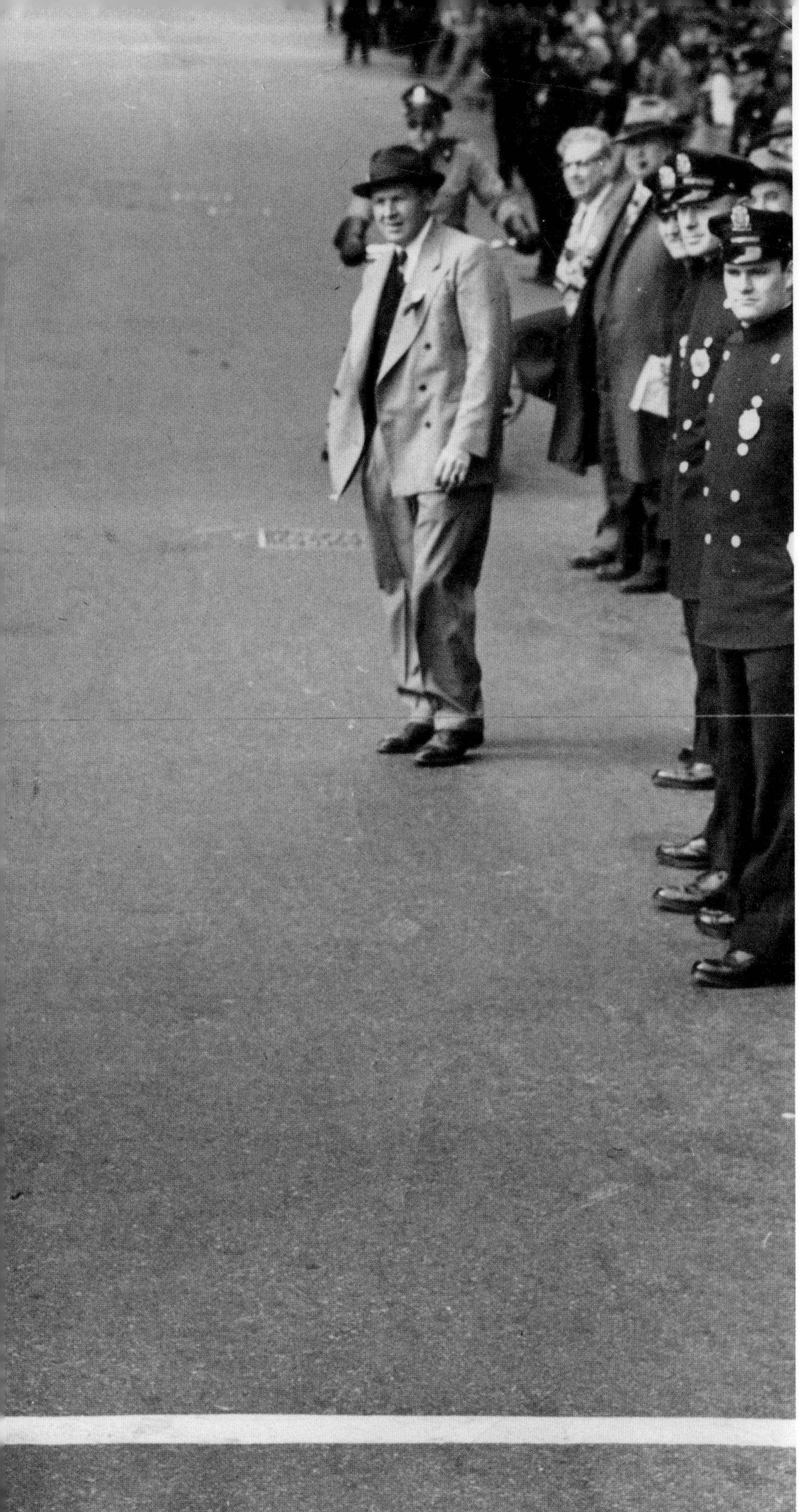

MEXICO 66 – ONITSUKA TIGER

Onitsuka Tiger, bekannt als das „lebende Fossil" der japanischen Sportschuhe, wurde 1949 von Kihachiro Onitsuka gegründet. Der Schuh verkörpert japanische Handwerkskunst und Innovation, welche durch die ikonischen Tigerstreifen, ein Symbol für Sieg und Widerstandsfähigkeit, symbolisiert werden. Der Gründer ließ sich von den Saugnäpfen eines Tintenfisches inspirieren, um die Technologie in der Sohle seines ersten Basketballschuhs zu verbessern, der 1951 unter dem Namen OK Basketball Shoe auf den Markt kam.

1951 gewann Shigeki Tanaka den Boston-Marathon in Onitsuka-Laufschuhen im Tabi-Stil, wodurch der Ruf der Marke rasant stieg. Die Onitsuka Tiger wurden 1956 zum offiziellen Schuhwerk der japanischen Basketball-Olympiamannschaft, und 1966 dominierten sie die großen internationalen Wettkämpfe, nachdem Abebe Bikila, der als „barfuß laufender Äthiopier" bekannt wurde, 1961 den Mainichi-Marathon mit seinem ersten Paar Schuhe, den Onitsuka Tiger Marups, gewonnen hatte.

Das ausländische Interesse an den Onitsuka Tiger führte dazu, dass Phil Knight Blue Ribbon Sports (später Nike) mitgründete, um die Marke exklusiv in Amerika zu vertreiben. Im Jahr 1966 debütierten die berühmten Tiger Stripes auf dem Onitsuka Tiger, der zum offiziellen Schuhwerk der japanischen Delegation bei den Olympischen Spielen 1968 in Mexiko-Stadt wurde. Dies markierte den Beginn der markenbezeichnenden Streifen, die zum Synonym für Onitsuka Tiger und später für ASICS-Schuhe wurden und eine Tigerkralle darstellen. Im Jahr 1977 fusionierte Onitsuka Tiger mit zwei Unternehmen und wurde schließlich zu ASICS.

Im Jahr 2001 wurde der Onitsuka Tiger offiziell in Mexico 66 umbenannt, nachdem er überarbeitet und neu aufgelegt worden war. Hierdurch sollte an die historische Ära, welche die japanische Marke berühmt gemacht hatte, erinnert werden. Die Tiger Stripes sind seitdem zum ikonischsten Muster der Marke geworden und werden auch heute noch verwendet.

OBERMATERIAL AUS LEDER UND WILDLEDER

SCHNÜRVERSCHLUSS

TEXTILFUTTER

ATMUNGSAKTIVE, GEPOLSTERTE INNENSOHLE I GUMMISOHLE

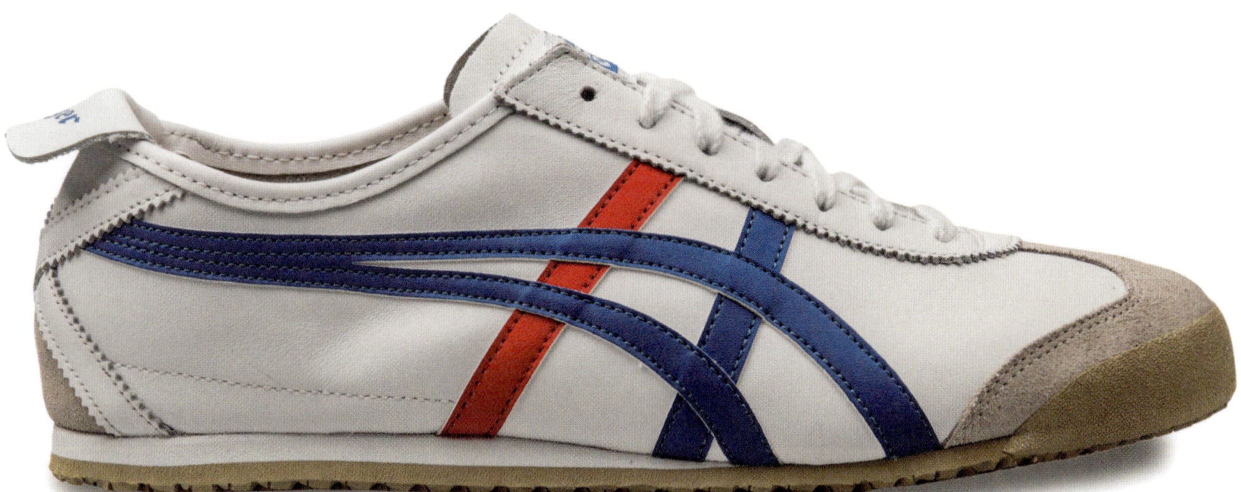

Der Mexico 66 erlangte noch mehr Popularität, als Bruce Lee ihn 1978 im Film *Mein letzter Kampf* trug. Obwohl sein rot-weiß-blaues Paar besonders während einer denkwürdigen Kampfszene gegen den NBA-Star Kareem Abdul-Jabbar zu sehen ist, trug Lee in dem Film außerdem ein gelb-schwarzes Paar.

In Quentin Tarantinos Film *Kill Bill Vol. 1* trug Uma Thurman – in Anspielung auf Bruce Lees Kung-Fu-Ästhetik in Mein letzter Kampf – ein Paar gelb-schwarze Mexico 66 und brachte damit die Onitsuka-Tiger-Symbolik in den Mainstream.

Kill Bill löste eine Revolution aus: Die Marketing-Meisterleistung ermöglichte die Eröffnung eigenständiger Onitsuka Tiger-Boutiquen in Japan, Hongkong, Paris, Berlin, London und Seoul.

Kill Bill Vol.1

Kill Bill Vol. 1 ist ein amerikanischer Martial-Arts-Film aus dem Jahr 2003, für den Quentin Tarantino das Drehbuch schrieb und Regie führte. Nachdem sie aus einem vierjährigen Koma erwacht, übt eine ehemalige Assassine in gelb-schwarzen Onitsuka Tiger Mexico 66s Rache.

TGR

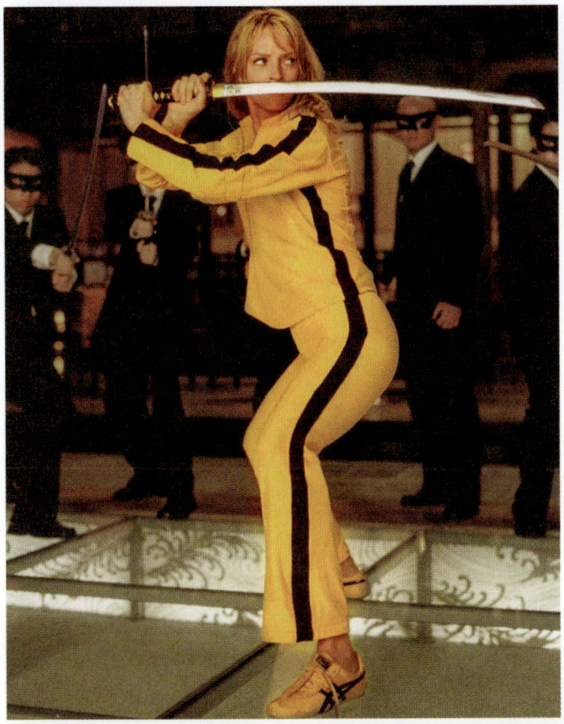

1. Uma Thurman in *Kill Bill: Volume 1*, Regie: Quentin Tarantino – 2003.
2. Bruce Lee in *Mein letzter Kampf*, unter der Regie von Robert Clouse – 1978.

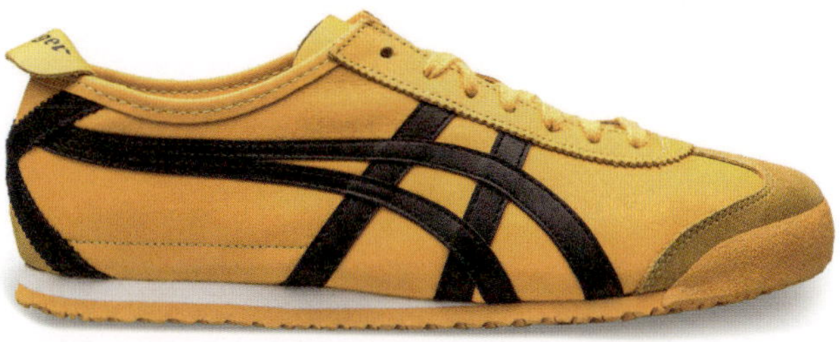

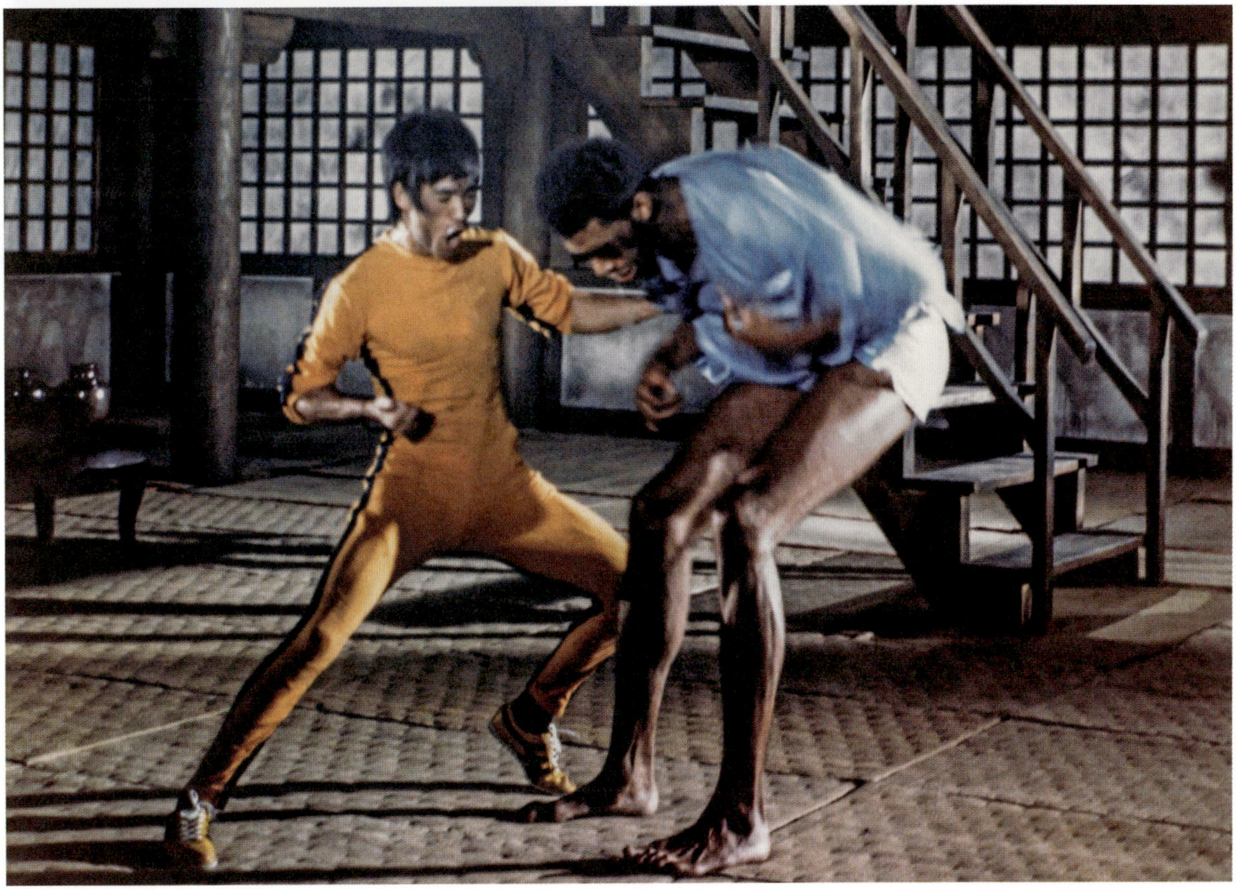

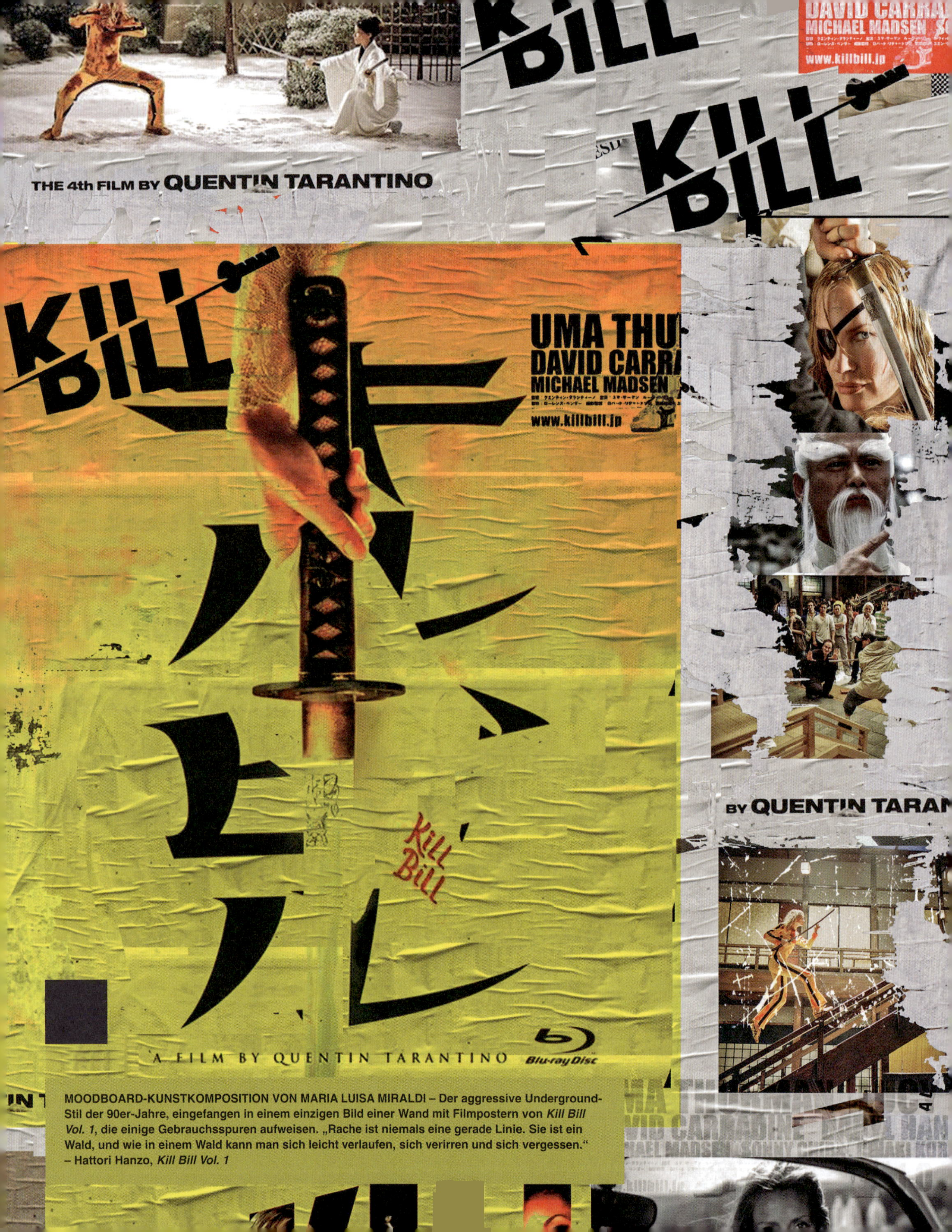

MOODBOARD-KUNSTKOMPOSITION VON MARIA LUISA MIRALDI – Der aggressive Underground-Stil der 90er-Jahre, eingefangen in einem einzigen Bild einer Wand mit Filmpostern von *Kill Bill Vol. 1*, die einige Gebrauchsspuren aufweisen. „Rache ist niemals eine gerade Linie. Sie ist ein Wald, und wie in einem Wald kann man sich leicht verlaufen, sich verirren und sich vergessen." – Hattori Hanzo, *Kill Bill Vol. 1*

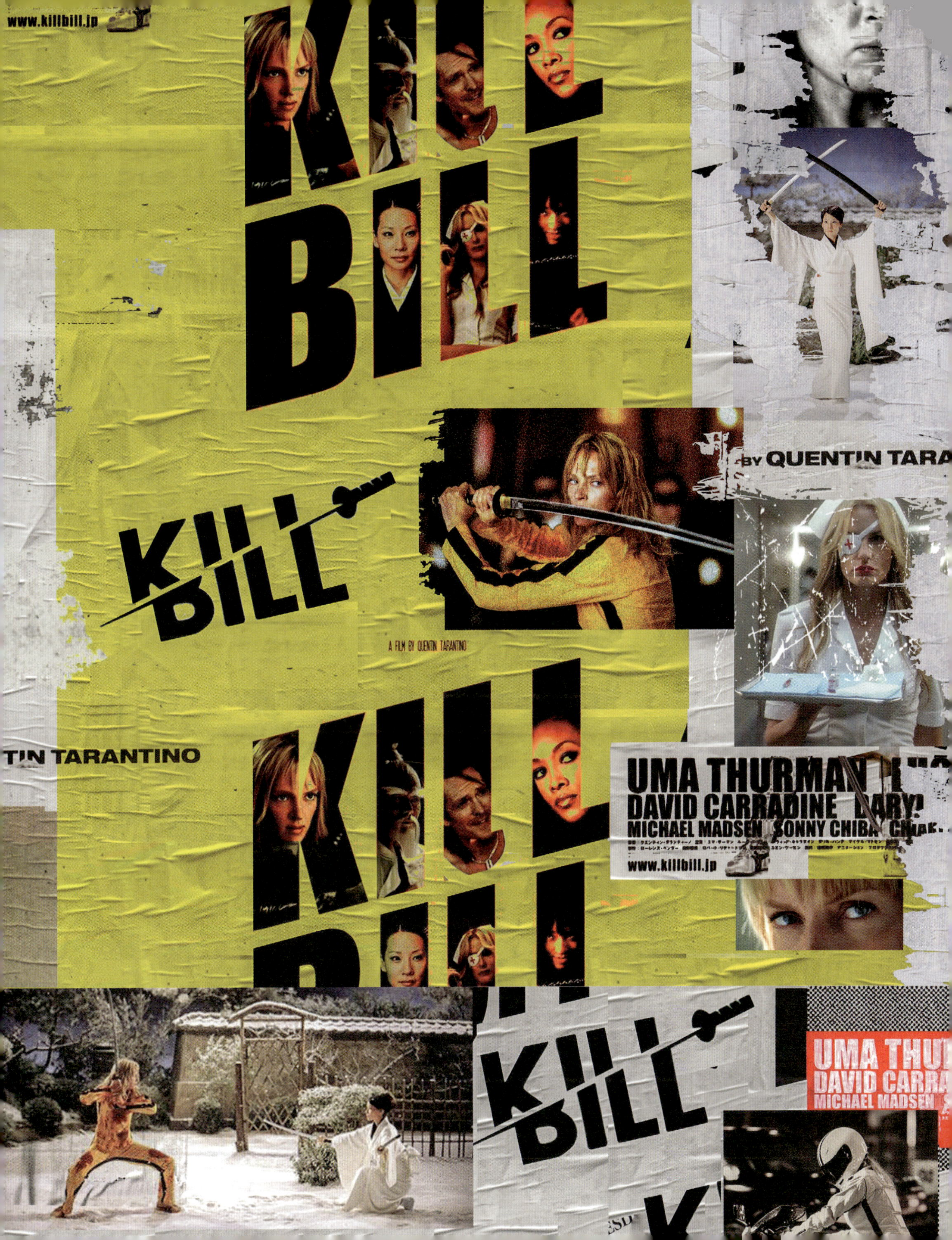
www.killbill.jp
KILL BILL
KILL BILL
BY QUENTIN TARA
A FILM BY QUENTIN TARANTINO
TIN TARANTINO
KILL
UMA THURMAN
DAVID CARRADINE
MICHAEL MADSEN SONNY CHIBA
www.killbill.jp
KILL BILL
UMA THU
DAVID CARRA
MICHAEL MADSEN

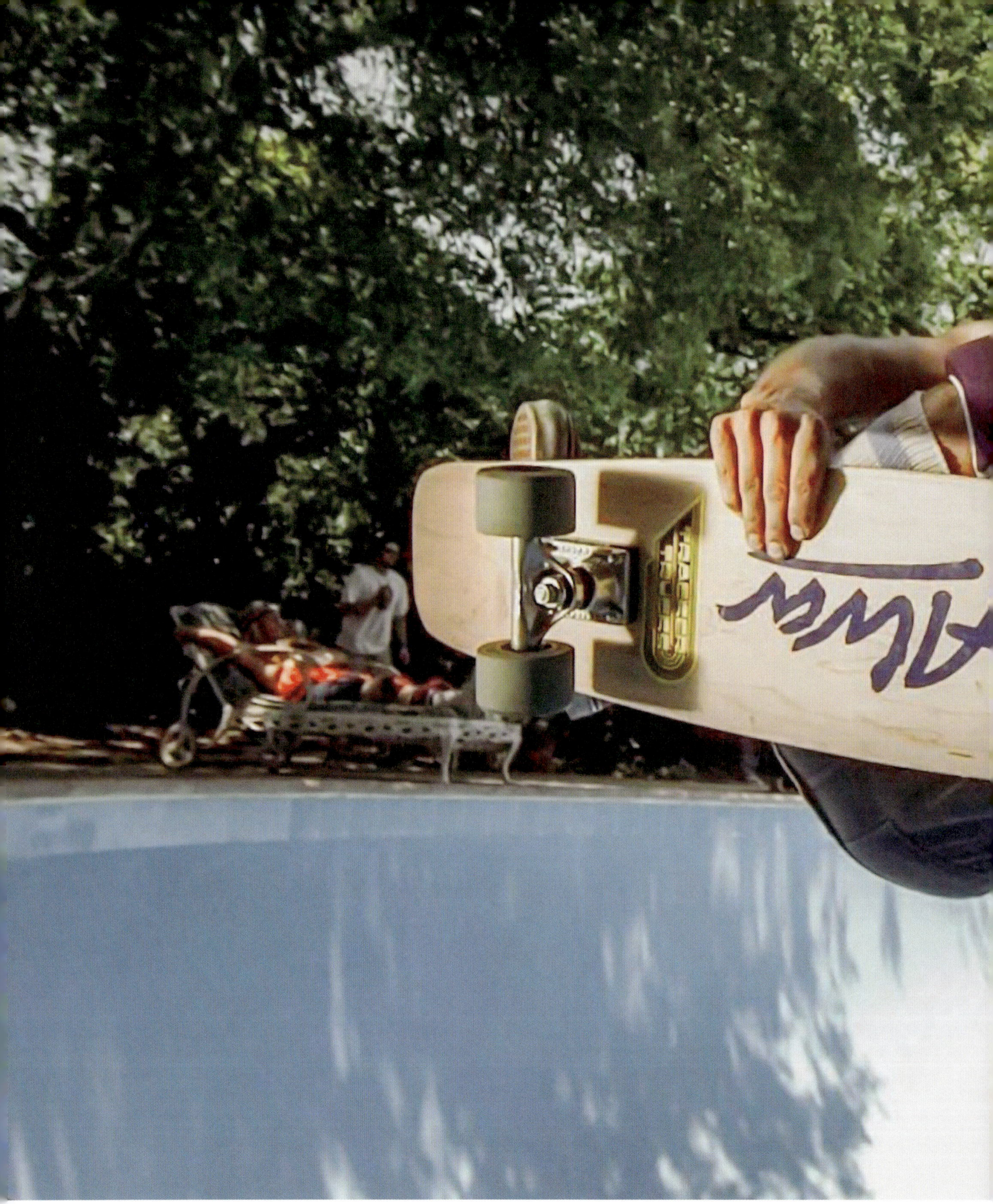

Victor Rasuk in *Dogtown Boys* – 2005.

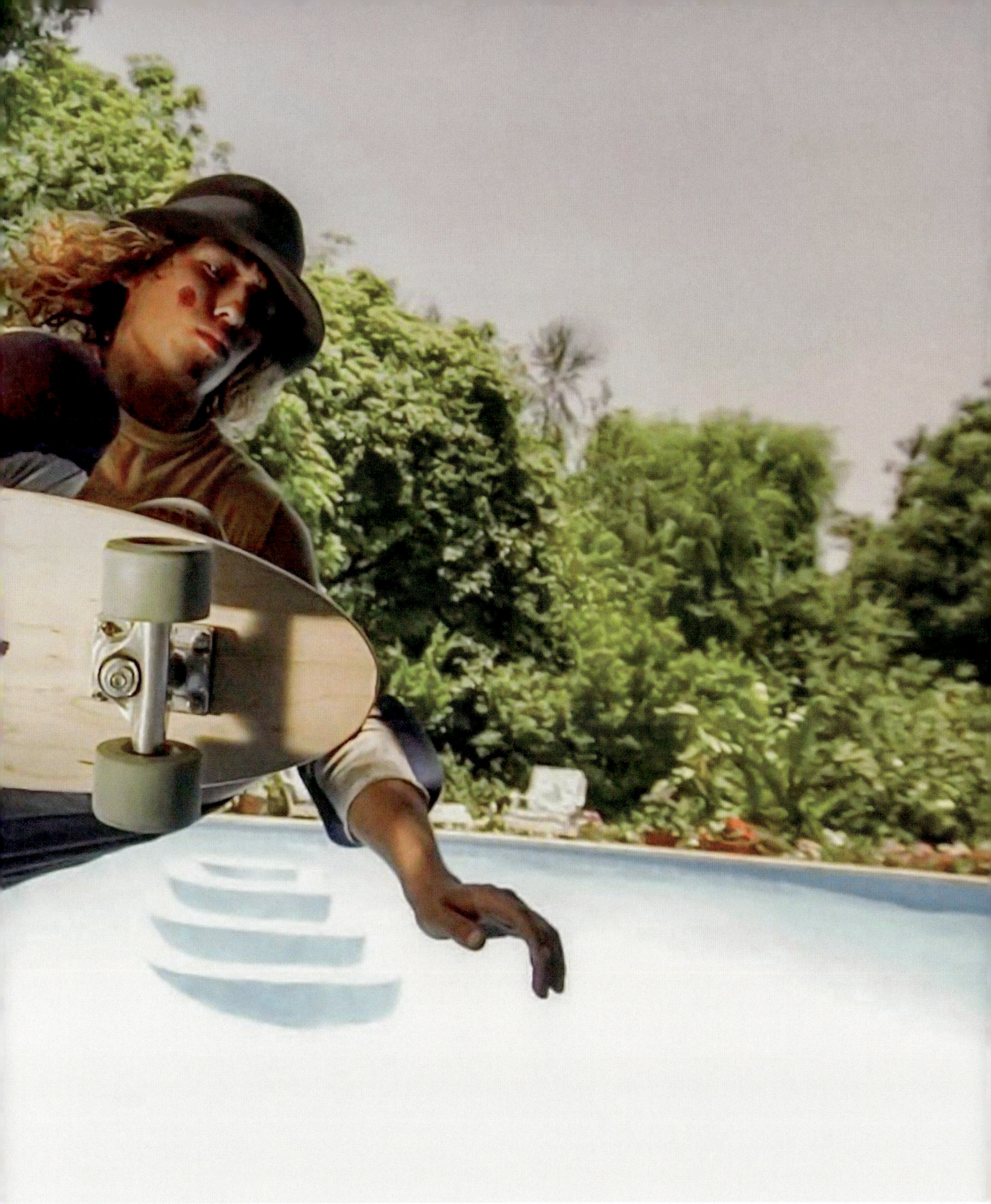

OLD SKOOL – VANS

Bevor das von den Brüdern Van Doren zusammen mit den Geschäftspartnern Gordon Lee und Serge Delia gegründete Unternehmen als „Vans“ bekannt wurde, hieß es Van Doren Rubber Company. Paul und Jim Van Doren, die ursprünglich aus Boston stammen und begeisterte Skateboard-Fans sind, hatten sich gerade im sonnigen Kalifornien niedergelassen, als sie 1966 den Deckschuh #44 von Vans entwarfen und auf den Markt brachten, der heute als Vans Authentic bekannt ist.

Der fein genähte Canvas-Schuh wurde speziell für Skateboarder entwickelt, die oft barfuß mit nacktem Oberkörper und Sonnenbrand durch Straßen oder Skateparks schlendern. Der Schuh verfügt über eine robuste Waffelgummisohle, welche den Halt auf rutschigen Holzbrettern verbessert. Die wachsende Skater-Community nahm den Sneaker sofort an und verliebte sich in seinen coolen Look. Der Authentic wird oft mit seinem jüngeren Bruder, dem Era (ursprünglich bekannt als Vans #95), verwechselt, der ein gestepptes Hauptteil hat und zehn Jahre nach dem Authentic von den Skate-Stars Tony Alva und Stacy Peralta entworfen wurde. Im selben Jahr, 1976, wurde das ikonische Motto der Marke „Off the wall“ geboren.

Vans #36, später in Old Skool umbenannt, debütierte 1977 mit dem mittlerweile ikonischen Vans-Jazz-Streifen, der zum Synonym für die Marke werden sollte. Sie waren die ersten Skateschuhe mit Ledereinsätzen, die zusätzliche Haltbarkeit boten. Vans entwickelte sich vom Skatepark zur Alltagskleidung und hinterlässt weiterhin Spuren in Mode und Kultur.
Die Skateboard-Legende Tony Hawk erlangte 1999 mit seinem ersten Videospiel, *Tony Hawk's Pro Skater*, digitalen Ruhm. Der beachtliche Erfolg führte zu weiteren Spielen, in denen oft Vans-Sneakers auftauchen. Die Vans-Community besteht aus furchtlosen Rebellen und Träumern, die unbeschwert und mit einem Grinsen durchs Leben reiten.

OBERMATERIAL AUS WILDLEDER

SCHNÜRVERSCHLUSS

ZIERNAHT AN DEN SEITEN

VULKANISIERTE GUMMILAUFSOHLE

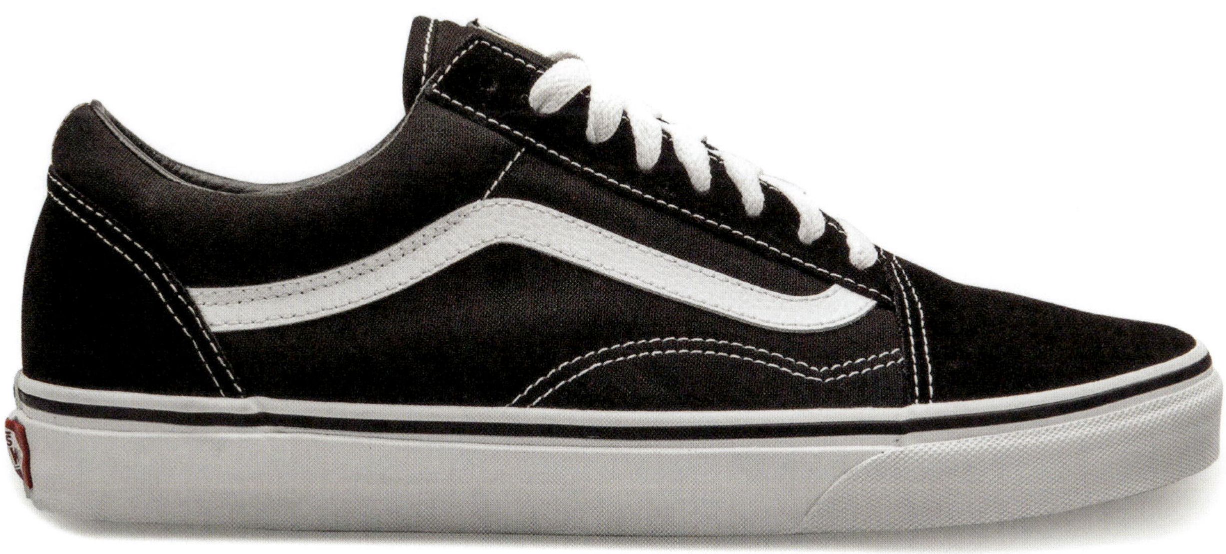

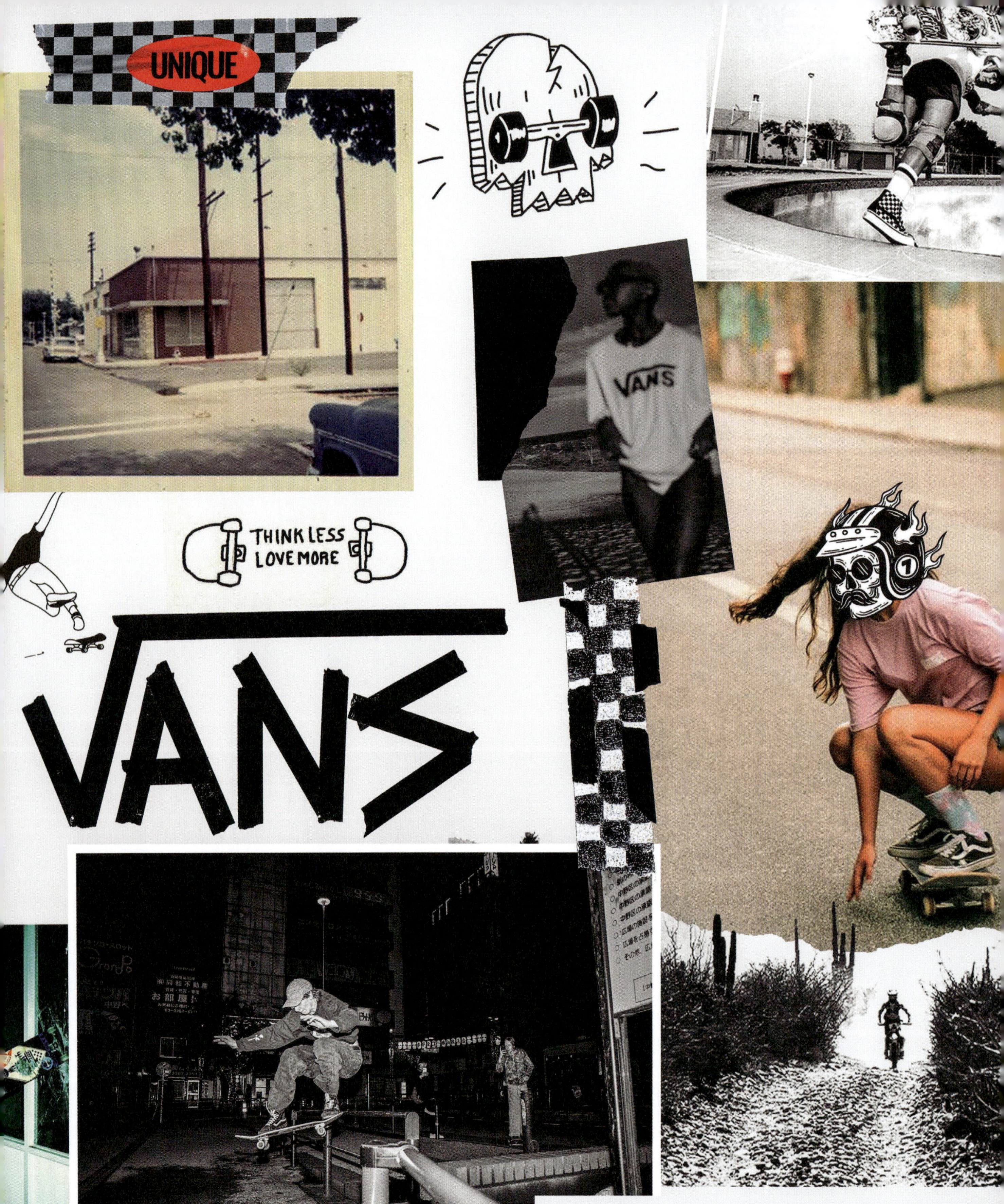

MOODBOARD VON MARIA LUISA MIRALDI: OFF THE WALL SEIT 1966. Skateboarder, die den robusten Look und die griffigen Sohlen von Vans lieben, tragen sie im sonnigen Südkalifornien.

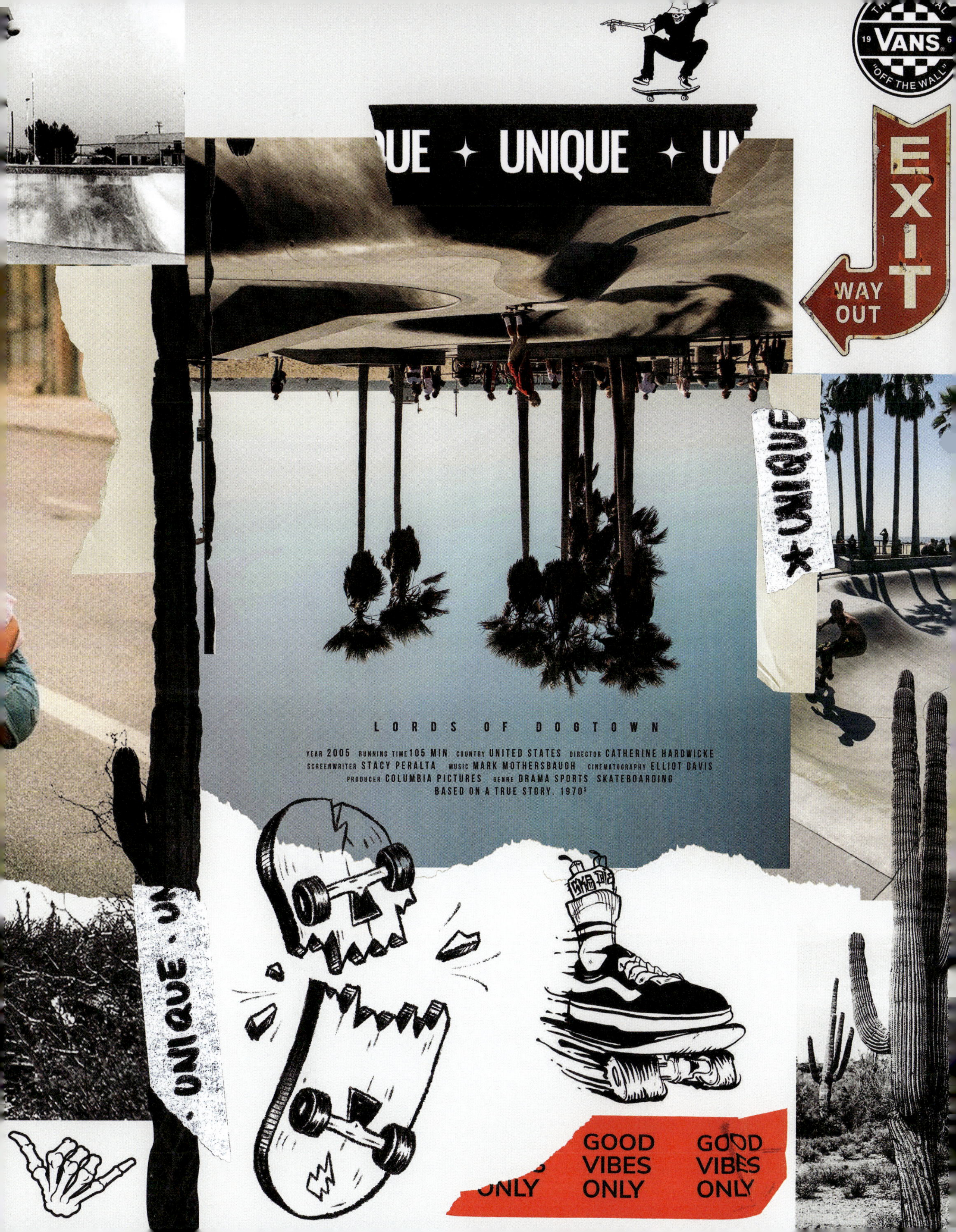
VANS
"OFF THE WALL"
UNIQUE ✦ UNIQUE
EXIT
WAY OUT
UNIQUE
LORDS OF DOGTOWN
YEAR 2005 RUNNING TIME 105 MIN COUNTRY UNITED STATES DIRECTOR CATHERINE HARDWICKE
SCREENWRITER STACY PERALTA MUSIC MARK MOTHERSBAUGH CINEMATOGRAPHY ELLIOT DAVIS
PRODUCER COLUMBIA PICTURES GENRE DRAMA SPORTS SKATEBOARDING
BASED ON A TRUE STORY. 1970s
UNIQUE
GOOD VIBES ONLY
GOOD VIBES ONLY

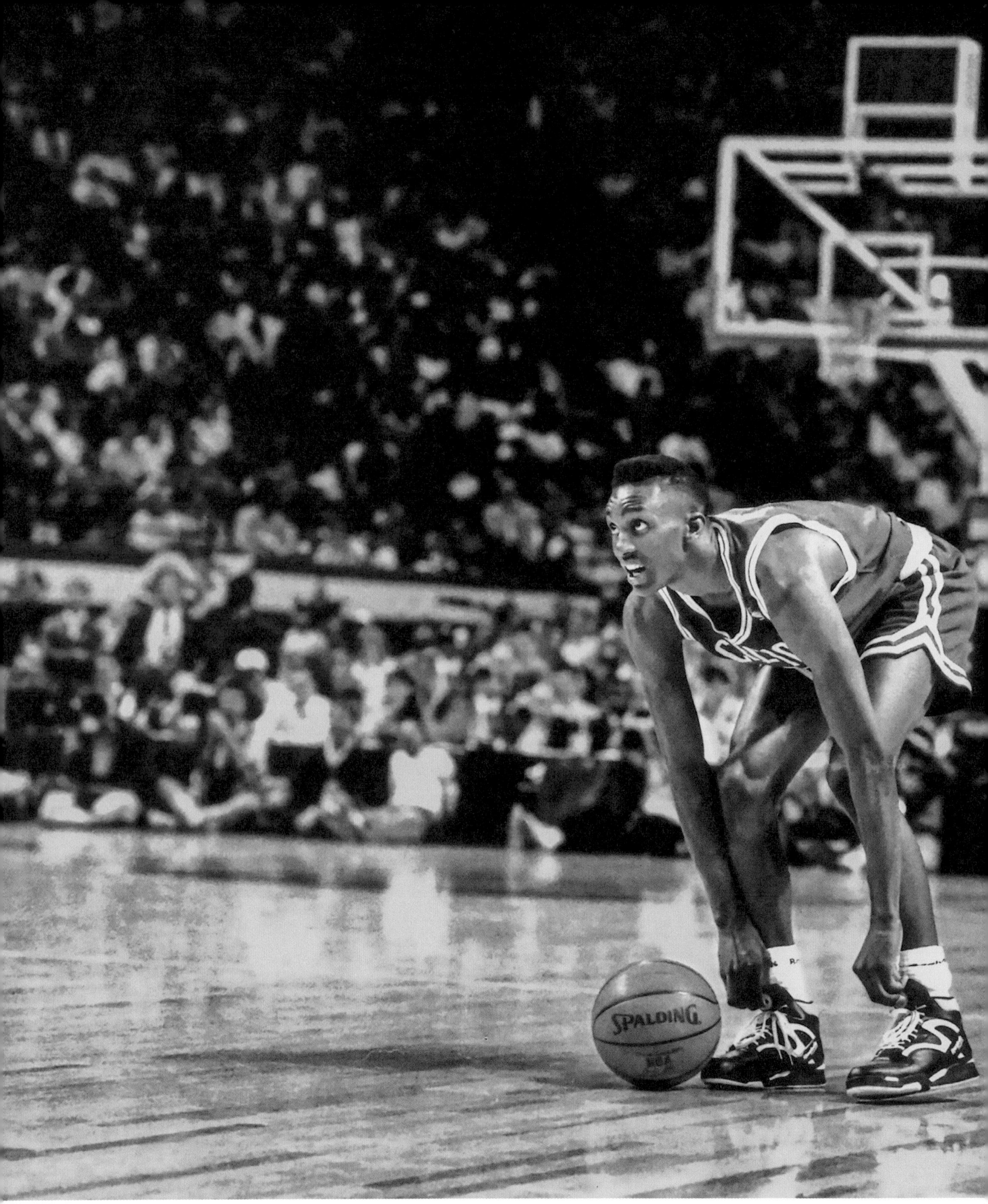

Dee Brown von den Boston Celtics beim Slam Dunk Contest, NBA All-Star Game – Charlotte, North Carolina, 1991.

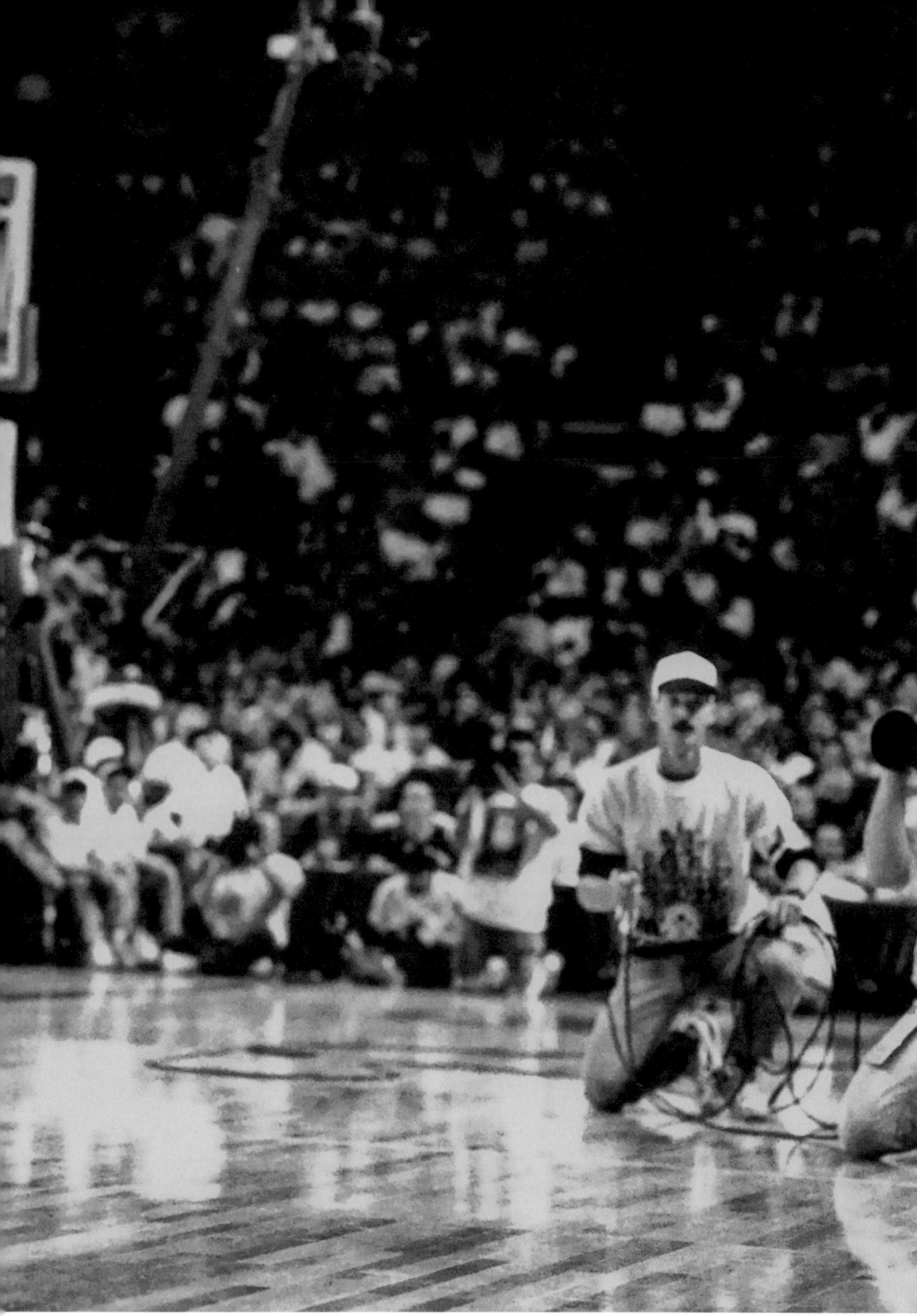

PUMP OMNI ZONE II – REEBOK

Der 1989 eingeführte Reebok Pump revolutionierte Basketballschuhe mit seiner innovativen Pump-Technologie, die es dem Benutzer ermöglichte, die Passform durch Aufblasen oder Ablassen eines Luftkissens über eine Pumpe an der Zunge individuell anzupassen.
1988 arbeiteten Paul Litchfield und sein Team mit dem Ingenieurbüro Continuum zusammen, um die zweitinnovativste Schuhtechnologie der damaligen Zeit nach dem Air-Konzept von Nike zu entwickeln. Dieses exklusive Dämpfungssystem entsprach einem einfachen und logischen Bedürfnis: Keine zwei Füße sind gleich. Neben dem Pump-System verfügt die Sohle über das ERS (Energy Return System) und die hexagonale Hexalite-Dämpfung. Der Pump feierte mit einem stolzen Preis von 170 $ sein Debüt in den Verkaufsregalen.

Die Pump-Technologie von Reebok etablierte die Marke schnell als Branchenführer und begeisterte Teenager mit ihrem einzigartigen Aussehen und dem einprägsamen Slogan „Pump up and Air out“. Der Pump wurde am 24.11.1989 auf den Markt gebracht und erlangte 1991 große Aufmerksamkeit, als Dee Brown den Pump Omni Zone II bei seinem Sieg im NBA Slam Dunk Contest präsentierte. Dieser ikonische Moment festigte den Platz des Pumps in der Sportgeschichte und ebnete den Weg für weitere Iterationen. 1994 stellte Reebok den InstaPump Fury vor, der von Steven Smith entworfen wurde und anderen Pump-Modellen in nichts nachstand.
Die ikonischen Sneaker sind aus der amerikanischen Filmkultur nicht mehr wegzudenken und tauchen in Filmen wie *Men in Black* auf, wo sie von Will Smith getragen werden, sowie in *Juice* und *Above the Rim*, wo sie von Tupac Shakur getragen werden.
Während der Reebok Pump einen besonderen Platz in den Herzen der Sneaker-Enthusiasten einnimmt, rückt Reebok den InstaPump Fury mit seiner ähnlichen Silhouette, die von der Ikone der 90er-Jahre inspiriert ist, ins Rampenlicht.

OBERMATERIAL AUS LEDER MIT TEXTIL- UND SYNTHETIKEINSÄTZEN

SCHNÜRVERSCHLUSS

INTERNER AUFPUMPMECHANISMUS I PUMPBALL MIT BRANDING

GUMMI-AUSSENSOHLE

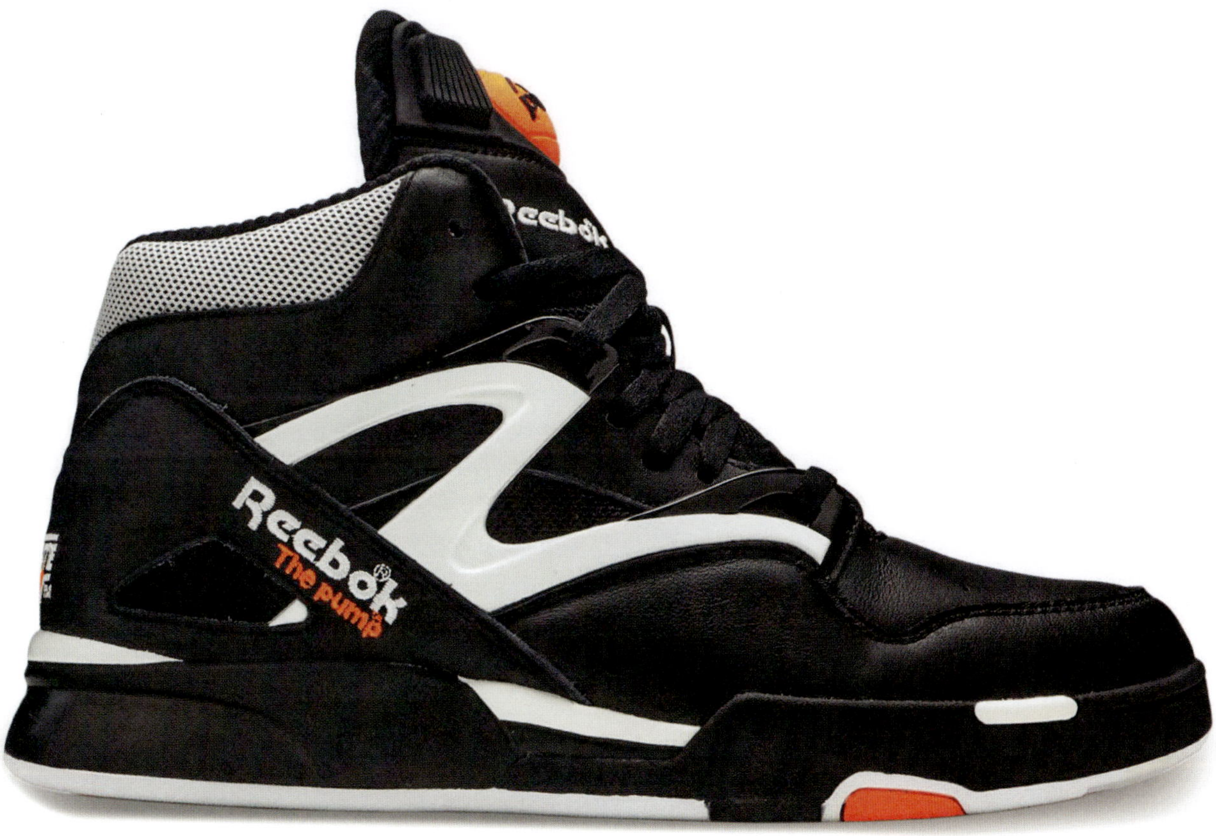

E1990 wurde die Pump-Linie mit dem Pump Court Victory des aufstrebenden Stars Michael Chang auch auf die Tennisplätze ausgeweitet, um die erste asiatisch-amerikanische Sportbekleidungsikone zu promoten. Changs erste Werbespots für den Schuh spielten auf Nikes beliebtes Air-Produkt an und behaupteten, dass der Pump die perfekte Lösung sei, um „diese Rock 'n' Roll-Tennisspieler" zu schlagen".

1992, in dem Jahr, in dem die Pump-Technologie patentiert wurde, debütierte Shaquille O'Neal in der NBA und schloss einen Vertrag für einen Signature-Schuhe mit Reebok ab. Der Shaq Attaq 1, O'Neals erster Signature-Schuh und der erste offizielle Schuh für einen Reebok-Sportler, kam in diesem Jahr auf den Markt. O'Neal und Reebok arbeiteten bis 1998 an drei weiteren Shaq-Attack-Modellen zusammen, und der All-Star-Sportler verlieh der Marke Glaubwürdigkeit und Kühnheit, was zu einem Großteil ihres Erfolgs und ihrer Wirkung in den 90er Jahren führte.

Nike und Reebok kämpfen kontinuierlich um Marktdominanz. Die beiden Branchenriesen haben innovative Marketingstrategien eingesetzt, um die Herzen und Köpfe der Verbraucher weltweit zu erobern. Wer Nike vorschnell zum Sieger erklären wollte, dem sei gesagt, dass Reeboks Werbespots mit dem Slogan „Pump up and Air out" die US-Regeln für vergleichende Werbung ausnutzten. In den Spots wurden verschiedene von Reebok unter Vertrag genommene Stars wie Dominique Wilkins und Michael Chang gezeigt, die Sneaker beider Marken miteinander verglichen, bevor sie die dem Swoosh wegwarfen.

Michael Chang

Der am 22.02.1972 geborene Michael Te-pei Chang ist ein ehemaliger amerikanischer Profi-Tennisspieler und Trainer. Er ist der jüngste männliche Gewinner eines großen Einzelturner: 1989 gewann er die French Open im Alter von nur siebzehn Jahren.

PMP

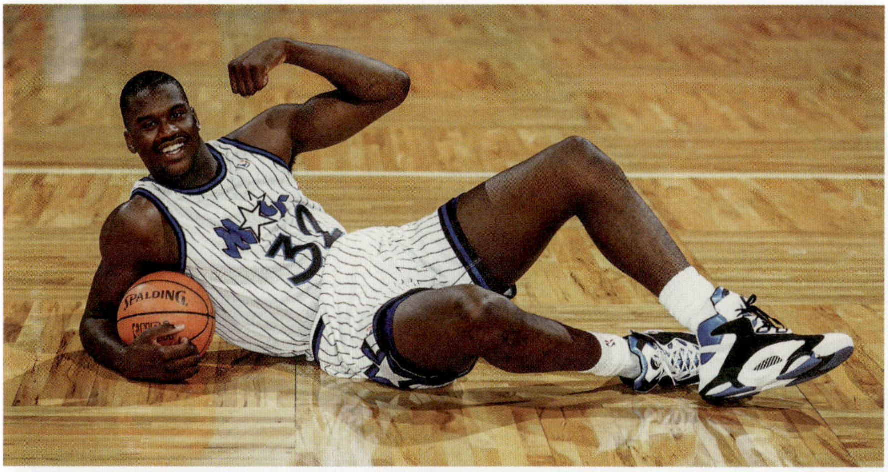

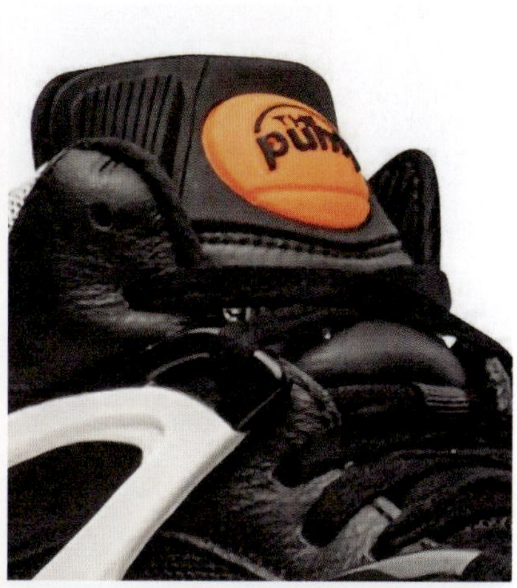

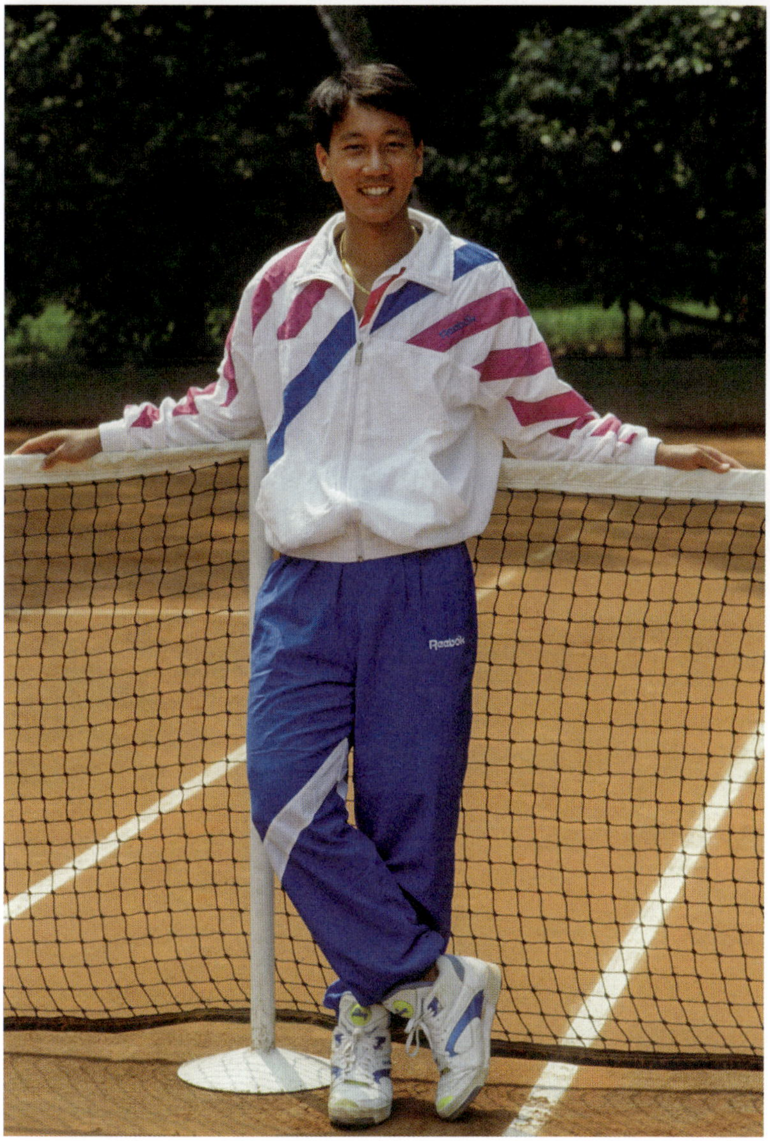

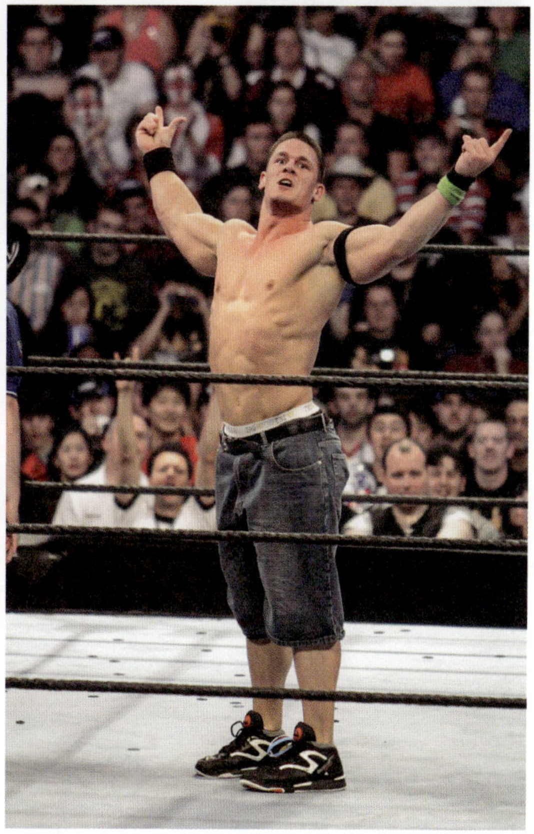

1. Shaquille O'Neal im TD Waterhouse Center (jetzt als Amway Arena bekannt) – Florida, 1993.
2. Michael Chang präsentiert den neuen Reebok Pump – Frankreich, 1990.
3. John Cena im Reebok Pump – Los Angeles, 2005.

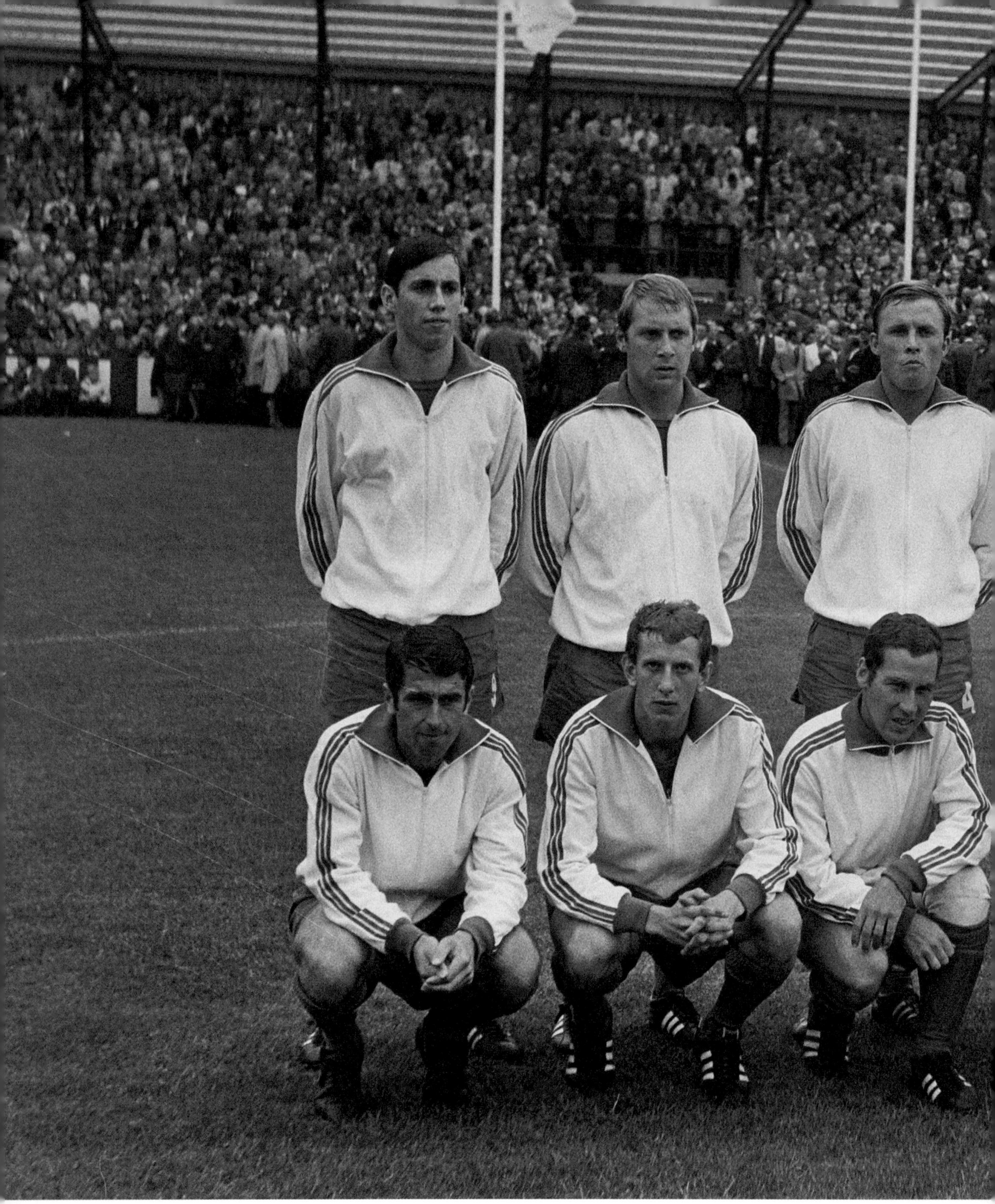

NAC vs. Feyenoord – 1969.

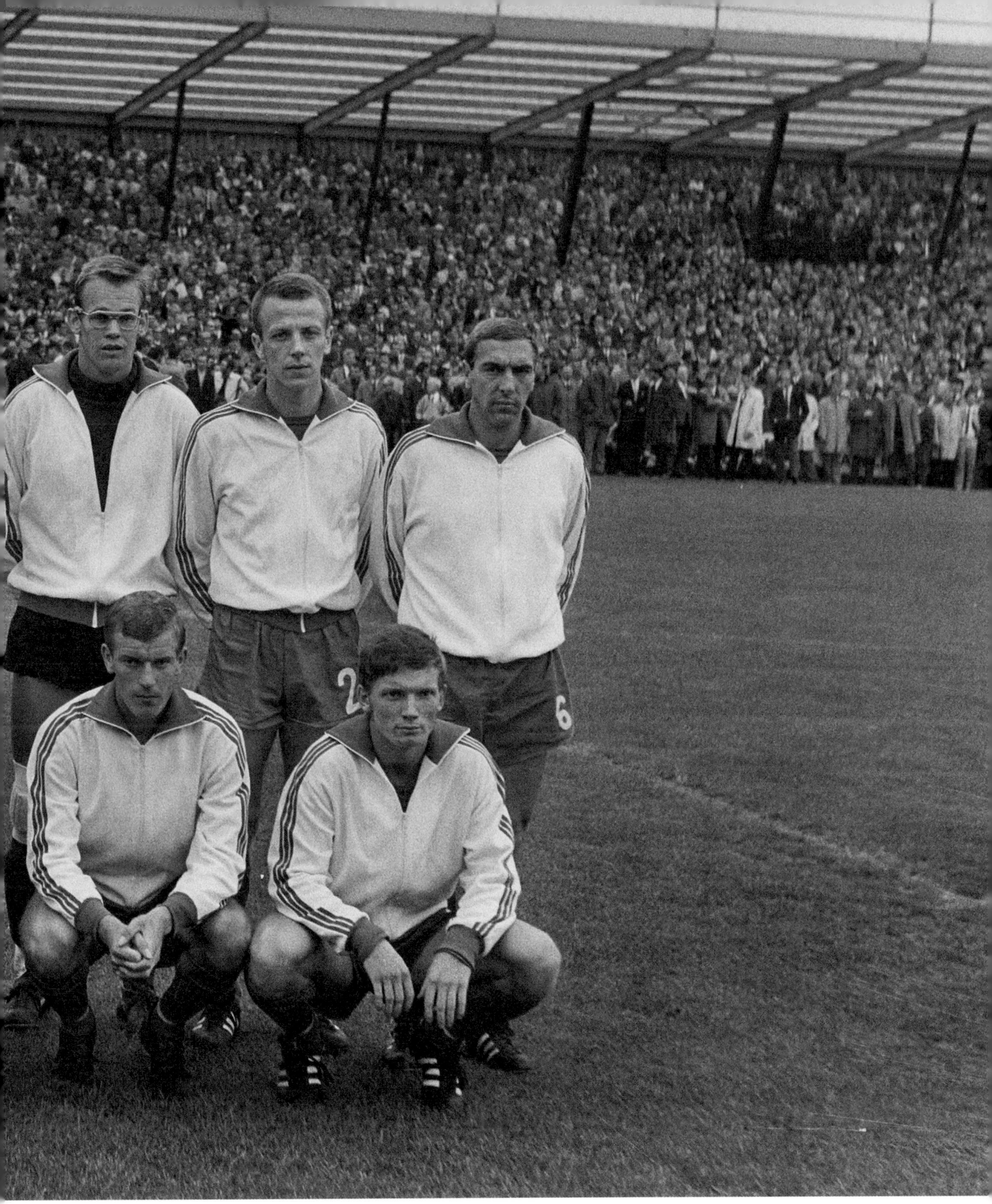

SAMBA - ADIDAS

Der Adidas Samba, der aus den Experimenten des Gründers Adi Dassler während eines deutschen Fußballspiels in den 1950er-Jahren entstand, entwickelte sich schnell zu einem der weltweit meistverkauften Marken. Seine Zusammensetzung aus Känguruleder und die innovative Gummisohle machen ihn ideal fürs Wintertraining, da er die Füße warm und trocken hält und selbst auf gefrorenem Gras einen hervorragenden Halt bietet – genau das, was ihm seinen Namen einbrachte.

Ursprünglich für Fußballspieler entwickelt, die auf hartem, eisigem Boden trainierten, hat der Adidas Samba eine bemerkenswerte Veränderung durchgemacht und seine Einsatzmöglichkeiten auf verschiedene Sportarten und Aktivitäten wie Futsal ausgeweitet, während er sich gleichzeitig zu einer Mode- und Stil-Grundausstattung entwickelt hat.

Als Weiterentwicklung seines traktionsorientierten Designs debütierte der Samba 1972 mit einer „3-Zonen-Profil"-Außensohle, die Agilität und multidirektionalen Grip bietet, zusammen mit Funktionen wie einer weichen Knöchelpolsterung und einem geschnittenen Obermaterial aus Leder. Das Samba-Spezial-Modell von 1982 bot mit seiner Mehrstollensohle und dem stoßdämpfenden Polyurethan-Keil einen verbesserten Halt auf rutschigem Untergrund.

In den 1970er- und 1980er-Jahren griffen Samba-Modelle den Lebensstil junger Briten, sogenannter „Casuals", in Fußballstadien auf und verliehen dem beliebten Schuh einen neuen Reiz. In den 1990er-Jahren erregte der Samba die Aufmerksamkeit von Skateboardern und wurde schnell zu einem unverzichtbaren Bestandteil ihrer Ausstattung. Der Schuh fand Eingang in Subkulturen und Popkultur und wurde von Ikonen wie Bob Marley, Gwyneth Paltrow, Kate Moss, Kendall Jenner und Kaia Gerber getragen, was einen vielseitigen Freizeitstil widerspiegelt.
Das Design des Schuhs, kombiniert mit funktionalen Verbesserungen und spannenden Collabs mit Wales Bonner, hat das Vermächtnis des Samba als kultigstem Originalschuh aller Zeiten gefestigt.

OBERMATERIAL AUS VOLLNARBENLEDER MIT KÖRNIGEM WILDLEDER

SCHNÜRVERSCHLUSS

DETAILS IN GOLDFOLIE

GUMMI-ZWISCHENSOHLE I GUMMI-CUPSOHLE

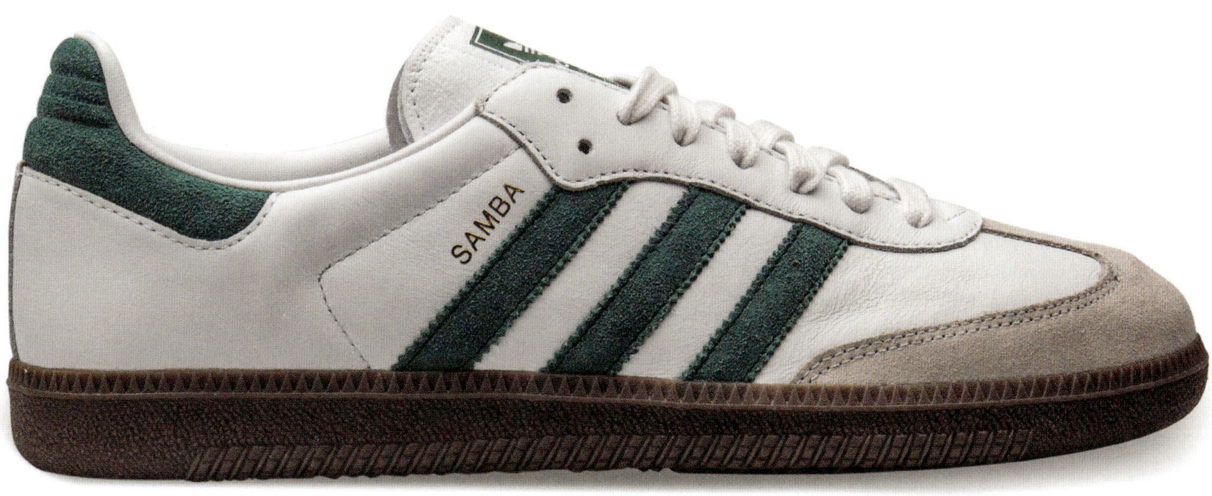

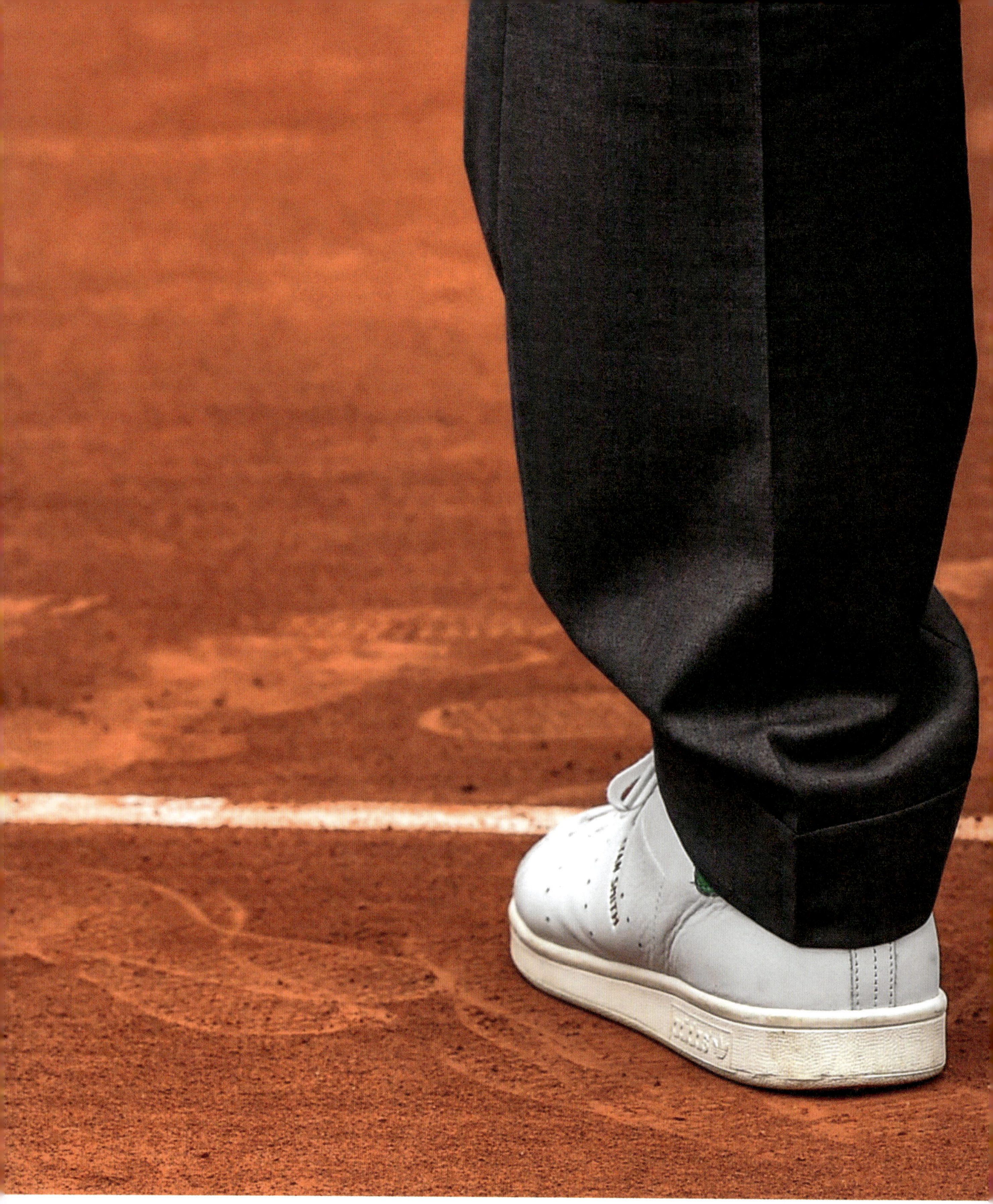

Ein Paar Stan Smiths, getragen bei den Roland Garros French Tennis Open – Paris, 2016.

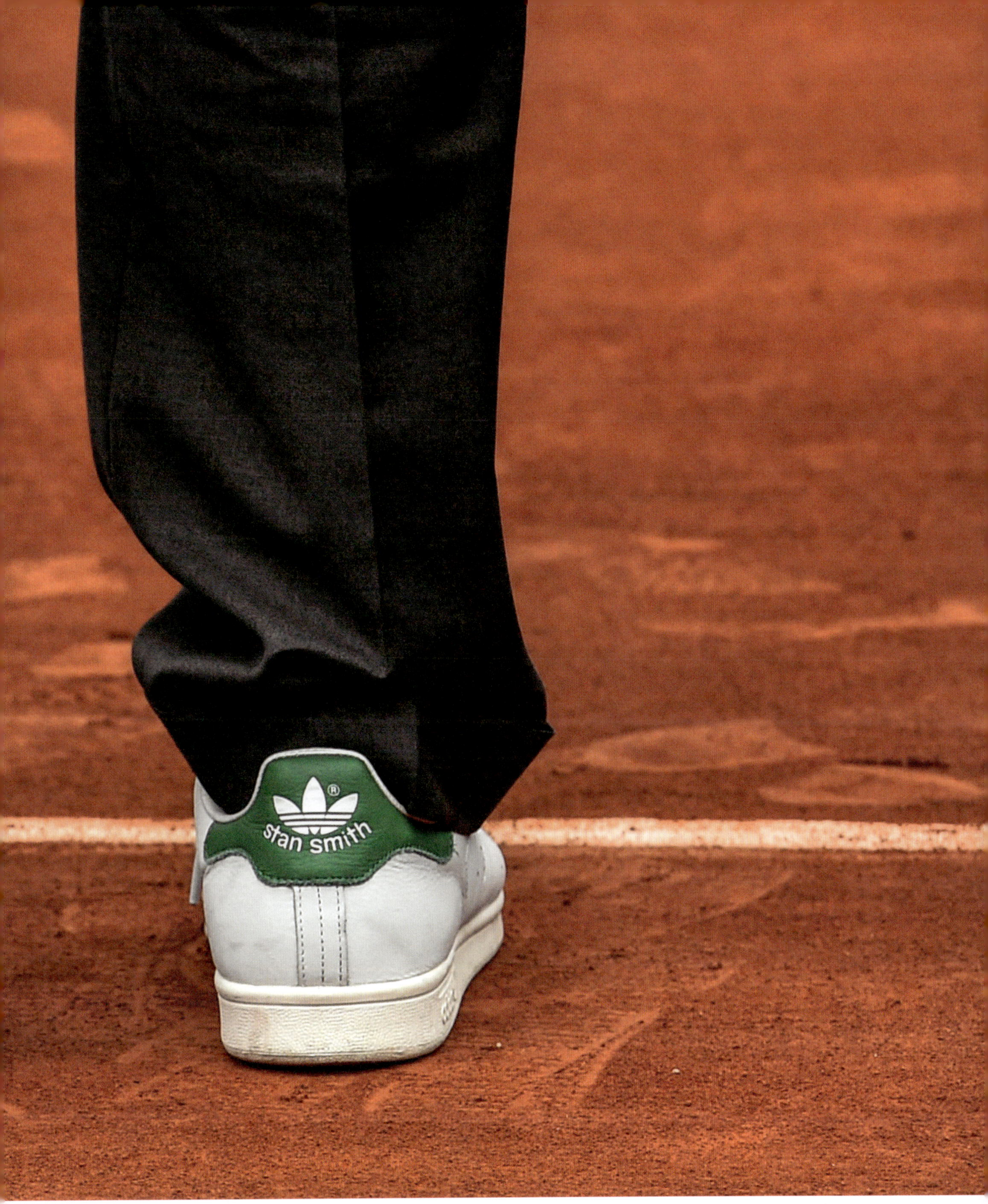
stan smith

STAN SMITH – ADIDAS

1963 brachte Horst Dassler, der Sohn von Adidas-Gründer Adi Dassler, den ersten Inline-Tennisschuh der Marke auf den Markt. 1965 widmete er ihn dem französischen Tennisspieler Robert Haillet, womit eine Reihe von ikonischen Sneakers begann. Nachdem Haillet sich vom Tennis zurückgezogen hatte, wählte Adidas einen neuen Namen und einen neuen Sprecher für den Schuh: Stan Smith. Das erste Paar Schuhe wurde für eine optimale Leistung auf dem Tennisplatz entwickelt und zeichnete sich durch eine bemerkenswerte technische Leistung aus: weiches Leder, das direkt auf die Sohle genäht wurde. Das schlichte Design zeichnete sich durch einen weißen Lederkörper, eine mit Gummistollen besetzte Außensohle, perforierte Ösen, einen gepolsterten Kragen und Akzente in Kellygrün aus. Das Obermaterial besteht aus hochwertigem Leder und ist an den Seiten mit den charakteristischen perforierten Three Stripes verziert. Das kultige Stan Smith-Branding ist auf der Zunge zu sehen, während zusätzliche klassische Trefoil-Logos die Fersen zieren.

1988 bescheinigte *Das Guinness Buch der Rekorde* dem Stan Smith, dass er der meistverkaufte Sneaker der Welt ist, und erklärte, dass Adidas rund 22 Millionen Paare verkauft hat. Im Jahr 2011 nahm Adidas den kultigen Schuh strategisch vom Markt. Nach einer dreijährigen Pause kehrte der Klassiker 2014 zu seinem fünfzigsten Geburtstag zurück. Der Relaunch sorgte für eine große Nachfrage und machte den Schuh zu einem Must-have. Seit mehr als fünfzig Jahren hat die Marke das zeitlose Erscheinungsbild des Schuhs beibehalten, indem sie recycelte Materialien verwendet und durch die Zusammenarbeit mit gemeinnützigen Organisationen, Modedesignern (Raf Simons, Marc Jacobs und Yohji Yamamoto) und verschiedenen Künstlern Umweltprojekte unterstützt.

Von verschiedenen Gegenkulturen (Punks, Hooligans, ungehobelte Jungs usw.) angenommen, wurde er später zum Schuhwerk der französischen Vorstädte und von Rappern wie Ministère A.M.E.R. und IAM, die ihn in ihrem Song „Je danse le mia“ erwähnten. Das vielseitige Stan-Smith-Design überzeugte alle – vom Tennisplatz bis zum Club trugen alle coolen Kids Stans. Diese Sneakers stehen für Rebellion und Individualität und dienen als Leinwand für die Selbstdarstellung. Stans sind ein zeitloses Modestatement und verkörpern eine perfekte Mischung aus Stil, Ausdruck und Innovation. Der Stan Smith überdauert Generationen und ist damit ein dauerhafter Klassiker, der dem Test der Zeit standhält.

OBERMATERIAL AUS VEGANEM LEDER

SCHNÜRVERSCHLUSS

SYNTHETISCHES FUTTER

GUMMI-AUSSENSOHLE

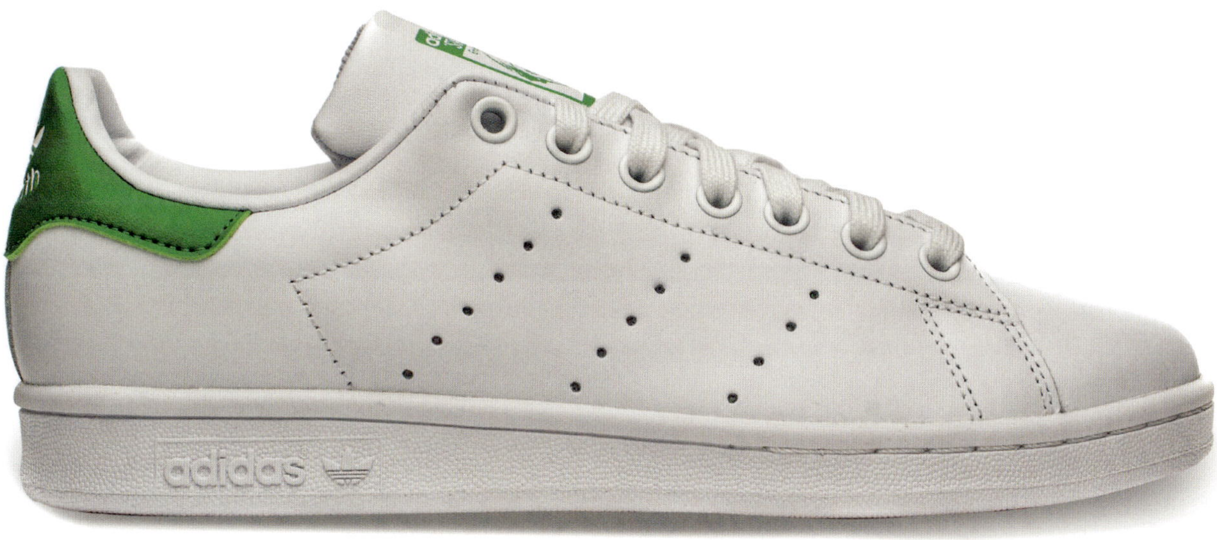

Nach dem Rücktritt von Robert Haillet und der Wahl von Stan Smith zum nächsten Markenbotschafter von Adidas im Jahr 1973 erschien Smiths Porträt auf der Zunge mit Haillets Namen darüber. Erst 1978 wurde Haillets Name entfernt und der Schuh offiziell in Stan Smith umbenannt. Mit seinem Charisma, seiner aufgeschlossenen Persönlichkeit und seinen herausragenden sportlichen Leistungen war Smith die perfekte Wahl für diese Rolle. Als Gewinner der Wimbledon- und US-Open-Meisterschaften 1972 wird Stan Smith nicht nur als einer der größten Tennisspieler aller Zeiten gefeiert, sondern nimmt auch als einer der wichtigsten Partner von Adidas einen bedeutenden Platz in der Geschichte des Unternehmens ein.
Eine lustige Tatsache über die ikonische Stan-Smith-Silhouette auf der Zunge des Schuhs ist, dass das Bild während der einzigen Phase in Stans erwachsenem Leben aufgenommen wurde, als er noch keinen Schnurrbart trug.
Stan Smith selbst ist ein Symbol für Authentizität und eine gefragte Figur für die Medien, die weltweit Sneaker-Hotspots besucht und an Interviews teilnimmt. „Meine Gegenspieler waren sehr eifersüchtig auf mich, nicht wegen meines Vertrags, sondern weil sie einfach mit einem Paar Stan Smiths spielen wollten ... Einige haben sie mit dem Logo der Marke versehen, bei der sie unter Vertrag standen ..."

Stan Smith

Stanley Roger Smith, geboren am 14. Dezember 1946, ist ein ehemaliger amerikanischer Profi-Tennisspieler. Er erreichte den Rang eines Weltranglistenersten und gewann zwei große Meisterschaften.

STN

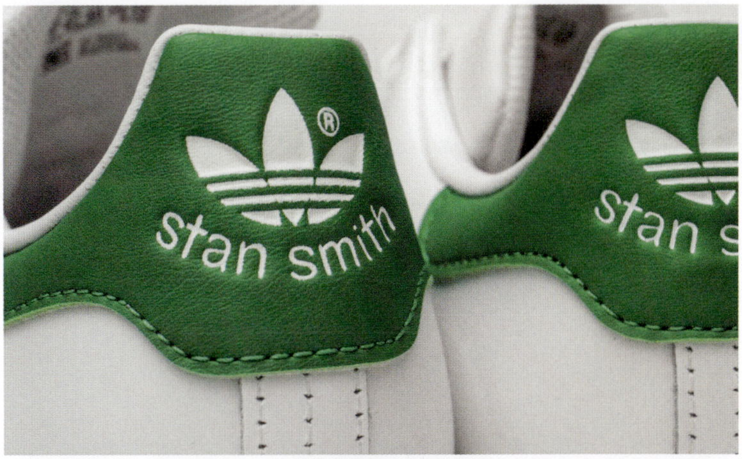

1. Stan Smith (Schuhe-Detail).
2. John Newcombe – Wimbledon-Meisterschaften, 1971.

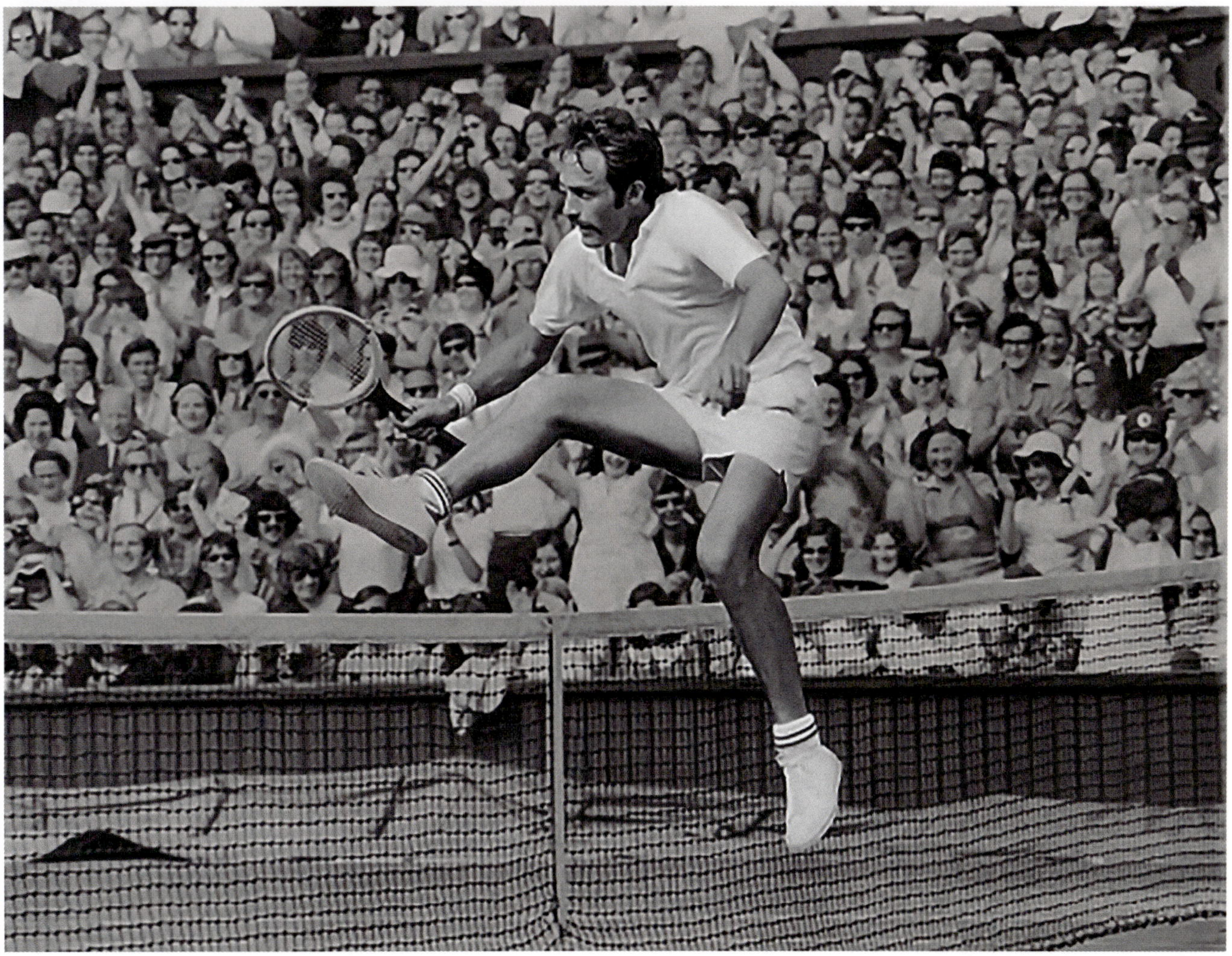

WINNING IS GREAT, BUT IT'S THE LONG ROAD TO GET THERE THAT MAKES IT WORTHWHILE

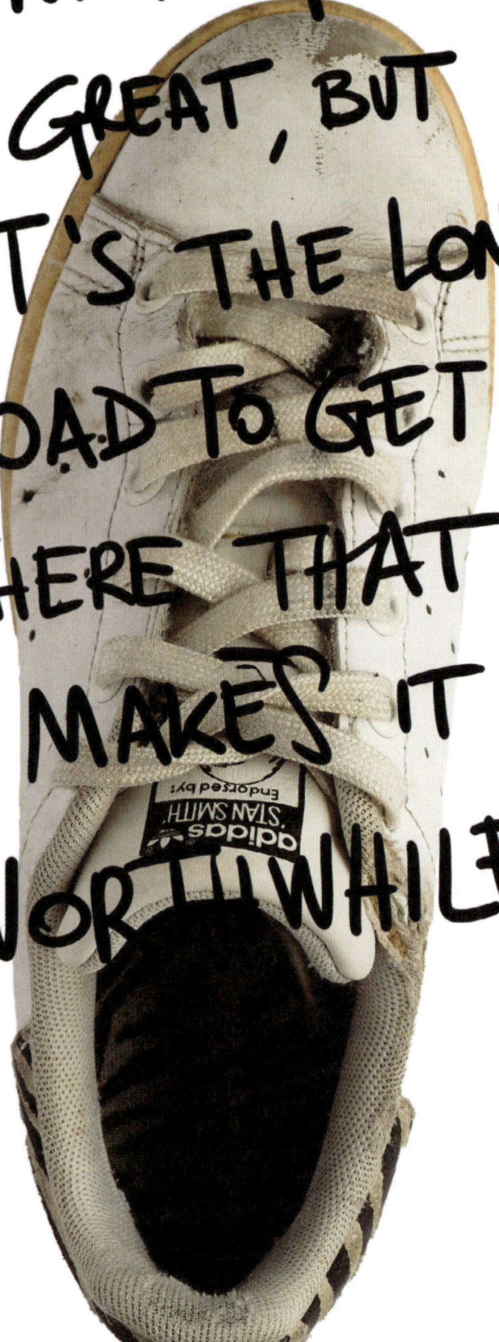

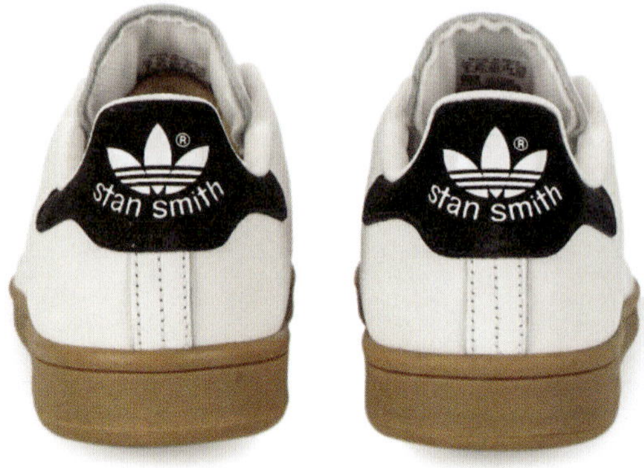

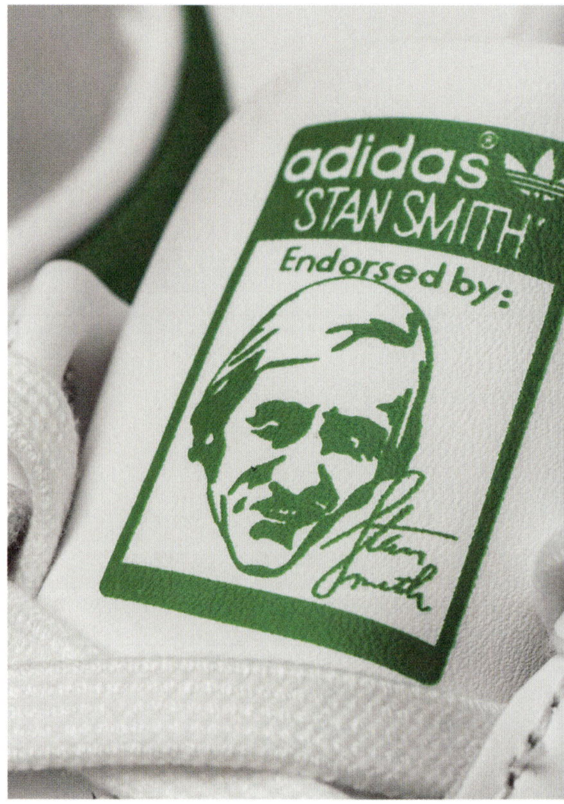

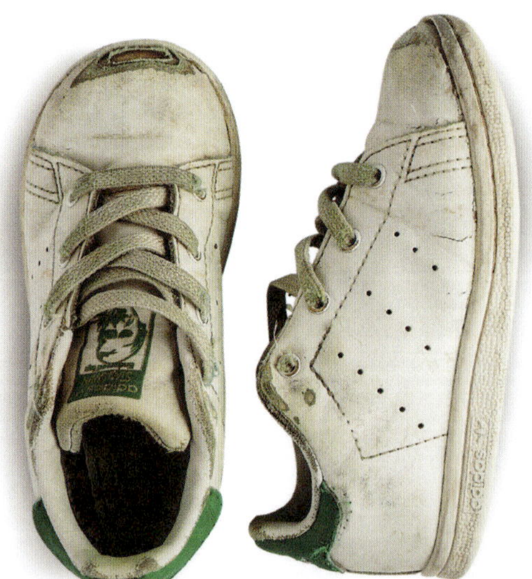

„GEWINNEN IST SUPER ABER ES IST DER LANGE WEG DORTHIN, DER ES LOHNENSWERT MACHT." – STAN SMITH

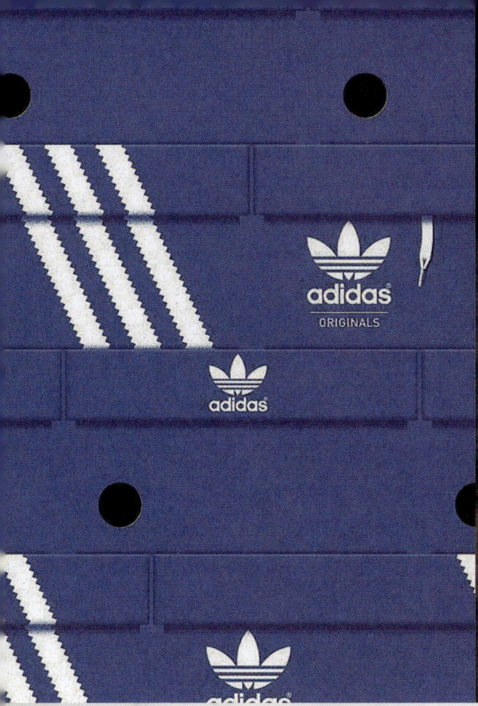

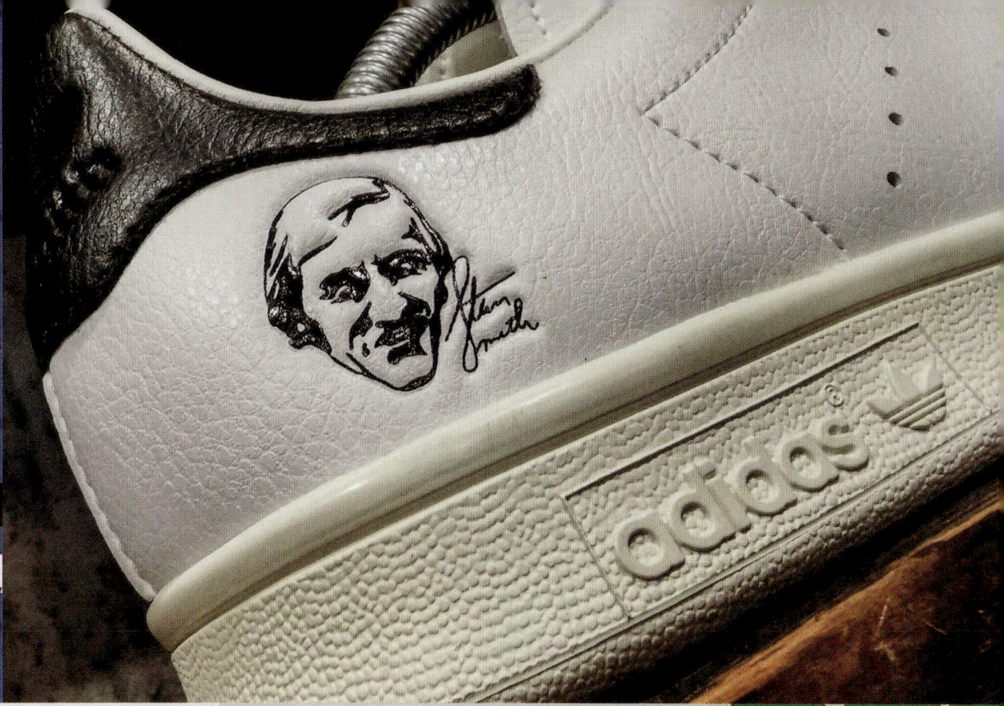

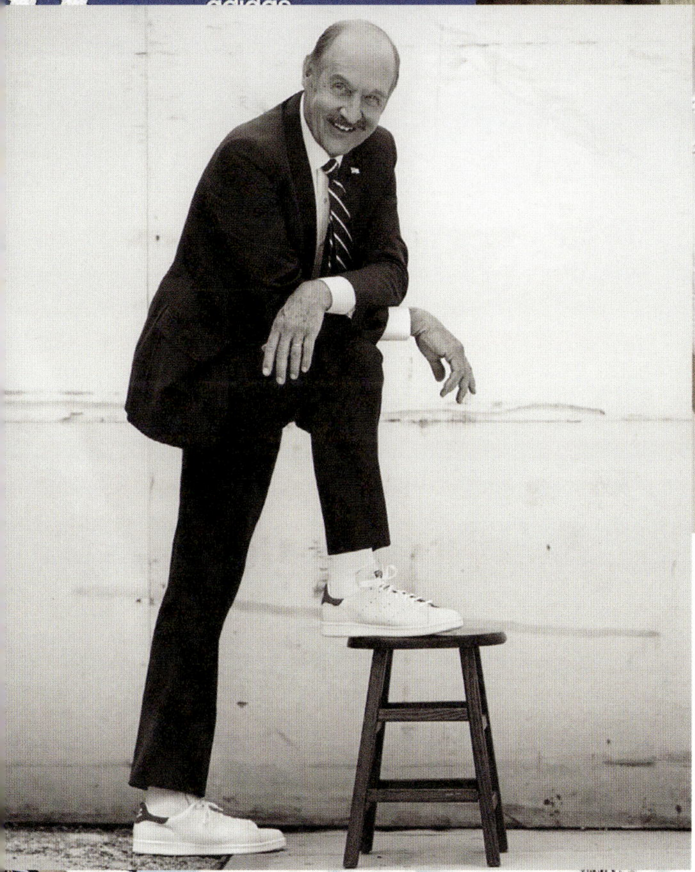

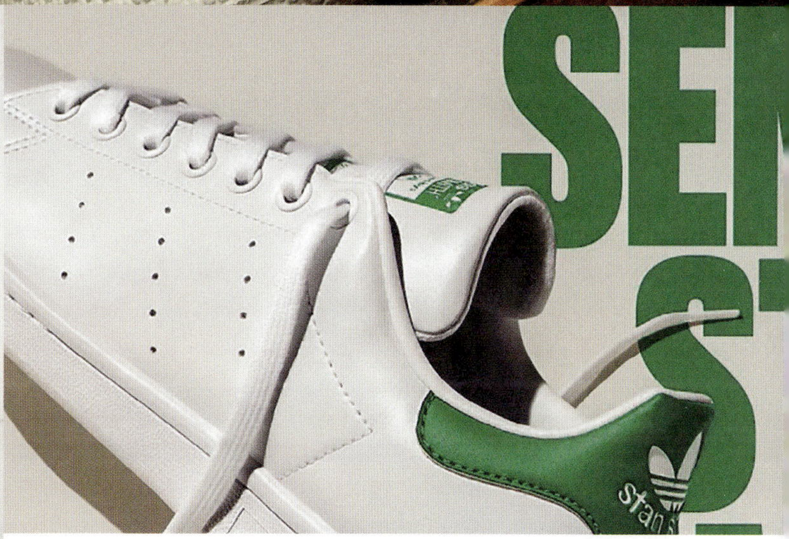

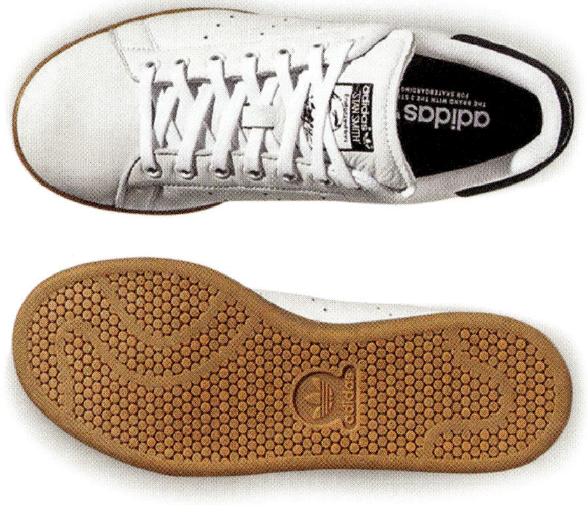

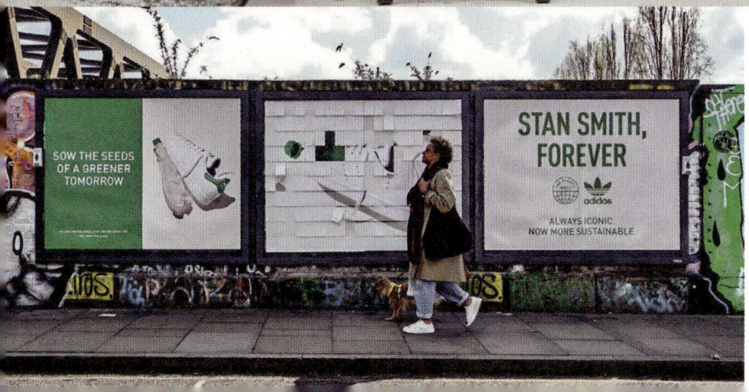

Mit Stan-Smith-Schuhen kannst du selbstbewusst in jede Situation gehen. Ob auf oder neben dem Platz, zeige dich immer von deiner besten Seite.

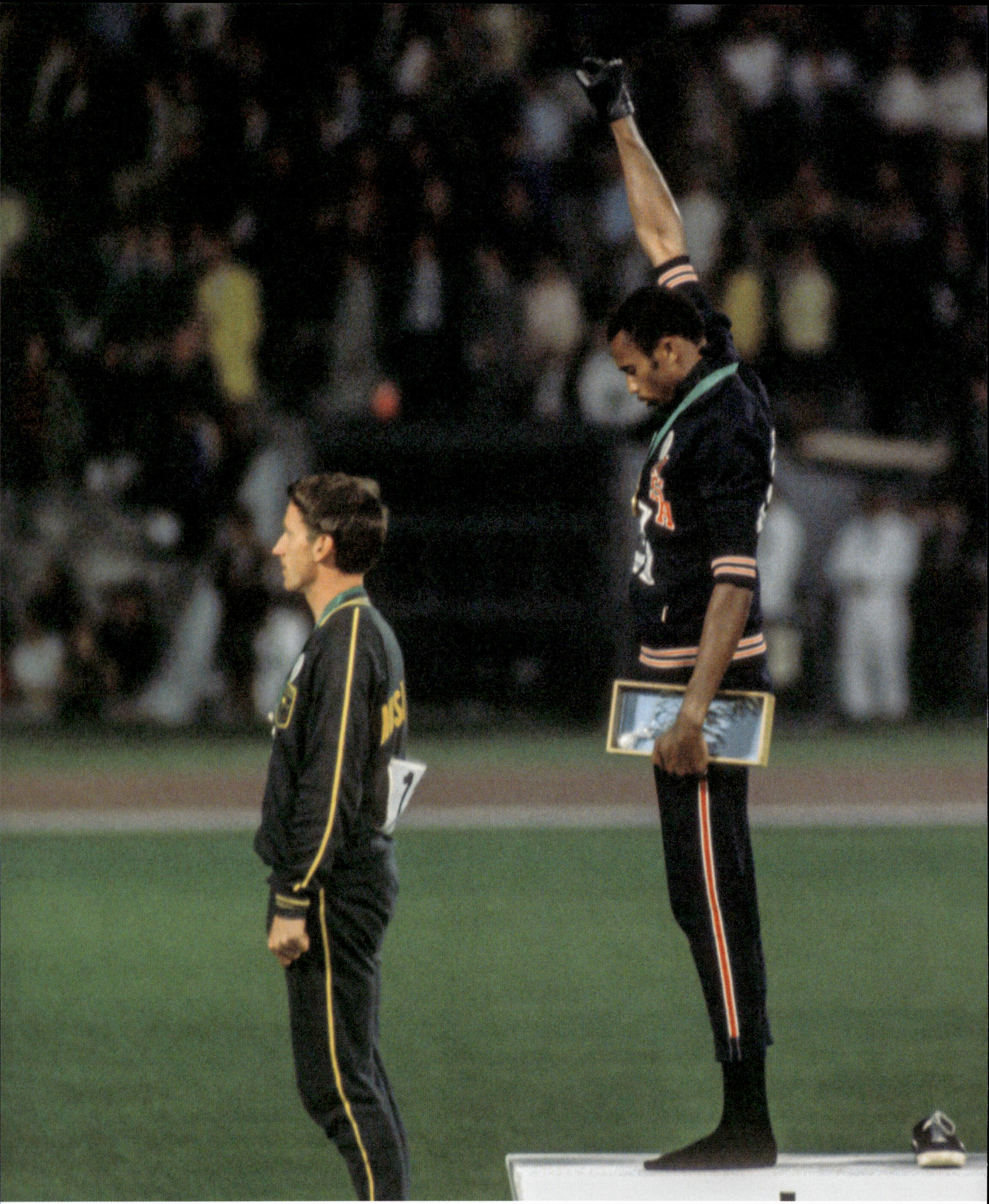

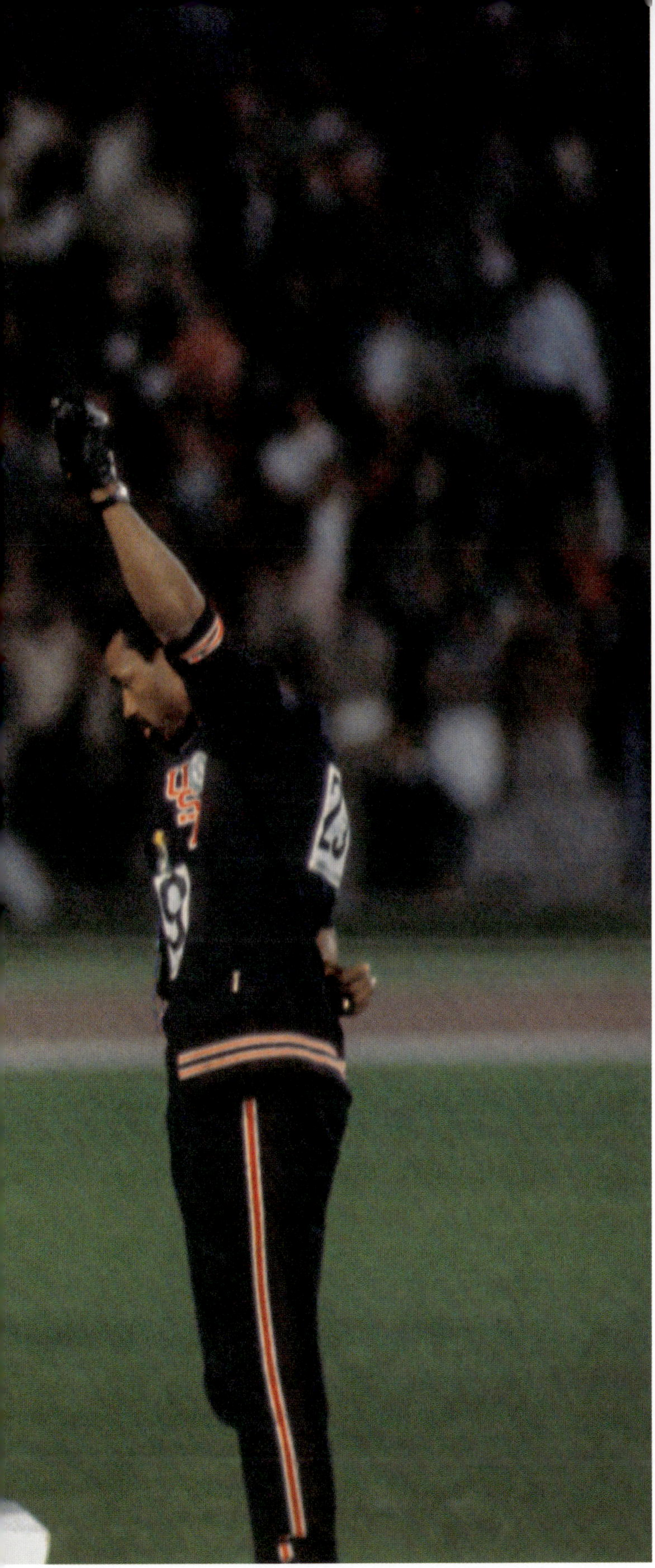

Tommie Smith und John Carlos heben ihre Fäuste zum Black-Power-Gruß während der Olympischen Sommerspiele 1968 in Mexiko-Stadt.

SUEDE - PUMA

Die Geschichte des Suedes ist reich, abwechslungsreich und erstreckt sich über 50 Jahre Entwicklungszeit. Der zunächst als PUMA Crack bekannte Schuh wurde mehrmals umbenannt, bevor er seinen ikonischen Namen erhielt: PUMA Suede. Mit dem Debüt des Crack im Jahr 1968 revolutionierte PUMA die Sneaker-Branche. Der Begriff stammt aus dem Slang der 50er- bis 70er-Jahre und bezeichnete den besten und angesehensten Spieler eines Teams, was die Bedeutung und die Exzellenz des Schuhs unterstrich.

Der Crack, der zu den PUMA-Trainingsanzügen passt und in blau-weißer und schwarz-weißer Ausführung angeboten wird, feierte sein Debüt bei den Olympischen Spielen 1968 in Mexiko, als der amerikanische Sprinter Tommie Smith, ein nicht gesponserter Athlet, den 200-Meter-Lauf in Mexiko-Stadt gewann und einen Weltrekord aufstellte, während John Carlos und Peter Norman hinter ihm lagen. Während der Medaillenzeremonie setzten Smith und Carlos, die in Socken und mit erhobenen Fäusten protestierten, ein starkes symbolisches Zeichen für Gleichberechtigung und Menschenrechte. Ihre Taten gingen für immer in die Geschichte des Sports ein, da sie eine der bedeutendsten Demonstrationen politischer und sozialer Meinungsverschiedenheiten durch Athleten bei einem Sportereignis darstellten. Dieser entscheidende Moment markierte den Wechsel von PUMAs traditionellen, auf das Training ausgerichteten Schuhen zu einem mehr auf Lifestyle ausgerichteten Ansatz. Während der sozialen Umwälzungen der frühen 1970er-Jahre schloss PUMA eine Partnerschaft mit der Basketball-Legende Walt „Clyde“ Frazier ab, was 1971 zu der Umbenennung des kultigen Sneakers zu „Clyde“ führte. Fraziers Vorliebe für neue, einzigartige Farbkombinationen für jedes Spiel entfachte Kreativität und führte zu über 390 leuchtenden Farben aus Wildleder, die dem Schuh neues Leben einhauchten. Diese Zusammenarbeit legte den Grundstein für den kultigen PUMA Suede. Im Laufe der Zeit entwickelte sich die Suede-Silhouette von ihren ursprünglichen sportlichen Wurzeln zu einem Symbol für Lifestyle und Lebensgefühl, das von verschiedenen Subkulturen angenommen wurde.

OBERMATERIAL AUS WILDLEDER

SCHNÜRVERSCHLUSS

MESH-FUTTER

GUMMI-MITTELSOHLE | GUMMI-AUSSENSOHLE

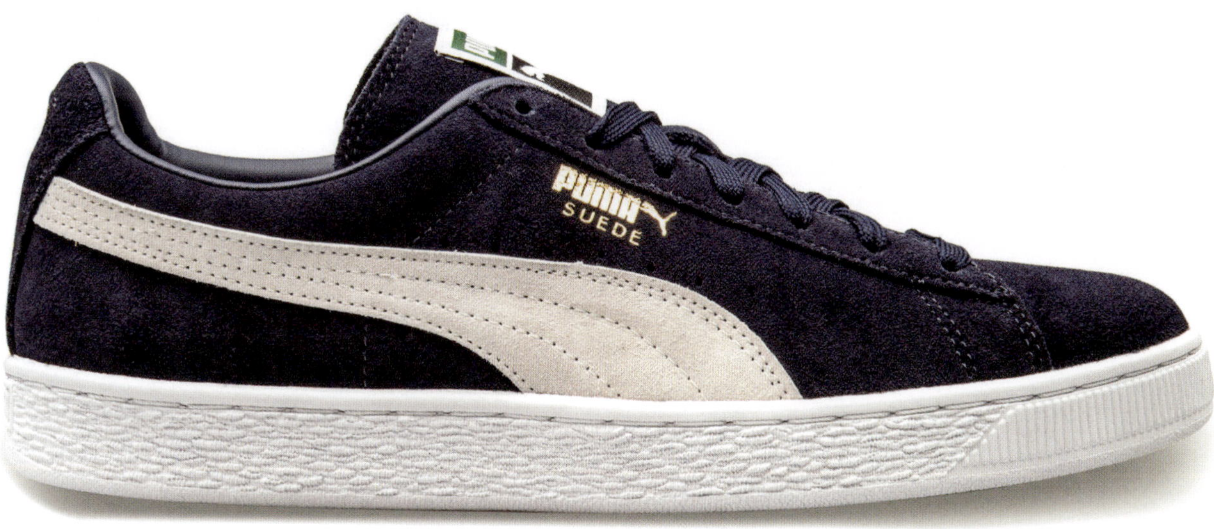

Als Rap, Breakdance, Graffiti und Turntablism zusammenkamen, um das revolutionäre Genre des Hip-Hop zu schaffen, schien es, als wäre der PUMA Suede instinktiv schon Jahrzehnte zuvor kreiert worden und hätte die ästhetischen Vorlieben seiner Anhänger vorausgesehen. International bekannte B-Boy-Crews und einflussreiche Persönlichkeiten des Hip-Hop, darunter die New York City Breakers und die Rock Steady Crew, machten den PUMA Suede schnell zu einem festen Bestandteil ihrer Uniform und wurden zu Fürsprechern und Helden einer kulturellen, sozialen und künstlerischen Revolution.

Breakdancer trugen täglich PUMA-Sneakers und unterstützten die Marke auf unkonventionelle Weisen, die für weniger innovative Schuhhersteller, die in diesen Markt einsteigen wollten, als unerreichbar galten.

Diese symbiotische Verbindung zwischen PUMA Suede und Hip-Hop war der Höhepunkt, der den Status des Schuhs als echten Straßenschuh festigte.

Rock Steady Crew

Die Rock Steady Crew war eine der einflussreichsten Breakdance-Crews der damaligen Zeit. Mitglieder der Rock Steady Crew trugen PUMA-Schuhe in *Flashdance* und *Beat Street*, Filmen, die Interesse an der B-Boy-Subkultur weckten.

HRS

1. *Trio* von Jamel Shabazz – Brooklyn, New York, 1980.
2. Tommie Smith und John Carlos während einer olympischen Medaillenübergabe – Mexiko-Stadt, 1968.
3. Lithografisches Plakat, herausgegeben von der Organisation der Solidarität mit den Völkern Asiens, Afrikas und Lateinamerikas (OSPAAAL).

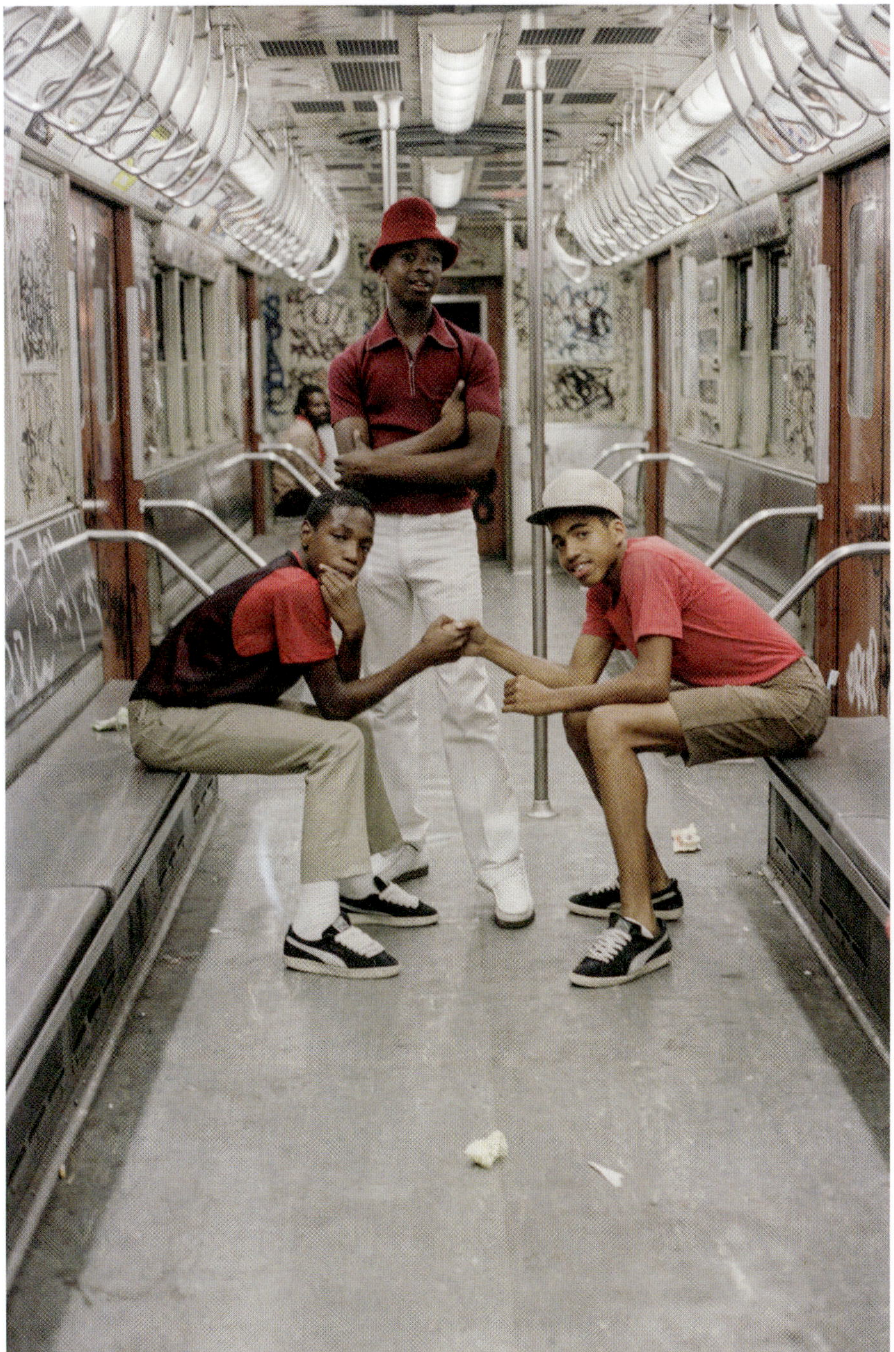

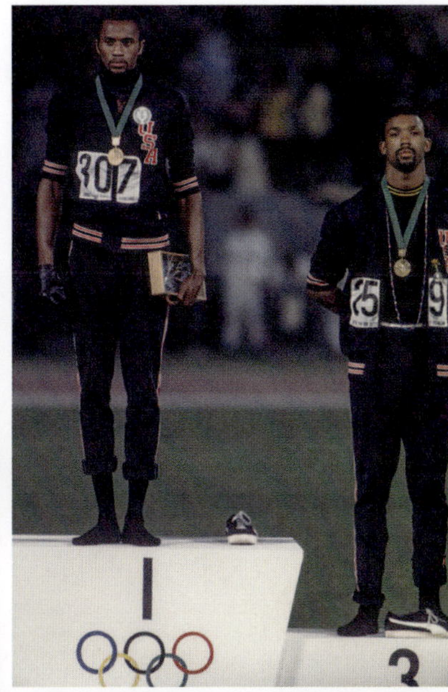

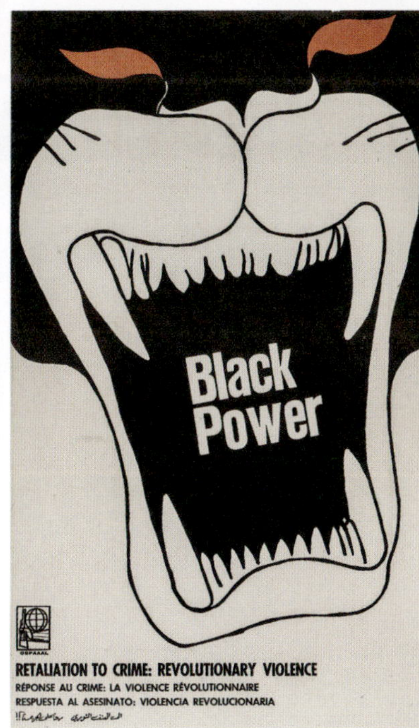

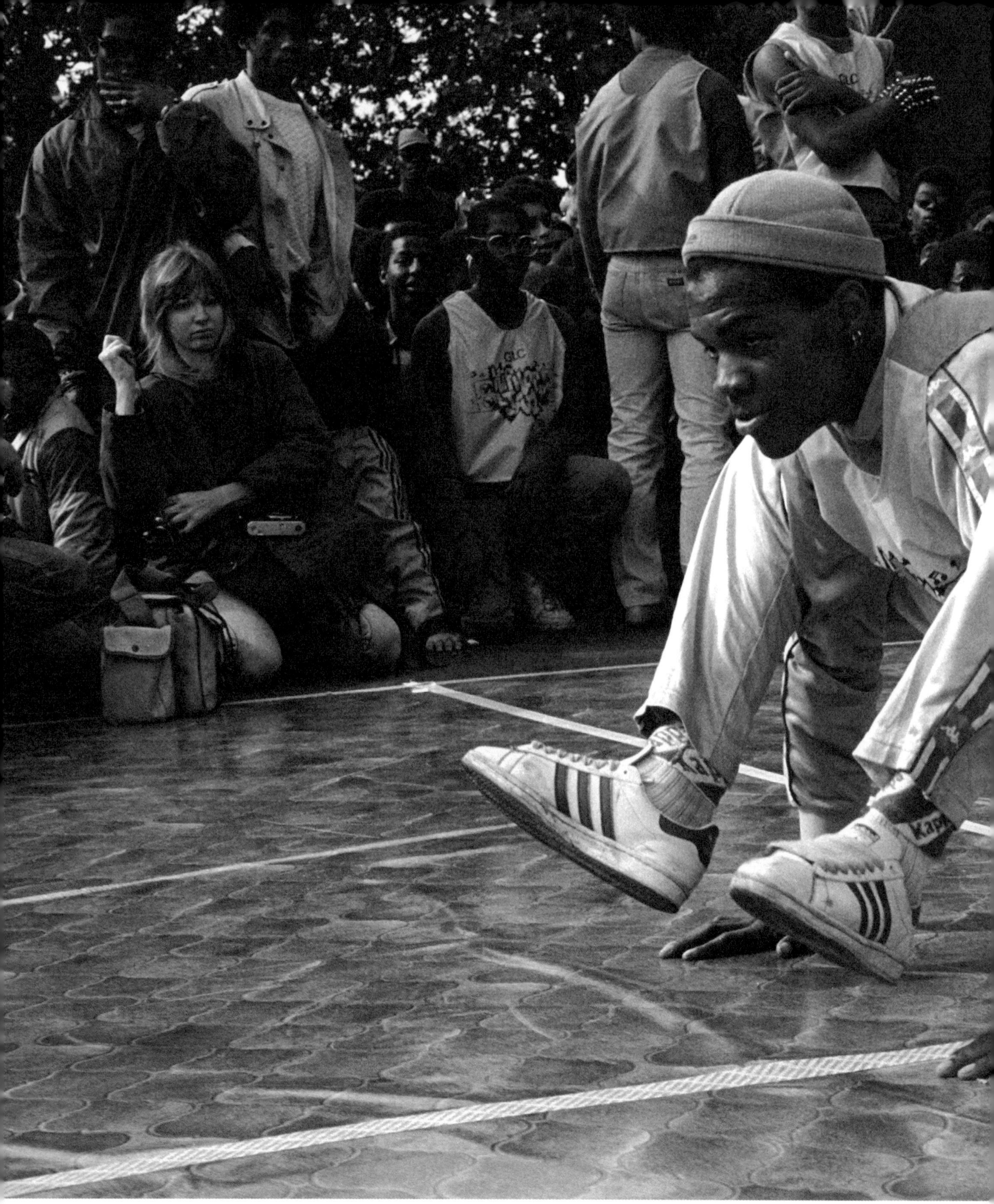

Ein Hip-Hop-Tänzer tritt bei einem Hip-Hop-Jam auf, einem Breakdance-Festival – London, 1984.

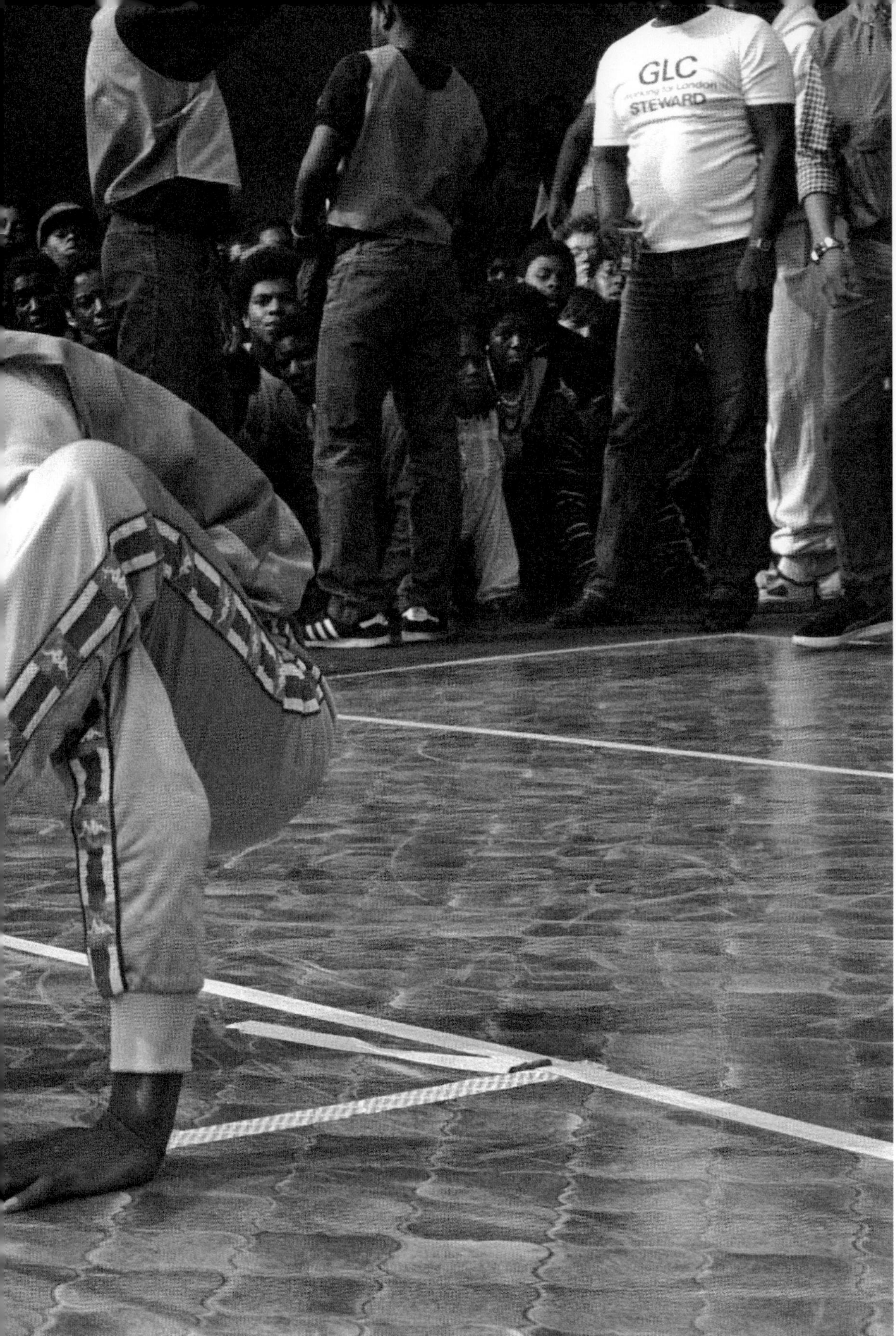
GLC
STEWARD

SUPERSTAR – ADIDAS

Der Adidas Superstar verkörpert die perfekte Verbindung von Streetwear-Attitüde und Kreativität. Seine Wirkung geht weit über den Basketballplatz hinaus und ist zu einem globalen, kulturell relevanten Phänomen mit den ikonischen Three Stripes geworden. Er kam erstmals 1970 als Low-Top-Basketballschuh aus Leder mit einer einzigartigen, verstärkten Gummi-„Shell"-Zehenbox auf den Markt. Mit seinem weichen Fersenschutz, der gepolsterten Schuhlasche, der Nylon-Innenseite und dem neuen Profildesign, das für Traktion sorgte, erregte der Sneaker schnell die Aufmerksamkeit von Sportlern. Der Schuh war außerdem 30 Prozent leichter als seine Vorgängermodelle. Bis 1973 trugen 85 Prozent der professionellen Basketballspieler in den USA Sneakers mit Gummikappen.

In den 1980er-Jahren festigte der Superstar seinen Status in der Mainstream-Kultur, als er zu einem Must-have der Hip-Hop-Gruppe Run-DMC wurde. Seine Popularität stieg in Japan rasant an, wo es sich zu einem begehrten Sammlerstück entwickelte. Der Shell-Toe-Schuh war auch die Grundlage für unzählige Collabs – darunter Pharrells Supercolor-Kollektion im Jahr 2015, Pradas handwerkliche Neuinterpretation und LEGOs Interpretation der klassischen Sneakers – und hat bei jeder neuen Iteration seine Vielseitigkeit stets unter Beweis gestellt. Dieses Modell ist für seine Seltenheit bekannt, da Sammler seine seltenen und einzigartigen Sondereditionen sehr schätzen.

Skateboard-Superstars wie Mark Gonzales und Tyshawn Jones erhielten ebenfalls eigene Modelle, was den anhaltenden Einfluss des Schuhs auf Sport und Mode unterstreicht. Adidas demonstrierte seinen kulturellen Einfluss, indem es für seine Celebrate-Originality-Kampagne im Jahr 2008 eine fünfzehn Fuß lange Nachbildung eines Superstar-Paares schuf. Das Projekt umfasste einen riesigen Sneaker in New York und einen anderen in San Francisco. Der Höhepunkt war die Wiedervereinigung der Schuhe in einer Vitrine in Venice Beach, Kalifornien, bevor sie im Adidas Village in Portland, Oregon, untergebracht wurden.
Seit den 1970er-Jahren haben Adidas-Superstars weltweit Gegenbewegungen entfacht und symbolisieren für ihre Träger Rebellion und Originalität.

OBERMATERIAL AUS LEDER

SCHNÜRVERSCHLUSS

IKONISCHE MUSCHELFÖRMIGE ZEHENBOX

GUMMI-AUSSENSOHLE

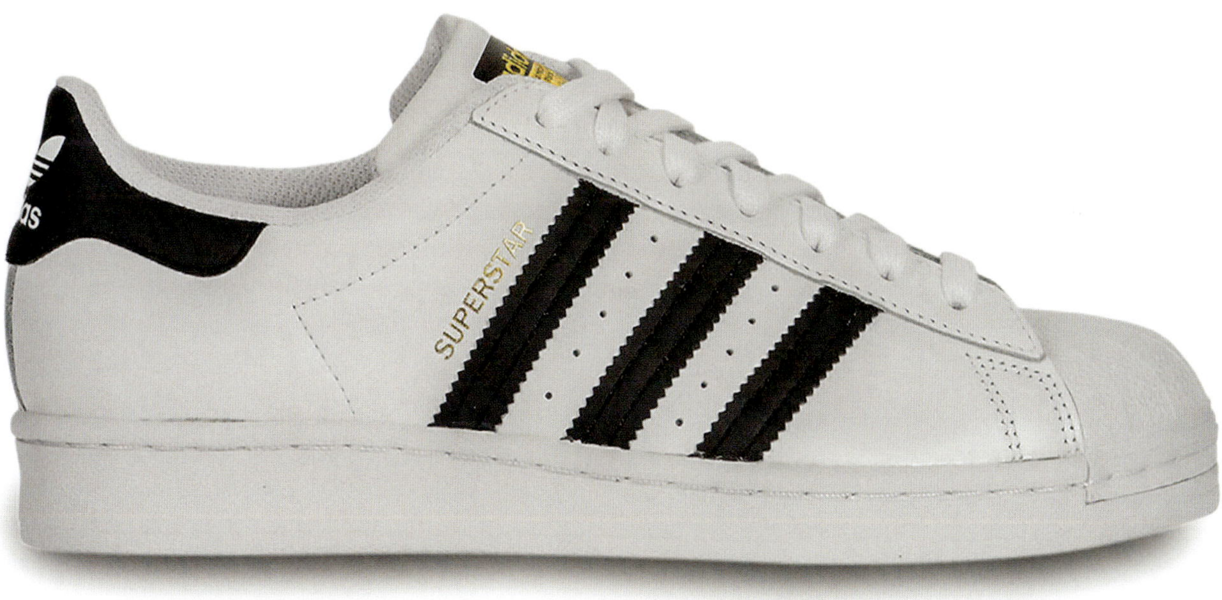

Mit dem Aufkommen der Hip-Hop-Kultur in den 1980er-Jahren wurden Shell-Toe-Sneaker, insbesondere die Adidas Superstars, zum Symbol der Bewegung. Als Hip-Hop vom Underground zum Mainstream übertrat, zeigten einflussreiche Künstler stolz ihre Treue zu Adidas und waren Vorreiter des Trends, Superstars ohne Schnürsenkel und mit herausgestreckter Zunge zu tragen – ein ausgefallenes Stil-Statement, das bis heute anhält. Die Popularität von Superstars, insbesondere in Hip-Hop-Kreisen, ist über die Jahre hinweg ungebrochen. 1986 veröffentlichte die amerikanische Hip-Hop-Gruppe Run-DMC die Single „My Adidas" und stellte damit eine direkte Beziehung zwischen der Musikgruppe und der Marke her. Sneakers wurden eng mit Hip-Hop verbunden und gelangten von den Straßen New Yorks auf die Bühnen der Welt. Superstars wurden zu wahren Symbolen für den Stil des Genres. Von seinen Anfängen als Basketballschuh in den 1970er-Jahren über seine Verbindung mit Hip-Hop in den 1980er- und 1990er-Jahren bis hin zu seiner anhaltenden Beliebtheit in den 2010er-Jahren hat der Adidas Superstar seinen Ruhm wahrhaftig gefestigt.

RUN-DMC

Gegründet 1983, war Run-DMC, auch Run-D.M.C. oder RUN DMC genannt, eine bahnbrechende amerikanische Hip-Hop-Gruppe aus Hollis, Queens, in New York City. Sie sind bekannt für ihren bedeutenden Einfluss auf die Hip-Hop-Kultur und gelten als eine der kultigsten Bands der 1980er-Jahre.

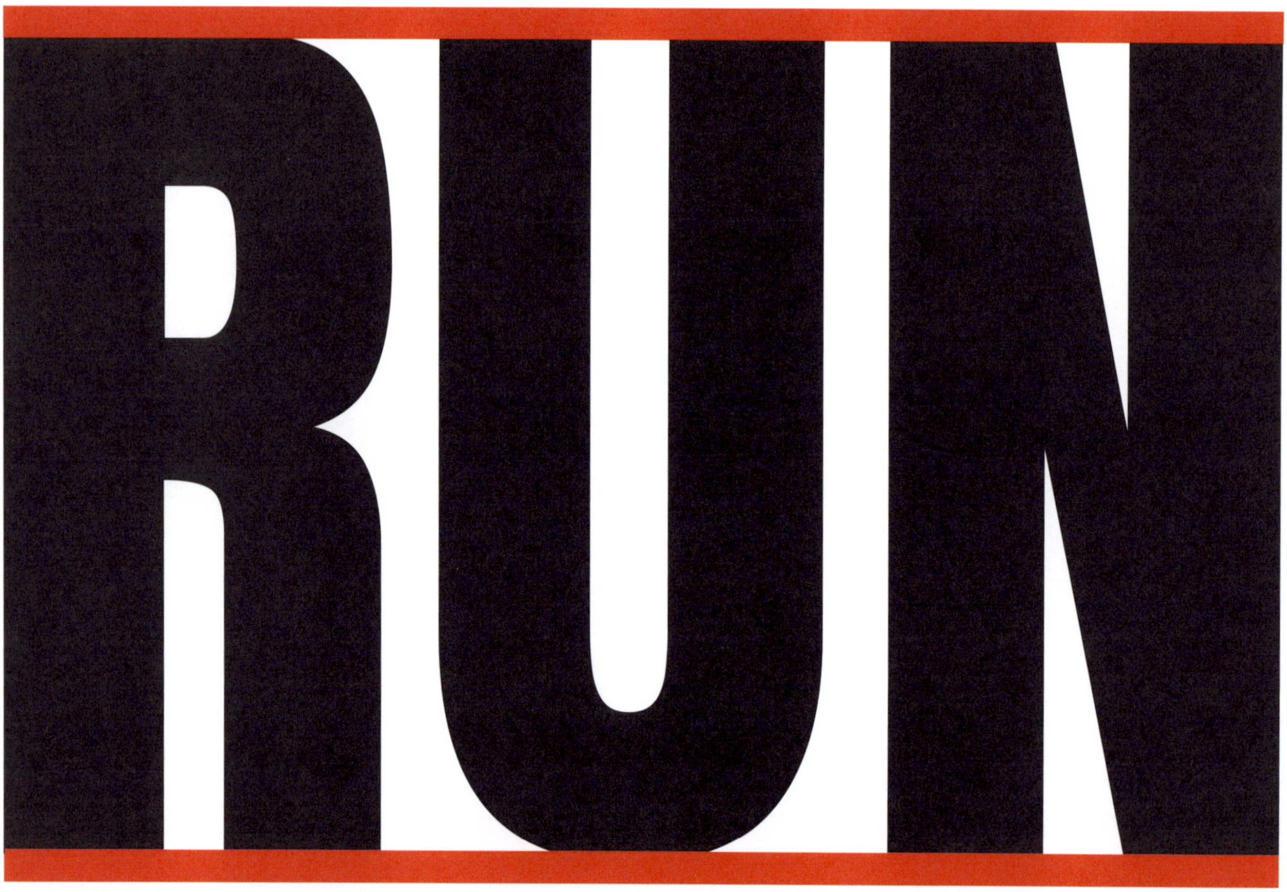

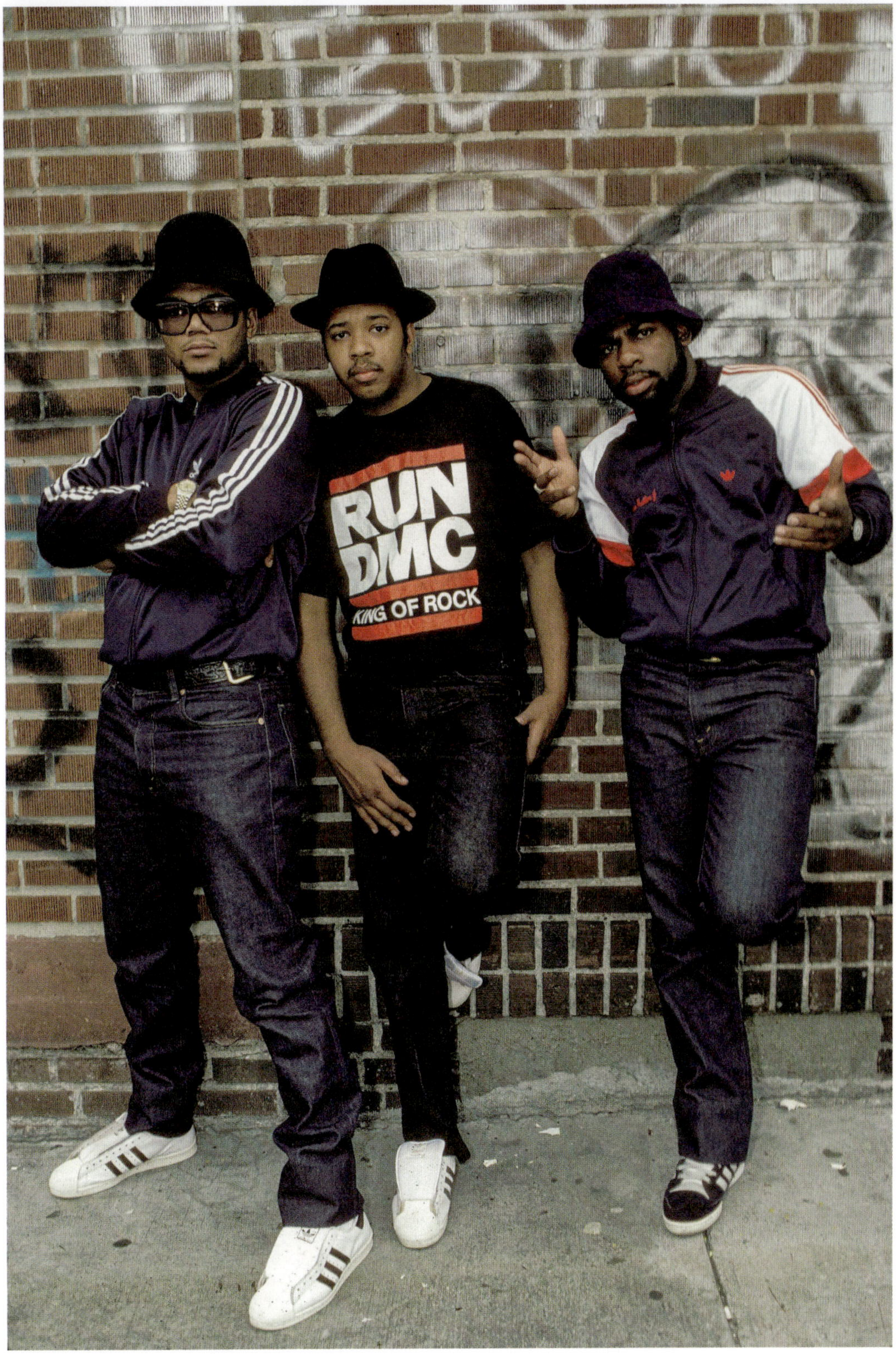

Amerikanische Hip-Hop-Gruppe Run-DMC – 1986.

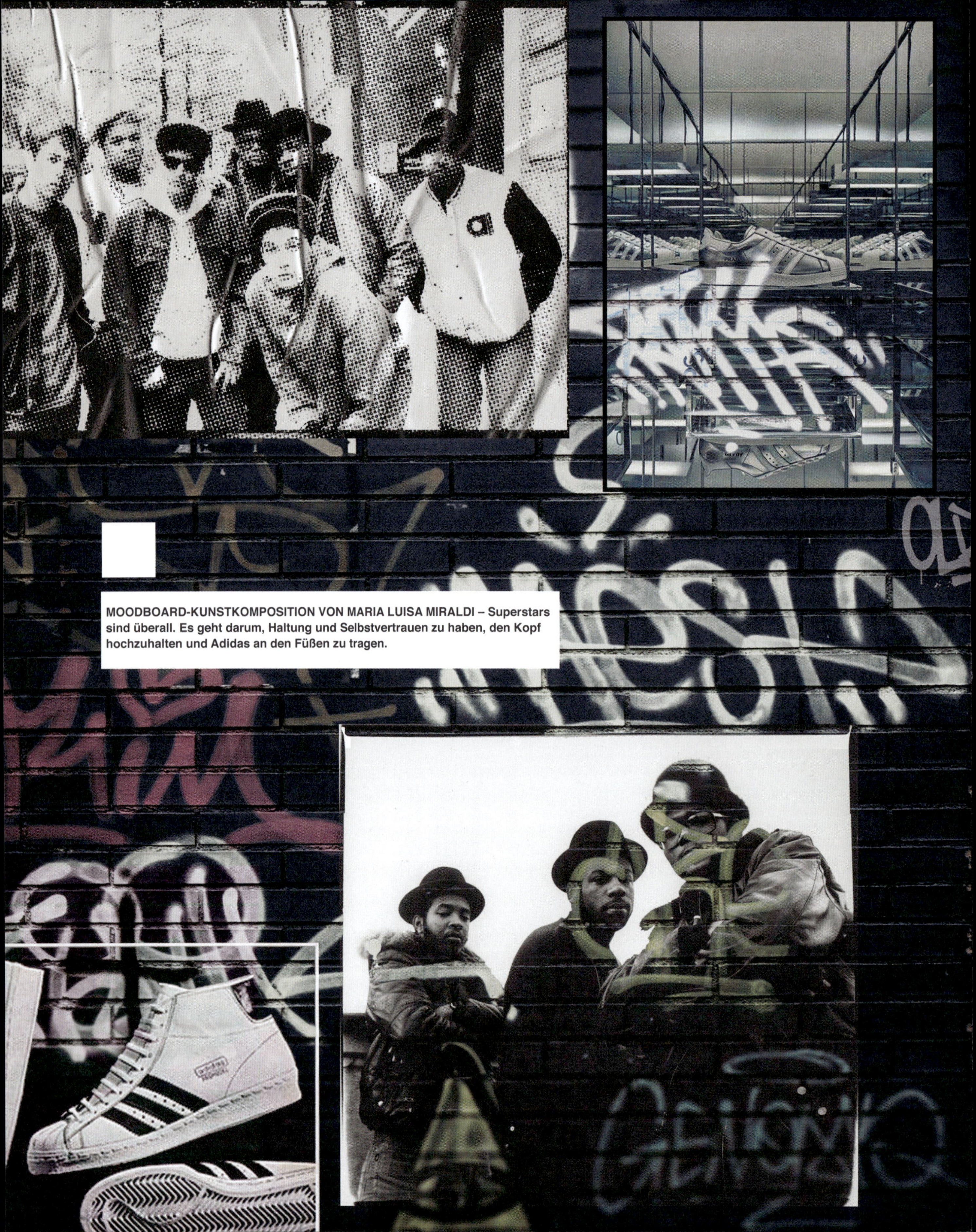

MOODBOARD-KUNSTKOMPOSITION VON MARIA LUISA MIRALDI – Superstars sind überall. Es geht darum, Haltung und Selbstvertrauen zu haben, den Kopf hochzuhalten und Adidas an den Füßen zu tragen.

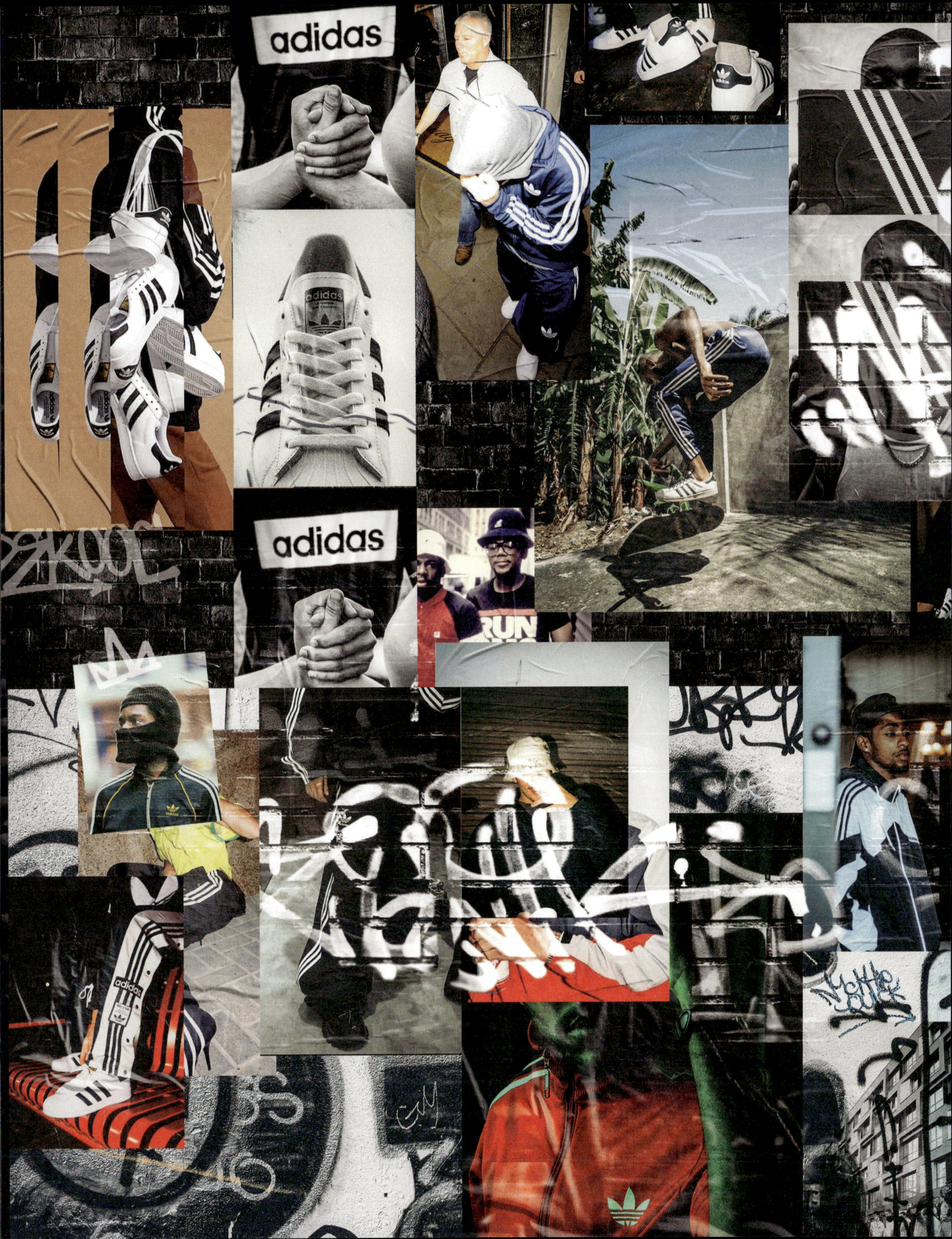
adidas
adidas

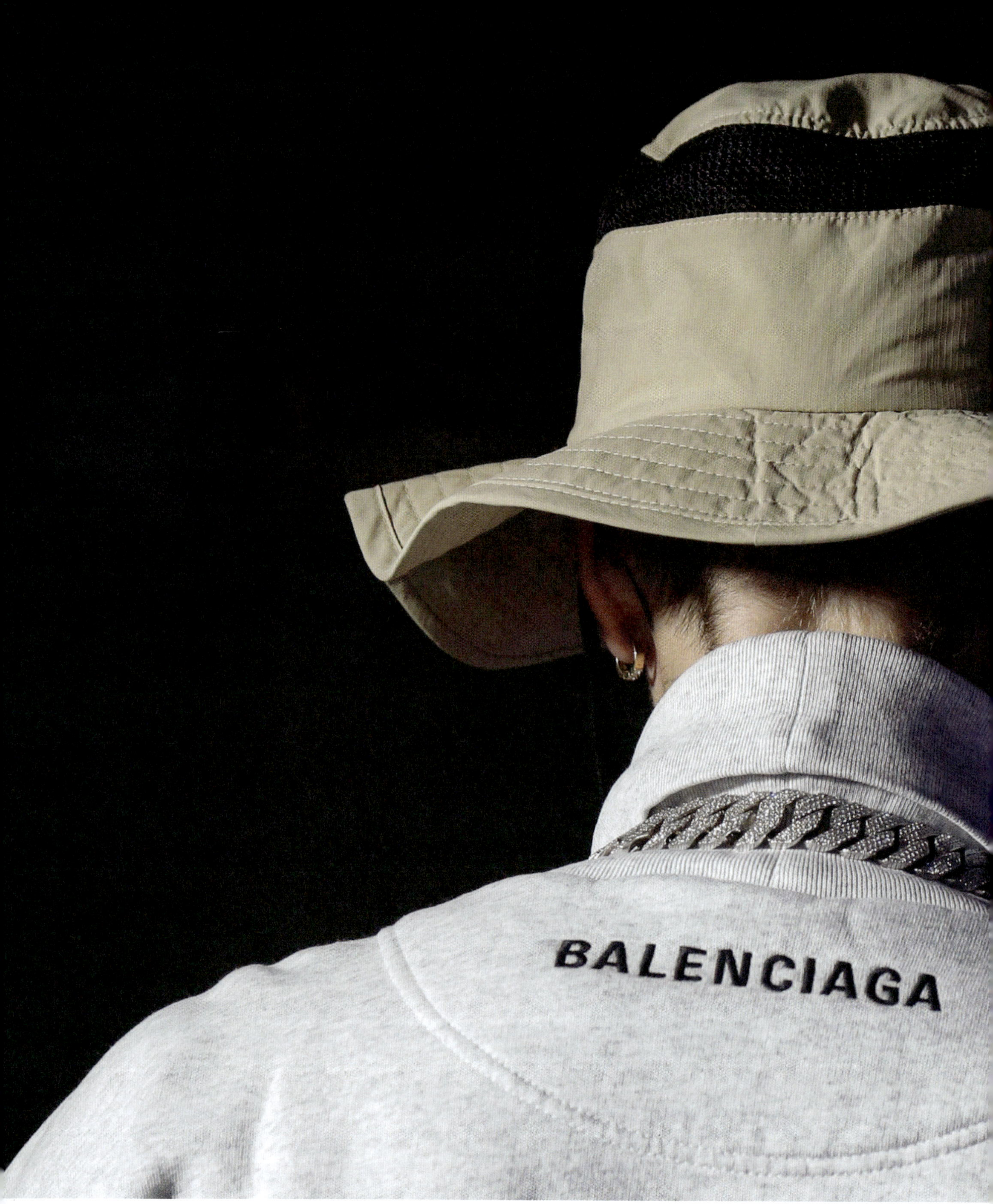

Justin Bieber trägt bei einem Screening-Event für Amazon Prime einen Rollkragenpullover von Balenciaga – New York City, 2021.

TRIPLE S – BALENCIAGA

Das Wiederaufleben der 90er-Jahre-Mode brachte den „Dad-Schuh"-Trend mit sich, wobei der Triple S von Balenciaga den Weg für die Attraktivität von klobigen „Sci-Fi-Schuhen" ebnete. Vor ihrem Debüt auf dem Laufsteg im Jahr 2017 wurden diese robusten Schuhe mit den amerikanischen Vorstädten und dem Lebensstil von Rentnern in Verbindung gebracht und von einer durchwachsenen Gruppe von Menschen getragen. Sie entfernten sich allmählich von der Bequemlichkeit des Vorstadtlebens und verfolgten größere Ambitionen.

Mit der Kampagne „Who's your daddy?" (Wer ist dein Daddy?), die von der Sportbekleidung der 80er-Jahre inspiriert war, wurde der Triple S zu einem kulturellen Phänomen. Das „S" steht für „Sohle", denn der Sneaker hat drei davon. Er verkörpert die klassischen Elemente der Marke, nämlich Volumenexperimente und Materialien und das Experimentieren mit Farben. Darüber hinaus erinnern die zweifarbigen Schnürsenkel an die typischen Schnürsenkel von Wanderschuhen. Demna Gvasalia, Modedesigner und Kreativdirektor von Balenciaga, arbeitete mit dem Designer David Tourniaire-Beauciel zusammen, um das aufmerksamkeitsstarke Design zu realisieren, das die traditionellen Normen für das visuelle Gleichgewicht in einer modischen Silhouette infrage stellt. Das Design feiert Exzess und hebt sich von der eher simplen Ästhetik seiner Vorgänger ab. Er ist ein echter Luxus-Sneaker und markiert einen bedeutenden Wandel in der Mode.

Seit seinem Debüt zeichnet sich der Triple S, der von Lauf-, Basketball- und Leichtathletikschuhen beeinflusst wurde, durch seine massive, dreifach gestapelte Sohle für soliden Komfort und einen einzigartigen Look aus. Er inspirierte zu Nachahmungen und hat sich auf den Modewochen der Welt zu einer festen Größe in der Streetwear entwickelt.
Der Triple S, der sich am Rande des guten Geschmacks bewegt, hat schnell Liebhaber in verschiedenen Preisklassen angezogen, von High-End-Marken wie Prada und Louis Vuitton bis hin zu Mittelklassemodellen wie Ash und preisgünstigen Alternativen wie Nike Air Monarch und Zara. Kanye West stellte sich der Herausforderung und trug die unkonventionelle Silhouette. Das weltweit bekannte Design ist mit der Ära der Luxus-Streetwear verbunden und besitzt eine einzigartige Anziehungskraft, die über den Höhepunkt des Instagram-Hypes von 2017 bis 2019 hinausreicht.

MESH, WILDLEDER UND SYNTHETISCHES MATERIAL

SCHNÜRVERSCHLUSS MIT ZWÖLF ÖSEN AUS STOFF

GESTICKTE GRÖSSE AN DER KANTE DER SCHUHSPITZE

KOMPLEXE DREILAGIGE LAUFSOHLE

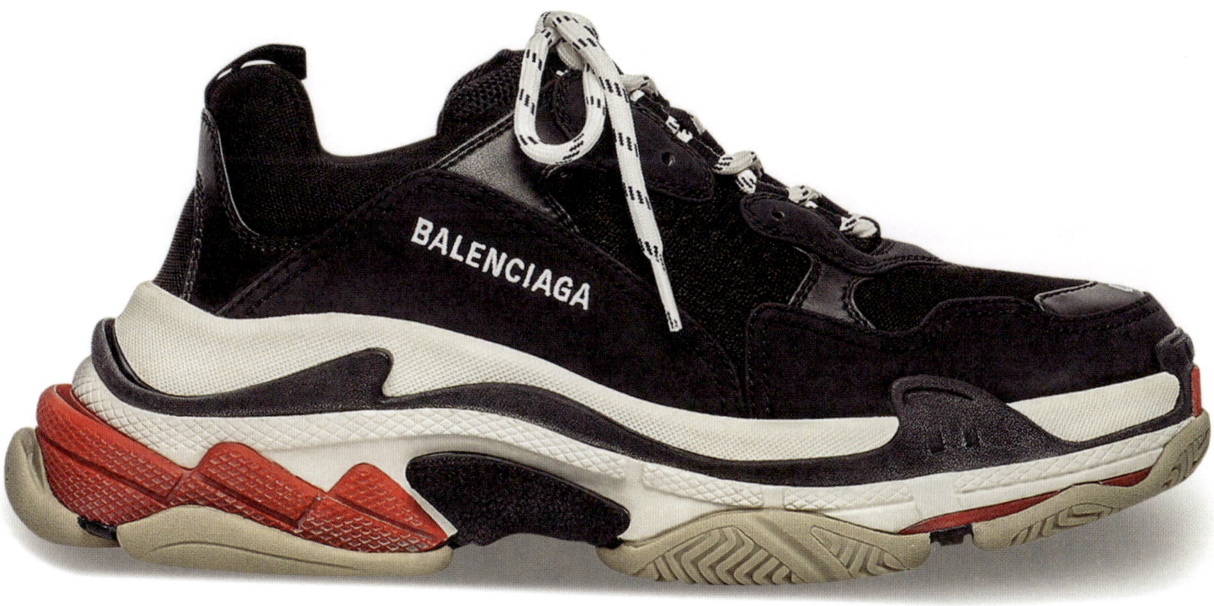

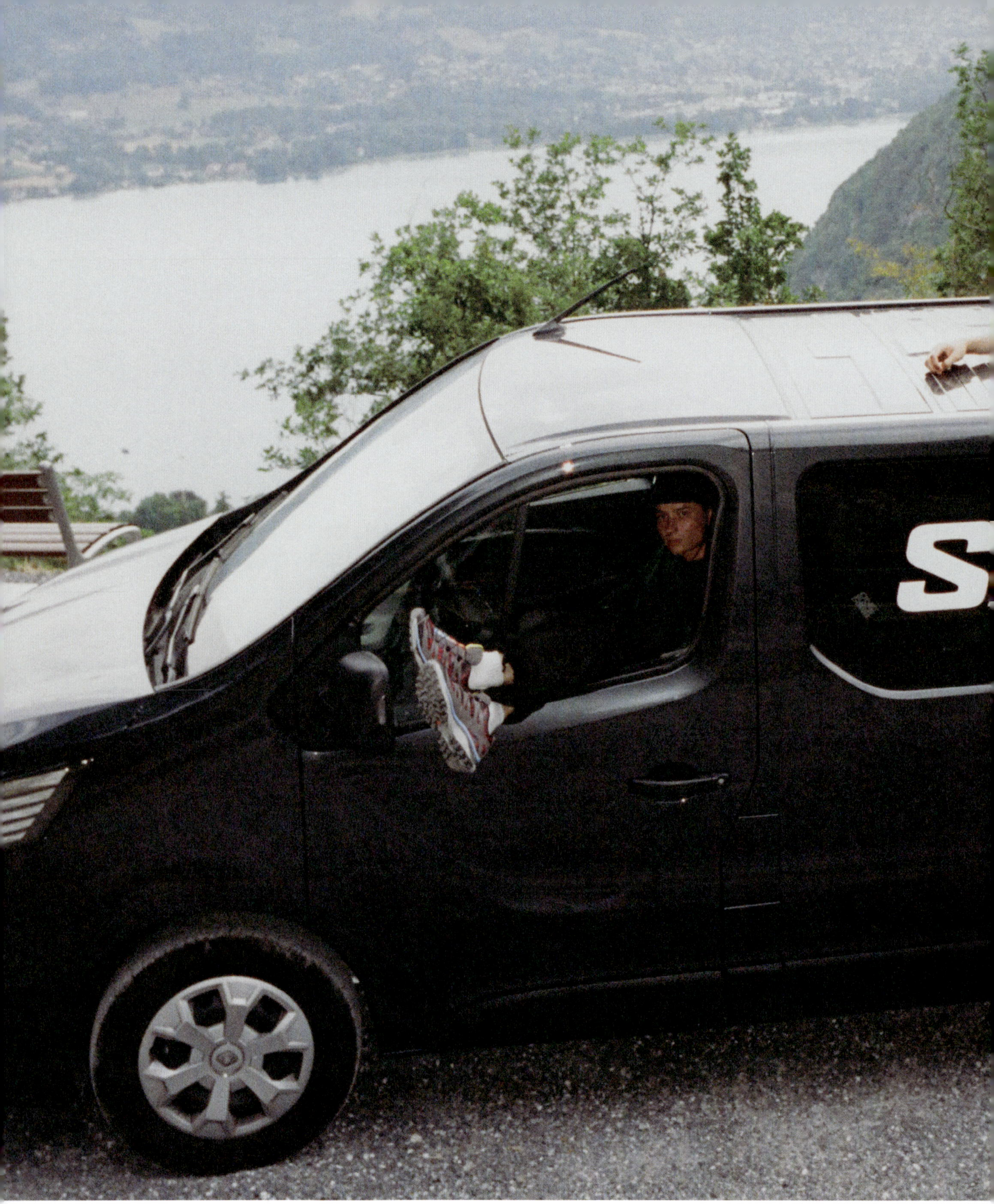

Davide Tacchini und One Block Down im Sportstil beim Salomon-Shooting am Lac d’Annecy – 2023.

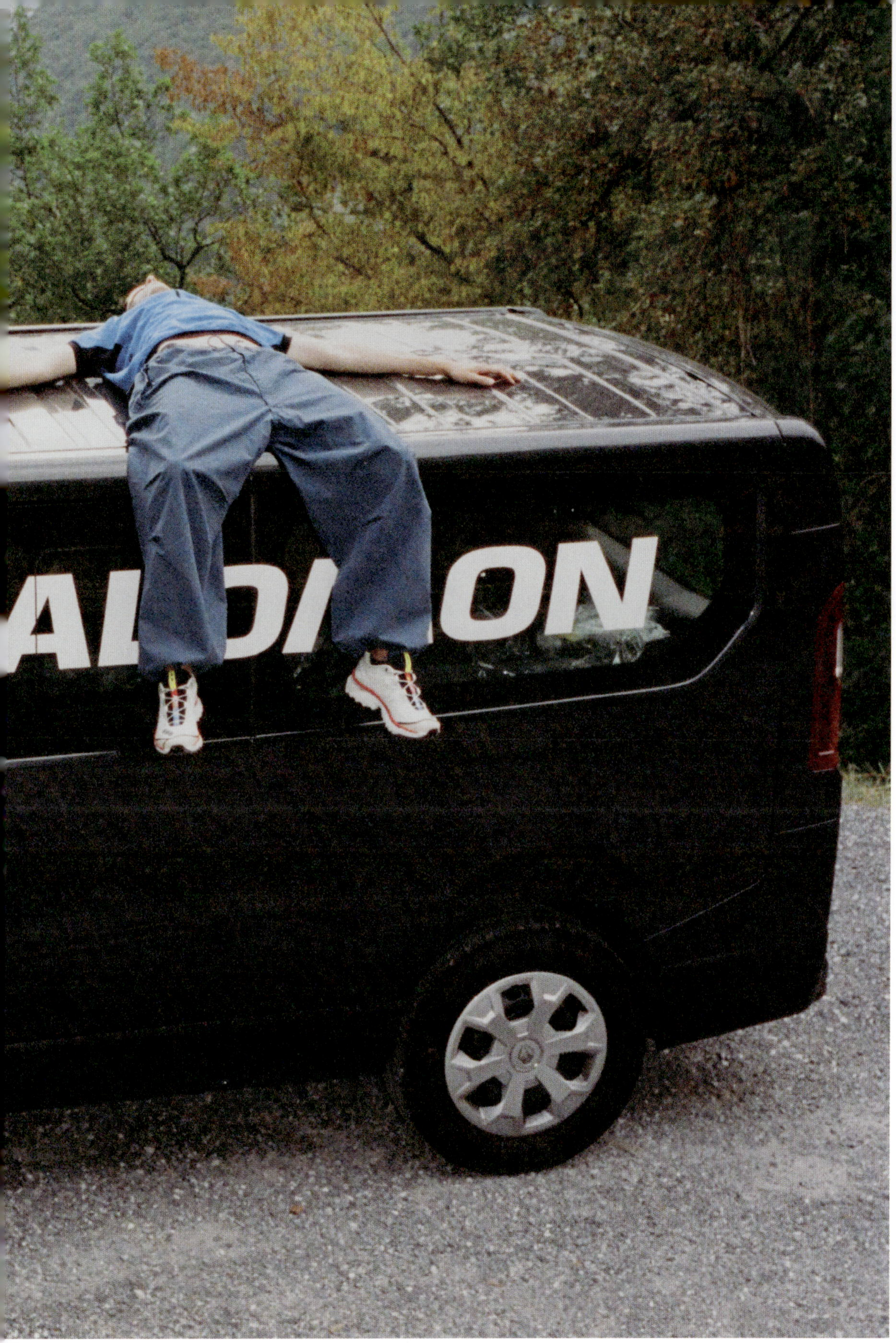

XT-6 – SALOMON

Das 1947 von François Salomon in den französischen Alpen gegründete Unternehmen Salomon ist international als Hersteller hochwertiger Outdoor-Sportausrüstung bekannt. Die Salomon-Bindung „le lift" wurde 1957 in Leben gerufen und ersetzte die traditionellen Lederriemen, die bis dahin nur für Skibindungen verwendet worden waren. Sie wurde zu der weltweit beliebtesten Bindung. Die Marke hat im Laufe der Jahre durch die Verschmelzung von Outdoor-Design und alltäglicher Streetwear mit dem Modetrend Gorpcore an Popularität gewonnen.

Der XT, ein bekanntes Schuhmodell von Salomon, das für seine Langlebigkeit, seinen Komfort, sein geringes Gewicht und seinen hervorragenden Halt geschätzt wird, ist nach wie vor die bevorzugte Wahl für Ultra-Trail-Läufer. Trotz seiner langjährigen Beliebtheit hat Salomon immer wieder neue, innovativere und schlankere Alternativen entwickelt, die den Bekanntheitsgrad des Modells über die Bergpfade hinaus erweiterten.

Bis heute wurden die Versionen eins bis sechs des XT nur geringfügig verändert, da die Marke Wert darauf legte, Elemente zu bewahren, die von Anfang an zum Erfolg des Schuhs beigetrugen. Der von Benjamin Grenet gefertigte XT-6 ist eine Verschmelzung aus seinen Vorgängern und verfügt über die charakteristischen Rennfarben und ein abriebfestes Mesh mit TPU-Folie für verbesserten Schutz in anspruchsvollem Terrain. Ausgestattet mit einem durchgehenden Agile Chassis System und einer EVA-Dämpfung mit doppelter Dichte, sorgt der Schuh für Stabilität, Fußschutz und komfortable Landungen.

Salomon-Sneaker gewannen in den frühen 2010er-Jahren an Bedeutung, als Prominente wie A$AP Rocky und Rihanna sich für Outdoor-inspirierte Streetwear begeisterten. Die Marke nutzte diesen Moment, um die GORE-TEX-Technologie in die Städte zu holen und Komfort und Stil nahtlos zu vereinen. Salomon-Sneaker verkörpern einen abenteuerlichen Geist und stehen für einen modernen, aktiven Lebensstil. Sie zeichnen sich durch langlebiges und modisches Schuhwerk aus.

„Ich bin fasziniert von dem, was ich morgen tun werde." – George Salomon

OBERMATERIAL AUS MESH UND TPU-FOLIE

QUICKLACE™-SCHNÜRVERSCHLUSS

EVA DÄMPFENDE ZWISCHENSOHLE

DOWNHILL-CHASSIS UND LAUFSOHLE MIT STOLLENGEOMETRIE

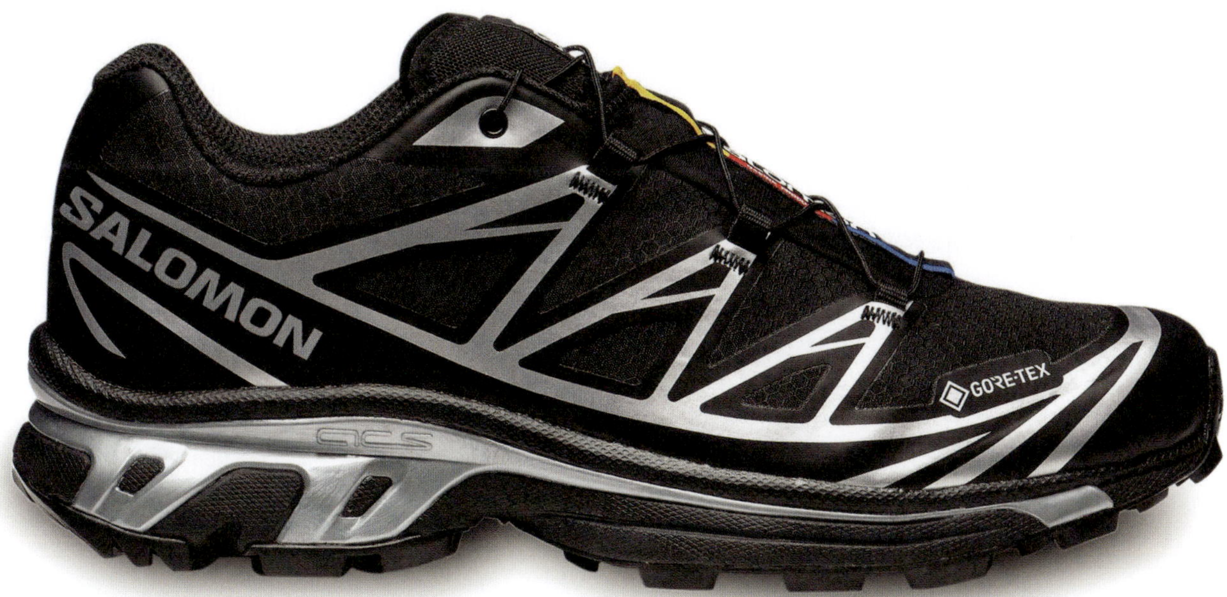

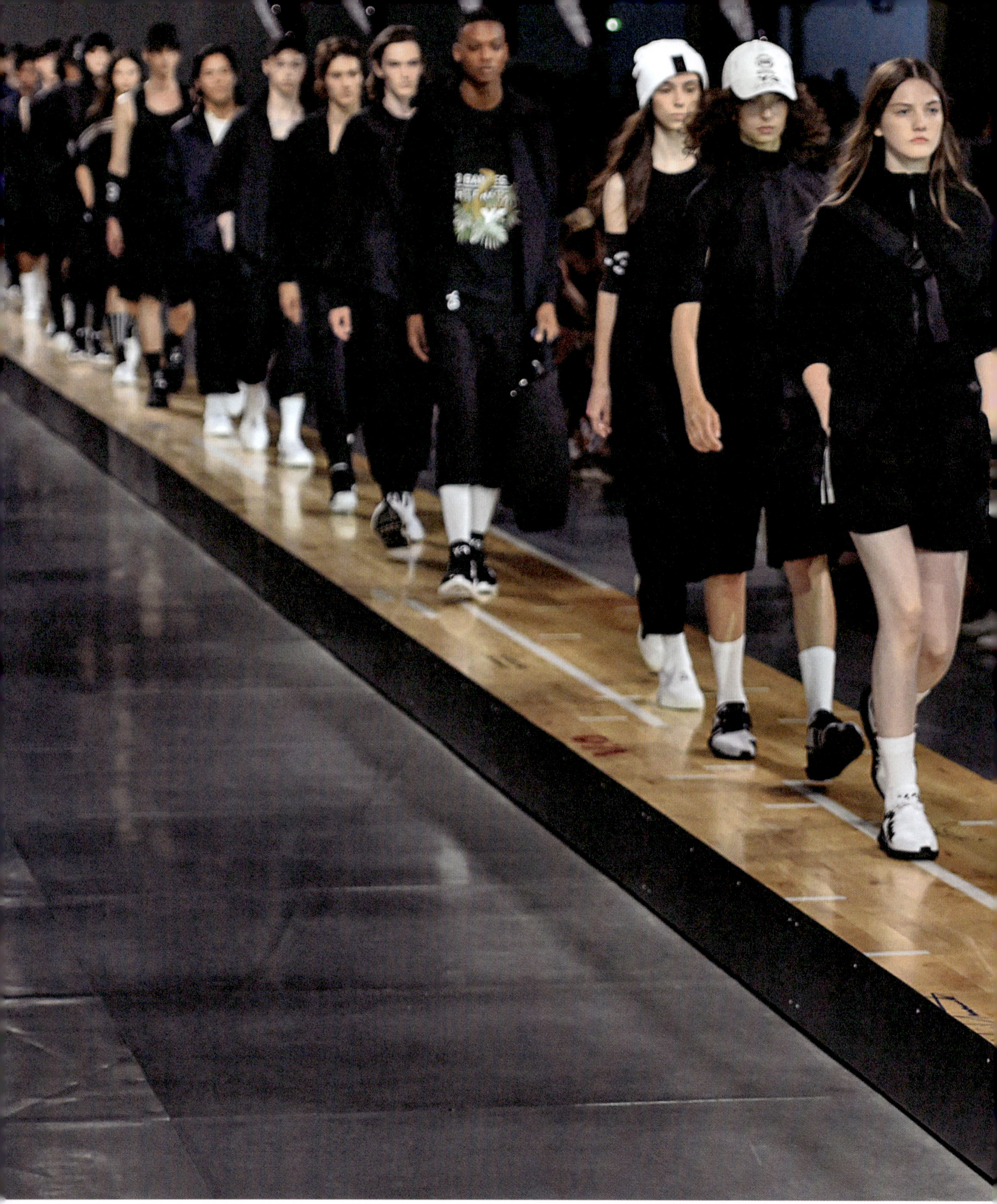

Y-3 Laufsteg auf der Paris Fashion Week, Herrenmode Frühjahr/Sommer 2018 – Paris, 2017.

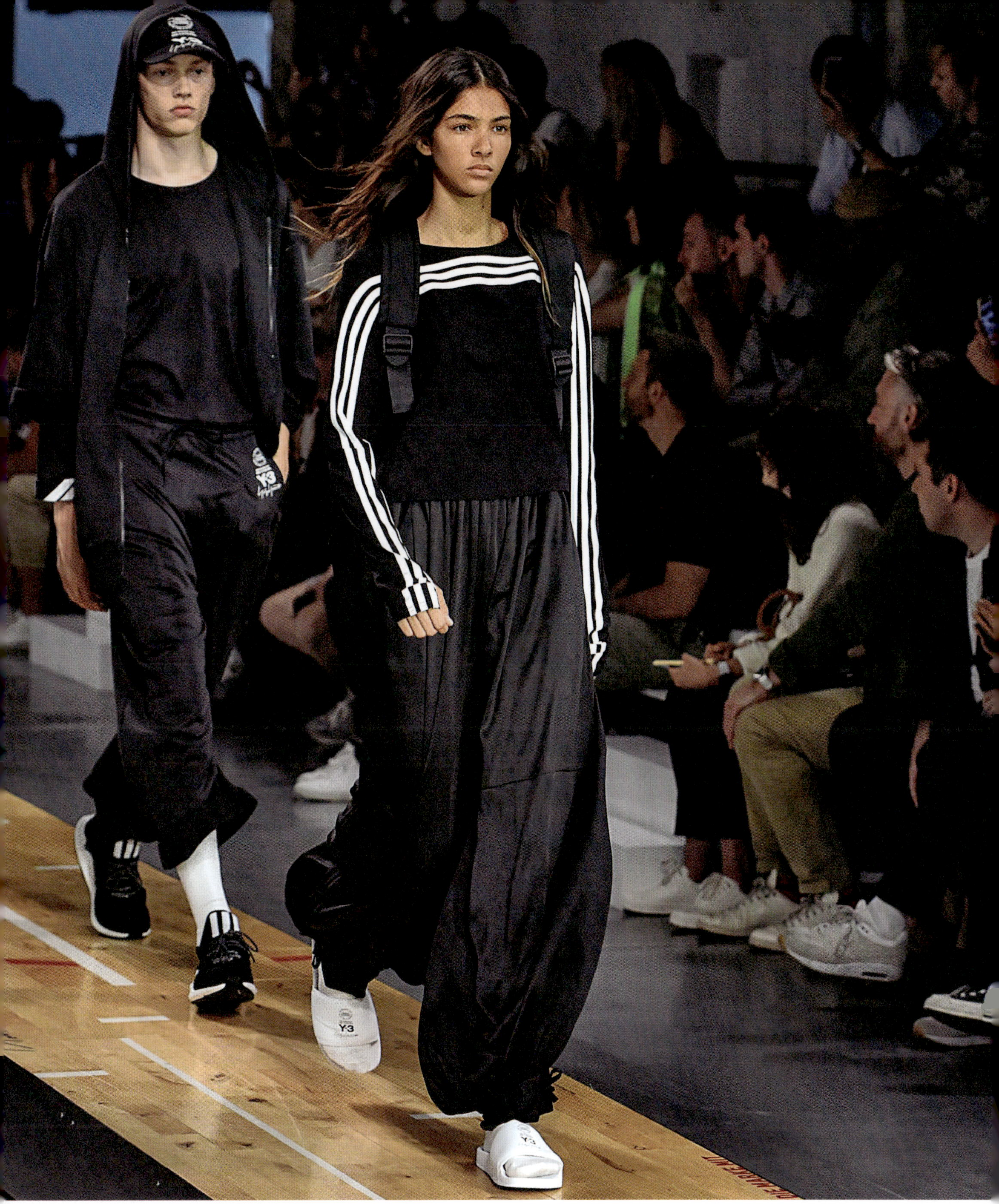

Y-3 QASA - ADIDAS

Die Y-3-Linie wurde in Zusammenarbeit mit Adidas und unter der Leitung von Nic Galway veröffentlicht und debütierte im Januar 2002 auf der Pitti Uomo in Florenz, Italien. Y-3 ist eine Fusion des avantgardistischen japanischen Designers Yohji Yamamoto und Adidas und symbolisiert deren Synergie, wobei das „Y" für Yamamoto und die „3" für die kultige Marke mit den drei Streifen steht.
Der Y-3 Qasa ist für hochwertige Materialien, bahnbrechende Designs und das Überschreiten von Grenzen in der Sportmode bekannt. Das Sublabel war einer der ersten Fälle, in denen ein High-Fashion-Designer eine Sportbekleidungslinie entwarf, die zwei völlig unterschiedliche Ästhetiken miteinander verband und deren Verschmelzung veranschaulichte.

Die Presse bezeichnete Yamamotos Stil aufgrund seiner unregelmäßig geformten Kleidungsstücke und der charakteristischen breiten Schlitze als „post-atomic fashion". Seine einzigartige Ästhetik führte Kleidungsstücke ein, die absichtlich unfertig, ausgefranst und willkürlich zusammengesetzt wirkten und lockere, fließende Silhouetten aufwiesen. Die häufige Verwendung von Schwarz festigte sein Werk und wurde zur bevorzugten Ästhetik in der urbanen Mode der 1980er-Jahre.

Die Y-3-Sneaker, eine kühne Kreation, die Yamamoto im Gegensatz zu den Sportswear-Trends der späten 90er-Jahre sorgfältig entwickelt hat, zeichnen sich durch eine akribische Liebe zum Detail und hochwertige Materialien aus. Sie gehen über den typischen Sneaker hinaus. Dieses Konzept war ein Vorbote für die Zusammenarbeit von Adidas mit Designern wie Raf Simons, Rick Owens und anderen.

Y-3 markierte einen beispiellosen Wendepunkt in der Modeindustrie und schuf eine Bewegung in Richtung dessen, was später als Athleisure bekannt werden sollte.

OBERMATERIAL AUS LEDER UND NEOPREN

DREI-LOCH-SCHNÜRVERSCHLUSS

INNENFUTTER AUS LEDER UND NEOPREN

EVA-ZWISCHENSOHLE I GUMMI-AUSSENSOHLE

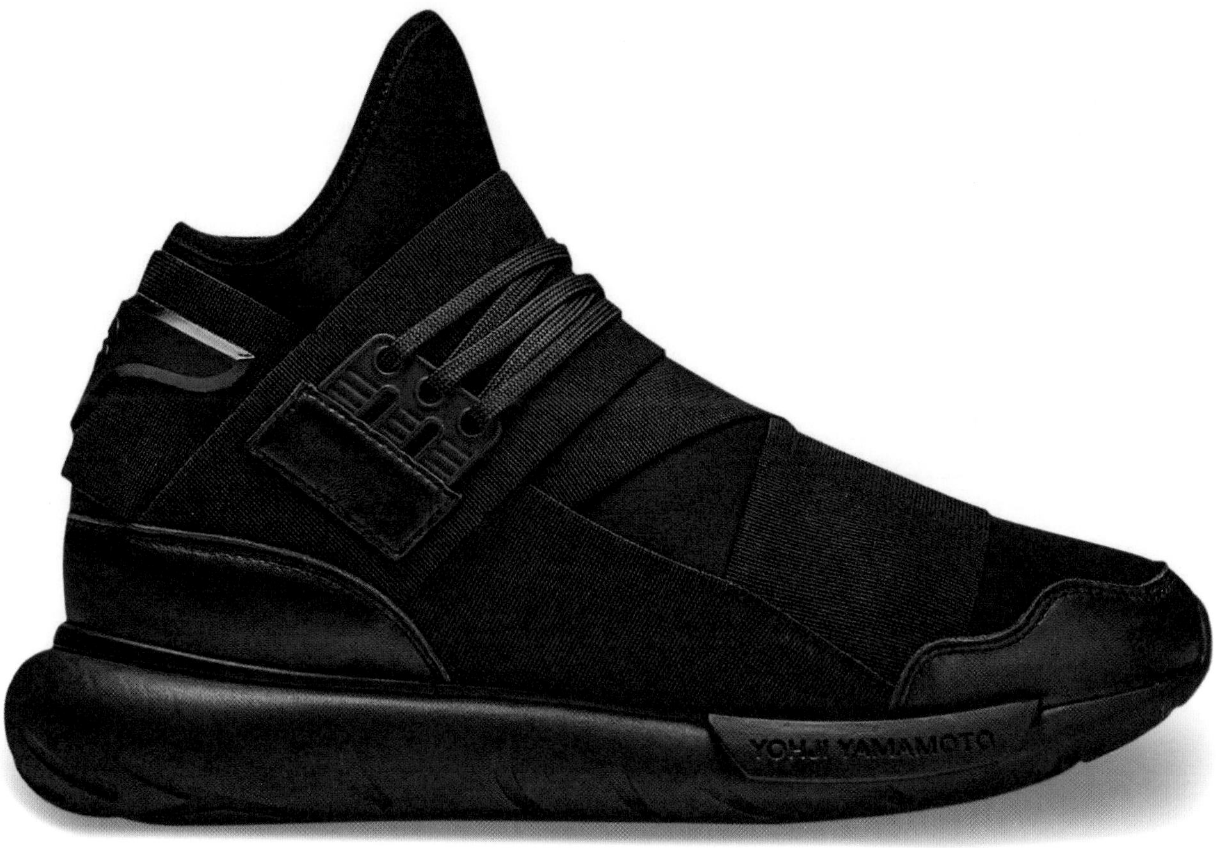

Yohji Yamamoto gab 1981 in Paris sein Debüt und entwickelte sich schnell zu einem der einflussreichsten Designer der High-Fashion-Szene.

Was Yamamotos Kreationen, die sich vor allem an Frauen richten, auszeichnet, ist der androgyne Charakter der Silhouetten, der die konventionelle Trennung zwischen Männer- und Frauenkleidung durch die vorherrschende Verwendung einer einzigen Farbe infrage stellt: Schwarz. In der japanischen Tradition wird Schwarz mit Bauern, dem Geist der Samurai und der Unsichtbarkeit des Bunraku-Theaters in Verbindung gebracht.

Yamamoto hellt seine Entwürfe manchmal mit Weiß oder leuchtenden Farben (Gelb, Blau, Grün und Rot) auf, um Lichtblitze in der Dunkelheit zu symbolisieren.
„Meine Augen in die Vergangenheit gerichtet, gehe ich rückwärts in die Zukunft“. **Yamamotos Philosophie hat eine unerklärliche und fesselnde Ausstrahlung.**

Yohji Yamamoto

Yohji Yamamoto, geboren am 3. Oktober 1943, ist ein japanischer Modedesigner aus Tokio. Er wird als „Meisterschneider“ bezeichnet und ist dank seiner avantgardistischen Designs für seinen Einfluss auf die Mode bekannt.

Y-3

Y-3: Y: YOHJI YAMAMOTO; 3: ADIDAS' DREI STREIFEN

1. Y-3 Laufsteg auf der Paris Fashion Week, Herrenmode Frühjahr/Sommer 2019 – Paris, 2018.
2. Der japanische Designer Yohji Yamamoto bei der Y-3 Menswear Show – Paris, 2018.

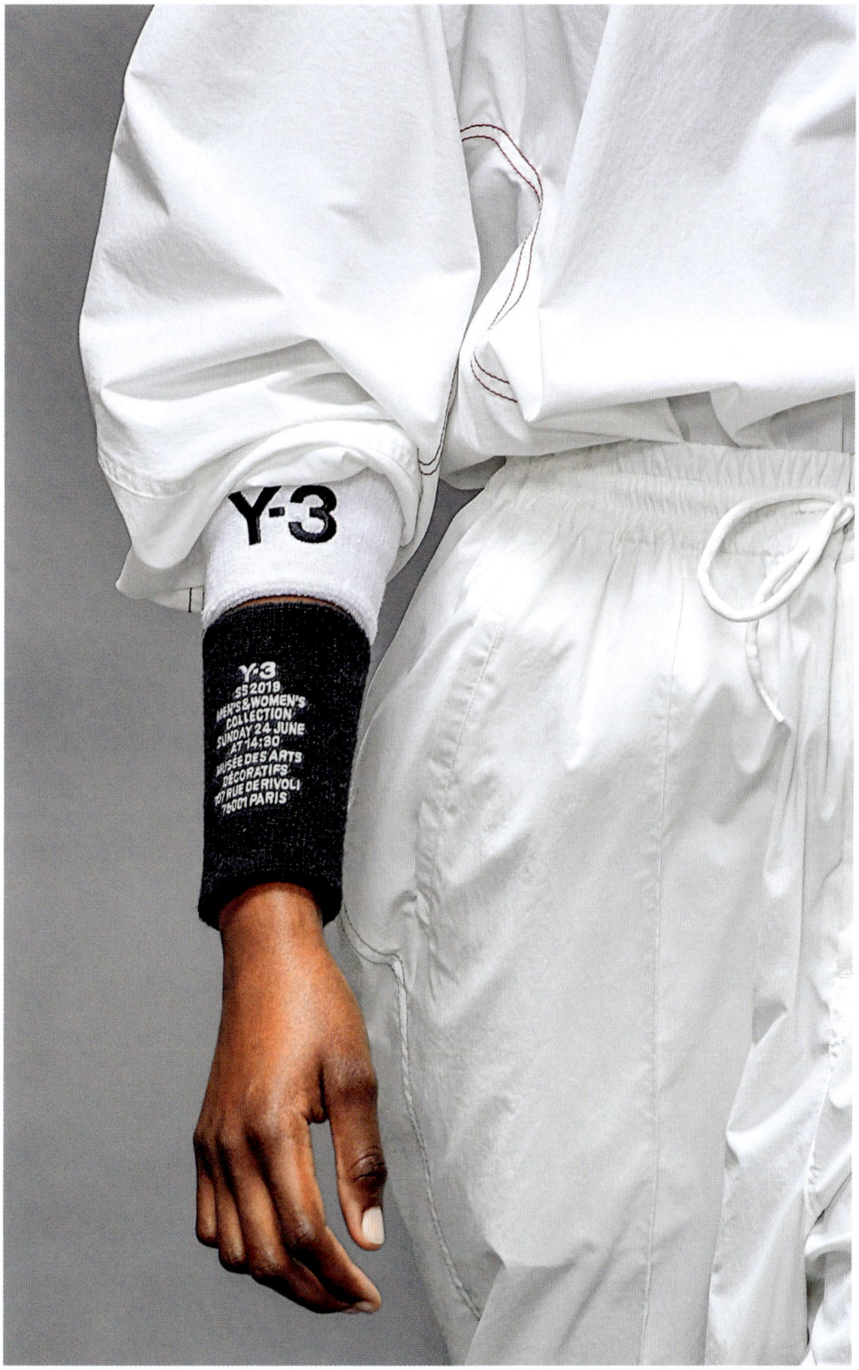

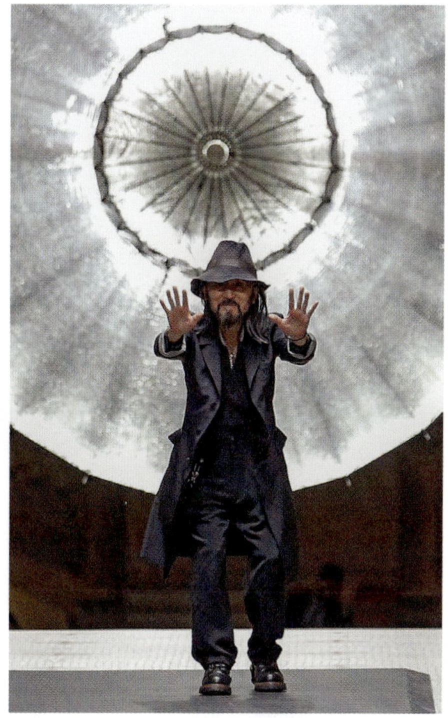

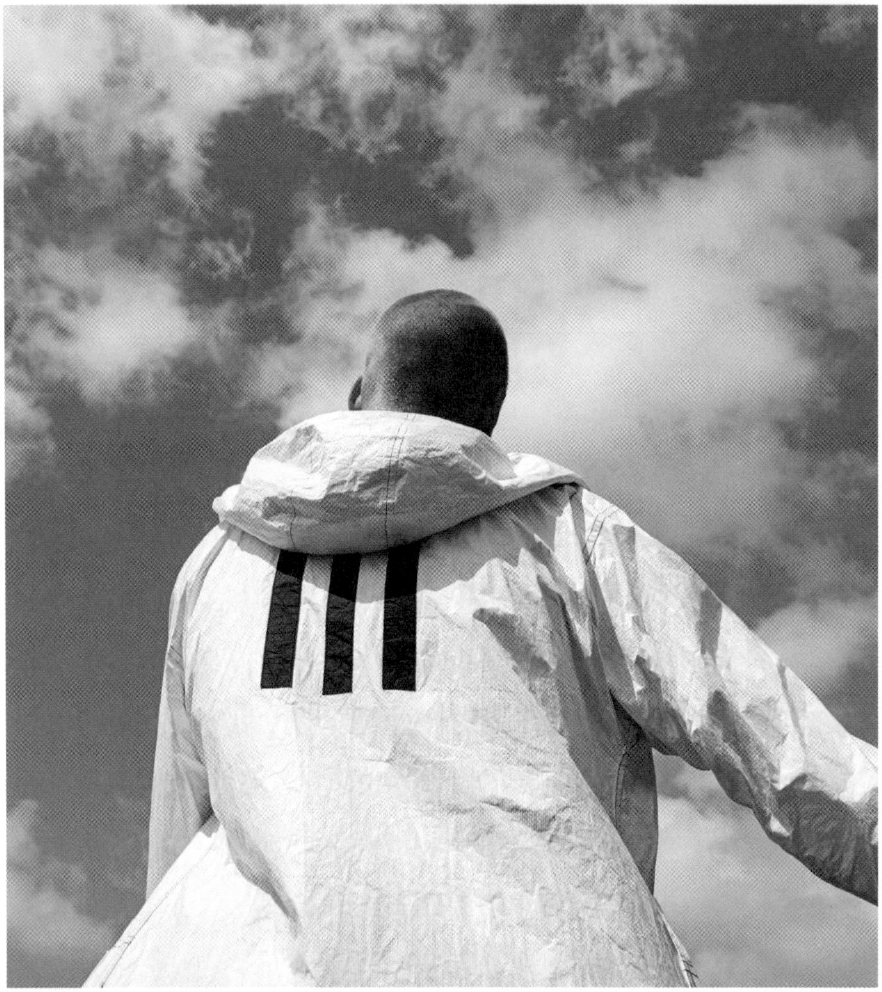

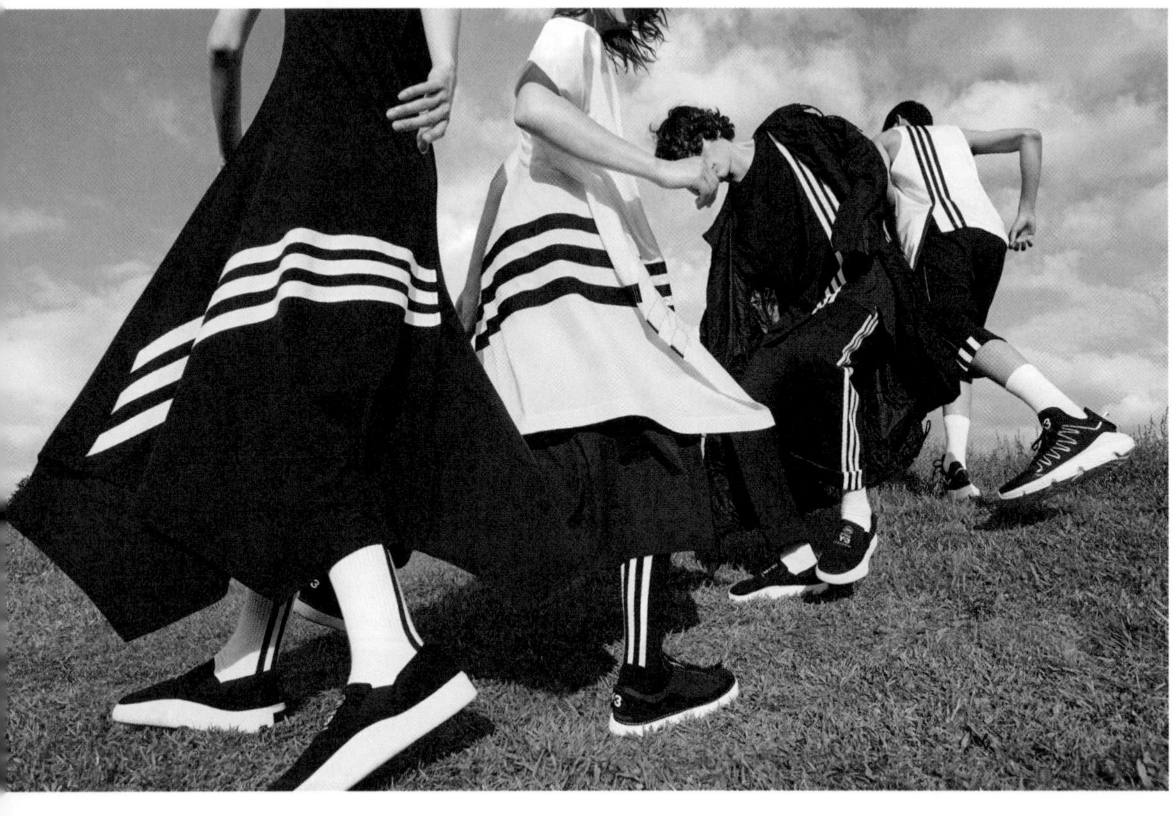

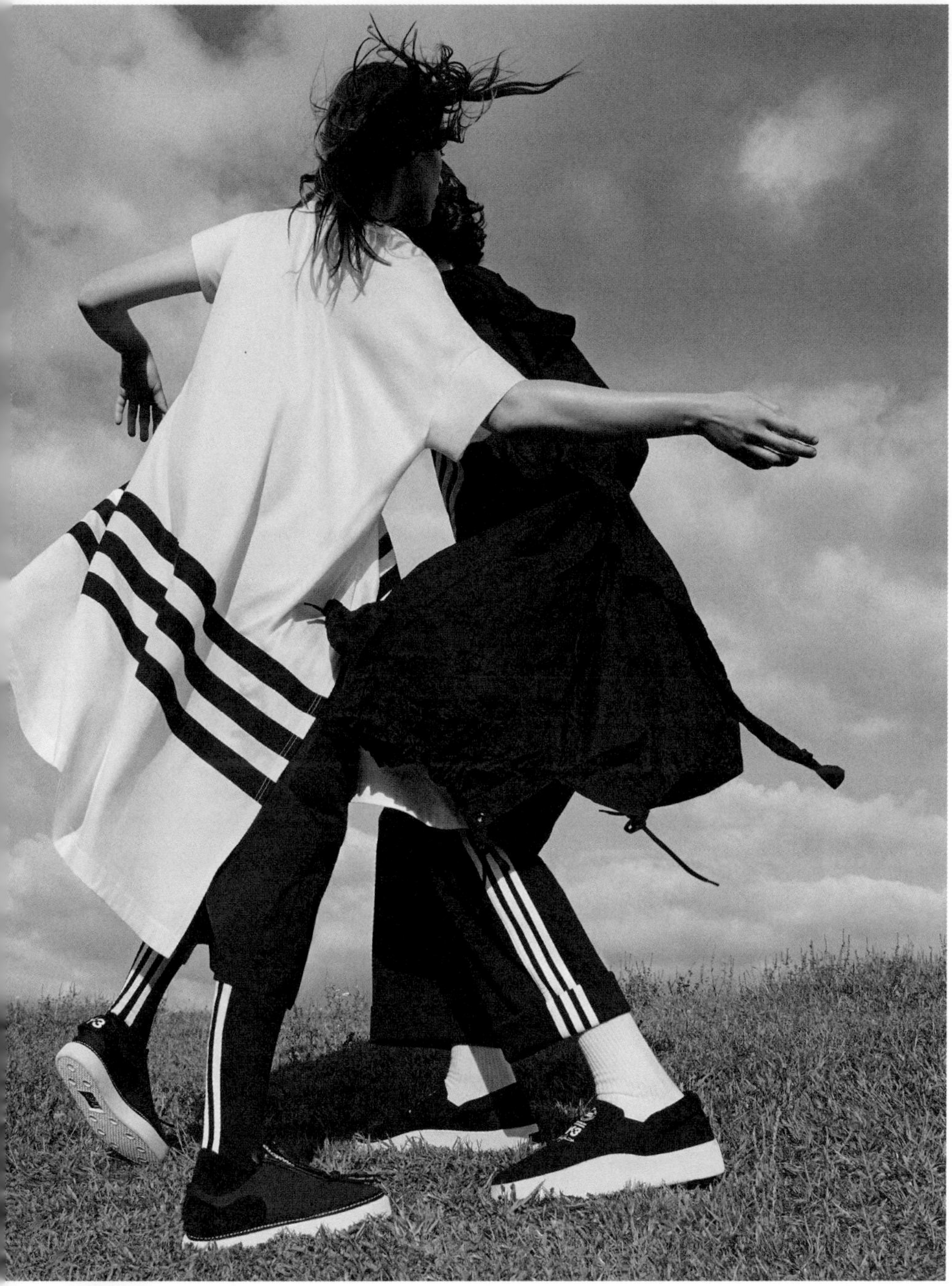

Kampagne Modern „Street Uniform“, Y-3 Frühjahr/Sommer 2018.
Foto von Alessio Bolzoni.

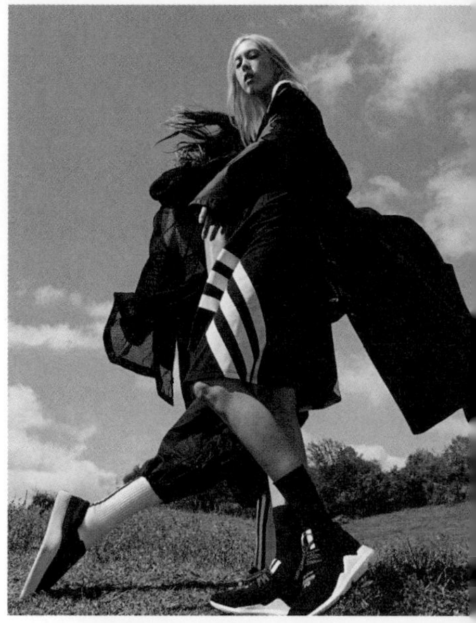

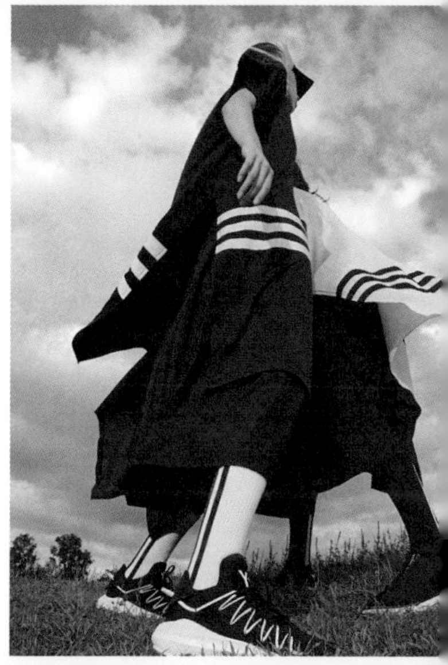

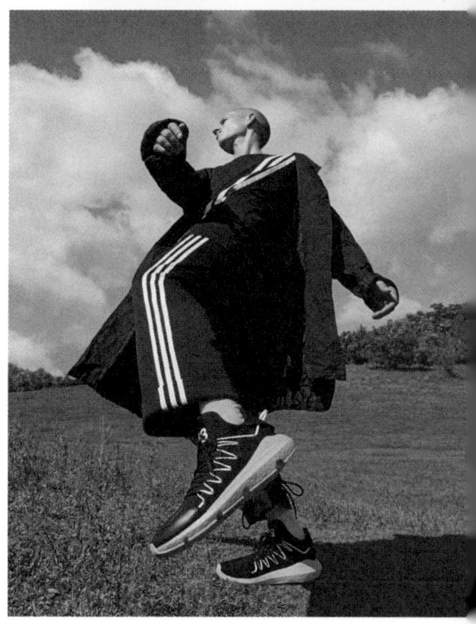

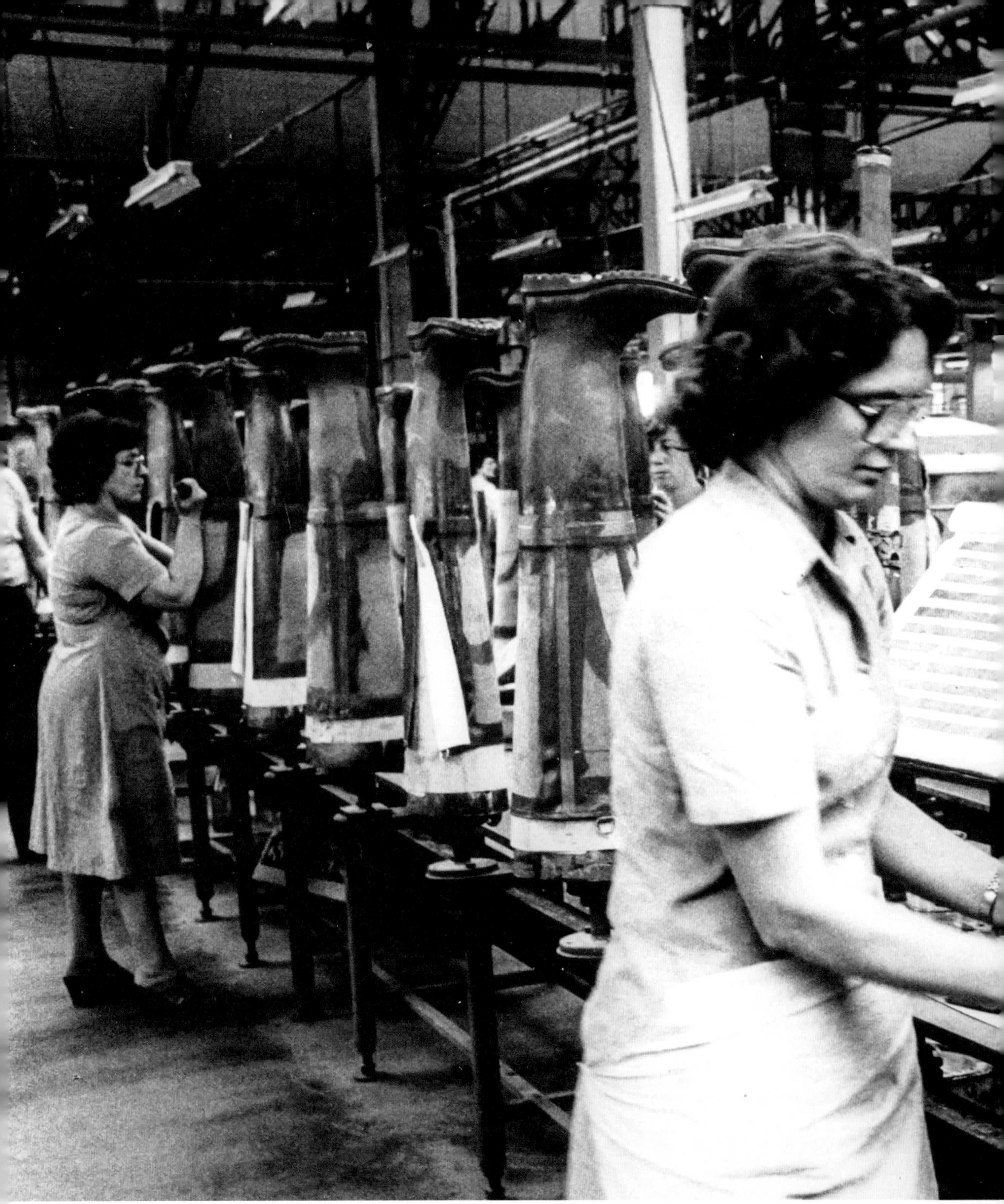

Schuhfabrik Superga – Turin, Italien, 1970.

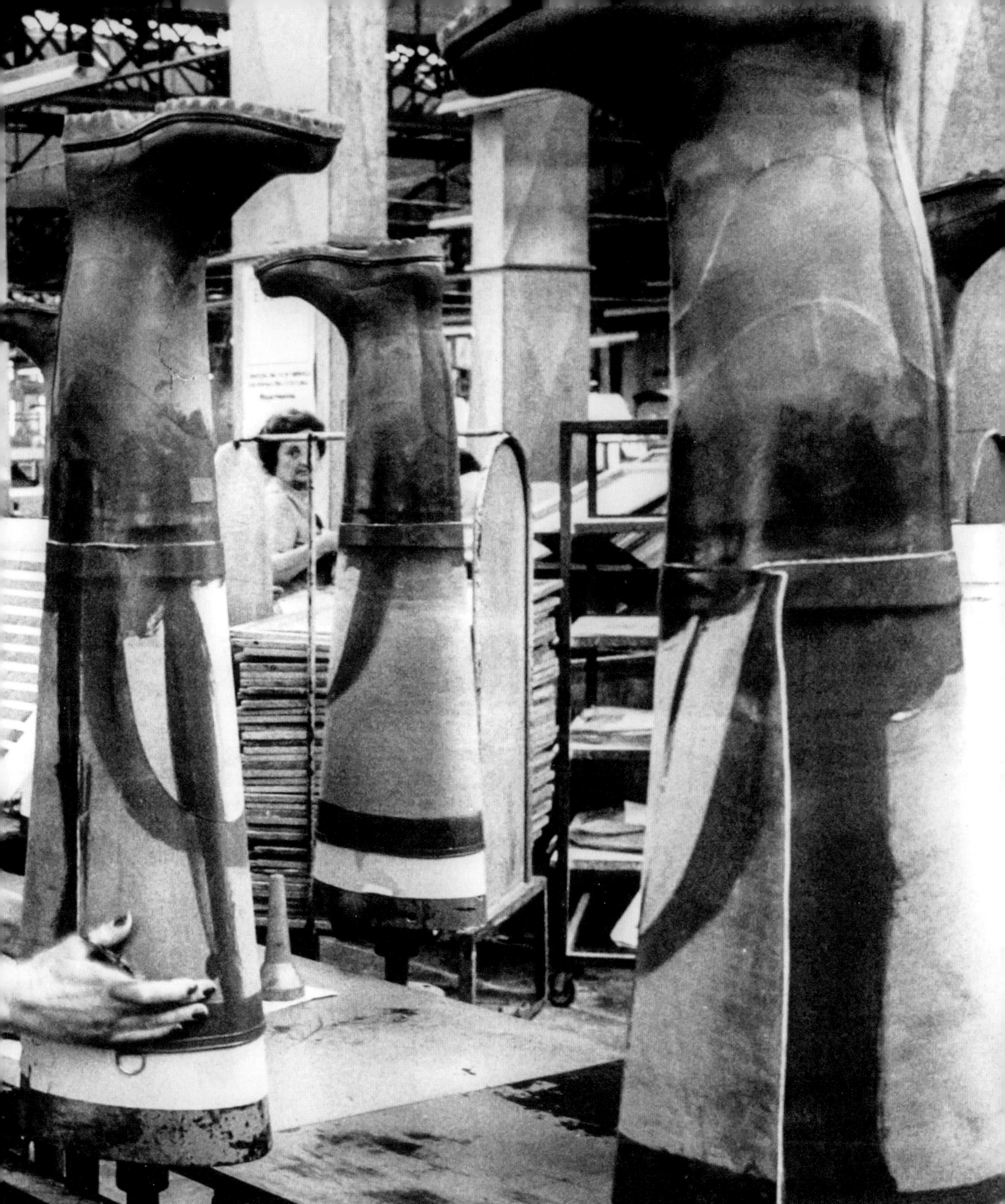

2750 CLASSIC – SUPERGA

Superga wurde 1911 in Turin, Italien, gegründet und leistete Pionierarbeit bei der Herstellung von Schuhen aus vulkanisiertem Gummi, einer von Charles Goodyear erfundenen Technologie. Die Geschichte der Marke ist geprägt von Innovationen wie wasserdichten Gummistiefeln (1913) und einem der ersten Sportschuhe mit vulkanisierten Gummisohlen (1925). Der Gründer Walter Martiny revolutionierte Tennisschuhe, indem er rutschfeste und haltbare Schuhe herstellte und die ikonische „Orangenschalensohle" einführte.
Im Jahr 1962 legte ein neues Logo des italienischen Designers Albe Steiner den Grundstein für das zeitlose Image von Superga. In den 70er-Jahren etabliert sich Superga in der Welt des Sports mit einer eigenen Linie von Schuhen, die das unverwechselbare Schwalbenschwanz-Logo tragen. Als „eines der fünfzig Objekte, die in Italien Geschichte gemacht haben", behält Superga seinen Status als „Volksschuh Italiens" bei.

Superga spricht all jene an, die ein lässiges und modernes Schuhwerk mit einer tiefen Geschichte suchen. Superga ist ein charmanter Klassiker, in dem sich italienisches Erbe, Weitsicht und der allgegenwärtige Einfluss von Sport und Mode widerspiegeln. Der Weg der Marke geht weiter und verbindet perfekt Tradition und Modernität.

OBERMATERIAL AUS ATMUNGSAKTIVEM BAUMWOLL-CANVAS

SCHNÜRVERSCHLUSS I BAUMWOLLSCHNÜRSENKEL

JACQUARD-LOGOETIKETT AN DER SEITE

VULKANISIERTE SOHLE AUS NATURKAUTSCHUK

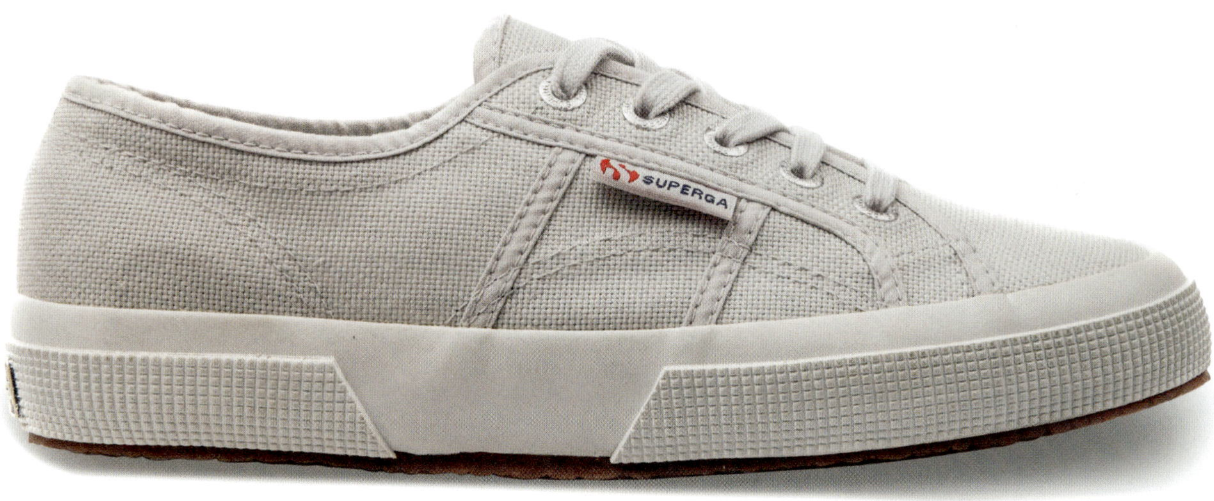

Prinzessin Diana hat die klassischen Superga-Sneakers zu einer Ikone gemacht. 1997 trug sie während einer Rotkreuz-Mission in Angola ein Paar marineblaue Superga 2750. Diese Wahl war ein starkes Statement, das ihren Stil trotz ihres königlichen Status für jedermann nachvollziehbar und ansprechend machte.

Prinzessin Dianas Vorliebe für erschwingliche, schicke und schlichte Sneakers unterstrich ihren menschlichen Charakter. Kate Middleton hat diesen Trend fortgesetzt und gezeigt, dass auch Prinzessinnen Sneakers tragen. Sie hat eine Vorliebe für die einfachen weißen Superga 2750 gezeigt und damit bewiesen, dass sie der perfekte, vielseitige Schuh für jeden Anlass sind, ob königlich oder nicht.

Prinzessin Diana

Diana, Prinzessin von Wales (1. Juli 1961 – 31. August 1997) war die erste Ehefrau von König Charles III. und Mutter der Prinzen William und Harry. Sie war eine weltweite Ikone, die für ihren Aktivismus, ihren glamourösen Stil und ihre bodenständige Art bekannt war.

SUP

1. Mädchen trägt Superga in Vaporia, Syros (Kykladen) – Griechenland, 2017.
2. Superga auf einer Briefmarke – Mailand, Italien, 2020.
3. Diana, Prinzessin von Wales – West-Berlin, Deutschland, 1985.

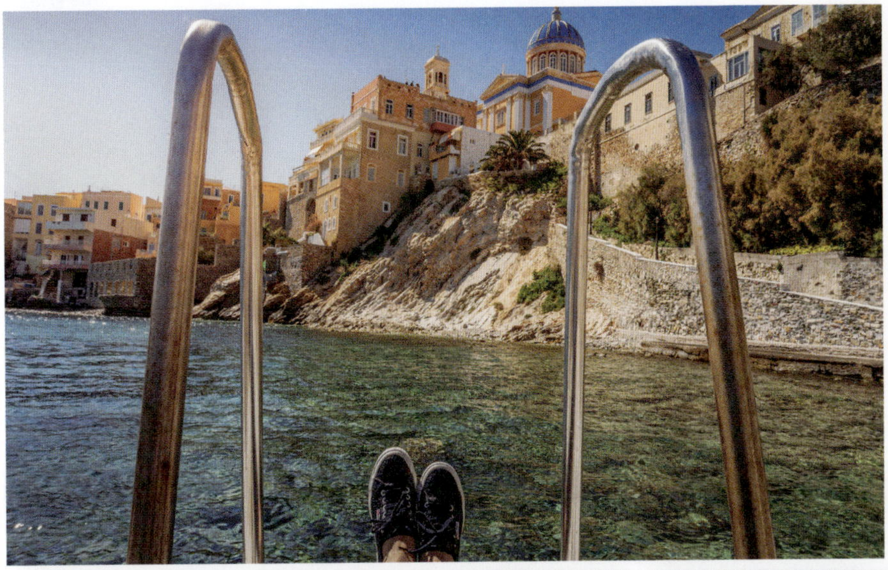

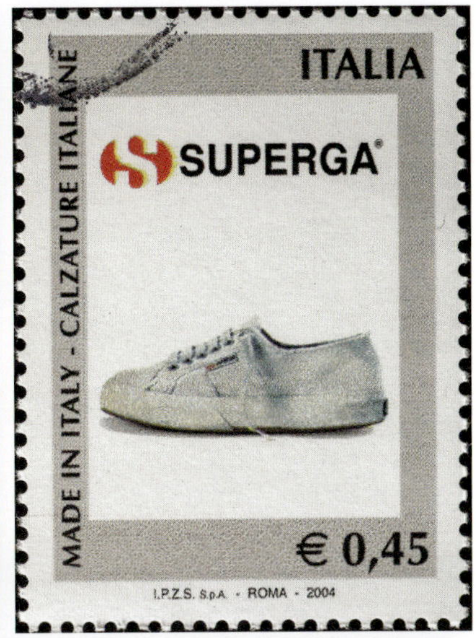

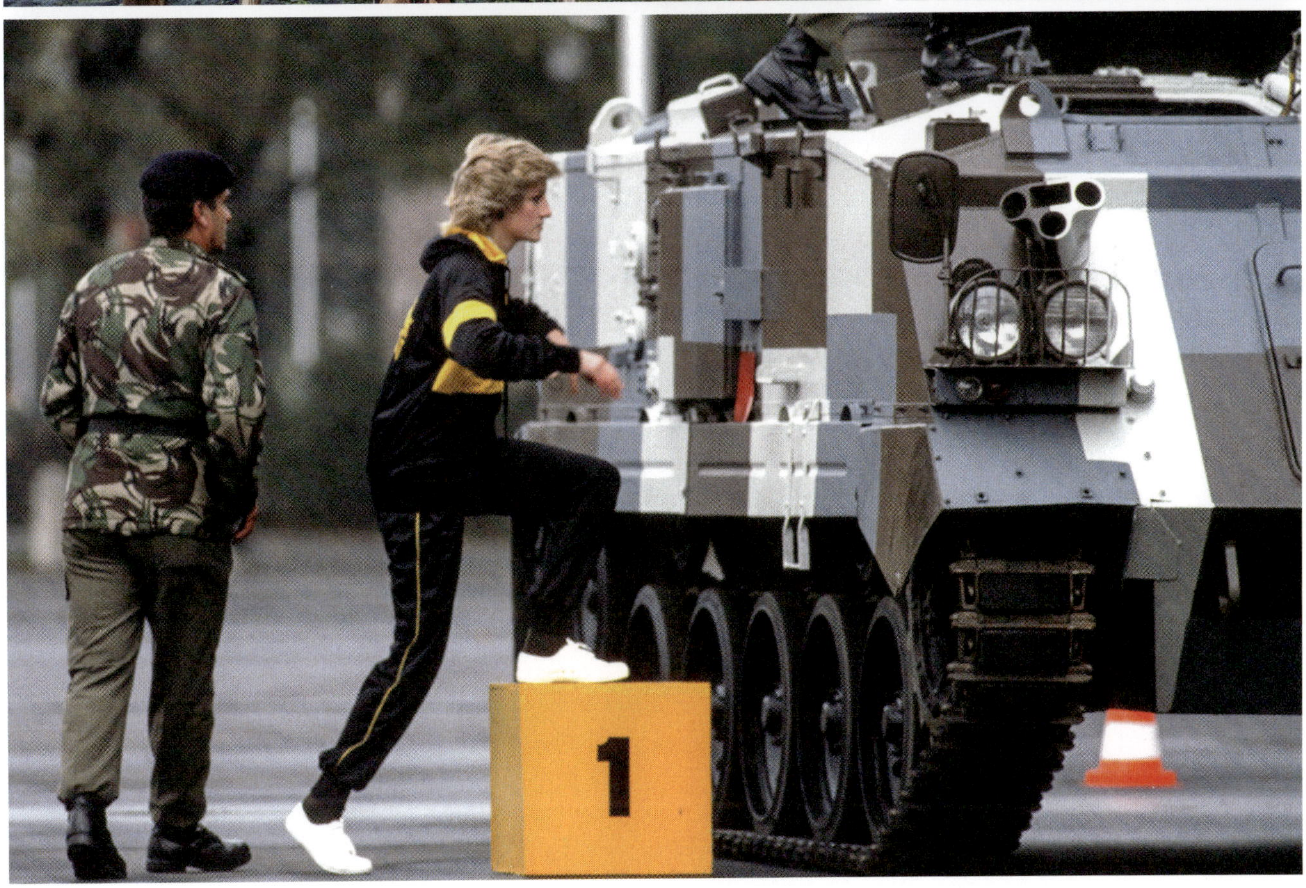

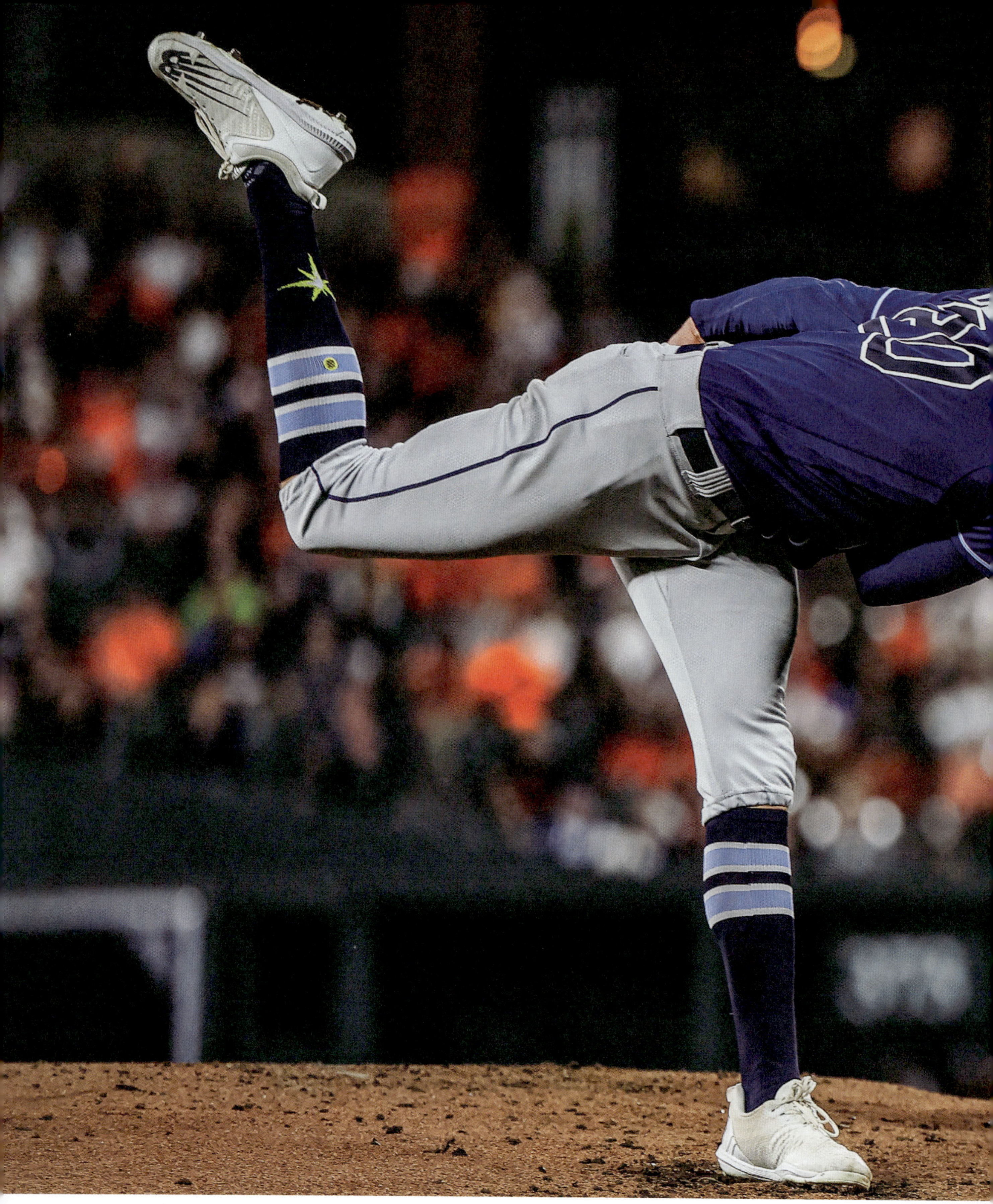

Tampa Bay Rays vs. Baltimore Orioles, Camden Yards – Baltimore, Maryland, 2023.

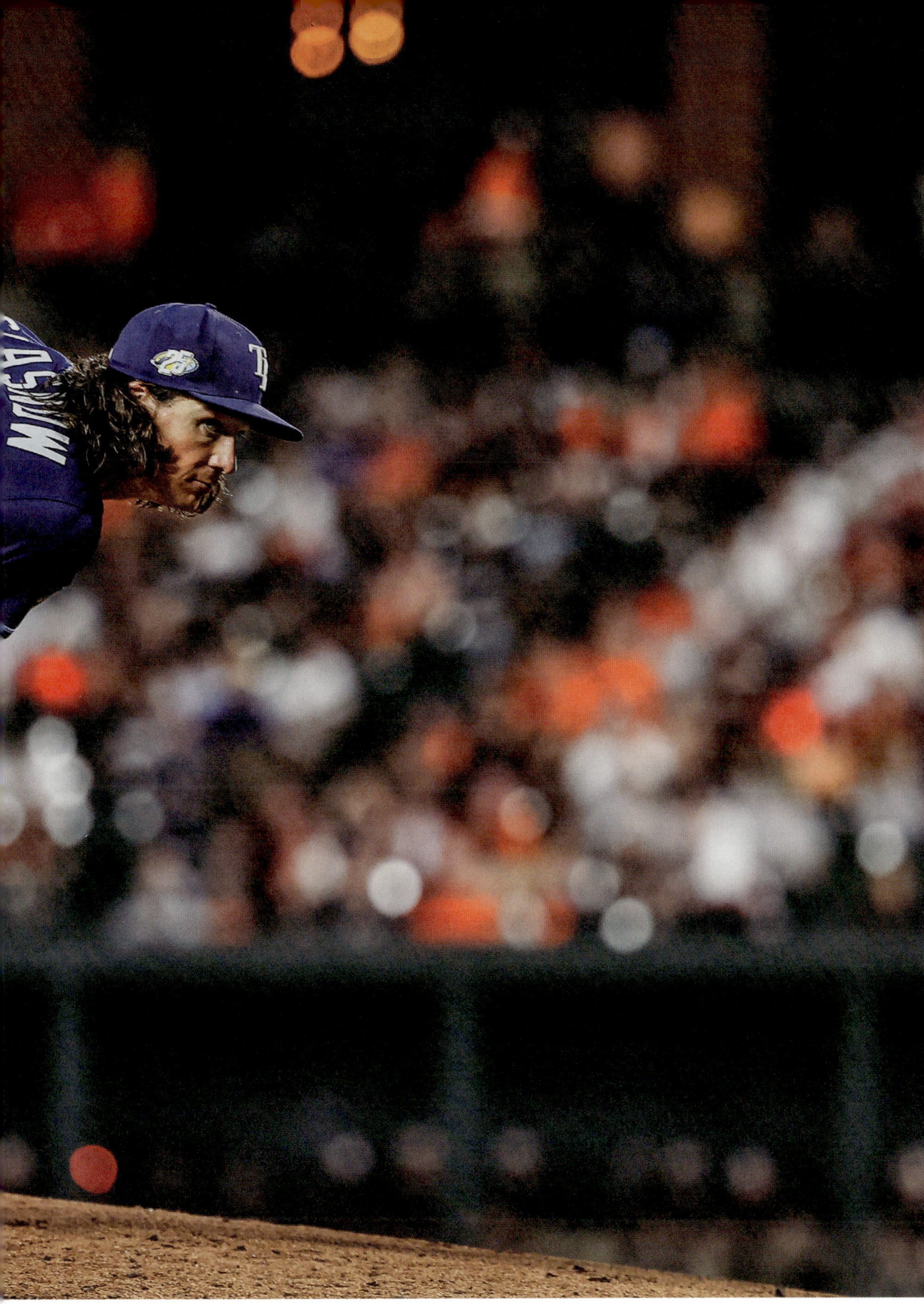

990 – NEW BALANCE

New Balance wurde 1906 in Boston, Massachusetts, gegründet und ist eine der ältesten Schuhfirmen der Welt. Diese von William Riley, einem englischen Einwanderer, gegründete Marke konzentrierte sich zunächst auf die Entwicklung orthopädischer Fußbettungen. Rileys innovatives System, das vom Gleichgewicht der drei Zehen eines Huhns inspiriert war, führte zum Namen der Marke. Im Jahr 1960 wurde der erste Laufschuh, der „Trackster", auf den Markt gebracht, dessen innovative Riffelsohle die Marke zu einem bedeutenden Marktteilnehmer machte.
Der ikonische New Balance 990, der 1982 eingeführt wurde, revolutionierte die Wahrnehmung dieser Marke, obwohl er wegen seines branchenweit hohen Preises von 100 Dollar kritisiert wurde. Die Marke entwickelt ihr Design kontinuierlich weiter und bringt neue Versionen auf den Markt, die für ihren außergewöhnlichen Komfort und ihre vielseitige Ästhetik bekannt sind und zu verschiedenen Outfits passen. Die Serie New Balance 990 diente als Grundlage für eine Verjüngung der Marke.
Die Marke zeichnet sich dadurch aus, dass sie weiterhin ihre Schuhe in den USA und im Vereinigten Königreich fertigt und Wert auf die Qualität der Materialien und der Verarbeitung legt. Mit einer Fabrik in Flimby, Cumbria, Großbritannien, produziert New Balance rund 28 000 Paar Schuhe pro Woche mit dem Label „made in the UK". Neben der Produktion im Vereinigten Königreich stellt New Balance auch Schuhe in China, Indonesien und Vietnam her, und zwar für Modelle, die als einfacher gelten, oder für preisgünstige Versionen, wie den 420 und den New Balance 550 (beide beliebt wegen ihres coolen Stils).

Die Zusammenarbeit zwischen New Balance 550 und Aimé Leon Dore bietet zwei Farbvarianten und ist für Sneaker-Fans unverzichtbar geworden. Der 9060, Teil der 99X-Serie, spiegelt den raffinierten Stil und das innovative Design der Marke wider, während er sich von der futuristischen, technikgetriebenen Atmosphäre der Y2K-Ära inspirieren lässt. Salehe Bembury, der als GOAT (Greatest Of All Time: Größter aller Zeiten) des Sneaker-Designs gilt, ist der kreative Antrieb hinter dem Yurt-Trail-Schuh, der über eine integrierte Pfeife an der Ferse verfügt, die von der Natur und dem Wandern inspiriert ist. Dieses Design unterstreicht die Funktionalität und den Einfallsreichtum der Marke.

OBERMATERIAL AUS WILDLEDER UND MESH

SCHNÜRVERSCHLUSS

REFLEKTIERENDES N-LOGO I REFLEKTIERENDE AKZENTE

FUELCELL UND ENCAP-ZWISCHENSOHLE I GUMMI-AUSSENSOHLE

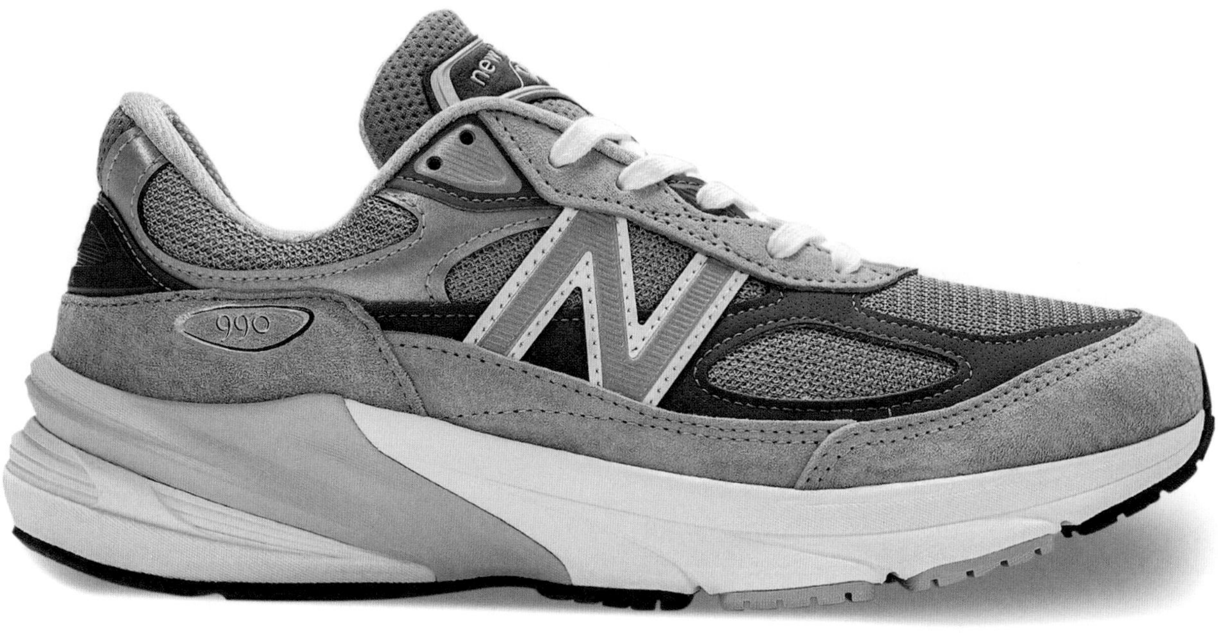

Im einundzwanzigsten Jahrhundert haben sich Sneakers von reinen Konsumgütern zu Symbolprodukten entwickelt, von denen einige besonders von Silicon Valley 2.0 bevorzugt werden. Diese Unternehmer verkörpern eine Generation von Selfmade-Personen, die sich in neue Unternehmen wagen und an hochkarätigen Meetings teilnehmen, dabei aber unkonventionelle Kleidung wie Kapuzenpullis tragen und in die Fußstapfen von Trendbrechern wie Mark Zuckerberg, Steve Jobs und Elon Musk treten.
Der „Red Sneakers Effect" ist ein von der Harvard Business School geprägtes Marketingkonzept. Er geht auf die Praxis des „Casual Fridays" zurück, an dem sich die Mitarbeiter am letzten Tag der Woche locker kleiden dürfen, um soziale und hierarchische Barrieren zu überwinden, die durch formelle Kleidung auferlegt werden. Der Studie zufolge neigen Menschen dazu, Personen, die von der Norm abweichen, einen höheren Status und eine höhere Kompetenz zuzuschreiben. Solche Verhaltensweisen, wie das Tragen von Sneakern in einem beruflichen Umfeld, fördern die Spontaneität und wecken Interesse anderer. Ikonoklastische Kleidung, wenn sie nicht provokativ, vulgär oder unangemessen ist, strahlt eine einzigartige Aura und charismatische Kraft aus, unabhängig von Status und Kompetenz des Trägers.

Red Sneakers

„The Red Sneakers Effect", eine Reihe von Harvard-Studien, die in der Juni-Ausgabe 2014 des *Journal of Consumer* Research vorgestellt wurde, zeigt, dass Menschen dazu neigen, Personen, die von der Norm abweichen, einen höheren Status und eine höhere Kompetenz zuzuschreiben.

GNS

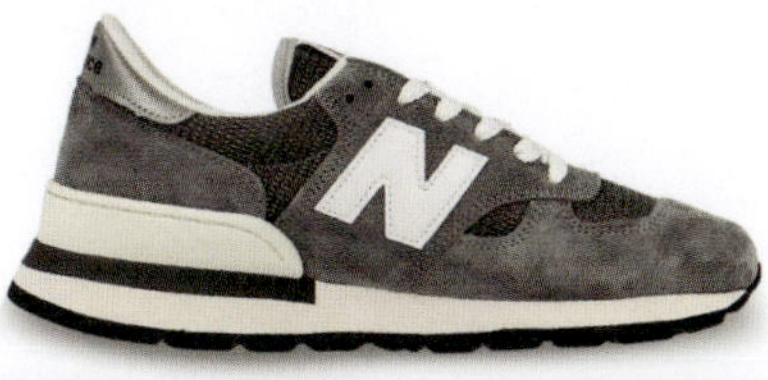

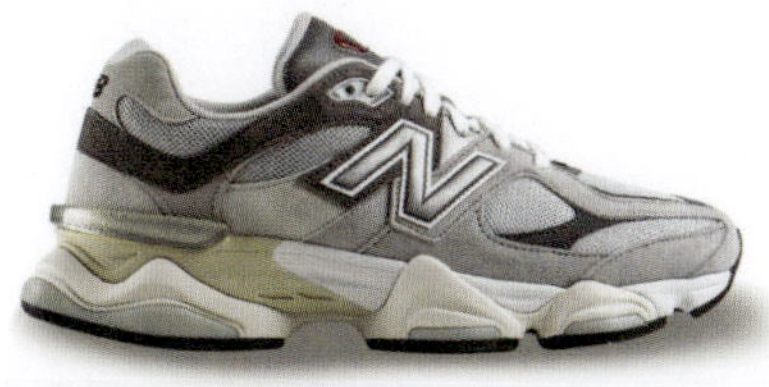

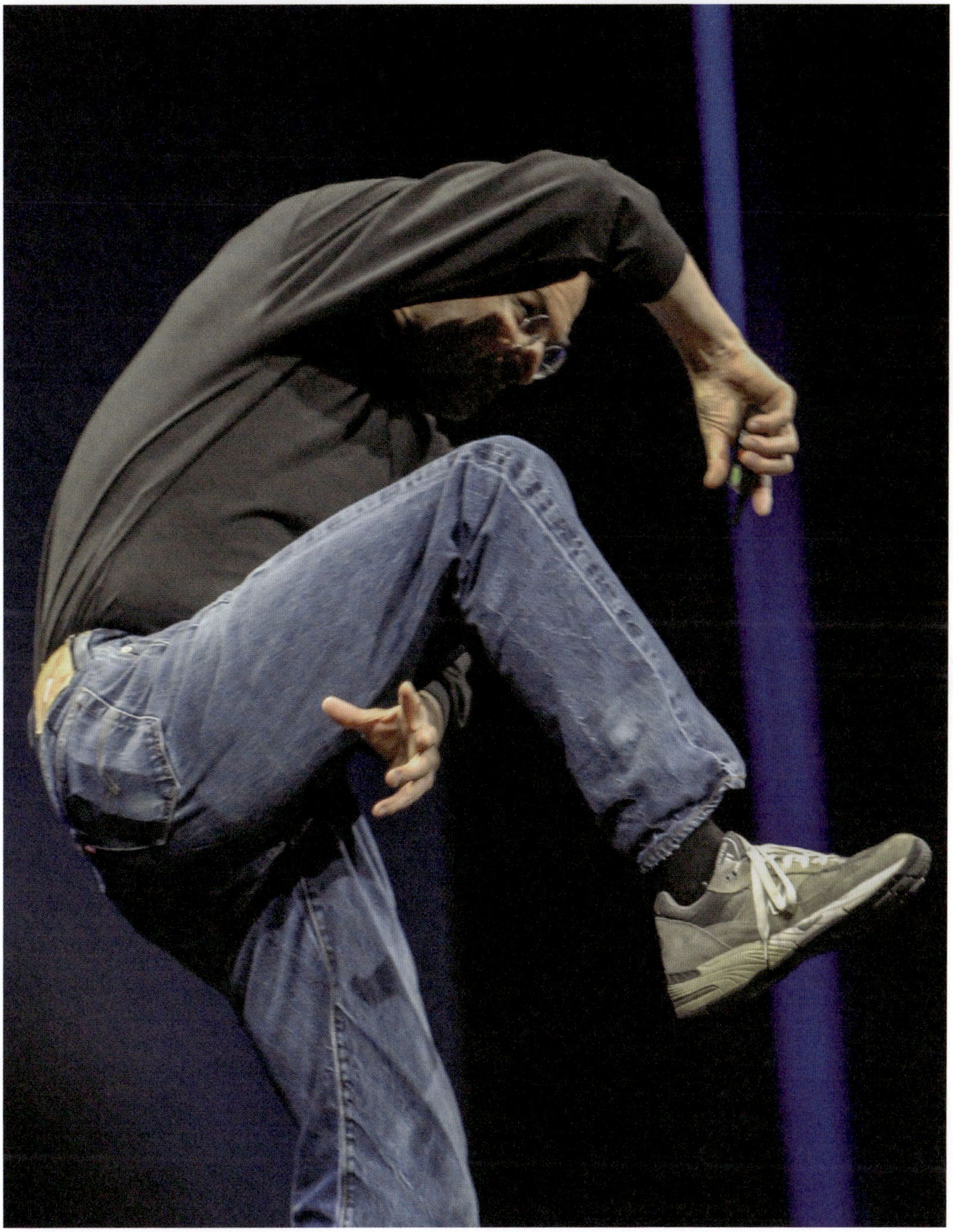

1. New Balance 990 MiUSA grau-weiß.
2. New Balance 9060 Regenwolke, grau.
3. Steve Jobs – 2007.

DANKSA-
GUNGEN

BILDNACHWEISE

S. 4 Giacomo Miraldi
S. 6-7 Diego Fabbri
S. 10-11 Hum Historical / Alamy Stock Photo
S. 13 Mikkel H. Petersen / Shutterstock
S. 15 Abaca Press / Alamy Stock Photo
S. 15 Theo Wargo / WireImage / Getty Images
S. 18-19 Fairfax Media Archives / Getty Images
S. 21 xMarshall / Alamy Stock Photo
S. 23 Focus On Sport / Getty Images Sport
S. 23 NBC / NBCUniversal / Getty Images
S. 24-25 NBC / NBCUniversal / Getty Images
S. 24-25 Wirestock Creators / Shutterstock
S. 24-25 Bettmann / Getty Images
S. 26-27 Lorenzo Cremona
S. 26-27 Luca Scarpellini
S. 28-29 Busà Photography / The Image Bank Unreleased / Getty Images
S. 33 Giacomo Miraldi
S. 33 Daniel Boczarski / Getty Images Entertainment
S. 34-35 Lorenzo Cremona
S. 37 xMarshall / Shutterstock
S. 39 Giacomo Miraldi
S. 40-41 Lorenzo Roncaglione
S. 47 Sha Ribeiro
S. 47 Giacomo Miraldi
S. 48-49 Giacomo Miraldi
S. 51 xMarshall / Alamy Stock Photo
S. 53 Edward Nurton / Perimetro
S. 53 Roberto Graziano Moro / Perimetro
S. 54-55 Giacomo Miraldi
S. 54-55 Camille Badò
S. 56-57 Lorenzo Cremona
S. 61 PCN Photography / Alamy Stock Photo
S. 61 Bob Martin / Getty Images Sport
S. 62-63 dpa picture alliance / Alamy Stock Photo
S. 64-65 Giacomo Miraldi
S. 69 Gregory Bojorquez / Archive Photos / Getty Images
S. 70-71 Giacomo Miraldi
S. 70-71 Dimitrios Kambouris / Getty Images Entertainment
S. 72-73 Getty Images / Getty Images Sport
S. 77 Walter Iooss Jr. / Sports Illustrated / Getty Images
S. 78-79 Bettmann / Getty Images
S. 83 dpa picture alliance / Alamy Stock Photo
S. 83 George Rinhart / Corbis Historical / Getty Images
S. 83 Trinity Mirror / Mirrorpix / Alamy Stock Photo
S. 84-85 Allstar Picture Library Limited. / Alamy Stock Photo
S. 89 Nicholas Hunt/MJF2016 / Getty Images Entertainment
S. 89 Photo 12 / Alamy Stock Photo
S. 90-91 John Stanton / WireImage / Getty Images
S. 94-95 Veja
S. 99 Veja
S. 100-101 Robert Riger / Getty Images Sport Classic
S. 103 Chones / Shutterstock
S. 105 Mirrorpix / Getty Images
S. 105 Jeff Kravitz / FilmMagic, Inc / Getty Images
S. 106-107 Mirrorpix / Getty Images
S. 106-107 dpa picture alliance / Alamy Stock Photo
S. 108-109 Album / Alamy Stock Photo
S. 111 xMarshall / Alamy Stock Photo
S. 112-113 Roberto Graziano Moro / Perimetro
S. 114-115 Jan Sochor / Alamy Stock Photo
S. 117 xMarshall / Shutterstock
S. 119 AJ Pics / Alamy Stock Photo
S. 119 ABC Photo Archives / Disney General Entertainment Content / Getty Images
S. 119 Al Pereira / Michael Ochs Archives / Getty Images
S. 120-121 Paul HANNY / Gamma-Rapho / Getty Images
S. 124-125 John Biever / Sports Illustrated / Getty Images
S. 129 TT News Agency / Alamy Stock Photo
S. 130-131 Giacomo Miraldi
S. 132-133 Fairfax Media Archives / Getty Images
S. 135 xMarshall / Alamy Stock Photo
S. 137 Harry Langdon / Archive Photos / Getty Images
S. 138-139 Bettmann / Getty Images
S. 141 xMarshall / Alamy Stock Photo
S. 143 Gene Shaw / The Chronicle Collection / Getty Images
S. 143 ABC Photo Archives / Disney General Entertainment Content / Getty Images
S. 144-145 Massimo Zanusso
S. 149 Patta
S. 150-151 Patta
S. 152-153 Topical Press Agency / Hulton Archive / Getty Images
S. 157 PA Images / Alamy Stock Photo
S. 158-159 Alberto Zanoni / Alamy Stock Photo
S. 164-165 IMAGO / Kyodo News
S. 167 xMarshall / Alamy Stock Photo
S. 169 RGR Collection / Alamy Stock Photo
S. 169 Album / Alamy Stock Photo
S. 169 xMarshall / Shutterstock
S. 172-173 Maximum Film / Alamy Stock Photo
S. 175 xMarshall / Alamy Stock Photo
S. 178-179 NBA Photo Library / National Basketball Association / Getty Images
S. 183 NBA Photos / National Basketball Association / Getty Images
S. 183 Allstar Picture Library Ltd / Alamy Stock Photo
S. 183 William STEVENS / Gamma-Rapho / Getty Images
S. 184-185 BNA Photographic / Alamy Stock Photo
S. 187 xMarshall / Alamy Stock Photo
S. 188-189 MIGUEL MEDINA / AFP / Getty Images
S. 191 Cristian Storto / Shutterstock
S. 193 Chris Smith / Popperfoto / Getty Images
S. 193 Cristian Storto / Alamy Stock Photo
S. 194-195 Cristian Storto / Alamy Stock Photo
S. 194-195 NurPhoto / Getty Images
S. 196-197 NCAA Photos / Getty Images
S. 199 xMarshall / Shutterstock
S. 201 Jamel Shabazz
S. 201 SBS Eclectic Images / Alamy Stock Photo
S. 201 Neil Leifer / Neil Leifer Collection / Getty Images
S. 202-203 Kerstin Rodgers / Redferns / Getty Images
S. 207 Ebet Roberts / Premium Archive / Getty Images
S. 208-209 Lisa Haun / Michael Ochs Archives / Getty Images
S. 208-209 Trinity Mirror / Mirrorpix / Alamy Stock Photo
S. 210-211 UPI / Alamy Stock Photo
S. 214-215 Sasha Pellegrini
S. 218-219 Victor VIRGILE / Gamma-Rapho / Getty Images
S. 223 Thierry Chesnot / Getty Images Entertainment
S. 223 Victor VIRGILE / Gamma-Rapho / Getty Images
S. 224-225 Alessio Bolzoni
S. 226-227 Universal Images Group North America LLC / Alamy Stock Photo
S. 229 xMarshall / Alamy Stock Photo
S. 231 Pit Stock / Shutterstock
S. 231 spatuletail / Shutterstock
S. 231 Anwar Hussein / Getty Images Entertainment
S. 232-233 Scott Taetsch / Getty Images Sport
S. 237 ZUMA Press, Inc. / Alamy Stock Photo

LITERATURVERZEICHNIS

Générations Sneakers: Sport, mode et pop-culture / Mathieu Le Maux, Martin Basset. Hors Collection – 2022.

Sneaker Freaker. The Ultimate Sneaker / Simon Wood. Taschen – 2023.

Sneakers: The Complete Limited Editions / U-Dox. Thames & Hudson – 2014.

Virgil Abloh. Nike. Icons / Virgil Abloh. Taschen – 2021.

Virgil Abloh: Figures of Speech / Michael Darling. Delmonico Books/the Broad – 2022.

Nike – Better Is Temporary / Sam Grawe. Phaidon – 2021.

The Adidas Archive. The Footwear Collection / Christian Habermeier, Sebastian Jäger. Taschen – 2020.

1,000 Deadstock Sneakers / Larry Deadstock, François Chevalier. Abrams Books – 2023.

Sole Provider 30 Years of NIKE Basketball / Jackson, Robert "Scoop". powerHouse Books – 2002.

Nigel Sylvester: Go / Rizzoli New York – 2022.

BUCHKONZEPT & DESIGN / MOODBOARD:
Tribeca Studio Milano – tribeca-studio.it

THAN-KS.

Tribeca Studio Mailand / Maria Luisa Miraldi / 24.7 Fastlife / Alessio Bolzoni / Backdoor Bottega / Camille Badò / Cristina Miraldi / Diego Fabbri / Donato Miraldi / Edward Nurton / Eleonora Cairoli / Fabio Vanazzi / Giacomo Miraldi / Leonardo Cardoso / Le Park Milano / Lorenzo Cremona / Lorenzo Roncaglione / Luca Barindelli / Luca Scarpellini / Macchia & Cuba / Marco Evangelisti / Marco Galeotti / Marco Calzetta / Maria Teresa Del Meglio / Bvllbag / Massimiliano Alicino / Massimo Zanusso / Modou Sylla / Perimetro / Rachele Adda / Sebastiano Leddi / Shabazz / Sha Ribeiro / Spinoff Milano / Riccardo Romano / Roberto Graziano Moro / White-Star-Team. All den Menschen, die dieses Projekt möglich gemacht haben.

Piazzale Luigi Cadorna, 6 – 20123 Mailand, Italien
www.whitestar.it

BUCHKONZEPT & DESIGN / MOODBOARD: Tribeca Studio Milano – tribeca-studio.it
Übersetzung: Pangea
Redaktion: Dr. Rainer Schöttle VerlagsService

ISBN 978-88-6312-680-8
1 2 3 4 5 6 28 27 26 25 24

Gedruckt in China

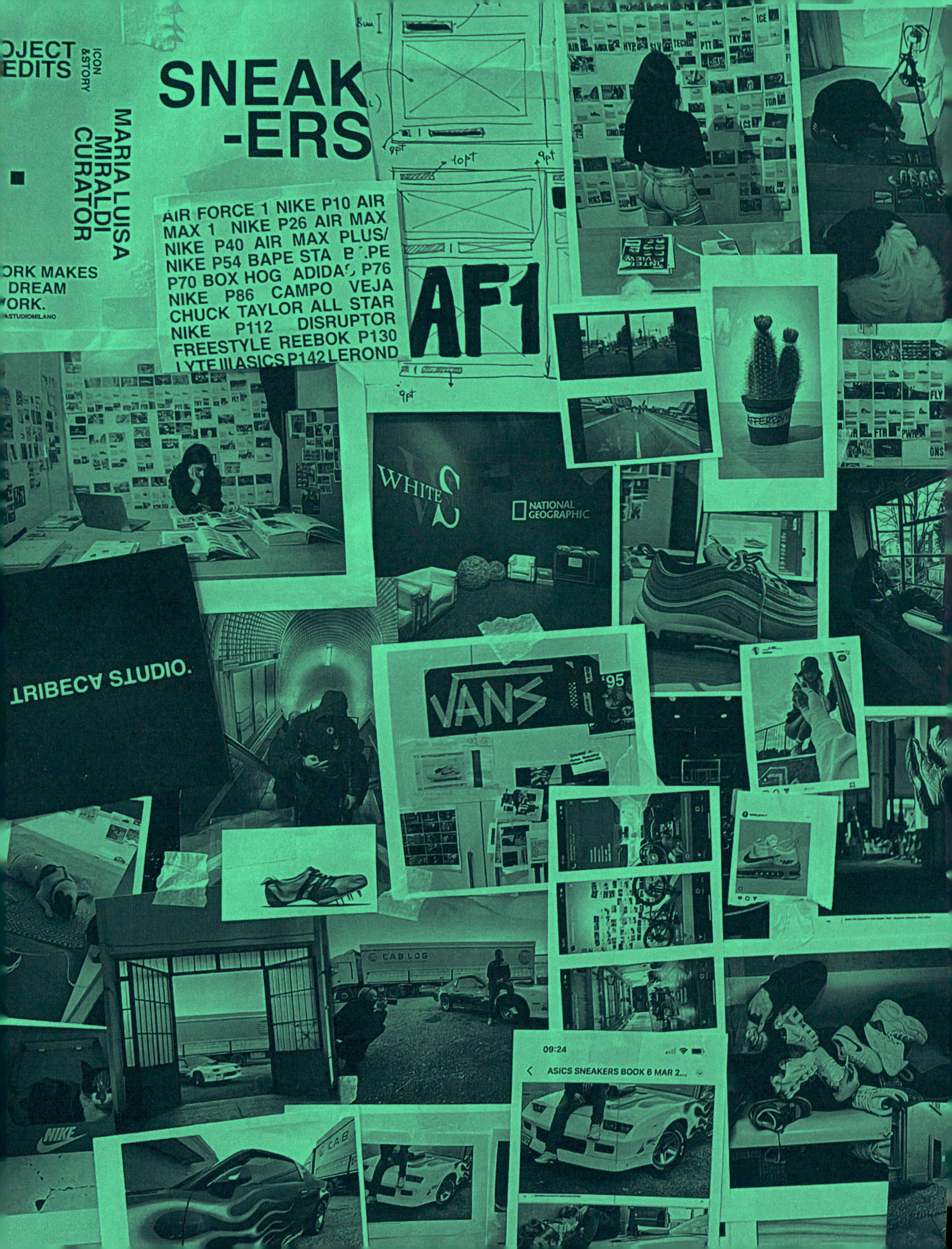

OJECT
EDITS
ICON
&STORY
SNEAK
-ERS
MARIA LUISA
MIRALDI
CURATOR
ORK MAKES
DREAM
ORK.
AIR FORCE 1 NIKE P10 AIR MAX 1 NIKE P26 AIR MAX NIKE P40 AIR MAX PLUS/ NIKE P54 BAPE STA BAPE P70 BOX HOG ADIDAS P76 NIKE P86 CAMPO VEJA CHUCK TAYLOR ALL STAR NIKE P112 DISRUPTOR FREESTYLE REEBOK P130 LYTE III ASICS P142 LEROND
AF1
WHITE
NATIONAL GEOGRAPHIC
TRIBECA STUDIO.
VANS
'95
CAB LOG
09:24
ASICS SNEAKERS BOOK 6 MAR 2...
NIKE